BVT

Wie war der Holocaust möglich? Was sind seine Ursachen und was sind seine Folgen? Robert S. Wistrich führt aus, wer, innerhalb und außerhalb Deutschlands, von den Ermordungen wusste, wie viel Verantwortung Hitler und seine Chargen, aber auch die »normale« Bevölkerung hatten, wie sich andere Länder in Europa und auch in Übersee verhalten haben und wie Historiker den Holocaust zu erklären versuchen. Außerdem beschreibt er die Folgen der nationalsozialistischen Verbrechen, die bis heute zu spüren sind.

Prof. Dr. Robert Solomon Wistrich ist einer der international anerkanntesten Antisemitismusforscher. Er ist Lehrstuhlinhaber für Neue Jüdische Geschichte an der Universität in Jerusalem sowie Gastprofessor in Harvard.

Robert S. Wistrich

Hitler und der Holocaust

Aus dem Englischen von Sabine Schulte

Berliner Taschenbuch Verlag

Für meine Mutter Sabina,
die das alles durchlebte,
ohne den Glauben zu verlieren.

Deutsche Erstausgabe
März 2003
BvT Berliner Taschenbuch Verlags GmbH, Berlin,
ein Unternehmen der Verlagsgruppe Random House GmbH
Die Originalausgabe erschien 2001 unter dem Titel
Hitler and the Holocaust
bei Weidenfeld & Nicolson, London

Umschlaggestaltung: Nina Rothfos und Patrick Gabler, Hamburg,
unter Verwendung einer Fotografie von © akg-images
Gesetzt aus der Minion durch psb, Berlin
Druck und Bindung: Elsnerdruck, Berlin
Printed in Germany · ISBN 3-442-76120-4

INHALT

Danksagungen

Die Recherchen für dieses Buch wurden über eine Reihe von Jahren hinweg in vielen Archiven, Bibliotheken und Forschungsinstituten in Israel, Europa, Großbritannien und Amerika durchgeführt. Was ich der Arbeit ungezählter Wissenschaftler, die ich hier nicht erwähnen kann, zu verdanken habe, wird aus den Anmerkungen ersichtlich. Als einer der sechs Historiker, die in die Geschichtskommission des Vatikans berufen wurden, um die Rolle von Pius XII. während des Holocaust zu untersuchen, profitierte ich zudem davon, dass mir viele Quellen in mindestens sieben Sprachen zugänglich waren, die sich beim Schreiben dieses Buches als hilfreich erwiesen. Während der ersten sechs Monate des Jahres 2000 hatte ich das Glück, Gastprofessor am *Netherlands Institute for Advanced Studies* (NIAS) in Wassenaar zu sein. Ich möchte Herrn Professor Wesseling und seinen freundlichen Mitarbeitern für ihre Gastfreundschaft und Unterstützung danken. Dieses Projekt wurde mir ursprünglich von Toby Mundy vorgeschlagen, und betreut wurde es von Rebecca Wilson bei Weidenfeld & Nicolson, deren Anregungen äußerst nützlich waren. Dankbar bin ich für die Bemühungen von Frances Bruce, die meinen handgeschriebenen Text entzifferte und ihn in eine lesbare Form brachte. Besonderen Dank bin ich Trudy Gold, der Leiterin der *Holocaust Education* am *London Jewish Cultural Institute* schuldig, die mir in kritischen Momenten mit Hilfe und Ermutigung meine Aufgabe erleichterte. Außerdem lernte ich viel aus meiner früheren Arbeit an diesem Institut, wo ich den Text für die Unterrichtsmappe *Lessons of the Holocaust* (1997) verfasste, die inzwischen an vielen britischen Schulen Verwendung findet; weiterhin lernte ich aus der Zusammenarbeit mit Rex Bloomstein bei der Produktion des Films *Understanding the Holocaust*, für den ich auch das Skript schrieb. Wie immer bin ich meiner Frau Daniella und meinen drei Kindern zutiefst zu Dank verpflichtet, weil sie mit geduldigem Verständnis meine unbeirrbare Hingabe an die Vollendung dieses Projekts akzeptierten. Dieses Buch ist meiner Mutter Sabina gewidmet, die vor neunzig Jahren in Krakau geboren wurde und mir immer beispielhaft vorlebte, wie man mit innerer Stärke und Beherztheit Widrigkeiten überwinden kann.

Robert Solomon Wistrich
London/Jerusalem
Dezember 2000

EINLEITUNG

> Die Missionare des Christentums erklärten einst: Ihr habt kein Recht, als Juden unter uns zu leben. Die nachfolgenden weltlichen Herrscher verkündeten: Ihr habt kein Recht, unter uns zu leben. Die deutschen Nazis schließlich verfügten: Ihr habt kein Recht zu leben.
>
> *Raul Hilberg,* Die Vernichtung der europäischen Juden *(1982 [1961])*

Der Holocaust war ein beispielloses Verbrechen gegen die Menschlichkeit, das auf die vollständige Vernichtung der gesamten jüdischen Bevölkerung Europas abzielte, bis hin zum letzten Mann, zur letzten Frau und zum letzten Kind. Er war die geplante, wohl überlegte Entscheidung eines mächtigen Staates, des so genannten Dritten Reiches, der alle seine Ressourcen mobilisierte, um ein ganzes Volk auszulöschen. Die Juden waren weder wegen ihrer Religion oder ihrer politischen Ansichten zum Sterben verurteilt, noch stellten sie ökonomisch oder militärisch eine Bedrohung für den nationalsozialistischen Staat dar. Sie wurden nicht für etwas ermordet, das sie getan hatten, sondern ganz einfach wegen ihrer Herkunft.

Von jüdischer »Abstammung« zu sein bedeutete in den Augen Hitlers und des Naziregimes, *a priori* nicht als Mensch definiert zu werden und daher des Lebens nicht würdig zu sein. Es gab noch andere unschuldige Opfer dieser rassistischen Ideologie: Zigeuner, die man als nicht rasserein betrachtete, wurden in die Gaskammern geschickt; Russen, Polen und Angehörige anderer besetzter Nationen im Osten wurden zu Sklaven erniedrigt. Selbst jene Volksdeutschen, die man als geistesgestört oder körperlich behindert brandmarkte, wurden umgebracht, bis ein öffentlicher Aufschrei eine Mäßigung dieser Politik bewirkte. Wir wissen, dass die SS, die Einsatzgruppen, die Wehrmacht, die Ordnungspolizei und die Wachen in den Todeslagern Brutalität in einem bis dahin nicht gekannten Ausmaß praktizierten. Dass sie ohne Mitleid Reihe um Reihe zitternder, halb nackter Erwachsener niederschossen und jüdischen Säuglingen die Köpfe zertrümmerten, dass sie ein ausgedehntes System von Konzentrations- und Todeslagern errichteten, deren einziger Zweck in der Produktion von Leichen auf industriellem Niveau bestand.

Die Frage ist: Warum? Warum wurden Juden mit sinnloser, unproduktiver Zwangsarbeit zu Tode gequält, obwohl das Dritte Reich unter akutem Arbeitskräftemangel litt? Warum wurden Juden, die als Fachkräfte in Waffenfabriken arbeiteten, in den Lagern umgebracht, obwohl die Wehrmacht ihre Arbeit dringend benötigte? Warum bestanden die Nazis darauf, dass sie gegen eine omnipotente »jüdische« Macht kämpften, selbst dann noch, als ihr Massenmord an den Juden die Machtlosigkeit ihres Feindes offenbarte?

Im Kern dieses scheinbaren Geheimnisses lag eine chiliastische Ideologie, eine Weltanschauung, nach der »der Jude« sich als Quelle allen Übels deuten ließ – insbesondere des Internationalismus, des Pazifismus, der Demokratie und des Marxismus; und auch für das Christentum, die Aufklärung und das Freimaurertum konnte man ihn verantwortlich machen. Der Jude wurde als »Ferment der Dekomposition« gebrandmarkt, der Formlosigkeit, des Chaos und der »rassischen Degeneration«. Man setzte die Juden mit dem inneren Zerbrechen der urbanen Zivilisation gleich, mit der zersetzenden Säure des kritischen Rationalismus und der Lockerung der Moral. Sie standen hinter dem »wurzellosen Weltbürgertum« des internationalen Kapitals und hinter der drohenden Weltrevolution. Sie waren der »Weltfeind«, gegen den der Nationalsozialismus seine eigene rassistische Utopie eines Tausendjährigen Reiches aufstellte.

In Hitlers rassistischer Ideologie hing die »Erlösung« der Deutschen und der »arischen« Menschheit von der »Endlösung« der »Judenfrage« ab. Solange der dämonische »Weltfeind« nicht endgültig ausgelöscht war, würde es in einem Europa, das unter germanischer Führung vereinigt werden musste, keinen »Frieden« geben. Auf diesem Kontinent sollte Deutschland seine natürliche Bestimmung erfüllen und sich nach Osten ausdehnen, um für das eigene Volk »Lebensraum« zu schaffen. Der von Hitler begonnene Zweite Weltkrieg war ein Krieg um territoriale Hegemonie und gleichzeitig ein Kampf gegen den mythischen jüdischen Feind.

Der Krieg ließ den Holocaust zu einer konkreten Möglichkeit werden. Die Siege der Wehrmacht brachten Millionen von Juden zum ersten Mal unter deutsche Herrschaft. Hitler delegierte die Aufgabe, sie kaltblütig zu ermorden, an die SS unter Reichsführer Heinrich Himmler und dessen nächsten Untergebenen, den Chef des Reichssicherheitshauptamtes Reinhard Heydrich. Schon 1939 wurde ein so genanntes »Euthanasieprogramm«, das Hitler und seiner Kanzlei unterstand, eingeführt, um fast 90 000 Volksdeutsche zu vernichten, die für »lebensunwert« erklärt wurden, weil sie körperlich oder geistig behindert waren. Dieses Programm, welches 1941 vorübergehend ausgesetzt wurde, erwies sich als »Übungsfeld« für die »Endlösung«. Ende 1941 wurden das Personal, die Apparate und die Erfahrung im Töten mit Giftgas in die Todeslager in Polen verlegt, wo sie gegen die Juden eingesetzt werden sollten.

Die Durchführung des Holocaust erforderte mehr als eine apokalyptische Ideologie des Antisemitismus. Er war das Produkt der modernsten und technisch am weitesten entwickelten Gesellschaft Europas, die zudem eine gut organisierte Bürokratie besaß. Die rationalisierten, industrialisierten Massentötungen, die in Vernichtungslagern wie Auschwitz und Treblinka durchgeführt wurden, waren in der europäischen Geschichte wie in der Weltgeschichte ein Novum. Aber zusätzlich brachten die Deutschen und ihre Helfer in Russland, Osteuropa und auf dem Balkan Millionen von Juden mit primitiveren, »archaischeren« Methoden um. Einsatzgruppen und Polizeibataillone machten Jagd auf Juden und exekutierten sie mittels grauenhafter Erschießungen in Wäldern, Schluchten, Gräben und Gruben. Auch Russen, Polen, Serben und Ukrainer wurden, obwohl sie nicht für den *systematischen* Massenmord vorgesehen waren, in großer Zahl umgebracht. Drei Millionen sowjetische Kriegsgefangene sollten in deutscher Gefangenschaft sterben.

Manche Autoren, wie Daniel J. Goldhagen, argumentieren, dass die Deutschen diese Morde ausführten, weil sie Deutsche waren, das heißt, dass ihre politische Kultur und ihre Denkweise durch einen »eliminierenden Antisemitismus«, der seit Mitte des neunzehnten Jahrhunderts existierte, bereits entsprechend vorprogrammiert waren. Diese Annahme erscheint mir nicht überzeugend. Vor Hitler hatte der »völkische«, rassistische Antisemitismus in Deutschland nicht sehr stark Fuß gefasst, auch wenn er keineswegs zu vernachlässigen war. Stärker und einflussreicher war der Antisemitismus zu jener Zeit im zaristischen Russland, in Rumänien oder in der Habsburger Monarchie und ihren Nachfolgestaaten, insbesondere in Polen, in der Slowakei und in Österreich. Das Deutschland vor 1933 stand noch auf dem Boden der Rechtsstaatlichkeit und war ein Land, in dem Juden bemerkenswerten ökonomischen Erfolg hatten, gut in die Gesellschaft integriert waren, gleiche Rechte genossen und entscheidend an der Gestaltung der modernen Kultur mitwirkten.

Hitlers Aufstieg zur Macht wäre ohne das Blutvergießen im Ersten Weltkrieg, ohne die traumatische Wirkung der militärischen Niederlage Deutschlands, ohne die Demütigung durch den Versailler Vertrag, ohne die wirtschaftlichen Krisen der Weimarer Republik und die Angst vor einer kommunistischen Revolution nicht möglich gewesen. Die »judenfeindliche Haltung« stand für Hitler, Goebbels, Himmler, Streicher und andere führende Nationalsozialisten zwar an zentraler Stelle, war anfangs aber nicht das wichtigste Zugpferd der Bewegung. Als der rassistische Antisemitismus jedoch zur offiziellen Staatsideologie des Dritten Reiches erklärt und durch einen außergewöhnlich machtvollen Propagandaapparat und eine Flut von antijüdischen Gesetzen unterstützt wurde, war seine Wirkung verheerend.

Dass sich Deutsche (und andere Europäer) nach 1933 für die Dämonisierung der Juden so empfänglich zeigten, war zum großen Teil der wesentlich älteren Tradition des christlichen Antijudaismus zu verdanken, der bis ins Mittelalter zurückreichte. Die Nationalsozialisten brauchten die gängigen Vorstellungen, dass »der Jude« ein Wucherer, Gotteslästerer, Verräter, Ritualmörder, gefährlicher Verschwörer gegen die Christenheit und eine tödliche Bedrohung für die Grundfesten der Moral sei, nicht zu erfinden. Sowohl die säkularen Herrscher als auch die christlichen Kirchen hatten dafür gesorgt, dass Juden (bis zur Französischen Revolution) in der europäischen Gesellschaft Parias waren, verurteilt zu einer unterlegenen, untergeordneten Position. Auch hatte man im katholischen Spanien des fünften Jahrhunderts den Rassismus benutzt, um zu rechtfertigen, dass Juden, auch wenn sie konvertiert waren, aus öffentlichen Funktionen und Stellungen mit wirtschaftlichem Einfluss entfernt wurden.

Die Reformation brachte, insbesondere in Deutschland, für den Status der Juden wenig Verbesserung. Tatsächlich sollte Luthers antijüdische Schmähschrift zur späteren protestantischen

Komplizenschaft mit Hitlers Taten und zum Schweigen während der antisemitischen Verfolgungen im Dritten Reich einen Beitrag leisten. Auch Katholiken waren im neunzehnten und zwanzigsten Jahrhundert in Frankreich, Österreich, Ungarn, Polen, der Slowakei und anderen europäischen Staaten zunehmend in antisemitischen politischen Bewegungen engagiert. Während des Holocaust zeigten sich viele katholische Geistliche, ebenso wie die protestantischen, Juden gegenüber gleichgültig oder sogar feindselig, obwohl es auch Fälle von heroischem Widerstand gegen den Nationalsozialismus und Rettung durch »rechtschaffene Nichtjuden« gab. Die tiefe Ambivalenz des Vatikans und der christlichen Kirchen ist jedoch nur zu verstehen, wenn man die althergebrachte »Lehre der Verachtung« berücksichtigt, die im Neuen Testament selbst und in den Lehren der Kirchenväter tief verwurzelt war. Der Nationalsozialismus konnte, auch wenn er letztlich entschlossen war, das Christentum auszumerzen, auf den negativen Klischees über die Juden und das Judentum aufbauen, die die Kirchen jahrhundertelang verbreitet hatten.

Die Deutschen verübten den Holocaust nicht allein, auch wenn sie unter der nationalsozialistischen Herrschaft zweifellos die Speerspitze und die treibende Kraft bildeten. Sie fanden unter Litauern, Letten, Ukrainern, Ungarn, Rumänen, Kroaten und anderen europäischen Nationalitäten viele willige Mittäter und »Helfer«, insbesondere, wenn es um die Ermordung von Juden ging. Die Österreicher (die 1938 an das Deutsche Reich angeschlossen worden waren) stellten eine ganz unproportional hohe Zahl von SS-Mördern, Todeslagerkommandanten und Personal, das an der »Endlösung« beteiligt war. Selbst Frankreich »kollaborierte« offiziell eifrig, nicht beim Mord an den Juden, sondern bei ihrer Deportation nach Osten und durch die Verabschiedung drakonischer rassistischer Gesetze.

Der Holocaust war ein *paneuropäisches* Ereignis, zu dem es

nicht hätte kommen können, wenn nicht in den späten dreißiger Jahren des zwanzigsten Jahrhunderts Millionen von Europäern ein Ende der uralten jüdischen Präsenz in ihrer Mitte hätten sehen wollen. Besonders stark war dieser Konsens in den Ländern im östlichen Zentraleuropa, wo die Mehrzahl der Juden lebte und noch ihre nationalen Besonderheiten und ihre kulturellen Eigenarten bewahrte. Aber auch in Westeuropa und in Amerika zeigte sich in Verbindung mit dem durch die Große Depression verursachten Elend, zunehmender Fremdenfeindlichkeit, Angst vor Einwanderung und unter dem Einfluss faschistischen Gedankenguts ein wachsender Antisemitismus.

Diese Feindseligkeit sollte die Bereitschaft britischer und amerikanischer Entscheidungsträger, während des Holocaust wesentliche Rettungsbemühungen zu Gunsten der europäischen Juden zu unternehmen, negativ beeinflussen. Bereits in den dreißiger Jahren des zwanzigsten Jahrhunderts hatte das Quotensystem in den Vereinigten Staaten verhindert, dass es zu Masseneinwanderungen mittel- und osteuropäischer Juden kam. Zusätzlich führten die Bedenken, die die Briten wegen der Unruhen der Araber hegten, die in den dreißiger Jahren des zwanzigsten Jahrhunderts auf die verstärkte jüdische Einwanderung nach Palästina, der »jüdischen nationalen Heimstätte«, folgten, dazu, dass den Juden dieser weitere wichtige Zufluchtsort verweigert und versperrt wurde. Hitler bemerkte diese Reaktionen und die Beschwichtigungspolitik des Westens vor 1939 durchaus und zog daraus den Schluss, dass er seine expansionistischen Absichten ohne allzu großes Risiko würde verwirklichen können und dass der Westen sich in seine immer radikaleren antijüdischen Maßnahmen nicht einmischen würde.

Die Juden in Europa fanden sich am Vorabend des Holocaust in einer Falle, aus der es anscheinend kein Entrinnen gab. Sie standen dem bedrohlichsten und gefährlichsten Feind in ihrer gesamten Geschichte gegenüber – einer dynamischen Großmacht im Herzen des europäischen Kontinents, die unverblümt ihre Vernichtung anstrebte. Dieser Einfluss war auch in den Nachbarländern spürbar, insbesondere im Osten und Südosten Europas. Diese Staaten erließen selbst antisemitische Gesetze, um die Rechte der Juden einzuschränken, und drängten auf die Entfernung oder die Emigration ihrer jüdischen Bevölkerung. Hinzu kam, dass die drei Millionen Juden im kommunistischen Russland von der übrigen jüdischen Welt abgeschnitten waren; doch die Gleichsetzung der Juden mit dem Bolschewismus war zu einem höchst gefährlichen politischen Mythos geworden, der schließlich die Massenmorde, die nach Juni 1941 von den Nazis und ihren Verbündeten an der Ostfront verübt wurden, anheizen sollte.

Die Juden in Amerika waren in ihren Möglichkeiten, etwas für die europäischen Juden zu tun, ebenfalls eingeschränkt, und zwar durch eine Kombination aus ihrer eigenen unsicheren Situation, Angst vor Antisemitismus und der amerikanischen Politik des Isolationismus vor Ende 1941. Die Juden Palästinas waren noch eine relativ kleine Gemeinschaft unter britischer Kontrolle und standen einer feindlich gesinnten arabischen Mehrheit gegenüber. Die zionistische Bewegung wuchs in den dreißiger Jahren des zwanzigsten Jahrhunderts zwar, aber sie war politisch zu zersplittert und zu zerstritten, um effektiv zu sein.

Der Mythos der Nazis, dass die Juden eine gut organisierte, internationale Macht mit klar definierten Zielen und gemeinsamen »rassischen« Interessen seien, hätte daher realitätsferner nicht sein können. In Wirklichkeit waren die Juden unorganisiert und relativ machtlos, und es fehlte ihnen an Solidarität und einem für alle verbindlichen politischen Programm. Vor dem und während des Holocaust besaßen sie weder einen Staat noch eine Armee, weder ein gemeinsames Territorium noch eine Flagge und schon gar kein einheitliches Organisationszentrum.

Von wenigen Ausnahmen, etwa in Dänemark, Finnland, Italien oder Bulgarien (wo es nur relativ kleine jüdische Bevölkerungsgruppen gab), abgesehen, sollten die Juden, als die dunkle Nacht der Verfolgung sich auf sie herabsenkte, außerdem grausam enttäuscht werden von der mangelnden Solidarität ihrer nichtjüdischen Nachbarn. Sogar noch bitterer war die Unbekümmertheit, mit der europäische Staaten und Regierungen, denen Juden loyal gedient und vertraut hatten, ihnen den Schutz entzogen und ihre Rechte opferten, als wären sie absolute Parias und für die Zivilisation nicht tragbar. Viele Juden sahen diesen Tatsachen nur zögernd ins Auge und zogen nur widerwillig die nötigen Konsequenzen, bevor es zu spät war. Hitlers Krieg fand sie in der Falle und praktisch wehrlos einem erbarmungslosen Feind gegenüber, der entschlossen war, sie vollkommen auszulöschen, in einer Welt, die ihrem Schicksal weitgehend gleichgültig gegenüberstand.

Doch angesichts dieses brennenden und potenziell vernichtenden Traumas erhob sich das jüdische Volk nach dem Zweiten Weltkrieg, um einen eigenen, unabhängigen Staat zu gründen. Andere Nationen und Minderheiten lernten nach dem Zweiten Weltkrieg ebenfalls, welchen Preis die Machtlosigkeit hat, und kämpften, um Freiheit von totalitärer Tyrannei und ausländischer Unterdrückung zu erlangen. Aber der Holocaust bietet noch universellere Lehren. Er erinnert uns daran, dass Fremdenfeindlichkeit, Rassismus und Antisemitismus zu Gewalttätigkeit von Gruppen und zu Grausamkeiten von unvorstellbarem Ausmaß führen; dass jede Gesellschaft, wie fortgeschritten sie auf kulturellem, wissenschaftlichem und technischem Gebiet auch sein mag, durch und durch kriminell werden kann, sobald sie ihre Fähigkeit verliert, zwischen Richtig und Falsch zu unterscheiden. Der Holocaust unterstreicht, wie gefährlich es ist, Macht zu vergöttern, wenn ihr jegliche ethische Begrenzung fehlt. Er führt uns vor Augen, dass jeder Mensch für sein Gewissen und sein Schicksal selbst verantwortlich ist. Er ist eine Warnung der Geschichte, dass das Befolgen von Befehlen keine Entschuldigung für Verbrechen sein kann.

Wenn sich eine allgemein gültige Lehre aus dem Holocaust ziehen lässt, dann die folgende: Wir müssen lernen, dass man sich dem Bösen in seinen frühen Stadien widersetzen kann und muss, dass wir immer Alternativen haben und dass es in einer zivilisierten Gesellschaft für Rassismus und Antisemitismus keinen Platz geben kann. Über den Holocaust nachzudenken ist, als würde man in einen Abgrund starren und hoffen, dass er den Blick nicht erwidert. Der Holocaust ist der äußerste, extremste Fall, ein schwarzes Loch der Geschichte, das nicht nur unsere banalen Annahmen über die moderne Zeit und den Fortschritt in Frage stellt, sondern auch unser Verständnis davon, was es bedeutet, Mensch zu sein.

1. DER ANTISEMITISMUS UND DIE JUDEN

Nach dem Satan haben die Christen keinen größeren Feind als die Juden. [...] Sie beten jeden Tag viele Male, dass Gott uns durch Pest, Hunger und Krieg zerstören möge, ja, dass alle Wesen und Geschöpfe sich mit ihnen gegen die Christen erheben mögen.

Nach Abraham a Sancta Clara (1683), katholischer Priester in Wien

So braucht der Jude weder zu denken noch auch zu faseln, selbst nicht zu rechnen, denn die schwierigste Rechnung liegt in seinem, jeder Idealität verschlossenen, Instinkte fehlerlos sicher im Voraus fertig vor. Eine wunderbare, unvergleichliche Erscheinung, der plastische Dämon des Verfalles der Menschheit in triumphirender Sicherheit, und dazu deutscher Staatsbürger mosaischer Konfession, der Liebling liberaler Prinzen und Garant unserer Reichseinheit.

Richard Wagner, Ausführungen zu Religion und Kunst *(1883)*

Wir erheben daher unsere Stimme, polnische Katholiken. Unsere Gefühle den Juden gegenüber haben sich nicht gewandelt. Wir haben nicht aufgehört, sie als die politischen, ökonomischen und ideologischen Feinde Polens zu betrachten, [aber] wir möchten nicht Pilatus sein. Wir besitzen nicht die Mittel, um uns gegen die deutschen Mörder zu wenden, wir können keine Ratschläge geben, wir können niemanden retten – aber wir protestieren aus tiefstem Herzen, überwältigt von Mitleid, Empörung und Angst. Diesen Protest fordert Gott von uns. Gott, der Mord nicht erlaubt [...]. Das Blut der Wehrlosen schreit zum Himmel nach Rache. Wer unter uns diesen Protest nicht unterstützt, ist kein Katholik.

Zofia Kossak-Szczucka, Protest *(Flugblatt vom August 1942)*

Massentötungen reichen zurück bis zum Ursprung der Menschheit. Im Verlauf der schriftlich überlieferten Geschichte haben zahllose Massaker stattgefunden, manche aus religiösen, andere aus politischen oder territorialen Gründen. In Kolonialkriegen wurden ganze Völker ausgerottet. Millionen von Schwarzafrikanern wurden in die Sklaverei verkauft. Die Kolonialisierung von Nordamerika, Australien, Afrika und anderen Teilen des Erdballs durch expandierende westliche Gesellschaften war mit ständigen Vertreibungen, Ausplünderungen und manchmal sogar mit Völkermord verknüpft, und alles geschah im Namen von Herrschaft, Profit und »Fortschritt«. Im frühen zwanzigsten Jahrhundert setzte mit dem türkischen Massaker an über einer Million Armeniern im Ersten Weltkrieg ein neues Stadium der Brutalität ein.[1] Wenn wir jedoch allein von der Zahl der Opfer ausgehen wollten, dann gebührte der Ehrenplatz vielleicht jenen unglücklichen Sowjetbürgern, die in den Gulags des stalinistischen Russland im Namen der marxistischen Ideologie als »Volksfeinde« erschossen wurden, verhungerten oder sich zu Tode arbeiten mussten.[2] Bei diesem »Völkerselbstmord«, den ein totalitäres Regime über die eigenen Untertanen verhängte, kamen möglicherweise sogar zwanzig Millionen Menschen ums Leben. (Diese Zahl ist zwar erschreckend hoch, die Todesopfer machen aber einen viel kleineren Prozentsatz aller damaligen Sowjetbürger aus als die von den Nationalsozialisten ermordeten Juden – ein Drittel aller Juden in der Welt – im Verhältnis zur Bevölkerung des Dritten Reiches.) Nicht weniger entsetzlich waren die Ereignisse im maoistischen China (die mitsamt aller Hintergründe und Fakten noch darzustellen sind) und, wenn auch in viel kleinerem Ausmaß, die Gräueltaten im kommunistischen Kambodscha während der siebziger Jahre des zwanzigsten Jahrhunderts.

Auch die Gemetzel in Ruanda und die »ethnischen Säuberungen« im früheren Jugoslawien in den neunziger Jahren des vergangenen Jahrhunderts zeigen, dass das dunkle Kapitel der Völkermorde in der Menschheitsgeschichte keineswegs abgeschlossen ist.

Selbst während des Zweiten Weltkriegs fanden mehrere Genozide statt, die allerdings verschiedene Größenordnungen aufwiesen. Etwa drei Millionen polnische Nichtjuden wurden Opfer der Nationalsozialisten, ebenso wie eine ähnlich große Zahl russischer Kriegsgefangener, die die Deutschen verhungern ließen. In Auschwitz wurden Angehörige dieser beiden Gruppen, bevor man mit der Vergasung von Juden begann, als Versuchskaninchen benutzt. Der deutsche Krieg im Osten umfasste mehr als die Auslöschung der Juden – er war ursprünglich als Teil eines größeren Vorhabens geplant, das eine radikale und vollständige rassische Umstrukturierung vorsah, bei der Polen, Russen und Ukrainer enteignet, deportiert oder getötet werden sollten.[3] Auch Zigeuner sollten vernichtet werden, wenn sie als nicht »rasserein« beurteilt wurden. Von 1939 bis 1945, zeitgleich mit dem Holocaust, wurden zwischen einer viertel und einer halben Million Roma und Sinti in den Tod geschickt. Natürlich nahmen sie weder im christlichen Bewusstsein noch in der Weltanschauung der Nazis den gleichen Platz ein wie die Juden oder das Judentum. Trotzdem waren Vorurteile und Ablehnung ihrer nomadischen Lebensweise wegen weit verbreitet und in mancher Hinsicht vergleichbar mit der Auffassung, die Juden seien im christlichen Europa Fremde.[4]

Besonders feindselig waren die Nazis denjenigen Zigeunern gegenüber eingestellt, die als »asoziale Elemente« eingestuft wurden oder aber als »Artfremde« unter die Nürnberger »Rassengesetzgebung« von 1935 fielen. Ein Jahr darauf wurden einige Gruppen von Zigeunern ins Konzentrationslager Dachau geschickt. Heinrich Himmlers Erlass vom 14. Dezember 1937 gestattete die Verhaftung von Zigeunern auf Grund des sehr dehnbaren Begriffs »asoziales Verhalten«, sogar ohne dass sie eine kriminelle Handlung begangen hatten. 1938 befassten sich weitere Gesetze mit der »Zigeunerplage«. Sie sahen eine strenge Trennung zwischen »rassereinen« Zigeunern und Zigeuner-»Mischlingen« sowie zwischen Deutschen und Zigeunern vor.[5] Während des Krieges wurde die Politik der Nazis sogar noch radikaler, und im Herbst 1941 deportierte man 5000 österreichische Zigeuner ins Ghetto von Lodz. Anfang 1942 wurden dann einige Zigeuner zusammen mit Juden im Vernichtungslager Chelmno (Kulmhof) ermordet. Am 26. Februar 1943 trafen die ersten Zigeuner in Auschwitz-Birkenau ein. Eine große Zahl von ihnen starb an Hunger und Krankheiten und nach »medizinischen Experimenten«; später, im Jahre 1944, wurden Frauen und Kinder vergast. In den baltischen Staaten und in der Sowjetunion wurden Zigeuner von den Einsatzgruppen ermordet und in Jugoslawien vom Ustascha-Regime; in Ungarn wurden sie von den Pfeilkreuzler-Faschisten verfolgt und verhaftet. In Frankreich internierte man sie und schickte sie später in Lager nach Deutschland. In Polen kamen zwei Drittel der Zigeuner unter der nationalsozialistischen Besatzung ums Leben.

Die Nazis betrachteten den »Kampf gegen die Zigeunerbedrohung« nach 1939 als »Rassensache« und bestanden darauf, dass es notwendig sei, das »Zigeunertum« ein für alle Mal vom »Volkstum« zu trennen, um der Gefahr einer Rassenvermischung vorzubeugen. So gesehen bestand zwischen der Ermordung von Juden und der Ermordung von Zigeunern eine ideologische Verbindung, denn beides war Teil einer aus verschiedenen Elementen zusammengesetzten Vision der Nazis, die eine radikale »ethnische Säuberung« oder »Reinigung« der »Volksgemeinschaft« vorsah. Tatsächlich war von Anfang an geplant, die »Zigeunerfrage« im Rahmen von angeblichem »Wissen, das aus ethnologischen Forschungen stammte«, zu lösen – unter der Rechtsprechung von Heinrich Himmler als Reichsführer der SS und Chef der deutschen Polizei. Das Schicksal der Zigeuner war, wie Himmler im September 1942 deutlich machte, keine Angelegenheit von Gesetzen oder Gerichten, genauso wenig wie das der Juden. Daher waren sie der Polizei und der SS vollkommen ausgeliefert und in Gefahr, jederzeit in ein Konzentrationslager verschleppt zu werden. Die gegen die Zigeuner erhobenen Anklagen der ererbten rassischen Unterlegenheit, des wirtschaftlichen Parasitentums oder der sexuellen »Immoralität« – alles angeblich Bedrohungen für die deutsche Bevölkerung – überschnitten sich mit der Demagogie des Antisemitismus.

Wie auch im Fall der Juden bildete die Kriegszeit den Deckmantel für die Vernichtung der Zigeuner, mit Ausnahme derjenigen Angehörigen der Sinti und der Lalleri, die als »rasserein« klassifiziert wurden.[6] Damit war dieser Völkermord in manchen Punkten mit dem Holocaust vergleichbar, unterschied sich von Letzterem allerdings hinsichtlich der Motivation und des Ausmaßes. Die Zigeuner wurden zwar als »gesellschaftliche Bedrohung« betrachtet, niemals aber, wie die Juden, als totaler und universeller Feind, der angeblich eine allumfassende Verschwörung gegen Deutschland und die »arische« Welt angezettelt hatte. Beispielsweise war die »Zigeunerfrage« im politischen Programm der Nazis bloß am Rande von Bedeutung, und Hitler selbst nahm nur bei zwei Gelegenheiten Bezug auf die Zigeuner, ganz im Gegensatz zu seinem zwanghaften Besessensein von der »Judenfrage«.[7] Zudem wurden »rassereine« Zigeuner nie als Gefahr für das deutsche Volk betrachtet. Das schreckliche Verbrechen an den Zigeunern als gesellschaftlicher Gruppe zielte also vom Prinzip her nicht auf die vollständige Auslöschung eines gesamten Volkes ab.

Der Holocaust war – verglichen mit anderen Völkermorden – beispiellos, weil es sich dabei um die geplante, vorsätzliche, politische Entscheidung eines mächtigen Staates handelte, der alle seine Ressourcen mobilisierte, um das gesamte jüdische Volk zu vernichten. In Europa konnten die Deutschen dieses teuflische Ziel beinahe erreichen, und nur ihre militärische Niederlage verhinderte den vollständigen Erfolg. 1945 hatten die Nazis zwei Drittel der europäischen Juden ausgelöscht und von der uralten jüdischen Kultur, die fast zwei Jahrtausende lang auf europäischem Boden existiert hatte, nur noch einen Rest übrig gelassen. Ein bemerkenswerter Aspekt dieses Massenmordes war der, dass die Juden für den deutschen Staat zu keiner Zeit (außer in der paranoiden Gedankenwelt der Nationalsozialisten) eine ökonomische, politische oder militärische Bedrohung darstellten. Im Gegenteil, wenn es vor 1933 einen Nobelpreis für die leidenschaftliche Identifikation mit deutscher Sprache und Kultur gegeben hätte, wäre er mit Sicherheit den Juden verliehen worden. Während des Ersten Weltkrieges hatten sie große Anstrengungen unternommen, um ihre patriotische Loyalität zu demonstrieren und auf dem Schlachtfeld ihr Deutschtum zu bekräftigen. Vor Hitlers Aufstieg hatten die deutschen Juden sich in dem Land, das sie als wohl geordneten Rechtsstaat betrachteten, durchaus zu Hause gefühlt.

Tatsächlich bestanden zwischen Deutschen und Juden auffällige Ähnlichkeiten, die ein gutes Omen für ihre gemeinsame Zukunft zu sein schienen: eine Hochachtung vor Bildung, vor harter Arbeit und vor der Familie sowie eine ausgeprägte Begabung für abstraktes, theoretisches Denken. Sowohl Deutsche als auch Juden galten als hoch musikalisch, und andere Nationen betrachteten sie oft als gleichzeitig unentbehrlich und lästig, als aggressiv und zu Selbstmitleid neigend. »Judenhass« und »Deutschenhass« hatten mehr als nur ein paar Gemeinsamkeiten. Doch der Narzissmus der kleinen Unterschiede kann, wie Freud scharfsinnig bemerkte, großen Hass hervorrufen; räumliche Nähe, Ähnlichkeit und Assimilierung können unter bestimmten Umständen eine heftige, irrationale Gegenreaktion auslösen. Die »Judenfrage« im Deutschland des neunzehnten und zwanzigsten Jahrhunderts war genau so ein Fall. Hier zeigte sich ein Gemisch aus falschen Auffassungen, Stereotypen und Wahnvorstellungen, die viele Quellen hatten: den christlichen Antijudaismus, den neoromantischen völkischen Mystizismus und ein rassistisches Besessensein von dem Gedanken an Juden und andere »Fremde«, das in der NS-Ideologie eine besondere Virulenz annahm.[8]

Das Schattenboxen mit eingebildeten Dämonen und projizierender Angst brachte den Romancier Jakob Wassermann zu der Überzeugung, der Judenhass sei der charakteristische Nationalhass der Deutschen – eine selbst verursachte, krankhafte Wahnvorstellung, die nicht nur irrational, sondern auch unergründlich war. Deutsche, so folgerte Wassermann 1921, seien emotional resistent dagegen, Juden als ebenbürtig zu akzeptieren, und neigten dazu, sie bei jeder Krise, jedem Rückschlag und jeder Niederlage zum Sündenbock zu machen. Im Judenhass verschafften sich alle nur denkbaren sexuellen Frustrationen, gesellschaftlichen Ängste, Eifersüchteleien und Feindseligkeiten, aller Blutdurst und alle habgierigen Instinkte Ausdruck, von denen die Deutschen sich auf andere Weise nicht zu befreien vermochten.[9] Dreißig Jahre zuvor hatte der deutsche Philosoph Friedrich Nietzsche sich ebenso scharf geäußert, als er die Judenquäler der achtziger Jahre des neunzehnten Jahrhunderts als »Schlechtweggekommene« bezeichnete und mit aristokratischer Verachtung überhäufte – er betrachtete sie als geborene Versager, als verpfuschte und neidische Kreaturen, die von neurotischem »Ressentiment« aufgefressen wurden.[10]

Dieses Urteil war umso bemerkenswerter, als Nietzsche eine Zeit lang im Banne des Komponisten Richard Wagner gestanden hatte – des *fons et origo* des modernen deutschen Antisemitismus. Außerdem wurde, um die Ironie auf die Spitze zu treiben, Nietzsches eigene Rhetorik vom »Übermenschen«, von der »blonden Bestie« und vom »Willen zur Macht« von Faschisten und Nationalsozialisten später eifrig übernommen. Seine ständigen Angriffe auf die jüdisch-christliche Moral lieferten eine ergiebige Inspirationsquelle für die »Revolution« der Nazis. Schließlich war es Nietzsche, der den priesterlichen Judaismus und die Verkündung des Evangeliums als Beginn eines »Sklavenaufstands in der Moral« gebrandmarkt hatte. Die Juden, erklärte er mit orakelhafter Bestimmtheit, hätten vor zweitausend Jahren im römisch besetzten Palästina die größte »Umwandlung der Werte« in der Weltgeschichte in die Wege geleitet. Das sei ein höchst verhängnisvolles und katastrophales Ereignis gewesen – das in Nietzsches Augen für sämtliche »dekadenten« modernen Ideologien, wie den Liberalismus, den Rationalismus, den Sozialismus, und die gleichmacherische Massendemokratie verantwortlich war.[11] In den dreißiger Jahren des zwanzigsten Jahrhunderts sollte es Faschisten und Nazis – von der Hybris der Selbstvergötterung berauscht – nicht schwer fallen, Nietzsches Gedanken über die moderne Dekadenz in ihr eigenes, totalitärnihilistisches Programm einzubauen.[12]

Dabei spielte es kaum eine Rolle, dass nur wenige Nazis Nietzsche wirklich gelesen oder seiner Verachtung für die Deutschen und seiner Bewunderung für die Juden Aufmerksamkeit geschenkt hatten. Der Reiz lag in der Aussicht auf ein Vergehen großen Stils, auf das von Nietzsche vorgeführte Zerschlagen jener verbliebenen Tabus, die die barbarische Kriegslust, die hinter einer immer dünner werdenden Fassade der »Zivilisiertheit« lauerte, bisher noch zügelten. Der Nationalsozialismus, der als

Experiment im Sinne Nietzsches (miss)verstanden wurde, schien dem deutschen Volk einen faustischen Pakt mit dem Teufel anzubieten. Als Gegenleistung für die Zerstörung der traditionellen christlichen Selbstbeherrschung auf moralischem Gebiet würde man ihm vielleicht die zukünftige Vorherrschaft über die irdischen Reiche übertragen, die andere europäische Mächte bereits unter sich aufgeteilt hatten.

Die Dämonisierung der Juden und des Judentums bekam bei diesem Unterfangen eine ungeheure symbolische Bedeutung. Die führenden Nationalsozialisten (und insbesondere Hitler) waren von der Lehre vom »auserwählten Volk« und dessen vermuteter heimlicher Macht besessen. Sie interpretierten diese Lehre im Vorgriff auf ihren eigenen Willen, die Rassen mit Hilfe einer eisernen Gesetzgebung bis zum Ende aller Zeiten voneinander zu trennen.[13] Die Einzigartigkeit der Juden und das Geheimnis ihres Überlebens über Jahrtausende hinweg wurden so behandelt, als rechtfertigten sie die ewigen Wahrheiten über Blut und Rasse.[14] Der Rassismus der Nazis lässt sich tatsächlich als blasphemische Randbemerkung zur Auserwähltheit der Juden oder vielleicht sogar als groteske Parodie darauf betrachten. Es kann, um es ganz deutlich zu sagen, nicht zwei auserwählte Völker geben. Der Charakter von Hitlers messianischem Anspruch machte es notwendig, dass ebenjenes Volk, das drei Jahrtausende lang die Auserwähltheit verkörpert hatte, beseitigt wurde. In Hitlers Augen waren die Juden verantwortlich dafür (oder besser: schuld daran), dass die Vorstellung von einem moralischen Gewissen überhaupt entwickelt worden war, allen gesunden, natürlichen Instinkten zum Trotz.[15] Die Juden hatten dem Christentum und dem Kommunismus dieses schädliche Ideal vererbt, zusammen mit ihren im Widerspruch dazu stehenden Träumen von Brüderlichkeit, Gleichheit und Gerechtigkeit unter den Menschen. Obwohl diese Anschauungen sich von außen her betrachtet nicht vertrugen, bildeten sie für die Nationalsozialisten zwei Seiten der gleichen jüdischen Medaille – egalitäre Ideale, die unermessliches Leid, Verfolgung und Intoleranz verursacht hatten. Weiterhin wurden die Juden beschuldigt, vorsätzlich die Vermischung der Rassen und die schwächenden Grundsätze der Demokratie, die die Fundamente der menschlichen Kultur nur zerstören konnten, gefördert zu haben. Nach Ansicht der Nazis musste die Welt von diesen »bösen« Prinzipien befreit werden, damit die Menschheit wieder zu ihrer ursprünglichen, natürlichen Ordnung zurückkehren konnte. Insofern ging die geplante, systematische Auslöschung jüdischer Werte der physischen Ausrottung des jüdischen Volkes voraus und war deren notwendige Vorbedingung.

Auf seine eigene perverse Art erfasste der Nationalsozialismus tatsächlich einen grundlegenden Aspekt des Judentums und der Juden. Im Zentrum der jüdischen Religion stand der Glaube an eine einzige, allmächtige Gottheit, die das Universum erschaffen und die Menschheit als Hüter des Moralgesetzes in seine Mitte gestellt hatte. Die Offenbarung des Göttlichen Gesetzes und der Zehn Gebote am Berg Sinai hatte die biblischen Israeliten zum Bundesvolk gemacht, das von Gott für eine besondere ethische Mission auserwählt worden war. Sie waren nicht ausgewählt worden, um ein Reich zu erobern, sondern um eine göttliche Offenbarung zu verbreiten, die bestätigte, dass der Mensch als Ebenbild seines Schöpfers geschaffen wurde, dass jeder Mensch einen göttlichen Funken in sich trägt und dass jedes Leben heilig ist. »Du sollst nicht töten« erklang als Fanfarenstoß, der jeden zivilisierten Moralkodex der Menschheit anrief (und den der Nationalsozialismus genau umkehren sollte), zusammen mit universellen Geboten gegen Ehebruch, Diebstahl, Gotteslästerung und die Anbetung falscher Götter. Die mosaische Lehre widmete den Rechten der Armen und Unterdrückten, der

Waisen und Witwen, der Sklaven und der Fremdlinge innerhalb des Gemeinwesens besondere Aufmerksamkeit. In dieser Hinsicht war das Judentum das Gegenteil des von Fremdenhass geprägten rassistischen Nationalismus, den Faschisten und Nationalsozialisten vertraten. Im Kern der Tora stand die Forderung nach »Gerechtigkeit und nur Gerechtigkeit«. Immer wenn die biblischen Israeliten Gefahr liefen, abtrünnig zu werden und fremden Götzen zu dienen, erschien ein Prophet, um sie auf den rechten Weg zurückzuführen. Der Ruf des Amos, die Gerechtigkeit wie Wasser und die Rechtschaffenheit wie einen mächtigen Strom fließen zu lassen, ist das Leitmotiv biblischer Prophezeiungen. Im *Amida*-Gebet an *Rosch ha-Schana* (dem jüdischen Neujahrsfest) ist die Bedingung für die Verwirklichung vom Reich Gottes in dieser Welt, dass Arroganz, Ungerechtigkeit und Unterdrückung vom Angesicht der Erde verschwinden. Nach jüdischer Auffassung ist dieses Ideal das letztendliche Ziel der Menschheitsgeschichte, was mit der nationalsozialistischen Vision von der Welt überhaupt nicht vereinbar war. Die Tora (ergänzt durch den Talmud und die Lehren der Rabbiner im Laufe der Jahrhunderte) wurde zur Verfassung und zum »Lebensgesetz« für das jüdische Volk und hielt es über die zweitausend Jahre hinweg, die es zerstreut lebte, zusammen. Nach den tiefgründigen Worten des deutsch-jüdischen Dichters Heinrich Heine war die Tora das »tragbare Heimatland« der Juden und gleichzeitig das Zeichen für ihre Berufung zum besonderen Volk unter den Nationen.

Erst im neunzehnten Jahrhundert, im Zeitalter der Emanzipation (vor allem in den demokratischen Gesellschaften des Westens), begannen die Juden, sich als *religiöse* Gruppe neu zu definieren, die keine bestimmte Staatsangehörigkeit besaß und in gewisser Hinsicht mit der Gruppe der Katholiken oder der Protestanten vergleichbar war.[16] Doch die Mehrzahl der Juden in der Diaspora lebte dicht zusammengedrängt in Ansiedlungen in Osteuropa. Diese Juden bewahrten weiterhin ihre eigenen Sprachen (Jiddisch, Ladino usw.), ihre gesellschaftlichen Regeln, ihr Wertesystem und Gebräuche und Gesetze, die sich von denen der Völker ringsumher stark unterschieden, und hielten hartnäckig an ihren eigenen religiösen Überzeugungen fest. Weiterhin wurde das jüdische Selbstverständnis, ein besonderes Volk zu sein, durch das ausgeprägte Empfinden bestätigt, dass die Verfolgungen, denen die Juden während ihres langen Exils seit der Zerstörung des Zweiten Jüdischen Tempels (70 n. Chr.) unterworfen waren, weiter andauerten. Das Gefühl, in einer Leidens- und Schicksalsgemeinschaft verbunden zu sein, stärkte die Identität der Juden in der Diaspora.

Schon vor dem Verlust der nationalen Unabhängigkeit vor fast zweitausend Jahren hatten Juden beträchtliche Widerstandskräfte und Überlebensinstinkte bewiesen, als sie sich gegen große alte Reiche, wie Ägypten, Assyrien, Babylonien und Persien, auflehnten. Unter Judas Makkabäus und dem Priesterklan der Hasmonäer hatten sie gegen das kulturelle und politische Joch eines eroberungswütigen Hellenismus rebelliert, was 142 n. Chr. zur kurzzeitigen Wiederherstellung einer jüdischen politischen Souveränität in Judäa geführt hatte. In der Folge erhoben die Juden sich in einer Reihe von erfolglosen Revolten gegen die Militärmacht des kaiserlichen Roms, wobei sie das Märtyrertum dem Verrat an ihrem Erbe und ihrem Glauben vorzogen. In dieser messianischen Atmosphäre der wiederholten jüdischen Aufstände gegen die repressive römische Herrschaft entwickelte sich im Palästina des ersten Jahrhunderts das Christentum, und zwar als Lehre einer Dissidentensekte, die dem Judaismus entsprang. Nicht nur Jesus von Nazareth, sondern auch seine Mutter Maria, alle seine Jünger und der Apostel Paulus wurden als Juden geboren. Ab dem vierten Jahrhundert n. Chr., nach Konstantin dem

Großen, sollte der neue Glaube, der aus den Lehren der Juden entstand (wie in den Evangelien erzählt wird), in einem zunehmend christianisierten Europa machtvollen Einfluss auf das Schicksal des zerstreuten, im Exil lebenden jüdischen Volkes ausüben.[17] Im Mittelalter räumte man den Juden, die unter einem gewissen Schutz seitens der Kirche und säkularer Herrscher standen, ein Existenzrecht ein; die andere Seite dieser Medaille war ihr verachteter theologischer Status als »verfluchtes Volk« und als »Gottesmörder«.[18]

Im Neuen Testament kann man eine Reihe von Hinweisen auf »die Juden« als Kinder »eures Vaters des Teufels« oder auf die »Synagoge des Satans« finden. Auch ist es kein Zufall, dass Judas, der Jünger, der Jesus angeblich um des schnöden Mammons willen verriet, schließlich als kollektive Inkarnation des jüdischen Volkes und allgemein als Inbegriff von Verrat und Feigheit betrachtet werden sollte. Seit dem vierzehnten Jahrhundert wurden Juden in den Schriften der Kirchenväter durchgängig und bösartig als »Mörder der Propheten«, »Widersacher Gottes und Gotteshasser«, »Glaubensfeinde« oder »Advokaten des Teufels« bezeichnet; sie wurden als »Natterngezücht«, als Verleumder, Spötter und »Hefe der Pharisäer« dargestellt, als sinnlich, lustvoll, lasterhaft, gewinnsüchtig und korrupt; angeblich wurden sie ausschließlich vom Verlangen nach Sex, Geld und Macht getrieben – den Dingen der diesseitigen Welt, die das Christentum erklärtermaßen verachtete.[19] Diese Sprache der Schmähungen setzte sich in den meisten christlichen Ländern mit größerer oder geringerer Intensität (je nach Land und Umständen) über die Jahrhunderte hinweg fort. Der Haupteffekt der wilden Polemik bestand in der Entwürdigung, Diskreditierung und Entlegitimierung der jüdischen Elternreligion, aus der das Christentum doch entstanden war.[20] Eine derartig umfassende Ablehnung zeigte, dass das Judentum nach dem Erscheinen Christi keine Daseinsberechtigung mehr hatte, denn nun war die Kirche zum »wahren« Israel und zur Hüterin des Neuen Bundes geworden. Die göttlichen Segnungen und Versprechungen, die die Israeliten in der Hebräischen Bibel (die dem ersten Teil der christlichen Heiligen Schrift entspricht und als Vorankündigung und Gültigkeitsbeweis der Evangelien verehrt wird) empfingen, reservierte die Kirche für sich selbst und für das »Gottesvolk« (die nichtjüdischen Christen). Die Flüche und Verwünschungen dagegen bezog man auf die verworfenen Juden. Hatte Gott sie nicht mit ewiger Wanderschaft und Exil bestraft, weil sie in ihrer Blindheit Jesus nicht als den Messias erkannt hatten? Würden sie nicht so lange verfolgt werden, bis sie zum wahren Glauben konvertierten?

Nach dem ersten Kreuzzug von 1096 (als die Armeen der Kreuzritter im Rheinland Juden als »Ungläubige« und »Christusmörder« niedermetzelten, bevor sie bei der Eroberung Jerusalems dann sowohl Muslime als auch Juden abschlachteten) bekam die theologische Anklage des Gottesmordes explosive Kraft und mischte sich mit irrationalem Aberglauben.[21] Die so genannte Blutlegende oder Blutbeschuldigung, die sich von Norwich in England (im elften Jahrhundert) über den europäischen Kontinent ausbreitete, basierte auf der reinen Erfindung, dass Juden das frische Blut christlicher Kinder brauchten, um zum Pessach-Fest, das normalerweise mit dem christlichen Ostern zusammenfiel, ihren Matzen (ungesäuertes Brot) zu backen.[22] Als Folge davon konnte das unerklärliche Verschwinden eines christlichen Kindes zur Osterzeit den Verdacht erwecken, dass Juden es entführt und getötet hatten. Solche unhaltbaren Mythen lösten selbst im neunzehnten und zwanzigsten Jahrhundert noch Mordprozesse, Pogrome und Gewalt gegen Juden aus. Nicht weniger destruktiv wirkte die irrationale Fantasie, dass Juden absichtlich und böswillig Hostien für die heilige Kommunion durchbohrten, um sie zum Bluten zu bringen (der so genannte Hostienfrevel), so als würden sie zwanghaft die Kreuzigung Christi wiederholen und nachspielen. Zu den weiteren unheilvollen mittelalterlichen Beschuldigungen gehörte die Unterstellung, Juden hätten die Brunnen vergiftet, um die Pestepidemie, den »Schwarzen Tod«, auszulösen, der die Gesellschaften im Europa des vierzehnten Jahrhunderts dezimierte. Außerdem stellte man Juden im Mittelalter ständig als Blut saugende Wucherer, als Hexer, Gotteslästerer, unversöhnliche Feinde Christi und Beauftragte des Teufels dar, die heimlich den Untergang des Christentums planten. Nur auf einem Boden, der jahrhundertelang mit einer derartig fürchterlichen Dämonologie bewässert worden war, konnte der Holocaust überhaupt ersonnen und dazu auch noch mit so wenig Gegenwehr durchgeführt werden.[23]

Selbst der große protestantische Reformer Martin Luther konnte sich, trotz seiner vernichtenden Angriffe auf Korruption, Lügen und Aberglauben, die im päpstlichen Rom seiner Zeit überhand genommen hatten, nicht von der dämonisierenden, antijüdischen Vorstellung befreien, die er von der mittelalterlichen Kirche übernommen hatte.[24] In seiner Schmähschrift von 1543, »Von den Juden und ihren Lügen« (die die Nazis zynischerweise benutzten, um das Abbrennen der Synagogen im Jahr 1938 zu rechtfertigen), wiederholte Luther die althergebrachten christlichen Ansichten über das »verworfen, verdampten Volk« der Juden. Er gab seinen »treuen Rath« und empfahl, die Synagogen der Juden in Brand zu stecken, ihre Wohnhäuser abzureißen, ihnen ihre »Betbüchlein und Talmudisten« fortzunehmen, ihren Rabbinern »bei Leib und Leben« die weitere Lehre zu verbieten und ihre Reisefreiheit aufzuheben. Luther empfahl, »daß man ihnen den Wucher verbiete« und »sie ihr Brod verdienen [lasse] im Schweiß der Nasen«, womit Feld- und Hausarbeit gemeint war. Er schlug vor, die weltlichen Herrscher der deutschen Fürstentümer sollten dem Beispiel anderer Nationen, wie »Frankreich, Hispanien, Böhemen«, folgen »und mit ihnen rechen, was sie uns abgewuchert; und darnach gütlich getheilet, sie aber immer zum Land ausgetrieben«. Diese Akte der »scharfen Barmherzigkeit« (wie Luther sein Programm nannte) sollte »man thun unserm Herrn und der Christenheit zu Ehren, damit Gott sehe, daß wir Christen seien, und solch öffentlich Lügen, Fluchen und Lästern seines Sohnes und seiner Christen wissentlich nicht geduldet noch gewilliget haben«.[25]

Ebenso wie die unerbittlich negativen Klischees des mittelalterlichen Katholizismus, die Luthers Sichtweise geprägt hatten, schuf auch seine protestantische Reformation mit ihrer gehässigen Darstellung der satanischen Juden in Deutschland ein machtvolles Arsenal an Legenden, Vorstellungen und Fantasien, auf denen der Antisemitismus der Nationalsozialisten aufbauen konnte. Schon lange vor den Nazis hatte man die Juden in theologischen Polemiken, Predigten und mittelalterlichen Mysterienspielen, in den bildenden Künsten, in Romanen und in Volkssagen als geheimnisvolle, bedrohliche Verkörperung des Bösen dämonisiert. Die Juden waren das kraftvollste und verhassteste »Andere«, das dem christlichen Europa als Hintergrund für seine Selbstdefinition zur Verfügung stand.[26] Zeitweise schien es, als würde man sie in den Status einer metaphysischen Abstraktion erheben, wobei sie die finstersten Mächte der Häresie, der Fleischeslust und der schwarzen Magie verkörperten. »Der Jude« ähnelte einem Geschöpf von anderer Art, das eigentlich kaum menschlich war. Der Nationalsozialismus säkularisierte diese Vorstellung zwar und radikalisierte sie auch, erfand aber im Hinblick auf die grundlegenden Stereotypen nur wenig Neues.

Allerdings führte der biologische Rassismus der Nazis ein relativ neues Element in den Judenhass ein, auch wenn diese scheinbare Neuerung ebenfalls christliche Vorläufer hatte. Zum

Beispiel waren im katholischen Spanien des fünfzehnten Jahrhunderts Gesetze über die »Reinheit des Blutes« erlassen worden, um »alte« von »neuen Christen« (*conversos* oder jüdischen Konvertiten) zu unterscheiden und die Ausrottung »judaisierender« Einflüsse zu unterstützen.[27] Die manische Jagd der spanischen Inquisition auf verkappte Juden, die gewalttätigen Pogrome, die im späten vierzehnten Jahrhundert begannen, die Ketzergerichte und die schreckliche Verfolgung, die im Jahre 1492 zur Massenvertreibung von 150 000 Juden führte, waren eine frühneuzeitliche Vorschau auf den nationalsozialistischen Genozid.[28] Es war sicherlich von Bedeutung, dass sich diese Hexenjagd in ebenjener europäischen Gesellschaft abspielte, in der die Juden ein höchst beachtliches »goldenes Zeitalter« erlebt hatten, eine Erfolgsgeschichte, die die deutsch-österreichisch-jüdische »Symbiose« des neunzehnten und zwanzigsten Jahrhunderts vorwegnahm. Auch im mittelalterlichen Spanien waren die Juden auf dem Weg der Akkulturation, der sozialen Integration und der umfangreichen Konversion bereits weit fortgeschritten. Sie hatten in Literatur und Philosophie, im Handel, in den freien Berufen und sogar in der Regierung bemerkenswert hohe Positionen erreicht. Der Reichtum und der Erfolg der spanischen Juden und »neuen Christen« weckten den Neid ihrer Konkurrenten und die Feindseligkeit der katholischen Kirche, welche die Saat der Ketzerei fürchtete. Nicht weniger wichtig war, dass die Entscheidung, sowohl Juden als auch Muslime auszuschließen, den ambitionierten Herrschern Spaniens einen Fokus bot, um die Einheit ihrer Nation zu verkünden, deren »Rückeroberung« vom Islam unter dem Banner des Heiligen Katholischen Glaubens nun abgeschlossen war. Hinzu kam, dass die Aussicht auf die Enteignung wohlhabender Juden, wie anderswo auch, für Herrscher und Bevölkerung gleichermaßen eindeutig einen materiellen Anreiz bot.

Im Gegensatz zu den Judenvertreibungen aus England (1290), Frankreich (1306, 1332), aus den deutschen Fürstentümern und dann aus Spanien und Portugal (Ende des fünfzehnten Jahrhunderts) wurden im Königreich Polen die Juden ursprünglich freudig begrüßt, denn sie galten als urbanes, Handel treibendes Bevölkerungselement, das helfen konnte, die nach den mongolischen Invasionen zerstörte Wirtschaft wieder aufzubauen. Vom vierzehnten Jahrhundert an bis zu den Teilungen Polens im späten achtzehnten Jahrhundert genossen die Juden dort unter dem Schutz von Privilegien, die von den polnischen Herrschern garantiert wurden, ein nie da gewesenes hohes Maß an Autonomie. Häufig wurden Juden vom polnischen Adel als Gutsverwalter und Steuereintreiber eingesetzt, oft dienten sie als Mittelsmänner zwischen Landbesitzern und Bauern, und in den Städten spielten sie eine ähnlich vermittelnde Rolle zwischen Händlern und Handwerkern. In seiner Blütezeit wurde Polen ein führendes Zentrum der aschkenasischen jüdischen Bildung und Religion und blieb das sogar während seines Niedergangs. Andererseits erinnerten die mit dem Namen Bogdan Chmelnizki verbundenen Massaker (er führte von 1648 bis 1649 einen ukrainischen Bauernaufstand gegen den polnischen Landadel an) auf beängstigende Weise daran, wie gefährdet die Position der Juden in den polnischen Gebieten war. In der Ukraine und in Südpolen wurden zwischen einem Viertel und einem Drittel der jüdischen Bevölkerung von ukrainischen Kosaken ermordet. Sie wurden als »Christusmörder« und als Steuern eintreibende Mittelsmänner, die den Interessen der verhassten polnischen Gutsbesitzer dienten, niedergemetzelt.[29]

In Westeuropa traten die Juden 1789 mit der Französischen Revolution in das moderne Zeitalter ein. Indem die französische Nationalversammlung alle feudalen Privilegien des *Ancien Régime* (darunter auch die besondere Position der katholischen Kirche) abschaffte, schuf sie zum ersten Mal in Europa bürgerliche Gleichheit für Juden. Die Generation der Revolutionszeit, welche 1791 die Gleichberechtigung der Juden herbeiführte, stand unter dem Einfluss von allgemein verbreiteten aufklärerischen Idealen, einem optimistischen Glauben an die Vernunft, einer generell kosmopolitischen Sichtweise und der Überzeugung, dass Menschen sich durch Erziehung und eine Veränderung der gesellschaftlichen Bedingungen vervollkommnen lassen. Der radikalere Zweig der Aufklärung versprach den Juden einen Neuanfang, wenn sie nur gewillt waren, die Fesseln ihrer jüdischen Tradition abzuwerfen. Wie der Comte de Clermont-Tonnerre 1789 vor der französischen Nationalversammlung betonte: »Den Juden als Nation sollte man alles verweigern, aber als Individuen sollte man ihnen alles gewähren; [...] wenn sie das nicht wollen, [...] werden wir gezwungen sein, sie zu vertreiben.«[30] Im Verlauf des neunzehnten Jahrhunderts waren die Juden in Frankreich und Westeuropa bereit, diesen Emanzipationsvertrag anzunehmen (orthodoxe Juden bildeten eine Ausnahme), obwohl er beinhaltete, dass sie ihre gesonderte Gruppenidentität aufgaben. Dem Reiz von nie da gewesenen individuellen Möglichkeiten, Freizügigkeit, neuen Berufsaussichten und unbeschränktem Zugang zu einer modernen, säkularisierten Gesellschaft zu widerstehen, erwies sich als schwierig.

Ende des neunzehnten Jahrhunderts jedoch kam es in Frankreich durch konservative Kräfte zu einer ausgeprägten Gegenreaktion gegen das Vermächtnis der Revolution von 1789 und ihrer Emanzipation der Juden. Die katholische Kirche brachte die Juden mit der säkularisierenden, antiklerikalen »Dritten Republik« (wie der französische Staat zwischen 1870 und 1940 hieß) in Verbindung. Die Monarchisten (die von einer Wiedereinsetzung des Königshauses träumten), aristokratische Armeeoffiziere, die über ihre Niederlage gegen Preußen 1870 verbittert waren, und eine bunt gemischte Gesellschaft aus Antisemiten und Nationalisten hofften, die verhasste Republik zu stürzen. Die beste Möglichkeit dazu bot sich, als 1894 ein jüdischer Offizier aus dem Elsass, Alfred Dreyfus, beschuldigt wurde, dem deutschen Feind militärische Geheimnisse der Franzosen verraten zu haben. Dreyfus' Schuld wurde zu einem Dogma, nicht nur für radikale Antisemiten, die sicher waren, dass jeder Jude ein potenzieller »Judas« sei, sondern auch für die katholischen und nationalistischen Rechten, die überzeugt waren, dass eine Konspiration stattgefunden hatte, um die französische Nation zu vernichten.[31] Diese Verschwörung war angeblich von Juden ausgeheckt worden, mit der Hilfe von Freimaurern, Protestanten, antiklerikalen republikanischen Radikalen und Sozialisten. Der Mythos vom allmächtigen Juden (verkörpert durch die Familie Rothschild und durch die »jüdische« internationale Hochfinanz) bekam in den neunziger Jahren des neunzehnten Jahrhunderts neues Leben. Die Dreyfus-Affäre im Frankreich des Fin de Siécle erwies sich als ideologische Matrix für eine große Vielfalt an ultranationalistischen und faschistischen Ideen, die nun in Europa auftauchten.[32] Außerdem war sie eine Art Generalprobe für die antisemitische Massenpolitik im Stil der Nationalsozialisten.

Der Ausdruck »Antisemitismus« war 1879 von dem radikalen deutschen Journalisten Wilhelm Marr geprägt worden, um diese Richtung von den traditionelleren christlichen Formen der Feindseligkeit gegen das Judentum abzugrenzen. In der Tat stand Marrs »Antisemitismus« (der sich gegen die Juden als fremdartige Rasse »semitischer« Ausbeuter richtete) auch dem übernationalen Katholizismus und den monotheistischen Religionen allgemein auffällig ablehnend gegenüber. 1879 behauptete Marr in einem mittelmäßigen, aber reißerischen Pamphlet, die deutsche Gesellschaft sei bereits »judaisiert« worden (ein Kodewort für den Sieg des Materialismus, des Mammons und des Laisser-faire-Kapitalismus); düster erklärte er, die Juden hätten Deutschland erobert, indem sie die Kontrolle über seine Presse und seine Börse übernommen hätten.[33] Ähnliche Anklagen erhoben noch im gleichen Jahr der protestantische Hofprediger Adolf Stoecker, ein beeindruckender antisemitischer Redner, der in Berlin gerade die Christlich-Soziale Arbeiterpartei mit Zulauf aus der unteren Mittelschicht gegründet hatte, und der berühmte preußische konservative Historiker Heinrich von Treitschke, der die bei den Nazis sehr beliebte antisemitische Parole »Die Juden sind unser Unglück« prägte. Das kaiserliche Deutschland sollte sich in den Jahren zwischen 1880 und 1914 zum bevorzugten Laboratorium für ideologische Antisemiten – sowohl christliche als auch antichristliche – entwickeln.[34] Während dieser Judenhass keineswegs »eliminatorisch« war (in dem Sinne, wie Daniel Jonah Goldhagen es behauptet), spielte er mit seinem Ausmaß und seiner obsessiven Qualität als Wegbereiter für die kommenden Tragödien doch eine Rolle.[35]

Es gab noch weitere einflussreiche rassistische Propagandisten, wie den antiklerikalen Publizisten Theodor Fritsch (1852–1933), dessen *Handbuch der Judenfrage* dem jungen Hitler in Wien vor 1914 bekannt war. Fritsch war ein unermüdlicher Publizist, und 1883 gründete er in Sachsen den Hammer-Verlag für antisemitische Literatur. Zehn Jahre später verfasste er die populäre rassistische Schrift *Catechismus für Antisemiten*,[36] die dann später den Titel *Handbuch der Judenfrage* erhielt. Darin warnte er die Deutschen davor, gesellschaftlichen, sexuellen, geschäftlichen oder beruflichen Verkehr mit Juden zu pflegen oder jüdische Schriften zu lesen, damit deren schleichendes Gift sie und ihre Familien nicht zermürbe und korrumpiere. Fritschs *Handbuch* erreichte über vierzig Auflagen und inspirierte eine Reihe von Nazis, die den Autor später als bedeutenden Staatsmann ehrten. Weitere ideologische Antisemiten vor 1914, die im Dritten Reich hoch geschätzt wurden, waren der Orientalist Paul de Lagarde (Anwalt eines virilen germanischen und entjudaisierten Christentums), der die Übel des westlichen Liberalismus, Kapitalismus und Parlamentarismus anprangerte,[37] sowie Eugen Dühring, ein früherer Sozialist, der vehement gegen das Christentum eintrat und radikale Maßnahmen forderte, um die Juden mit Hilfe einer diskriminierenden Fremdengesetzgebung ins Ghetto zurückzuschicken. Dühring behauptete, die germanisch-nordische Rasse könne ihre entwicklungsgeschichtliche Bestimmung nur erfüllen, wenn sie das Joch eines »semitischen« Christentums endlich abgeschüttelt habe.[38] Noch einflussreicher war der in Deutschland lebende teutomanische Engländer Houston Stewart Chamberlain, dessen Bestseller *Die Grundlagen des 19. Jahrhunderts* (1899) dem deutschen Kaiser Wilhelm II. mit seinem bombastischen Imperialismus sehr zusagte. Chamberlain, ein leidenschaftlicher Wagnerianer (und Schwiegersohn Wagners) und Amateurphilosoph, lebte lange genug, um bereits 1923 Hitler als den zukünftigen »Retter« Deutschlands bejubeln zu können.[39]

Obwohl antisemitische Ideologien im kaiserlichen Deutschland vor 1914 immer mehr an Gewicht gewannen, erschien das Zweite Reich den meisten Juden als eine stabile, wohlhabende und kulturell hoch stehende Gesellschaft, in der ihre bürgerlichen Rechte respektiert wurden. Ähnlich schienen auch im übrigen West- und Mitteleuropa die Aussichten auf Integration vor dem Ersten Weltkrieg viel versprechend zu sein (auch für die über zwei Millionen Juden in Österreich-Ungarn). Doch der Krieg und seine Folgen sollten sich für viele Juden als grausame Enttäuschung erweisen. Die Juden in Galizien und entlang der russischen Kriegsfront flohen bald um ihr Leben und wurden vom zaristischen Oberkommando häufig als Spione und Verräter bestraft oder ins russische Landesinnere deportiert. 1918, bei Kriegsende, wurde Polens Erklärung der nationalen Unabhängigkeit von der kreischenden Musik von Judenpogromen begleitet, besonders in Orten mit gemischter Bevölkerung, wo die Polen der Loyalität der Juden misstrauten.[40] Auch wenn die deutsche Armee an der Ostfront Juden einigermaßen gut behandelte, nahm das Oberkommando 1916 eine spezielle »Judenzählung« vor, um jüdische Soldaten im aktiven Militärdienst zu erfassen. Vermutlich sollten damit Gerüchte über Drückebergerei und Schwarzmarktgeschäfte bestätigt werden. Die Ergebnisse wurden nie veröffentlicht, obwohl 12 000 deutsche Juden für ihr Vaterland das Leben ließen und eine relativ hohe Zahl jüdischer Soldaten für Tapferkeit vor dem Feind ausgezeichnet wurde. Derartige Opfer verhinderten nicht, dass die üble Legende in Umlauf gesetzt wurde, Juden (und Marxisten) hätten Deutschland im Krieg »rücklings erdolcht« – ein Mythos, der nach 1918 als »Dolchstoßlegende« für Hitler und die nationalistische Rechte in Deutschland zu einem schlagkräftigen Propagandainstrument wurde.

Im November 1917 fanden zwei Ereignisse statt, die für die moderne jüdische Geschichte von entscheidender Bedeutung waren und sich auch auf das kommende Geschehen auswirken sollten. Die bolschewistische Revolution in Russland beendete das kurzlebige Experiment in parlamentarischer Demokratie, das vor allem von gemäßigten russischen Liberalen und Sozialisten geleitet worden war. Auch wenn die Revolution die Emanzipation der russischen Juden, die zehn Monate zuvor mit dem Sturz des Zarentums garantiert worden war, konsolidierte, waren ihre unmittelbaren Konsequenzen doch eine Katastrophe für die Juden. Sie führten zu den schlimmsten Pogromen, die bis dahin in der jüdischen Geschichte überliefert waren, und forderten zwischen 1918 und 1921 unter der russischen und der ukrainischen jüdischen Bevölkerung über 100 000 Todesopfer.[41] Die

Gräueltaten wurden in der Mehrzahl von den antibolschewistischen reaktionären Weißgardisten und von der ukrainischen nationalistischen Armee verübt, für die die Juden zum Synonym für die kommunistische Revolution geworden waren. Obwohl diese Gleichsetzung schlicht und einfach aus der Luft gegriffen war, gab es in der Anfangszeit der russischen Revolution eine relativ große Zahl von Bolschewisten jüdischer Herkunft, die Schlüsselpositionen besetzten. Keiner dieser »nichtjüdischen« Juden identifizierte sich allerdings in irgendeiner Weise mit dem Judentum, dem jüdischen Nationalismus oder den russischen Juden.[42] Ähnlich sympathisierten die meisten russischen und ukrainischen Juden in keiner Weise mit dem Kommunismus. Doch die antisemitische Brutalität der antibolschewistischen Pogrome trieb schließlich viele Juden der Roten Revolution in die Arme.[43] Als besonders verhängnisvoll sollte sich die Wirkung des bolschewistischen Schreckgespenstes auf Deutschland erweisen. Nach 1919 verbreitete die neu gegründete NSDAP zusammen mit den vielen rechten Kräften in Deutschland (und weit über dessen Grenzen hinaus) die Legende von einer jüdisch-bolschewistischen Verschwörung, die das Ziel habe, Deutschland und die christliche Zivilisation des Westens zu vernichten. Dieses ideologische Hirngespinst sollte zu einer zentralen treibenden Kraft für den Holocaust werden.

Fast gleichzeitig mit dem Triumph der Bolschewiki in Russland gab die britische Regierung (durch ihren Außenminister Lord Balfour) am 2. November 1917 die später so genannte Balfour-Deklaration heraus. Die Ankündigung, dass die britische Regierung sich öffentlich für »die Schaffung einer nationalen Heimstatt für das jüdische Volk in Palästina« einsetzte, fiel damit zusammen, dass britische Truppen Palästina eroberten, wo bis dahin die Osmanen geherrscht hatten. Damit wurde das Fundament dafür gelegt, dass die Briten 1922 offiziell das Mandat für Palästina erhielten und dass 1948 schließlich der Staat Israel geschaffen wurde. Mit Hilfe der Balfour-Deklaration errang die zionistische Bewegung ihren bis dahin größten Erfolg auf der internationalen Bühne und wurde von der damals führenden Großmacht der Welt politisch anerkannt. Ironischerweise ereignete sich dieser Schritt zur Wiederherstellung eines jüdischen Staates – zum ersten Mal seit fast zweitausend Jahren – zum gleichen historischen Zeitpunkt, als beispiellos viele Juden sich in den Schützengräben des Ersten Weltkrieges gegenseitig umbrachten. Der Zionismus jedoch bot eine Aussicht auf eine neue, zentripetale Kraft, der es vielleicht gelingen würde, die zentrifugalen und auflösenden Einflüsse, die die Modernisierung für die traditionelle jüdische Gesellschaft mit sich brachte, zu überwinden.

Die Haltung, die Nationalsozialisten, Nationalisten und Antisemiten in Deutschland und anderswo dem zionistischen Experiment gegenüber einnahmen, war ambivalenter als ihre Einstellung zum Kommunismus. Auf einer Ebene konnte der Zionismus bei Antisemiten Anklang finden, weil er sich als Bewegung deuten ließ, die die Emigration der Juden anstrebte. Zwischen 1933 und 1939 erschien Palästina dem NS-Regime sogar als praktischer Abladeplatz für unwillkommene Juden. Es gab jedoch auch eine negativere Sichtweise. Sie wurde von Hitler und dem führenden NS-Ideologen Alfred Rosenberg vertreten und betrachtete den Zionismus als politisches Werkzeug, das den Juden bei ihrem Streben nach der »Weltherrschaft« helfen sollte.[44] Aus diesem Blickwinkel gesehen bestätigte der Zionismus einfach das Klischee von der doppelten Loyalität der Juden und nährte den Mythos von ihrer Verschwörung und ihrer unersättlichen Gier nach Macht.

Nach 1918, mit dem Zusammenbruch des Osmanischen, des Österreichisch-Ungarischen und des Deutschen Reiches veränderte sich die Landkarte Europas unwiderruflich. Neue, unabhängige Nationalstaaten wie Polen, die Tschechoslowakei, Jugoslawien, Rumänien, Ungarn und die baltischen Staaten entstanden oder wurden wieder hergestellt. In den meisten Staaten lebten zahlreiche ethnische und religiöse Minderheiten sowie ein beträchtlicher jüdischer Bevölkerungsanteil. Diese alten und zugleich neuen Nationen brachten meistens einen ethnischen Nationalismus hervor, der andere Gruppen ausschloss, sowie zunehmend illiberale autoritäre Regimes, die gegen die Juden als »Außenseiter« tiefes Misstrauen hegten. Es war nicht nur so, dass man die Juden immer noch für »anders« hielt und meinte, sie seien vor allem ihrer eigenen Gruppe verpflichtet, sondern man betrachtete sie auch entweder als unwillkommene wirtschaftliche Konkurrenten oder als gefährlich subversive Radikale. Allein in Polen, Rumänien und Ungarn (wo in den dreißiger Jahren des zwanzigsten Jahrhunderts insgesamt viereinhalb Millionen Juden lebten) wurden kurz nach dem Ersten Weltkrieg strenge Quoten eingeführt, um den Zugang der Juden zu den Universitäten zu beschränken. Die Juden litten unter dem Druck der Finanzpolitik der Regierungen, wurden bei Einstellungen diskriminiert und waren häufig durch die Auswirkungen des Börsenkrachs an der Wall Street und der Großen Depression in den dreißiger Jahren gefährdet.[45] Die Verarmung der jüdischen Massen verstärkte die Wirkung dieser feindseligen Gesetzgebung noch und förderte das zunehmend nationalistische und antisemitische Klima, in dem Juden so weit wie möglich vom wirtschaftlichen Leben ausgeschlossen werden sollten.

Zu den europäischen Nationen, die zwischen den Weltkriegen das größte Interesse daran hatten, Juden in großer Anzahl aus ihrem Land zu entfernen, gehörte Polen. Im Oktober 1938 schlug der polnische Botschafter in Großbritannien vor, man solle den polnischen Juden erlauben, nach Nordrhodesien und in ähnliche Kolonien auszuwandern, und zwar in einer Anzahl von 100 000 pro Jahr; andernfalls, erklärte er, sähe die polnische Regierung sich »unvermeidlich gezwungen, die gleiche Art der Politik anzuwenden wie die deutsche Regierung und sich auch in der allgemeinen Politik enger an diese Regierung anzuschließen«. Trotz einiger Ähnlichkeiten unterschied sich der polnische Antisemitismus in einer Reihe von wichtigen Punkten von dem der deutschen Nationalsozialisten. Erstens war die »Judenfrage« in dem gefährdeten polnischen Vielvölkerstaat, in dem die Polen 1931 immer noch weniger als 65 Prozent der Bevölkerung ausmachten, ein echtes Minderheitenproblem.[46] Weiterhin entwickelten viele Polen in ihrem erst kürzlich wieder errichteten Staat, der von so mächtigen Nachbarn wie Deutschland und dem bolschewistischen Russland bedroht wurde, gegenüber nichtpolnischen Bevölkerungsgruppen deutlich paranoide Gefühle und betrachteten sie als potenzielle fünfte Kolonne. Vor allem die Juden, die in den großen Städten wie Warschau, Lodz, Lwow (früher Lemberg), Krakau und Lublin zwischen einem Viertel und einem Drittel der Bevölkerung ausmachten, wurden verdächtigt, den nationalen polnischen Interessen unloyal oder gleichgültig gegenüberzustehen.[47] Das hatte einige sehr üble Konsequenzen. Für die im Entstehen begriffene polnische Mittelschicht waren die stark urbanisierten Juden auf geschäftlichem Sektor gefährliche Konkurrenten, in den Augen der dominierenden konservativen und klerikalen Elite waren sie unweigerlich verkappte Bolschewiki, und den Bauern und kleinen Händlern erschienen sie als fremdländische Ausbeuter.[48]

Für den Primas von Polen, Kardinal Hłond, war es (nach einer Aussage von 1936) angeblich eine Tatsache, dass »Juden sich gegen die katholische Kirche wenden, eingefleischte Freidenker sind und die Avantgarde der atheistischen Bewegung, der bolschewistischen Bewegung und subversiver Aktion repräsentieren«. Kardinal Hłond versäumte es nicht, die klassischen Unterstellungen aufzuzählen, dass Juden sich mit »weißer Sklaverei« befassten, dass sie Pornografie verteilten, Betrügereien verübten und Wucher betrieben sowie allgemein die christliche Moral untergruben.[49] Der biologische und rassistische Antisemitismus pseudowissenschaftlicher Prägung war im katholischen Polen zugegebenermaßen weniger einflussreich als im benachbarten NS-Deutschland. Ebenso war Gewalt gegen Juden verpönt. Doch als Hitler 1933 an die Macht gekommen war, wurde die Stimmung in Polen den Juden gegenüber kampflustiger, vor allem in der nationalistischen Rechten (unter den »Nationaldemokraten« oder *Endecja*) und in den Reihen ihrer faschistischen, rüpelhaften Ableger.[50] Ende der dreißiger Jahre des zwanzigsten Jahrhunderts gab es auf dem Land kleine Pogrome, und an polnischen Universitäten waren für jüdische Studenten »Ghettobänke« reserviert.[51] Schlimmer noch war, dass polnische Politiker einen immer schärferen Wettstreit darum begannen, wer die weit reichendste Lösung für die »Judenfrage« vorschlug, sei es durch wirtschaftlichen Boykott, durch Ausschluss aus der Gesellschaft, durch gesetzlich verfügte Diskriminierung oder durch Massenvertreibung.

Nicht nur in Polen, sondern auch in Rumänien und Ungarn, in der Slowakei und selbst in Italien wurden Ende der dreißiger Jahre Schritte unternommen, um die beruflichen Rechte der Juden einzuschränken und sie zu Bürgern zweiter Klasse zu machen. Das war ein böses Omen für die kommenden Ereignisse. Die Juden merkten, dass sie gegen diese paneuropäische Strömung, die sie ihrer schwer erkämpften bürgerlichen und politischen Rechte berauben wollte, immer machtloser wurden. Mit massivem Druck wurde ein umfassender Numerus clausus gefordert, der ihnen sowohl Bildungsmöglichkeiten als auch ökonomische Möglichkeiten versperren und sie so zwingen sollte, in großer Zahl auszuwandern.

Die relativ schwache Reaktion der Juden darauf spiegelte ihre seit langem bestehende Abneigung und Unfähigkeit wider, organisiert und effektiv politisch zu handeln, um ihre lebenswichtigen Gruppeninteressen zu verteidigen. Im Westen gestattete die Politik des Emanzipationsvertrages (und anschließend der Assimilierung) zwar individuelle Lobbyarbeit hinter den Kulissen sowie philanthropische Aktivitäten, aber keine selbstbewusste ethnische Politik. Die nationale jüdische Bewegung, die für genau diesen Kurs eintrat, blieb in der jüdischen Welt eine Minderheitenströmung, bis Hitler nach und nach viele Argumente der Zionisten rechtfertigte. Da jedoch schien es für positive Gegenmaßnahmen zu spät zu sein, und man konnte nur noch versuchen, die legale (oder illegale) Auswanderung in das von Großbritannien kontrollierte Palästina zu organisieren. Die Entscheidungen im Mittleren Osten lagen jedoch weiterhin in den Händen einer britischen Elite, die vor allem mit der Staatsräson und mit ihren eigenen Erwägungen, was für das Weltreich zweckmäßig sei, befasst war.[52] In Palästina gab es zwar eine gut organisierte jüdische Gemeinschaft, ihr fehlten aber immer noch ein unabhängiger jüdischer Staat, eine jüdische Armee und ein allgemein verbindliches politisches Programm. Der Jischuw in Palästina war zahlenmäßig klein, ökonomisch schwach und politisch gesehen in zerstrittene Grüppchen aufgeteilt. Gleichzeitig war er vom Wohlwollen der Briten abhängig und mit einer feindseligen arabischen Mehrheit konfrontiert.

Selbst die amerikanischen Juden bildeten, obwohl sie 1939 die reichste, größte und stärkste jüdische Gemeinde in der Welt darstellten, immer noch keineswegs die organisierte, einflussreiche, disziplinierte und geschlossene Interessengruppe, zu der sie in der Nachkriegszeit wurden und die es vermocht hätte, die Außenpolitik der Vereinigten Staaten zu beeinflussen. Im Gegenteil, ihnen fehlte es so sehr an Einheit und Selbstvertrauen und sie waren durch das Aufleben des amerikanischen Antisemitismus während der Jahre der Depression so eingeschüchtert, dass sie nicht in der Lage waren, ernsthaft gegen die drakonischen Einwanderungsbeschränkungen, die das Schicksal der europäischen Juden mit besiegelten, anzugehen.[53] Mehr oder weniger das Gleiche ließ sich über die kleinere anglojüdische Gemeinde (330 000 Mitglieder) sagen, auch wenn einzelne Juden in den Jahren zwischen den Kriegen im öffentlichen Leben Großbritanniens Berühmtheit erlangten.[54]

Genauso machtlos waren die über drei Millionen zählenden polnischen Juden, obwohl sie in der polnischen Gesellschaft in den lokalen Parlamenten und im Nationalparlament organisiert vertreten waren. Die polnischen Juden bildeten einen Mikrokosmos der größeren jüdischen Welt mit ihrer turbulenten, zersplitterten, ideologisch polarisierten Politik – geprägt von internen Streitigkeiten zwischen Rechten und Linken und zwischen religiösen und säkularen, zionistischen und antizionistischen Extremen. Ihre »National«politik hatte angesichts der Feindseligkeit der polnischen Nichtjuden wenig Erfolgschancen, auch wenn der sozialistische jüdische Bund sich energisch gegen antisemitische Gewalt zur Wehr setzte.[55] Aber ob sie gesetzestreu oder revolutionär, nationalistisch oder integrationistisch gesinnt waren, die Juden in Mittel- und Osteuropa hatten auch vor 1939 wenig Chancen, die steigende antisemitische Flut abzuwenden. Nach 1939 wurde der ungleiche Kampf, bei dem eine Seite (die Deutschen) schwer bewaffnet und die andere (die Juden) im Grunde wehrlos war, immer hoffnungsloser. Dieses große Ungleichgewicht der Kräfte vergrößerte den Sadismus der Nationalsozialisten höchstens noch, die behaupteten, gegen einen allmächtigen Feind anzukämpfen, der allerdings ganz offensichtlich nicht dafür ausgerüstet war, sich selbst zu schützen.

Die Machtlosigkeit der Juden wurde, insbesondere in Osteuropa, nach 1939 zusätzlich durch die Feindseligkeit der einheimischen Bevölkerung verstärkt und durch deren Bereitschaft, bei der »Lösung der Judenfrage« mit den Deutschen zusammenzuarbeiten. Das galt sogar in Polen, einem Land, das die Nazis vom ersten bis zum letzten Kriegstag bekämpfte, das keine Quislinge hervorbrachte und die größte Widerstandsbewegung in Europa auf die Beine stellte. Zwar gab es einige polnische Antisemiten, die nicht nur gegen Hitler kämpften, sondern sogar Juden retteten, auch wenn darauf die Todesstrafe stand. Aber obwohl das Leiden der polnischen Bevölkerung unter der NS-Besatzung gleich an zweiter Stelle nach dem Leid der Juden rangierte, nahmen auch die Polen ihren jüdischen Nachbarn gegenüber eine feindselige oder gleichgültige Haltung ein oder verübten Gräueltaten an Juden – genauso wie Litauer, Letten, Esten, Ukrainer, Weißrussen, Rumänen, Ungarn und Angehörige vieler anderer europäischer Nationalitäten.

Der polnisch-jüdische Historiker Emanuel Ringelblum bemerkte 1944, im Versteck auf der »arischen« Seite Warschaus, bitter:

»Letzten Sommer, als Karren, vollgepfropft mit gefangenen jüdischen Männern, Frauen und Kindern, durch die Straßen der Hauptstadt zogen, war es da wirklich nötig, dass das Gelächter des wildgewordenen Pöbels von der anderen Seite der Ghettomauern widerhallte [...]?«[56]

Bereits im Oktober 1940 hatte er seinem Tagebuch anvertraut, es gebe »eine beträchtliche Zahl antisemitischer Elemente, die im Krieg gegen die Juden mit den Deutschen kollaborierten«.[57] Das von den Deutschen kontrollierte Radio, das System öffentlicher Lautsprecher, spezielle Ausstellungen, Broschüren, Heftchen und Plakate verbreiteten eine Botschaft des Hasses, die bei der einheimischen Bevölkerung, die bereits vom Antisemitismus der polnischsprachigen Boulevardpresse berauscht war, auf große Resonanz stieß.[58]

Mordechai Tenenbaum, der Befehlshaber der jüdischen Kampforganisation im Ghetto von Białystok, verurteilte das Verhalten der Polen, während die Todeszüge nach Treblinka und zu anderen Stätten des Mordens rollten, sogar noch schärfer. Ohne die passive und aktive Unterstützung der Polen, behauptete er, wären die Deutschen beim Aufspüren der Juden niemals so erfolgreich gewesen, wie sie es waren. »Es waren die Polen, die jedes Mal ›Jid‹ schrien, wenn ein Jude aus dem Zug, der ihn in die Gaskammern transportierte, entfloh, und sie waren es auch, die diese armen Unglücklichen einfingen und über jedes Missgeschick jubelten.«[59]

Der unerschrockene polnische Kurier Jan Karski hatte 1940 in einem Bericht an die polnische Exilregierung bemerkt, die »Judenfrage« gleiche einer »schmalen Brücke, auf der sich die Deutschen und ein großer Teil der polnischen Gesellschaft in Übereinstimmung befinden«.[60] Zofia Kossak-Szczucka, eine katholische Schriftstellerin und Mitglied im Hilfsrat für Juden (*Zegota*), der Ende 1942 gegründet wurde, war tief schockiert über die Demoralisierung, die sich durch das »allgemeine, Unheil verkündende Schweigen«, das das Massaker an Millionen von Juden umgab, in der Masse der Polen breit machte. Mit Entsetzen bemerkte sie auch, dass aus England und aus Amerika, von den internationalen jüdischen Organisationen und von der katholischen Kirche keine Proteste kamen, aber vor allem sorgte sie sich um die Seele Polens. »Die erzwungene Teilnahme der polnischen Nation an dem blutigen Spektakel, das auf polnischem Boden stattfindet, kann leicht zu Gleichgültigkeit gegenüber Verbrechen und Sadismus führen und vor allem die gefährliche Überzeugung wecken, dass man seinen Nachbarn ermorden kann, ohne dafür bestraft zu werden.«[61]

Mord der abscheulichsten Art beging die polnische Bevölkerung von Jedwabne (etwa 100 Kilometer von Białystok entfernt) am 10. Juli 1941, kurz nach dem deutschen Einmarsch in die Sowjetunion, an nahezu allen ihrer 1 600 jüdischen Nachbarn. Während die Deutschen zuschauten und sich darauf beschränkten, die Vorgänge zu Propagandazwecken zu filmen, schlachteten die polnischen Dorfbewohner Juden mit Äxten, Pfählen, Messern und nagelbesetzten Keulen ab. Männern wurden die Zunge oder die Augen herausgeschnitten, Frauen wurden vergewaltigt und ermordet, Babys wurden auf den Boden geworfen und totgetrampelt. Nachdem man Juden furchtbar geprügelt hatte, mussten sie sich auf dem Marktplatz aufreihen und singen: »Der Krieg ist wegen uns, der Krieg ist für uns.« Andere Juden wurden gezwungen, sich zu entkleiden, zu singen, zu tanzen und »lächerliche gymnastische Übungen« vorzuführen, während die zuschauenden polnischen Bauern, darunter Frauen und Kinder, applaudierten. Einer Gruppe junger Juden befahl man, eine riesige Lenin-Statue (aus der Zeit der sowjetischen Besatzung) vom Sockel zu heben und sie zum jüdischen Friedhof zu schleifen, wo die jungen Menschen niedergemetzelt wurden. Dann wurden alle übrig gebliebenen Juden, die nach wüsten Schlägen torkelten, in eine nahe gelegene Scheune getrieben, die man mit Petroleum in Brand steckte, so dass sie bei lebendigem Leibe verbrannten.[62]

Die gewöhnlichen Polen, welche die Gräueltaten ausführten, die Jan Gross in seinem kurzen Buch über Jedwabne beschrieben hat, unterschieden sich mit ihrem brutalen Sadismus in nichts von den deutschen Tätern, die Daniel Jonah Goldhagen analysierte. Goldhagen neigt dazu, das einzigartig Deutsche am Holocaust zu übertreiben. Der Groll gegen Kollaborateure mit den sowjetischen Besatzern, die nach dem Einmarsch der Deutschen im Juni 1941 geflohen waren, und die stereotype polnische

Gleichsetzung von Juden und Kommunisten waren vielleicht verschärfende Faktoren, nicht aber der Grund für das Massaker.[63] Wichtiger war der kräftige Cocktail aus Vorkriegs-Antisemitismus, eingebettet in den radikalen Nationalismus der *Endecja*, und einem erzreaktionären, primitiven Katholizismus, beides gemixt mit purer Habgier und dem Verlangen, jüdischen Besitz zu plündern, das der deutsche Krieg gegen die Sowjetunion geweckt hatte.[64] In der Umgebung von Białystok verübte die polnische Landbevölkerung auch an anderen Orten ähnlich bestialische Pogrome, bei denen begeisterte Zuschauer laut lachten und applaudierten, während Juden unter den erbarmungslosen Hieben der Mörder zu Boden stürzten. Wie ein Augenzeuge es formulierte: »Die Saat fiel auf fruchtbaren Boden, den die Geistlichen in langen Jahren vorbereitet hatten. Die wilde, blutgierige Masse verstand es als ihre heilige Pflicht, welche die Geschichte ihr auferlegt hatte, die Juden zu beseitigen. Und der Wunsch, sich in den Besitz jüdischer Reichtümer zu bringen, schärfte ihren Appetit noch mehr.«[65]

Das war bereits der Holocaust in Miniaturformat, und hier kamen die archaischen Schichten dieses ungeheuerlichen Unternehmens und die Anwendung von primitiven, uralten Waffen zum Vorschein. Es handelte sich nur um eine einzige kleine Episode im mörderischen Krieg Hitlers gegen die Juden, aber ähnliche Szenen sollten sich bald in ganz Europa abspielen.

2. VON WEIMAR ZU HITLER

Unerschrocken wollen wir mit Fingern auf den Juden zeigen als den Inspirator, Urheber und Nutznießer dieser furchtbaren Katastrophe [des Spanischen Bürgerkriegs]: Sehet, das ist der Feind der Welt, der Vernichter der Kulturen, der Parasit unter den Völkern, der Sohn des Chaos, die Inkarnation des Bösen, das Ferment der Dekomposition, der plastische Dämon des Verfalles der Menschheit.

Joseph Goebbels, Nürnberger Parteitag, September 1937

Wenn ich verkündete, dass alles Unglück der Völker von den Juden herrühre oder dass der jüdische Geist zersetzend und das jüdische Blut verunreinigend wirke, war ich nicht genötigt, an dich oder an den alten Herrn Lewy oder an Rosel Cohn zu denken, sondern ich dachte an das Gespenst ›*der* Jude‹.
Und wenn ich hörte, dass die Juden aus ihren Berufen und Wohnungen vertrieben und in Ghettos eingesperrt wurden, schaltete sich automatisch eine Weichenstellung ein, die den Gedanken umging, ein solches Schicksal könne auch dich oder den alten Lewy ereilen. Verfolgt und ›unschädlich gemacht‹ wurde ja nur ›*der* Jude‹!

Melita Maschmann, BDM-Führerin in der Hitlerjugend

Die zum Scheitern bestimmte Weimarer Republik wurde 1919 vor dem Hintergrund beispielloser nationaler Traumata gegründet. Die unerwartete Niederlage im Ersten Weltkrieg, die Abdankung des Kaisers, die Bedrohung durch eine kommunistische Revolution im eigenen Land, die Demütigung durch den Versailler Vertrag und die Aussicht auf die ungeheuren Reparationszahlungen an die westlichen Verbündeten lasteten schwer auf den Deutschen. Das Schreckgespenst des wirtschaftlichen und politischen Chaos konnte den Feinden der Republik, insbesondere den nationalistischen Rechten, nur nützen.[1] Sie warfen der Republik vor, für die Unterzeichnung eines Vertrags verantwortlich zu sein, der eine deutsche »Kriegsschuld« akzeptiert hatte, und sie gaben ihr die Schuld an dem beträchtlichen Gebietsverlust, an der »Schande« einer kastrierten Armee und an der Abhängigkeit von ausländischen Krediten. Ein weiterer Schlag für die Republik waren die galoppierende Inflation von 1923 und der darauf folgende Zusammenbruch der Währung, der einen verheerenden Einfluss auf die Arbeiterschicht und ebenso auf große Teile der Mittelschicht hatte, die die Ersparnisse ihres ganzen Lebens verloren. Zwar sollte die Weimarer Republik zwischen 1924 und 1928 eine kurze Periode ökonomischer und politischer Stabilität erleben, doch unter der Oberfläche hatten schwer wiegende Veränderungen bereits begonnen, die politische Mitte in Deutschland zu schwächen. Eher liberale Parteien wie die Demokraten und die Deutsche Volkspartei verloren stetig an Unterstützung. Das galt auch für die konservativen Nationalisten, deren Anteil bei der Wahl von 1928 von 20 Prozent auf 14 Prozent zurückgegangen war. Die Sozialdemokraten, in den frühen Jahren der Republik die führende Partei, verloren ebenfalls allmählich Wählerstimmen – vor allem an die

Kommunisten, die ihnen nie verziehen, dass sie 1919 (mit Hilfe der Armee und paramilitärischer Freikorps) die Möglichkeit einer proletarischen Revolution in Deutschland zunichte gemacht hatten.[2] Die katholische Zentrumspartei ihrerseits, deren Wählerschaft stabil blieb, war nicht mehr bereit, eine Koalition mit den Sozialisten einzugehen, und begann, sich nach rechts zu orientieren.

Die deutschen Juden, die etwas mehr als eine halbe Million Menschen zählten, waren eine sehr kleine Bevölkerungsgruppe (in den zwanziger Jahren des zwanzigsten Jahrhunderts weniger als 1 Prozent), die deutlich am linksliberalen Flügel des deutschen Spektrums angesiedelt war. Die Juden hatten politisch gesehen wenig Einfluss, auch wenn antisemitische Legenden das Gegenteil behaupteten. Überproportional vertreten jedoch waren sie im Verlagswesen, im Journalismus, in den Künsten, in akademischen Berufen, im Handel, im privaten Bankwesen und im Geschäftsleben, darunter auch als Besitzer der neuen Kaufhäuser. Im Jahr 1933 waren 11 Prozent der Ärzte und etwa 16 Prozent der Rechtsanwälte in Deutschland Juden – eine Zahl, die in den Großstädten wie Berlin umso sichtbarer war. Der Antisemitismus der deutschen Mittelschicht – der besonders unter Ärzten, Rechtsanwälten, Ladenbesitzern, Kunsthandwerkern, kleinen Geschäftsleuten, Akademikern und Studenten grassierte – wurde zweifellos durch berufliche Eifersucht und Neid auf erfolgreichere Konkurrenten angeregt.[3] Außerdem wurde er nach 1918 von der intensiven Propaganda »völkischer« (rassistischer) antisemitischer Organisationen genährt, die Juden mit dem Stigma der Kriegsgewinnler, Schwarzmarkthändler und Börsenspekulanten brandmarkten und ihnen die Verantwortung für die Niederlage im Ersten Weltkrieg zuschoben. Eine Reihe von ökonomischen und politischen Krisen zwischen 1918 und 1923 steigerte diese bitteren Gefühle bis zum Siedepunkt.[4]

Ein ständiger Refrain der politischen Rechten bestand darin, die bedeutende Rolle radikaler Sozialisten und Kommunisten jüdischen Ursprungs bei den fehlgeschlagenen deutschen Revolutionen von 1918/19 hervorzuheben. Dies schien die Vorstellung vieler Deutscher zu bestätigen, dass Juden ein Ferment subversiver Aktivitäten und Revolutionen seien. Der Aufstand des Spartakusbundes in Berlin wurde zum Beispiel von der in Polen geborenen, international ausgerichteten Rosa Luxemburg angeführt, die wie eine Reihe früher Vorsitzender der Kommunistischen Partei Deutschlands (KPD) jüdischer Herkunft war, auch wenn sie sich dieser Herkunft gründlich entfremdet hatte. Der erste Ministerpräsident in der bayrischen Hauptstadt München war Kurt Eisner, Mitglied der Unabhängigen Sozialistischen Partei Deutschlands (USPD) und nicht nur Jude, sondern auch böhmischer Intellektueller, Berliner und Pazifist, der Dokumente veröffentlicht hatte, die Deutschland die Verantwortung für den Ersten Weltkrieg gaben.[5] Diese Eigenschaften machten ihn für die konservativen und antirepublikanischen Elemente in der bayrischen Gesellschaft zum nahezu perfekten Symbol für das Verhasste. Noch größere Panik erfasste die Mittelschicht, als 1919 eine kurzlebige Münchener Räterepublik gegründet wurde, in der eine Reihe von russischen Juden führende Positionen einnahmen. Die Räterepublik wurde bald vom örtlichen Freikorps zerstört (auf Anweisung der Sozialdemokraten), das mörderisch Rache übte. Im Laufe der Jahre 1918 und 1919 fielen einige der berühmtesten jüdischen Revolutionäre wie Rosa Luxemburg, Gustav Landauer, Kurt Eisner, Eugen Leviné und eine Reihe anderer radikaler Juden, darunter der unabhängige Sozialist Hugo Haase, entweder brutalen Attentaten zum Opfer oder wurden erschossen – ein Schicksal, das auch Karl Liebknecht, den Führer des Spartakusbundes, der kein Jude war, traf.[6] Diese Welle von Attentaten gipfelte in dem Mord an Deutschlands erstem jüdischem Außenminister, dem stark assimilierten, vielseitigen Industriellen Walter Rathenau, der 1922 von rechten Jugendlichen, nationalistischen Fanatikern, umgebracht wurde. Rathenau, ein glühender preußischer Patriot, der viel zur Effizienz der deutschen Wirtschaft während des Krieges beigetragen hatte, wurde von seinen Mördern als »Weiser von Zion« und »jüdischer Bolschewik« verteufelt. Sein Tod war für die deutschen Juden ein beängstigendes Omen.[7]

Der Strom verarmter polnischer Juden, der in den frühen zwanziger Jahren des letzten Jahrhunderts Berlin erreichte, gab weiteren Anlass zur Besorgnis. Diese »Ostjuden« waren häufig arbeitslos und hatten durch die Aufstände und Revolutionen im Osteuropa der Nachkriegszeit die Orientierung verloren. Zudem waren sie kulturell gesehen Außenseiter und ein leichtes Ziel für die von Fremdenfeindlichkeit geprägten Beschuldigungen (die auch von Sozialdemokraten kamen), dass sie wirtschaftliche Parasiten seien. In der Weimarer Republik machten sie etwa ein Fünftel der jüdischen Bevölkerung Deutschlands aus. Die stärker assimilierten, etablierteren deutschen Juden neigten zu der Überzeugung, dass der wieder auflebende Antisemitismus sich in erster Linie oder sogar ausschließlich gegen die Ostjuden richtete, doch das stellte sich als tragische Selbsttäuschung heraus.

Die militanteste der vielen unterschiedlichen völkischen antisemitischen Gruppierungen, die nach dem Krieg und der Niederlage wie Pilze aus dem Boden schossen, war die Nationalsozialistische Deutsche Arbeiterpartei (NSDAP), die 1919 in München gegründet wurde. Ihr offizielles Parteiprogramm vom 24. Februar 1920 forderte in Artikel 1 »den Zusammenschluss aller Deutschen auf Grund des Selbstbestimmungsrechts der Völker zu einem Groß-Deutschland«. Die Partei verlangte die »Aufhebung der Friedensverträge von Versailles« und forderte »Land und Boden [Kolonien] zur Ernährung unseres Volkes und Ansiedlung unseres Bevölkerungs-Überschusses«. Weiter forderte sie die »Brechung der Zinsknechtschaft« und trat für die Verstaatlichung von Betrieben, eine »Gewinnbeteiligung an Großbetrieben«, eine Landreform, die »Kommunalisierung der Groß-Warenhäuser« und andere radikal klingende Maßnahmen ein. Artikel 4 des NSDAP-Programms machte klar: »Staatsbürger kann nur sein, wer Volksgenosse ist. Volksgenosse kann nur sein, wer deutschen Blutes ist.« Damit waren Juden automatisch ausgeschlossen. In Zukunft sollte ihnen nur noch erlaubt sein, als Gäste in Deutschland zu leben, und sie sollten »unter Fremdengesetzgebung stehen«. Artikel 23 verlangte, dass »sämtliche Schriftleiter und Mitarbeiter von Zeitungen, die in deutscher Sprache erscheinen, Volksgenossen sein müssen«. Außerdem forderte er »den gesetzlichen Kampf gegen eine Kunst- und Literatur-Richtung, die einen zersetzenden Einfluss auf unser Volksleben ausübt« (implizit waren hier die Juden gemeint). Artikel 24 erklärte: »Die Partei als solche vertritt den Standpunkt eines positiven Christentums« und »bekämpft den jüdisch-materialistischen Geist *in* und *außer* uns.«[8]

Bis 1930 blieb die NSDAP eine unbedeutende, wenn auch lautstarke völkische Gruppierung, die (ohne viel Erfolg) weiterhin für eine nationalistische Form des Sozialismus eintrat, dessen Grundlage ein starker Antisemitismus sein sollte. Zwischen 1919 und 1924 war die Partei auf Bayern beschränkt, wo sie in der Hauptsache frühere Soldaten, Antikommunisten und Antisemiten ansprach sowie eine bunte Mischung heruntergekommener Elemente, denen die vagen Parolen von einer »nationalen Revolution« attraktiv erschienen. Doch ihr Vorsitzender Adolf Hitler, ein wüster, österreichischer Agitator, der im Ersten Weltkrieg als Gefreiter in der deutschen Armee gedient hatte, hatte auch auf nationaler Ebene bereits Aufmerksamkeit erregt. Am 8. und 9. November 1923 hatte der vierunddreißigjährige Hitler zusammen mit dem alten Kriegshelden General von Ludendorff versucht, in Bayern die Macht zu ergreifen, in der Hoffnung, dass er letztlich in Berlin einmarschieren und die Weimarer Republik stürzen könne. Der geplante Putsch misslang erbärmlich, weil Hitler und seine Gefolgsleute von der Münchner Polizei beschossen wurden, während sie durch die Innenstadt marschierten. Die Putschisten lösten sich in einiger Verwirrung auf. Nach seiner Festnahme gelang es Hitler mit Hilfe eines wohlwollenden Richters, seinen Prozess in eine Tirade gegen die »Verräter von 1918« und in eine öffentliche Anklage gegen die Weimarer Demokratie zu verwandeln und als Bühne für seine eigenen, extrem nationalistischen und antisemitischen Ansichten zu nutzen. Obwohl er sich des Hochverrats schuldig gemacht hatte, wurde er nur zu fünf Jahren Haft verurteilt, wovon er ganze neun Monate im Gefängnis in Landsberg absaß. Dort verfasste er 1924 *Mein Kampf*. Dieses weitschweifige, stilistisch schlechte und primitive Buch sollte zur Bibel des Nationalsozialismus und zu einem antisemitischen Schlüsseltext werden.

Als politische Autobiografie bietet *Mein Kampf* allerdings wichtige Einblicke in Hitlers Lebensgeschichte und die Einflüsse, die seine Weltanschauung formten. Adolf Hitler wurde am 20. April 1889 in dem kleinen Städtchen Braunau am Inn, an der Grenze zwischen Österreich und Bayern, geboren. In jungen Jahren, die er zum Teil in Linz verbrachte, wurde er von der pangermanischen Ideologie des extremistischen Politikers Georg von Schönerer beeinflusst, dem führenden Deutschnationalisten in Österreich, der den Anschluss Österreichs an Deutschland und die Schaffung eines großdeutschen Reiches forderte. (Das war ein Kindheitstraum Hitlers, den er sich 1938 erfüllen sollte.) Schönerer hasste die kosmopolitische Dynastie der Habsburger, die über Österreich herrschte, die Tschechen und andere benachbarte slawische Nationalitäten (die Deutschlands Vorherrschaft bedrohten), die römisch-katholische Kirche und insbesondere die Juden leidenschaftlich.[9] Auf Hitler selbst übte, wie er in *Mein Kampf* freimütig zugibt, Schönerers kompromissloser rassistischer Antisemitismus großen Einfluss aus. Der österreichische, pangermanische »Führer« Schönerer hatte den Antisemitismus 1885 als »Grundpfeiler des nationalen Gedankens, als Hauptförderungsmittel echt volkstümlicher Gesinnung, somit als die größte nationale Errungenschaft dieses Jahrhunderts« bezeichnet.[10] Schönerer machte sein Eintreten für das »Deutschtum« zu einer Glaubenssache, und schon früh in seiner politischen Laufbahn fügte er seinem Programm den »Arierparagraphen« hinzu, der selbst begeisterte deutschnationale Juden von der Mitgliedschaft in seiner Bewegung ausschloss. Hitler akzeptierte Schönerers radikale Ansichten über die Notwendigkeit eines unnachgiebigen ethnischen Antisemitismus (der in Blut und Rasse wurzelte) ganz und gar, übernahm seinen Hass auf die »Judenpresse« und die »verjudete Sozialdemokratie« und teilte seine Ablehnung des allgemeinen und gleichen Wahlrechts. Nicht weniger vernichtend urteilte Schönerer über den Parlamentarismus, die liberale Demokratie und das Haus Habsburg, dem er Verrat am deutschen Volk vorwarf. Der junge Hitler lernte, sich mit dem germanischen Führerkult zu identifizieren, und übernahm Schönerers »deutschen Gruß«, das »Heil!«.[11]

Ein weiteres wichtiges österreichisches Vorbild für den jungen Hitler, dem er in *Mein Kampf* viele Seiten widmete, war der außergewöhnlich beliebte, elegante Bürgermeister von Wien, Karl Lueger, der Vorsitzende der Christlich-Sozialen Partei. Der Wiener Bürgermeister war vor allem durch den gekonnten demagogischen Einsatz antisemitischer Propaganda an die Macht gekommen, wobei er seine Angriffe auf die bedeutende Rolle der Wiener Juden in der liberalen Presse, an der Börse, im Bankwesen und im industriellen Kapitalismus konzentriert hatte.[12] In seiner Propaganda vereinte er katholische Vorurteile gegen die »Christusmörder« mit den moderneren antikapitalistischen Ressentiments einer im Absteigen begriffenen unteren Mittelschicht, die mit einer wirtschaftlichen Krise konfrontiert war. Geschickt mischte Lueger diesen religiösen und wirtschaftlichen Antisemitismus mit dem Fremdenhass, den viele Wiener den Ostjuden gegenüber hegten – 1900 machten sie bereits rund ein Viertel der etwa 175 000 Mitglieder zählenden jüdischen Gemeinde der Stadt aus. Hitler bewunderte Luegers politische Virtuosität und seinen Reformeifer als Wiener Bürgermeister sehr.[13] Er nahm seine Lehre an, dass der Antisemitismus ein äußerst effektives Instrument für die Mobilisierung der Massen sei, weil er den Groll des »kleinen Mannes« auf den Punkt bringe. Allerdings missfiel Hitler der lässige Opportunismus hinter Luegers Politik den Juden und den Slawen gegenüber ebenso wie die Weigerung des Wiener Bürgermeisters, das Rassenprinzip anzuerkennen, und seine enge Verbindung mit der katholischen Kirche, auch wenn der zukünftige Diktator die taktische Raffinesse bewunderte, die diese Strategie in der politischen Landschaft im Vorkriegsösterreich demonstrierte. Hitler zufolge war das Hauptproblem, dass Luegers katholischer Antisemitismus den Juden immer noch den Fluchtweg der Taufe zugestand. Der Bürgermeister war ihm einfach nicht radikal genug. »Es fehlte die Überzeugung, dass es sich hier um eine Lebensfrage der gesamten Menschheit handle, von deren Lösung das Schicksal aller nichtjüdischen Völker abhänge.«[14]

Den anderen bedeutenden Einfluss auf Hitlers Ansichten über die Juden übte der nationalistische deutsche Komponist Richard Wagner aus, dessen Opern Hitler auswendig kannte und dessen Schriften er schon in jungen Jahren begeistert verschlang.[15] Die Intensität von Hitlers emotionaler Identifikation mit Wagner, dessen Tiraden gegen die korrumpierende Rolle der

Juden in Musik und Kunst ihm mit Sicherheit bekannt waren, verlieh dieser Beziehung besonderes Gewicht. Jene Passagen in *Mein Kampf*, in denen Hitler behauptet, »der Jude« hätte nie eigene Kunst geschaffen – am wenigsten in der Musik (!) und in der Architektur –, und in denen er die »parasitäre« kulturelle Aktivität der Juden in außerordentlich bösartiger Sprache darstellt, könnten wörtlich aus Wagners Schriften übernommen worden sein.[16] Für Richard Wagner repräsentierten die Juden das »üble Gewissen unserer modernen Civilisation« oder um einen Ausdruck zu zitieren, der von den Nazis oft wiederholt wurde, den »plastische[n] Dämon des Verfalles der Menschheit«.[17]

Nichtsdestotrotz besaß Hitlers Antisemitismus charakteristische Merkmale, die man nicht übersehen sollte. Ein Element, welches er selbst direkt mit dem »Anschauungsunterricht der Wiener Straße« in Verbindung brachte, war seine stilisierte Begegnung mit den Kaftan tragenden orthodoxen Juden aus Galizien in Osteuropa. So, wie Hitler es beschreibt, führte diese »Erscheinung in langem Kaftan mit schwarzen Locken« dazu, dass er sich zuerst Gedanken über die Fremdartigkeit dieses Mannes machte und sich dann schließlich fragte, ob dieses merkwürdige Geschöpf vielleicht ein Deutscher sein könnte.[18] Die Wirkung war anscheinend unmittelbar: »Ich kaufte mir damals um wenige Heller die ersten antisemitischen Broschüren meines Lebens.« Als er einmal begonnen hatte, sich mit der »Judenfrage« zu beschäftigen, schreibt Hitler, erschien ihm Wien »in einem anderen Lichte« als vorher: »Wo immer ich ging, sah ich nun Juden, und je mehr ich sah, um so schärfer sonderten sie sich für das Auge von den anderen Menschen ab.«[19] Der Höhepunkt dieses Psychodramas, das ihn (seinem ein wenig hysterischen Bericht zufolge) »vom schwächlichen Weltbürger zum fanatischen Antisemiten« machte, war die Erkenntnis, dass die internationalistische österreichische Sozialdemokratie vom Charakter her »jüdisch« war: »Indem ich den Juden als Führer der Sozialdemokratie erkannte, begann es mir wie Schuppen von den Augen zu fallen. Ein langer innerer Seelenkampf fand damit seinen Abschluß.«[20]

Natürlich braucht man Hitlers »autobiografischen« Bericht darüber, wie er vor dem Krieg auf den Straßen Wiens seinen Judenhass entwickelte, nicht ganz wörtlich zu nehmen. Zweifellos hatte er ein Interesse daran, den Ursprung seines Antisemitismus zurückzuverlegen und zu rationalisieren und so dessen eiserne Logik und Kontinuität zu demonstrieren. Wir wissen aber, dass Hitler im Vorkriegswien tatsächlich recht offenen und freundschaftlichen Umgang mit Juden pflegte und beim Verkauf seiner skizzierten Ansichtskarten und seiner Gemälde auf jüdische Händler angewiesen war.[21] Doch vieles von dem, was er schreibt, klingt trotzdem wahr, und es spiegelt die umfassendere Bedeutung der »Judenfrage« und des Antisemitismus in der österreichischen Hauptstadt wider, insbesondere im Vergleich mit dem kaiserlichen Deutschland. Auch die unterdrückte sexuelle Komponente von Hitlers Judenhass scheint auffallend: »Der schwarzhaarige Judenjunge lauert stundenlang, satanische Freude in seinem Gesicht, auf das ahnungslose Mädchen, das er mit seinem Blute schändet und damit seinem, des Mädchens, Volke raubt. Mit allen Mitteln versucht er, die rassischen Grundlagen des zu unterjochenden Volkes zu verderben.«[22] Hitler zog eine direkte Parallele zwischen seinen sehr persönlichen rassistischen Fantasien, die er im Rückblick in den Nebenstraßen des kaiserlichen Wien entwickelt hatte, und der Besetzung der Ruhr durch schwarze französische Kolonialtruppen nach dem Krieg. In beiden Fällen sah er hinter der vermeintlichen Gefahr, dass die Juden die »arische« Rasse »bastardisieren« und dadurch versklaven wollten, eine jüdische Verschwörung. »Juden waren und sind es, die den Neger an den Rhein bringen, immer mit dem gleichen Hintergedanken und klaren Ziele, durch die dadurch zwangsläufig eintretende Bastardisierung die ihnen verhaßte weiße Rasse zu zerstören.«[23]

Mein Kampf ist von zwanghaften Vorstellungen von »Rassereinheit« und von dem sozialdarwinistischen Prinzip durchdrungen, demzufolge jedes Volk einen erbarmungslosen Kampf um die eigene Selbsterhaltung führt. Im Fall des deutschen Volkes musste die erste, lebenswichtige Notwendigkeit darin bestehen, mehr »Lebensraum« im Osten zu erlangen, und zwar auf Kosten Sowjetrusslands – der drohenden Zitadelle des internationalen Kommunismus. Daher verlangte Hitler seit Anfang der zwanziger Jahre aus ideologischen, ökonomischen und geopolitischen Gründen einen allumfassenden Krieg gegen die »jüdische Lehre des Marxismus«: »Sie leugnet [...] im Menschen den Wert der Person, bestreitet die Bedeutung von Volkstum und Rasse und entzieht der Menschheit damit die Voraussetzung ihres Bestehens und ihrer Kultur.«[24] In einer apokalyptischen Prophezeiung von der Art, wie er sie nach 1939 häufig von sich geben sollte, wenn er sich zur »Endlösung« der »Judenfrage« äußerte, schrieb Hitler in *Mein Kampf*: »Siegt der Jude mit Hilfe seines marxistischen Glaubensbekenntnisses über die Völker dieser Welt, dann wird seine Krone der Totentanz der Menschheit sein. [...] So glaube ich heute im Sinne des allmächtigen Schöpfers zu handeln: Indem ich mich des Juden erwehre, kämpfe ich für das Werk des Herrn.«[25]

Obwohl Hitler den naiven katholischen Glauben seiner Kindheit abgelegt hatte, kann man in diesen und anderen Passagen primitive Echos populärer christlicher Überzeugungen finden, die in die neue »politische Religion« des Nationalsozialismus umgewandelt wurden.[26] Indem Hitler sich bei seinem Kampf gegen die Juden und den »jüdischen Marxismus« auf die Zustimmung »des Herrn« berief, signalisierte er, dass er diesen politischen Feldzug für einen Kreuzzug oder Heiligen Krieg hielt, in dem es keine Kompromisse geben konnte. Der »Krieg gegen die Juden« war eine existenzielle Frage, in der es nur ein Entweder-oder gab und bei der die Zukunft der Zivilisation an sich auf dem Spiel stand.[27] Es gab auch noch andere, verwandte Themen, die, rückblickend gesehen, den Holocaust anzukündigen scheinen, wie etwa eine Aussage in *Mein Kampf*, dass im Ersten Weltkrieg zwischen 12 000 und 15 000 Juden (»hebräische Volksverderber«) hätten »unter Gas gehalten« werden sollen, »dann wäre das Millionenopfer der Front nicht vergeblich gewesen«.[28] Selbstverständlich bedeutet das nicht unbedingt, dass Hitler sich 1924 vorstellte, die Juden zu vergasen. Aber es ist wichtig, seine eigenartige Logik zu verstehen, um ihre sämtlichen Implikationen zu erfassen. Wie viele entlassene Soldaten seiner Generation war er überzeugt, dass von den Juden vorsätzlich aufgehetzte Pazifisten und Marxisten 1918 das deutsche Vaterland verraten hatten. Dieser »Verrat« durfte sich niemals wiederholen, was Hitler dem tschechischen Außenminister Anfang 1939 mehr als deutlich zu verstehen gab, indem er, wie das Protokoll festhielt, gesagt hatte: »Die Juden würden bei uns vernichtet. Den 9. November 1918 hätten die Juden nicht umsonst gemacht, dieser Tag würde gerächt werden.«[29] Der 9. November symbolisierte für Hitler nicht nur die Schande der deutschen Niederlage und Kapitulation, sondern auch das Chaos der kommunistischen Revolution und den Beginn der verhassten »jüdischen Republik«. Er selbst war schließlich in die Politik gegangen, um dafür zu sorgen, dass so etwas nie wieder geschehen würde. Entsprechend konnte nur der Präventivschlag, die Juden dem Gas auszuliefern, um sie zu vernichten, einer Wiederholung des »Dolchstoßes« vorbeugen und einen zukünftigen Sieg Deutschlands sicherstellen.

Der Krieg, die Revolution und die Juden waren in Hitlers

Gedankenwelt untrennbar verbunden. Seine erste bekannt gewordene Aussage über politische Angelegenheiten findet sich in einer Stellungnahme, um die sein damaliger Vorgesetzter, der Hauptmann Karl Mayr, ihn gebeten hatte. Das Dokument ist vom 16. September 1919 datiert, und gleich zu Beginn betont der Verfasser, das Judentum sei »unbedingt eine Rasse und nicht Religionsgemeinschaft«. Sein Wirken werde, wie Hitler unter Verwendung einer furchtbaren Metapher fortfährt, »in seinen Folgen zur Rassentuberkulose der Völker«.[30] Bloße Pogrome betrachtete Hitler als Ausdruck eines »Antisemitismus aus rein gefühlsmäßigen Gründen«. Er forderte stattdessen einen »Antisemitismus der Vernunft«, der auch eine »Beseitigung der Vorrechte des Juden, die er zum Unterschied der anderen zwischen uns lebenden Fremden besitzt (Fremdengesetzgebung)«, beinhalte. Das letzte Ziel jedoch, so erläuterte Hitler seinem Vorgesetzten, »muss unverrückbar die Entfernung der Juden sein«.[31] Dieser mehrdeutige Begriff konnte entweder ihre erzwungene Auswanderung oder ihre Ausrottung bedeuten oder vielleicht auch eine Kombination aus diesen beiden »Lösungen«.

In seinen Reden aus den frühen zwanziger Jahren reitet Hitler, wie auch andere führende Nationalsozialisten in Süddeutschland, etwa Alfred Rosenberg, Julius Streicher oder Hermann Esser, ständig darauf herum, wie notwendig es sei, schonungslose, systematische Maßnahmen gegen die Juden zu ergreifen, sie aus dem gesamten Staatsdienst, aus Zeitungsredaktionen, Theatern und Kinos zu entfernen, den jüdischen Geist aus der deutschen Kultur und Wirtschaft »auszumerzen« und ihre eingebildete politische Macht zu brechen, indem man die marxistischen Parteien hinwegfegte. In *Mein Kampf*, wie auch in vielen seiner Reden, beschwor Hitler das Schreckgespenst eines bolschewistischen Russland herauf, in dem »der Jude« (häufig mit einem Vampir oder einem riesigen Parasiten verglichen) »an dreißig Millionen Menschen in wahrhaft satanischer Wildheit teilweise unter unmenschlichen Qualen tötete oder verhungern ließ, um einem Haufen jüdischer Literaten und Börsenbanditen die Herrschaft über ein großes Volk zu sichern«. In seinem unveröffentlichten »Zweiten Buch« führte Hitler die Bedeutung der »jüdisch-bolschewistischen« Tyrannei noch weiter aus: »Das Ende des jüdischen Weltkampfes wird daher immer die blutige Bolschewisierung sein, das heißt in Wahrheit die Vernichtung der mit den Völkern verbundenen eigenen geistigen Oberschichten, so dass er selbst zum Herrn der führerlos gemachten Menschheit aufzusteigen vermag.«[32]

Der Marxismus wurde dabei zu einer »Waffe des Terrors« reduziert, die »der Jude [...] rücksichtslos und brutal ansetzt, um das innerlich antisemitische Rußland« zu zerstören und die »nationale Intelligenz« sowie die russische Oberschicht auszurotten. Die Opfer der furchtbaren Grausamkeiten »dieses jüdischen Kampfes um die Vorherrschaft in Rußland betrugen für das russische Volk 28–30 Millionen Menschen an Toten. 15mal so viel, als der Weltkrieg Deutschland gekostet hat.«[33] Die bolschewistische Revolution hatte nicht nur die Ehe, die Sexualmoral und die sozialen Bindungen zerstört, sondern absichtlich einer »regellosen Verbastardisierung« den Weg geebnet, nach der die Juden »als einziges geistiges Element« übrig bleiben sollten. Hitler war der Auffassung, dass die Juden ihren Kampf um die Weltherrschaft nun in Deutschland toben ließen: »Das erbittertste Ringen um den Sieg des Judentums spielt sich zur Zeit in Deutschland ab. Hier ist es die nationalsozialistische Bewegung, die als einzige den Kampf gegen dieses fluchwürdige Menschheitsverbrechen aufgenommen hat.« Für Hitler nahm Deutschland bei der Entscheidung, ob der Kommunismus (und die Juden) triumphieren würden oder nicht, immer eine Schlüsselstellung ein. Das Problem bestand jedoch darin, dass selbst die bürgerlichen Parteien Werkzeuge der Juden waren. Hinter »dem Juden« standen nicht nur »der Marxismus, die Demokratie und das sogenannte christliche Zentrum«, sondern auch die »bürgerlichen nationalen Parteien der sogenannten nationalen vaterländischen Verbände« – mit einem Wort, das gesamte parlamentarische politische Spektrum.[34] Daher würde der Nationalsozialismus in seinem »totalen Krieg« gegen die Juden das Weimarer »System« vollkommen zerstören und sein verrottetes Fundament durch eine erbarmungslose rassistische Diktatur ersetzen müssen.

Es ist offensichtlich, dass der nationalsozialistische Diskurs über diese Fragen sich qualitativ um einiges von den vertrauten Themen des Antisemitismus vor 1914 entfernt hatte, ob sie nun christlicher oder antichristlicher Prägung waren. Hitler hatte eine politische Auffassung vom Judentum übernommen, die letztlich von der Kriegserfahrung abgeleitet war; in seiner Gedankenwelt gab es in der Beziehung zum Kommunismus und zu den Juden nur »Sieg oder Untergang«. Außerdem entmenschlichten die Nationalsozialisten die Juden ständig durch Ausdrücke, die der Sprache der Zoologen entnommen waren, und bezeichneten sie entweder als »minderwertige Rasse« oder als zu beseitigendes »Ungeziefer«, als »Keime«, »Bazillen« und »Mikroben«, die den Organismus so lange attackieren und vergiften, bis sie ausgerottet werden.[35] Man setzte das Judentum mit der Pest des Mittelalters gleich, nur waren die medizinischen Metaphern in diesem Fall moderner und beschworen tödliche Krankheiten wie Krebs und Tuberkulose herauf. »Der Jude« wurde im Diskurs der Nazis stets als Typus dargestellt, dem alle Juden genau entsprachen – ob es sich nun um Ost- oder Westjuden, um Männer oder Frauen handelte, ob sie religiös waren oder nicht, assimiliert oder nicht, ob sie bürgerlich oder proletarisch waren. Selbst getaufte Juden waren in der nationalsozialistischen Ideologie unwiderruflich mit dem Stigma des degenerierten Blutes befleckt. Die Juden als »Gegenrasse« wurden als Antipoden zu den deutschen »Ariern« und als von Natur aus zerstörerisch, parasitär und zersetzend angesehen.[36]

Auf Grund ihrer vermeintlich abstrakten Intelligenz, ihres gewinnsüchtigen Egoismus und ihrer korrupten Mentalität stellten die Juden besonders für deutsche Frauen eine Gefahr dar. Julius Streicher spezialisierte sich (sehr zu Hitlers Freude) im *Stürmer*, der pornografischsten aller antisemitischen NS-Publikationen, darauf, sich über die angebliche sexuelle Krankhaftigkeit der »jüdischen Gefahr« auszulassen. Streicher beschuldigte Juden regelmäßig, sie würden deutsche Mädchen vergewaltigen und für die Prostitution ausbeuten; er ließ die mittelalterliche Blutlegende wieder aufleben, dass Juden deutsche Kinder zu rituellen Mordzwecken entführten; er behauptete sogar, Juden bemühten sich absichtlich, durch Geschlechtsverkehr das Blut deutscher Frauen zu vergiften.[37] *Der Stürmer* erging sich zum Beispiel in absurden Theorien, die der rassistische Schriftsteller Artur Dinter 1918 in seinem Bestseller *Die Sünde wider das Blut* aufgestellt hatte. Dinter hatte allen Ernstes behauptet, dass eine deutsche Frau, wenn sie jemals eine sexuelle Beziehung zu einem Juden gehabt hatte, selbst an Kinder, die sie später von einem deutschen Vater empfing, jüdische Erbmerkmale weitergäbe. Die sexuelle Aufladung des nationalsozialistischen Antisemitismus zeigte sich auch im Festhalten an der Behauptung, dass die Juden absichtlich (und geplant) »Blutvergiftung« anstrebten, weil sie versuchten, die deutsche Familie und das deutsche Volk zu zerstören. Für Hitler mit seinen nagenden Zweifeln an seiner eigenen »Rassereinheit« und seiner möglicherweise mit dem Makel jüdischen Blutes befleckten Familiengeschichte hatten solche Zwangsvorstellungen eine besondere Bedeutung.[38] Ein schuldbeladener sexueller Puritanismus, das tief verwurzelte

Verlangen, sich für frühe Entbehrungen zu rächen, und soziale Demütigung im Verein mit einer morbiden Fixierung auf Blut und Rasse verstärkten die irrationale, extreme Dimension seines Judenhasses.

Aber inwieweit konnten andere Gruppen in der deutschen Gesellschaft solche persönlichen Zwangsvorstellungen teilen? In welchem Ausmaß, wenn überhaupt, half sein paranoider Antisemitismus Hitler, Macht zu gewinnen? Wahrscheinlich ist es unmöglich, die bewusste oder unbewusste Wirkung auf die Deutschen auf überzeugende Weise zu messen. Wir wissen allerdings, dass die Folgen des Ersten Weltkriegs viele desillusionierte deutsche Soldaten nicht nur ermutigten, die Nachkriegsrepublik und ihre demokratischen Politiker zu verachten, sondern auch dazu verleiteten, den Juden für das Debakel von 1918 die Schuld zu geben. Rechte Nationalisten, konservative Monarchisten und Angehörige der alten Eliten, verängstigt durch die bolschewistische Revolution in Russland und die Aussicht auf eine Wiederholung des gleichen Schauspiels in Deutschland, waren für den Mythos von der jüdischen Verschwörung häufig empfänglich. In den unteren Schichten gab es viele, die tatsächlich glaubten, die Juden hätten vom Krieg oder von den Reparationen profitiert. Daneben gab es andere, die die Einwanderung von Juden aus dem Osten ablehnten, oder solche, die glaubten, die Börsen und das Bankenkapital befänden sich hauptsächlich in den Händen jüdischer Finanziers. Solche Argumente waren kaum neu. Seit langem hatten sie verarmte Künstler, Handwerker und kleine Händler angelockt.[39] Aber jetzt, in der aufgeheizten Atmosphäre der Nachkriegsjahre, schien ein extremer Antisemitismus die traditionelle Zurückhaltung zu durchbrechen. Er erstreckte sich von der noch einigermaßen respektablen DNVP (Deutschnationale Volkspartei) bis hin zu den Burschenschaften, wo er besonders heftig war; er durchdrang die Kirchen und fand ein Echo in den Versuchen der Kommunisten, auf die nationalistische Karte zu setzen, indem sie das »jüdische Finanzkapital« anklagten.[40] Die berüchtigte antisemitische Fälschung aus Russland, *Protokolle der Weisen von Zion* genannt, war kurz nach dem Krieg ins Deutsche übersetzt worden und wurde schnell zum Bestseller.[41] Im Jahr 1933 gab es in Deutschland über 400 antisemitische Vereine und Gesellschaften und dazu etwa 700 antijüdische Zeitschriften. Die Pamphlete waren zum Teil skurril und stellten die Juden in einem hysterischen, an den *Stürmer* erinnernden Tonfall nicht nur als wirtschaftliche und politische Bedrohung, sondern auch als Gefahr für die deutschen Frauen und die Reinheit der Rasse dar. Stellungnahmen von respektablerer, konservativer Seite missbilligten die lockeren Sitten, die moderne Kultur und die radikale Politik im Berlin der zwanziger Jahre, die man jüdischen und marxistischen Einflüssen zuschrieb.[42]

Auf der anderen Seite blieben die Wählerstimmen für die Nazis während der gesamten zwanziger Jahre bescheiden. Selbst bei den Reichstagswahlen von 1928 erhielten sie nur 810 127 Stimmen und lediglich zwölf Sitze im Parlament. Außerhalb bestimmter Gegenden, wo es bereits vorher eine antisemitische Tradition oder lokale Faktoren gegeben hatte, die die »Judenfeindlichkeit« begünstigten, schien der Antisemitismus der NS-Wahlpropaganda nur begrenzt zum Erfolg zu verhelfen. Ein starkes Echo fand er in Franken, Hessen, Westfalen und einigen Regionen Bayerns, wohingegen er im Rheinland, in Baden, Württemberg oder Schleswig-Holstein relativ gedämpft blieb. Selbst unter durchschnittlichen NSDAP-Mitgliedern hielt nur ein harter Kern, eine Minderheit (wenn auch eine sehr lautstarke), den Antisemitismus für das entscheidende Thema. Um neue Anhänger für die Bewegung zu gewinnen, war er wohl weniger wichtig als der Antikommunismus, der Nationalismus oder die Arbeitslosigkeit. Trotzdem war der Antisemitismus bei der nationalsozialistischen Agitation unter Gymnasiasten und Studenten zweifellos ein bedeutendes Instrument und half den Nazis, bis zum Jahre 1930 an deutschen Universitäten eine beherrschende Position »einzunehmen«.[43] Auf ähnliche Weise hatten sie mit der Verbreitung antijüdischer Ideen auch bei den Berufsverbänden von Ärzten und Lehrern Erfolg. Da die Juden in der Weimarer Republik in den freien Berufen, an den Universitäten und im kulturellen Leben gut vertreten waren, war es relativ leicht, in diesen Bereichen Konkurrenzneid zu entfachen.

Der bemerkenswerte Anstieg der Wählerstimmen bei den Wahlen vom September 1930 lässt sich unter anderem dadurch erklären, dass die Nationalsozialisten die Landbevölkerung und Gruppierungen der städtischen Mittelschicht gerade zu dem Zeitpunkt infiltrierten, als nach 1929 die Auswirkungen der Großen Depression auf Deutschland sichtbar wurden. Die NSDAP machte einen riesigen Sprung von 12 auf 107 Reichstagssitze (18,3 Prozent der gesamten Stimmen), womit sie zur zweitgrößten Partei in Deutschland wurde. Zwei Jahre später, im Juli 1932, ging die NSDAP dann mit 37,3 Prozent der Stimmen und 230 Sitzen, ihrem besten Wahlergebnis unter streng demokratischen Bedingungen, als größte Partei aus den Wahlen hervor. Dieser verblüffende Aufstieg hatte sich zeitgleich mit ihrem Auftreten als Auffangbecken für jedermann ereignet, bei dem sie mit dem einigenden Ideal der »Volksgemeinschaft« warb. Die nationalsozialistische Bewegung gab sich den Anschein, im Gegensatz zu ihren Konkurrenten in der Lage zu sein, regionale, schichtenspezifische, religiöse und politische Barrieren zu überwinden. Zwar hatten die Nazis auf die Stammwählerschaft der katholischen und der sozialistischen Parteien wenig Einfluss, aber sie konnten einen großen Teil der Jungwähler und des unzufriedenen Mittelstands für sich gewinnen und dazu enttäuschte Anhänger der geschwächten Mittelschichtsparteien, Teile der Arbeitslosen, Hilfsarbeiter und einen großen Anteil der bäuerlichen Wählerschaft.[44] Um eine derart breite Zustimmung zu erlangen, konzentrierte Hitler sich mit seiner Botschaft intensiver auf den Nationalismus. Zwischen 1930 und 1933 begann er, den leidenschaftlichen Antisemitismus, der den Kern seiner Weltanschauung ausmachte, vorübergehend abzudämpfen.

Als Hitler einmal erkannt hatte, dass der Antisemitismus nicht sein bestes Zugpferd und für die deutsche Wählerschaft Anfang der dreißiger Jahre auch nicht das zentrale Problem war, bereitete es ihm keine Schwierigkeiten, die NS-Propaganda auf sein oberstes Ziel, mit legalen Mitteln die Macht zu erringen, zuzuschneiden. Er betonte seine unerschütterliche Abneigung gegen eine parlamentarische Demokratie, die spürbar versagt hatte. Er erkannte die dringende Notwendigkeit an, angesichts der Massenarbeitslosigkeit die Wirtschaft neu anzukurbeln, und stimmte seine Botschaft auf die Sehnsucht nach Stabilität, Recht und Ordnung ab, die so viele Deutsche verspürten. Hitler verstand es mit unheimlicher Kunstfertigkeit, auf den verletzten Stolz der Deutschen und auf die nationale Demütigung nach 1918 einzugehen und gleichzeitig ein erlösendes Wiedererwachen in Aussicht zu stellen, das die Deutschen aus ihrer tiefen Verzweiflung herausholen würde. In diesem politischen Kontext war der Antisemitismus wichtiges Beiwerk, entscheidend aber war er nicht. Trotzdem wurde er mit großer Wirkung eingesetzt, um lokale Missstände zu unterstreichen, um die radikal antikapitalistischen Bedürfnisse der einfachen SA-Leute zu befriedigen und um Straßenkampagnen gegen die marxistischen Parteien zu verstärken. Hitler war jedoch viel zu raffiniert, als dass er zugelassen hätte, dass der Antisemitismus in dem komplizierten politischen Spiel, das ihn im Januar 1933 an die Macht bringen sollte, störte.

Es waren Manöver hinter den Kulissen, ausgeführt von autoritären konservativen Politikern, reichen Industriellen und Armeeoffizieren, die Hitler unerwarteterweise den Weg bahnten.[45] Als die Stimmen für die NSDAP in den Wahlen vom November 1932 für kurze Zeit abnahmen, so dass ihre Vertretung im Reichstag auf 196 Sitze zurückging, schien es einen Augenblick lang, als hätten sie ihre Glanzzeit hinter sich. Die konservative Kamarilla, die hoffte, die Nazis für ihre eigenen Zwecke einspannen zu können, träumte davon, dem parlamentarischen System in Weimar den Todesstoß zu versetzen und schließlich die linken Parteien zu zerschlagen. Unklugerweise setzten diese Konservativen auf ihre vermeintliche Fähigkeit, die Ereignisse zu steuern. Diese reaktionären Eliten, die die Republik stets verachtet hatten, glaubten, sie könnten Hitler zähmen und von ihrem eigenen Programm überzeugen. Besonders naiv in dieser Hinsicht war Franz von Papen, der ehemalige Reichskanzler und frühere Zentrumspolitiker. Er brauchte Hitlers Wahlerfolg dringend, um seine eigenen Ziele weiter verfolgen zu können, denn ihm selbst fehlte jegliche Unterstützung durch das Volk. Da von Papen entschlossen war, sich an seinem verhassten Rivalen, General von Schleicher, zu rächen und ihn aus dem Kanzleramt zu entfernen, lag ihm daran, eine Koalition von Nationalisten und Nationalsozialisten zu fördern. Er überredete den alternden Präsidenten von Hindenburg, diese Koalition, wenn auch widerstrebend, zu akzeptieren. Am 30. Januar 1933 wurde Hitler Reichskanzler und von Papen sein Stellvertreter, in einem Kabinett, dem nun acht konservative und nur zwei nationalsozialistische Minister zusätzlich angehörten. Aber im neuen Zeitalter der Massenpolitik zählten solche Rechenspiele nicht. Während die rechtskonservativen Gruppen in Deutschland hinter den Kulissen die Fäden zogen, wurde der nationalsozialistische »Krieg gegen die Juden« – weder zum ersten noch zum letzten Mal – vorläufig ausgesetzt.

Die »Judenfrage«, die für Hitlers eigene Sache von so zentraler Bedeutung war, wurde der unmittelbar anstehenden Aufgabe der »Machtergreifung« stillschweigend untergeordnet. Doch jegliche Illusionen darüber, dass Hitlers Amtsübernahme die NS-Politik den Juden gegenüber mäßigen könnte, sollten rasch und grausam zerschlagen werden.

Hitlers Aufstieg an die Macht im Januar 1933 markierte das Ende der jüdischen Emanzipation in Deutschland. In den nächsten sechs Jahren wurde ein ganzes Jahrhundert jüdischer Integration in die deutsche Gesellschaft und Kultur umfassend und brutal zunichte gemacht. Die Nationalsozialisten setzten eine Orgie des Terrors in Gang. Sie war gegen politische Gegner und gegen Juden gerichtet, die den willkürlichen Gewalttätigkeiten plündernder Banden von SA-Schlägern unterworfen waren. Am 1. April 1933 verkündete die deutsche Regierung offiziell einen eintägigen Boykott jüdischer Geschäfte und Firmen, der von dem Fanatiker Julius Streicher organisiert wurde. Vorgeblich war dieser Tag als eine Art »Selbstverteidigung« gedacht und als Reaktion auf Geschichten über die antideutsche »Gräuelhetze«, die angeblich von Juden im Ausland initiiert worden waren. Der Propagandaminister Joseph Goebbels versicherte, der Boykott sei eine »spontane« Aktion der Basis, wurde aber von der öffentlichen Reaktion der Deutschen, die eindeutig gemischt war, Lügen gestraft. Für die deutschen Juden jedoch war es ein ungeheurer Schock, plötzlich die Zielscheibe einer von der Regierung angestifteten Hasskampagne zu werden. Sie wurden damit zu Geiseln gemacht, deren Sicherheit fortan vom »guten Benehmen« ihrer Glaubensbrüder im Ausland abhing. Eine Woche später entließ das neue »Gesetz zur Wiederherstellung des Berufsbeamtentums« die Beamten »nichtarischer« Herkunft aus dem Staatsdienst. Mit Rücksicht auf Reichspräsident von Hindenburgs Empfindungen als Feldmarschall und Kriegsheld blieben die jüdischen Kriegsveteranen (deren relativ große Zahl die Nazis anscheinend überraschte) vorübergehend von dieser Gesetzgebung ausgenommen. Weitere Gesetze schlossen 1400 Rechtsanwälte sowie 381 jüdische Richter und Staatsanwälte aus der Anwaltschaft aus. Ende 1934 waren 70 Prozent aller jüdischen Rechtsanwälte und 60 Prozent der jüdischen Notare entlassen worden. Mitte 1935 hatte man auch über die Hälfte der jüdischen Ärzte in Deutschland aus ihrem Beruf entfernt, und innerhalb von weniger als fünf Jahren war die vollständige »Säuberung« der Ärzteschaft abgeschlossen.[46]

Sehr rasch unternahm Goebbels Schritte gegen Tausende von jüdischen Akademikern, Künstlern, Journalisten und Schriftstellern – von denen einige Nobelpreisträger waren oder international Anerkennung genossen. Albert Einstein war nur der Berühmteste unter den zahlreichen bedeutenden Wissenschaftlern und Intellektuellen, die auswanderten. Nicht weniger als zweihundert jüdische Akademiker folgten allein 1933 seinem Beispiel. Im ersten Jahr der NS-Herrschaft verließen insgesamt etwa 40 000 Juden Deutschland, wobei diejenigen, die jung und ledig waren, die besten Chancen hatten, im Ausland ein neues Leben zu beginnen. Im künstlerischen und kulturellen Bereich ging die »Säuberung« besonders schnell vonstatten. Die neue Reichskulturkammer, die Goebbels im September 1933 einrichtete, schloss die Juden sofort von Beschäftigungen im Theater, in der Filmindustrie und in der Musikbranche aus, und in gleicher Weise hinderte ein nationales Pressegesetz Juden daran, als Journalisten zu arbeiten. Das Ergebnis war ein beispielloser Verlust an Begabungen, wobei Deutschlands Ausbluten zu einem Gewinn für die westlichen Demokratien, insbesondere für Großbritannien und Amerika, wurde. Die Nazis jedoch sahen das ganz anders. Am 6. April 1933 hatte Hitler den Vertretern des Ärzteverbandes in Berlin mitgeteilt, der Anspruch Deutschlands auf seine ureigene intellektuelle Führung müsse mit der frühzeitigen Eliminierung überflüssiger jüdischer Intellektueller aus dem kulturellen und intellektuellen Leben einhergehen.[47]

Als wolle er diesen Punkt unterstreichen, erklärte Goebbels im Mai 1933 bei der Bücherverbrennung in der Hauptstadt feierlich, dass das Zeitalter eines übertriebenen jüdischen Intellektualismus für immer vorbei sei. Im ganzen Land wurden die Bücher führender jüdischer und nichtjüdischer Schriftsteller (vor allem jener, die die Nationalsozialisten für »dekadent« hielten oder die ihrer eigenen Ideologie widersprachen) vor aufgeregten Mengen deutscher Bürger, mit Studenten an der Spitze, auf den Marktplätzen den Flammen übergeben. Neben Werken von so bekannten »jüdischen« Subversiven wie Marx, Freud, Einstein, Tucholsky, Heinrich Heine und Leo Trotzki gingen bei dieser gigantischen Exekution der nun so genannten »undeutschen Literatur« auch die Schriften von Nichtjuden wie Thomas Mann, Bertolt Brecht, Erich Maria Remarque, Erich Kästner und H. G. Wells in Rauch und Flammen auf. Im Gegensatz zum wirtschaftlichen Boykott riefen weder die Bücherverbrennungen noch die »Säuberungen« in den Künsten und Wissenschaften irgendwelche öffentlichen Proteste hervor. Die Kulturpolitik der »Arisierung« schien beliebt zu sein und die uralte Überzeugung vieler Deutschen widerzuspiegeln, dass Juden auf kulturellen Gebieten überrepräsentiert waren. Die »Arisierung« bot ehrgeizigen deutschen Nichtjuden das lockende Versprechen neuer beruflicher Möglichkeiten.

Die Juden ihrerseits reagierten auf diesen Angriff sehr unterschiedlich. Für einige war die plötzliche Heftigkeit des deutschen Antisemitismus nach 1933 ein totaler Schock, und es gab deutsche Juden, die hofften, er würde vorbeigehen wie ein schlimmer Traum. Optimisten redeten sich ein, Hitler sei nur eine vorübergehende Verirrung, ein monströses Phänomen, das sich entweder nicht lange im Amt halten oder bald von den blaublütigen Koalitionspartnern gezwungen werden würde, seine Politik zu mäßigen. Da waren Juden, die über Generationen hinweg Familienunternehmen aufgebaut hatten oder die mit der deutschen Sprache und Kultur zu tief verbunden waren, um sich überhaupt Alternativen auszumalen. Es gab auch jene älteren Juden, für die ein neuer Anfang undenkbar schien. Weiterhin gab es jene, die außergewöhnlich gut etabliert waren und die zu viel Eigentum zu verlieren hatten, oder jene, die sich einfach kein gesellschaftliches Leben außerhalb Deutschlands vorstellen konnten. Selbst Anfang Januar 1939, nach sechs Jahren erniedrigender und entwürdigender Verfolgung, konnte ein assimilierter, konvertierter deutscher Jude wie der Philologe Victor Klemperer noch den folgenden Tagebucheintrag verfassen:

> Bis 1933 und mindestens ein volles Jahrhundert hindurch sind die deutschen Juden durchaus Deutsche gewesen und sonst gar nichts. Beweis: die Abertausende von »Halb-, Viertel-« etc. Juden und »Judenstämmlinge« [sic], Beweis für gänzlich reibungsloses Leben und Mitarbeiten in allen Bezirken deutschen Lebens. Der immer vorhandene Antisemitismus ist *gar kein Gegenbeweis.* Denn die Fremdheit zwischen Juden und »Ariern«, die Reibung zwischen ihnen war nicht halb so groß wie etwa zwischen Protestanten und Katholiken, oder zwischen Arbeitgebern und -nehmern, oder zwischen Ostpreußen etwa und Südbayern, oder Rheinländern und Berlinern. Die deutschen Juden waren ein Teil des deutschen Volkes, wie die französischen Juden ein Teil des französischen Volkes waren etc. Sie füllten ihren Platz innerhalb des deutschen Lebens aus, dem Ganzen keineswegs zur Last. Ihr Platz war zum allerkleinsten Teil der des Arbeiters und nun gar Landarbeiters. Sie waren und bleiben (auch wenn sie es jetzt nicht mehr bleiben wollen) Deutsche, in der Mehrzahl deutsche Intellektuelle und Gebildete.[48]

Für ausgesprochen gründlich germanisierte Juden wie Klemperer war die deutsche »Judenfrage« ganz und gar künstlich; »›völkisch‹ im Sinn der Reinblütigkeit«, schrieb er, »ist ein zoologischer Begriff, dem längst keine Realität mehr entspricht«. So überrascht es auch nicht, dass Klemperer die zionistische Lösung des Judenproblems als eine »Sektiererangelegenheit«, als »etwas sehr Privates und Rückständiges« und als »eine Sinnlosigkeit und ein Verbrechen wider die Natur und Kultur« betrachtete. »Es erscheint mir geradezu als Wahnsinn«, bemerkte er, »wenn jetzt in Rhodesia oder sonstwo spezifische Judenstaaten aufgemacht werden sollen. Man läßt sich von den Nazis um Jahrtausende zurückwerfen.«[49]

Aber Menschen wie Klemperer, die sich um jeden Preis in Deutschland festklammerten, schienen zunehmend den Bezug zur Realität zu verlieren. Fast 10 Prozent der deutschen Juden waren Ende 1933 bereits aus dem Land geflohen und hatten sich vor allem in Nachbarländer wie Frankreich, Belgien, die Schweiz und Holland begeben, auch wenn diese Staaten selbst unter der wirtschaftlichen Depression litten und jüdische Flüchtlinge nicht gerade willkommen waren. Außerdem hatten sie als Flüchtlinge einen großen Teil ihres Vermögens eingebüßt, denn die deutschen Behörden hatten es beschlagnahmt, was ihre Auswanderung sehr erschwerte. Die Nazis kalkulierten zynisch, je mittelloser die jüdischen Flüchtlinge erschienen, desto stärker würden sie potenziellen Gastgeberländern zur Last fallen und desto eher auch im Ausland antisemitische Gefühle wecken. Dass die Vereinigten Staaten und viele andere Länder, darunter britische Dominions wie Kanada oder Australien und Südafrika, die über große Territorien mit spärlicher Bevölkerung verfügten, Einwanderungsquoten und die Politik der geschlossenen Tür einsetzten, schien diese Einschätzung zu bestätigen. Trotzdem verließen in den ersten sechs Jahren der NS-Herrschaft etwa 200 000 Juden

Deutschland, und weitere 82 000 emigrierten 1938 aus Österreich. Die größte Gruppe dieser jüdischen Flüchtlinge (132 000) fand in den USA eine neue Heimat. 55 000 Juden wanderten in das von Briten kontrollierte Palästina aus, 40 000 emigrierten nach England, 20 000 nach Argentinien und Brasilien, 9 000 gingen nach Schanghai, 7 000 wurden in Australien aufgenommen und weitere 5 000 in Südafrika. Aber die absoluten Zahlen sind irreführend, wenn man Größe, Bevölkerung und Ressourcen der Gastgeberländer außer Acht lässt.

Nach 1933 erschien Palästina, das vom Völkerbund zur »jüdischen Heimstatt« erklärt worden war, vielen deutschen Juden zum ersten Mal als zunehmend realistische Perspektive. Alternative Möglichkeiten wurden schnell weniger. Die Nationalsozialisten förderten die Auswanderung der Juden nach Palästina sogar, weil sie ein Weg war, Deutschland »judenrein« zu machen.[50] Das Dritte Reich unterzeichnete ein »Transferabkommen« (das *Ha'avarah*-Abkommen) mit der zionistischen Führung der palästinensischen Juden (der *Jewish Agency*). Es gestattete Juden, einen Teil ihres Kapitals in Form von deutschen Waren mit außer Landes zu nehmen. Dieses viel kritisierte Abkommen sollte Tausenden deutscher Juden die Auswanderung nach Palästina ermöglichen, wo sie die jüdische Bevölkerung durch den Zustrom an Menschen, an geschulten Arbeitskräften und an technischen und organisatorischen Fähigkeiten merklich stärkten. Obwohl die neuen Immigranten nur einen Teil ihres Geldes zurückerhielten, waren sie besser gestellt, als wenn sie in andere Länder ausgewandert wären, mit denen es keine derartigen Vereinbarungen gab. Vor allem aber hatten sie Leib und Leben gerettet, denn sie waren vom NS-Reich weiter entfernt als in den benachbarten europäischen Staaten. Doch natürlich hätte, wenn die britische Armee nicht Ende 1942 Rommel in der nordafrikanischen Wüste besiegt hätte, auch die Einwanderung nach Palästina weniger glücklich enden können.

Auf ökonomischem Gebiet ging Hitler immer noch vorsichtig gegen die Juden vor, wobei er dem fachmännischen Rat seines Reichswirtschaftsministers Hjalmar Schacht folgte.[51] Er war sich durchaus im Klaren darüber, dass Deutschland finanziell schwach war und dass die Überwindung der Massenarbeitslosigkeit Vorrang hatte. Aus diesem Grund zielten die Gesetze der Regierung vor allem auf kleine jüdische Händler und Akademiker ab und weniger auf Bankhäuser, Warenhäuser oder Unternehmen in jüdischem Besitz, die für die deutsche Wirtschaft wichtig waren. Trotz dieser Zurückhaltung jedoch war 1935 bereits ein Viertel aller jüdischen Firmen aufgelöst oder zu Schleuderpreisen verkauft und »arisiert« worden. Erst nach dem Juni 1938, als Deutschland sich wirtschaftlich endgültig erholt hatte (und die Nazis der internationalen Meinung mehr oder weniger gleichgültig gegenüberstanden), wurde schließlich mit der systematischen Enteignung und Verstaatlichung jüdischen Eigentums begonnen. Dieser endgültige Ausschluss der Juden aus dem deutschen Wirtschaftsleben sollte etwa 120 000 Juden zwingen, innerhalb von etwas mehr als einem Jahr nahezu mittellos das Land zu verlassen.

In den ersten Jahren der nationalsozialistischen Herrschaft musste Hitler bei seiner antijüdischen Politik die Beschränkungen berücksichtigen, die die Lage im Inland und im Ausland ihm auferlegten. Er konnte es sich anfangs nicht leisten, Reichspräsident Hindenburg und die konservativeren Minister im Kabinett, wie von Papen, Hugenberg, Außenminister von Neurath und Schacht, zu ignorieren. Sie erwarteten von ihm, dass er Recht und Ordnung bewahrte, während er den plebejischen Antisemitismus der radikaleren Nazis in Schach hielt. Die konservativen Nationalisten waren kaum »Philosemiten« und traten auch nicht für jüdische Rechte ein. Das Numerus-clausus-Gesetz, das Gymnasien und Universitäten vorschrieb, nicht mehr als 1,5 Prozent Juden aufzunehmen, bereitete ihnen keine Probleme, ebenso wenig wie die formale Aufhebung der deutschen Staatsbürgerschaft für Juden am 23. März 1934. Streng gesetzliche Maßnahmen, die auf die Isolierung und den Ausschluss der Juden abzielten, erschienen ihnen vollkommen akzeptabel, was auch für einen großen Teil der deutschen Öffentlichkeit, darunter die protestantische und die katholische Kirche, galt.[52]

Gewalttätige antijüdische Ausschreitungen auf der Straße waren jedoch etwas anderes. Führende Mitglieder der NSDAP bezeichneten solche Überfälle beschönigend als »Einzelaktionen« – diese Art von Rüpelhaftigkeit und sadistischem Rowdytum seitens der SA war es, die Deutschland im Ausland einen schlechten Ruf einbrachte. Daher gab der Stellvertreter des Führers, Rudolf Hess, im April 1935 einen vertraulichen Befehl an Parteimilizen, keine Terrorakte gegen einzelne Juden zu unternehmen, wobei er äußerte, Hitler müsse Behauptungen über Gräueltaten und Boykotts widerlegen, die Juden im Ausland aufgestellt hatten.[53] Es war jedoch nicht leicht, die Parteibasis zu beschwichtigen, die nicht verstehen konnte, warum es in einem nationalsozialistischen Staat, der angeblich gegen das Weltjudentum Krieg führte, überhaupt noch irgendeiner jüdischen Bank, einem jüdischen Warenhaus, einer Exportfirma oder einem Industrieunternehmen gestattet war, weiter zu arbeiten.[54] Der »kleine Nazi« erwartete gierig die Liquidation oder »Arisierung« jüdischen Vermögens, glaubte er doch, diese sei ihm vom Parteiprogramm und von der antikapitalistischen Demagogik seiner Führer versprochen worden. Aber während Hitler mit den gewalttätigen Impulsen der fanatischeren Antisemiten zutiefst sympathisierte, wusste er auch, dass die Zeit für eine wirklich radikale Vorgehensweise noch nicht reif war.

Die Nürnberger Gesetze vom September 1935 bildeten eine Art Kompromiss zwischen dem Drängen der radikalen Parteimitglieder und dem Druck der konservativeren Staatsbürokratie, denen die nationalsozialistische Führung ausgesetzt war. Das »Reichsbürgergesetz« entzog den Juden formal ihre letzten Bürgerrechte und machte sie zu bloßen »Staatsangehörigen«.[55] Das »Gesetz zum Schutz des deutschen Blutes und der deutschen Ehre« verbot Eheschließungen und außerehelichen Geschlechtsverkehr zwischen Juden und Reichsbürgern mit »deutschem oder artverwandtem Blut«; außerdem untersagte es Juden, weibliche Dienstboten unter fünfundvierzig Jahren im Haushalt einzustellen (vermutlich aus Furcht, dass jüdische Männer jüngere deutsche Frauen verführen und mit ihnen Kinder zeugen könnten), und es verbot Juden, die Nationalflagge (das Hakenkreuz) zu hissen oder die Farben des Reiches zu zeigen. Die Erste Verordnung zum Reichsbürgergesetz lieferte dann im November 1935 eine Definition der Begriffe »Jude« und »Mischling« und unterschied zwischen drei Kategorien: 1. Als »Volljude« wurde bezeichnet, wer von wenigstens drei volljüdischen Großeltern abstammte oder wer der jüdischen Religionsgemeinschaft angehörte oder ihr später beigetreten war und zwei jüdische Großeltern hatte oder mit einem Juden oder einer Jüdin verheiratet war. 2. Die »Mischlinge« wurden als »Mischlinge ersten Grades« oder als »Halbjuden« bezeichnet, wenn sie zwei jüdische Großeltern hatten, aber nicht mit einem Juden verheiratet und auch kein Mitglied der lokalen Synagoge waren. 3. »Mischlinge zweiten Grades« oder »Vierteljuden« waren Menschen mit nur einem jüdischen Großelternteil. Der etwas aufgeblähten Statistik der Nazis zufolge gab es 1935 nicht weniger als 750 000 Deutsche, die unter die Kategorie »Mischlinge ersten oder zweiten Grades« fielen, und dazu schätzungsweise 475 000 »Volljuden«, die ihre Religion praktizierten, sowie weitere 300 000, die das nicht taten.

Nach der eigenartigen Kategorisierung der Nationalsozialisten gab es also 1935 mehr als 1,5 Millionen Deutsche »jüdischen Blutes«. Die Zeit sollte zeigen, dass die Unterschiede zwischen den Kategorien über Leben und Tod entscheiden konnten.

In seiner Reichstagsrede vom 15. September 1935 erklärte Hitler, Ziel der Nürnberger Gesetze sei es, »durch eine einmalige säkulare Lösung vielleicht doch eine Ebene schaffen zu können, auf der es dem deutschen Volke möglich wird, ein erträgliches Verhältnis zum jüdischen Volk finden zu können«.[56] Der Führer der Nationalsozialisten konnte gleichzeitig behaupten, er sei einerseits bemüht, das Judenproblem mit legalen Mitteln zu lösen, und andererseits erfülle er, indem er den Juden die Bürgerrechte entziehe, endlich einen Hauptpunkt aus dem Wahlprogramm der NSDAP von 1920 – nämlich dass kein Jude jemals ein »Volksgenosse« oder ein »Reichsbürger« sein könne. Nicht weniger wichtig war, dass Hitler warnte, wenn die Regelungen nicht funktionierten, müsse die NSDAP einschreiten: »Das dritte [Gesetz] ist der Versuch der gesetzlichen Regelung eines Problems, das im Falle des abermaligen Scheiterns dann durch Gesetz zur endgültigen Lösung der Nationalsozialistischen Partei übertragen werden müßte.«[57] Doch führende Nationalsozialisten wie der Innenminister Wilhelm Frick machten zu dieser Zeit auch beruhigendere Aussagen. Im Dezember 1935 erklärte Frick, man würde den Juden die Möglichkeit, in Deutschland zu leben, nicht nehmen.[58] Der Direktor der deutschen Presseagentur meinte sogar, Deutschland würde dem Judentum helfen, den eigenen nationalen Charakter zu stärken, und es würde einen Beitrag zu verbesserten Beziehungen zwischen den beiden Völkern leisten.[59] Der Korrespondent der Londoner *Times* fasste die offiziellen Aussagen zu den Nürnberger Gesetzen folgendermaßen zusammen: »Die Angehörigen der jüdischen Minderheit in Deutschland erhielten durch die neuen

Gesetze das Recht, in kultureller und nationaler Hinsicht ihr eigenes Leben zu führen. Sie dürfen eigene Schulen, Theater und Sportsvereine haben. [...] Aber die Mitbestimmung von Juden in politischen oder sozialen Fragen des deutschen Volkes ist (laut Kommentar) jetzt und für immer verboten.« Der Korrespondent bemerkte sogar, Hitler habe führende Parteimitglieder informiert, dass er gegen willkürliche »individuelle Aktionen« sei.[60]

Obwohl die deutschen Juden auf die erniedrigende Position von Bürgern zweiter Klasse degradiert worden waren, hatten sie doch die Hoffnung nicht aufgegeben, vielleicht eine kleine Nische im Dritten Reich zu finden. Sie klammerten sich an den Strohhalm, dass, wie Phrasen von offizieller Seite anzudeuten schienen, die Rassentrennung ihre Stellung festigen könne, indem sie ihnen einen »gesetzlich geschützten« Rahmen bot.[61] Die deutschen Juden mochten zwar von der übrigen Bevölkerung isoliert sein, aber ihre Möglichkeiten, sich den Lebensunterhalt zu verdienen, hatten die Nazis noch nicht zerstört. Manchen deutschen Zionisten gelang es auch, an den Rassengesetzen ein paar positive Aspekte auszumachen, wenn auch aus verschiedenen Gründen. Vor allem begrüßten sie, dass die Gesetze einen Beitrag zum Zusammenbrechen von »assimilatorischen« Täuschungen leisteten. Manche Zionisten glaubten sogar irrigerweise, das Prinzip der Rassentrennung böte gute Aussichten für eine verstärkte und intensivierte kulturelle Aktivität der Juden.[62] Ironischerweise erwies sich das vielleicht tatsächlich als richtig, wenn auch nur für die kurze Phase vor der Radikalisierung der NS-Politik im Jahr 1938, als sich über alle Illusionen einer halb autonomen Existenz der Juden im Dritten Reich endgültig der Vorhang senkte.

Die spektakuläre Extravaganz der Olympischen Spiele 1936 in Berlin ermutigte die deutschen Juden noch ein Weilchen länger zu Hoffnungen, denn während dieser Zeit wurden die bösartigeren Beschimpfungen abgemildert und den eklatanteren antisemitischen Terrorakten wurde Einhalt geboten. Die Nazis spielten sogar ihre eigenen rassistischen Gesetze herunter, indem sie einige Alibijuden als Athleten in ihr olympisches Team aufnahmen, um die internationale Kritik zu beschwichtigen.[63] Die Deutschen wurden angewiesen, sich von ihrer besten Seite zu zeigen, denn man wollte dem Ausland ein positives Bild des neuen Reiches vermitteln und es als gesetzestreuen, friedliebenden Staat darstellen. Bezeichnenderweise verschob Hitler nach dem Attentat auf den Vorsitzenden der NSDAP in der Schweiz, das der junge Jugoslawe David Frankfurter verübt hatte, jegliche Racheakte gegen die deutschen Juden auf später. Er wartete den richtigen Zeitpunkt ab. Wie er am 29. April 1937 vor einer Versammlung von örtlichen Parteiführern erklärte, hatte er sich schon vor langer Zeit zu einem »Experten« für die Judenfrage gemacht, und in den nächsten drei Jahren würde sie selbstverständlich »so oder so gelöst werden«.[64] Tatsächlich machte er 1936 in einem geheimen Memorandum zum Vierjahresplan klar, dass die deutschen Juden enteignet werden würden, falls das Deutsche Reich in den Krieg ziehen sollte, eine Möglichkeit, für die er bereits Pläne schmiedete. Gegen Ende 1937, als die Vollbeschäftigung erreicht war, wurde das Projekt, die Juden aus dem deutschen Wirtschaftsleben auszuschließen, merklich beschleunigt in Angriff genommen. Es war kein Zufall, dass zur gleichen Zeit Reichswirtschaftsminister Schacht zurücktrat und dass im Februar 1938 dann Außenminister von Neurath aus dem Amt entfernt und Kriegsminister von Blomberg sowie der Oberbefehlshaber des Heeres, Werner Freiherr von Fritsch, entlassen wurden. Mit einem Schlag hatte sich der Reichskanzler von den letzten Vertretern des aristokratischen Konservativismus, die sich noch in hohen Positionen befunden hatten, befreit und sich damit die uneingeschränkte Kontrolle über die Streitkräfte und die Außenpolitik gesichert.

Einen Monat später annektierte Hitler Österreich, sein früheres Heimatland, und fügte es in das von nun an so genannte Großdeutsche Reich ein. Wien mit seiner wohlhabenden jüdischen Gemeinde, die fast 200 000 Menschen zählte, wurde schnell zu einem Vorbild für die rasche, erzwungene Emigration der Juden aus dem Reich. Nach einer besonders gewalttätigen und brutalen Einschüchterungskampagne zwang die SA Juden, vor den Augen von Scharen johlender Zuschauer die Bürgersteige Wiens mit kleinen Bürsten zu schrubben, jüdische Firmen wurden blitzschnell enteignet und jüdische Wohnungen von NS-Rowdys schamlos geplündert.[65] Die antisemitische Tradition in Österreich (die dreißig Jahre zuvor den jungen Hitler geprägt hatte) flammte mit einer Intensität wieder auf, die selbst die einmarschierenden Deutschen überraschte. Der hysterische Empfang, der Hitler bei seiner triumphalen Rückkehr nach Wien im März 1938 zuteil wurde, bildete den Katalysator für diesen beispiellosen Ausbruch von unterdrücktem Hass auf die Juden.[66] Das österreichische Modell radikaler antijüdischer Maßnahmen wurde in Deutschland sofort übernommen. Hermann Göring, der für die Durchführung des Vierjahresplans verantwortlich war, leitete als Teil der umfassenderen Politik der beschleunigten Wiederbewaffnung eine totale Zwangs-»Arisierung« der größeren jüdischen Firmen ein. Eine Verordnung vom 26. April 1938 schrieb allen Juden vor, ihr gesamtes Vermögen anzumelden, und bereits im Juni 1938 gab es Entwürfe für die obligatorische »Arisierung« jüdischer Firmen. In Parteikreisen und im ganzen Land wurde die Stimmung immer judenfeindlicher. Der Korrespondent der *Times* bemerkte, dass selbst in Berlin, das bisher »in Bezug auf die Behandlung der Juden die toleranteste deutsche Stadt« gewesen war, Parolen wie »Deutsche dürfen nicht von Juden kaufen« oder »Raus mit den Juden« in großen Buchstaben über den Straßen prangten.[67] Man sah Angehörige der Sturmtruppen vor jüdischen Geschäften Wache stehen und deren Besitzer misshandeln: Eine Verhaftungskampagne führte dazu, dass etwa 1000 Juden in Konzentrationslager verschleppt wurden.

Die Flut antijüdischer Gesetze, die Enteignungen von Firmen und die allgemeine Aggression des Regimes hatten unvermeidlich eine neue Welle der jüdischen Emigration aus NS-Deutschland hervorgerufen, welche die demokratischen Staaten zu alarmieren begann. Auf die Initiative des amerikanischen Präsidenten Franklin D. Roosevelt hin wurde in Evian in Frankreich eine internationale Konferenz einberufen, angeblich, um sich mit der Misere der Juden zu befassen, die aus Deutschland und Österreich verdrängt worden waren.[68] Die Organisatoren zogen es jedoch vor zu betonen, dass man sich in den Gesprächen mit politischen Flüchtlingen aus allen Ländern beschäftigte. Anwesend waren Vertreter von 32 Regierungen, darunter Großbritannien und seine Dominions, die meisten lateinamerikanischen Republiken und europäische Nationen wie Frankreich, Belgien, Holland, die Schweiz sowie drei skandinavische Länder. Anerkennend fasste der *Daily Express* aus London einige typische Reaktionen der einzelnen Delegierten auf die Herausforderung der Stunde zusammen. So erklärte der australische Minister für Handel und Zoll, sein Land könne für jüdische Flüchtlinge nicht mehr tun. Australien wünsche nur britische Einwanderer und habe kein Interesse daran, ein »Rassenproblem« zu importieren, indem es »einen Plan zu einer Rassenmigration im großen Maßstab« fördere. Der kanadische Vertreter, dessen Land eine jämmerlich kleine Anzahl jüdischer Einwanderer aufwies, sprach von der unsicheren Wirtschaftslage und Problemen mit Arbeitslosigkeit; Argentinien wies darauf hin, dass es in der Hauptsache nach

»erfahrenen Landwirten« suche, was wohl die meisten Juden ausschloss; Belgien wollte keine internationalen Verpflichtungen eingehen, »deren Konsequenzen es nicht übersehen« konnte.[69]

Am enttäuschendsten war, dass die Vereinigten Staaten und Großbritannien sich weigerten, die Aufnahme einer größeren Zahl jüdischer Flüchtlinge in Erwägung zu ziehen. Als Amerika, Schirmherr der Veranstaltung, klar machte, dass es nicht gewillt sei, seine Türen zu öffnen, hatte es die Konferenz von Evian praktisch zum Scheitern verurteilt. Im Rückblick sollte es so aussehen, als sei die gesamte Übung vom amerikanischen Außenministerium geplant worden, um Flüchtlinge von den Vereinigten Staaten abzulenken und jeglichem internationalen Druck, die Einwanderungsgesetze des Landes zu liberalisieren, zuvorzukommen.[70] Die britische Haltung war nicht weniger scheinheilig. Das Außenministerium schaffte es, Palästina aus der Tagesordnung herauszuhalten, und blockte jede Verurteilung der NS-Regierung ab. Die britische Delegation begründete ihre eigene Weigerung, mehr Juden aufzunehmen, mit der Behauptung, es mangele ihrem Land an Mitteln, versprach aber vage, zu untersuchen, ob eine begrenzte Anzahl von Flüchtlingen in den ostafrikanischen Kolonien Großbritanniens angesiedelt werden könnte. In einem Leitartikel vom 16. Juli 1938 lobte die Londoner *Times* dieses Angebot und kommentierte: »Das Flüchtlingsproblem kann nur mit einer Mischung aus Barmherzigkeit und kühler Kalkulation gelöst werden, und beides wurde in Evian in vorzüglichem Verhältnis gezeigt.«[71] Golda Meir, die zukünftige Premierministerin Israels, die sich zu jenem Zeitpunkt als Beobachterin auf der Konferenz in Evian befand, vertrat einen ganz anderen Standpunkt. Sie schrieb in ihrer Autobiografie: »Nur wer Ähnliches durchgemacht hat, kann verstehen, welche Gefühle mich in Evian erfüllten – eine Mischung aus Kummer, Wut, Frustration und Grauen.«[72]

Am aufschlussreichsten aber war Hitlers verächtliche Reaktion auf dieses Fiasko. Schon bevor die Ergebnisse der Konferenz bekannt wurden, spottete er über die humanitären Absichten der westlichen Demokratien (insbesondere Großbritanniens und Amerikas), die behaupteten, so besorgt um »diese Verbrecher« (die Juden) zu sein; später, im Januar 1939, sprach er erneut von dieser Farce: »Es ist ein beschämendes Schauspiel, heute zu sehen, wie die ganze Welt der Demokratie vor Mitleid trieft, dem armen gequälten jüdischen Volke gegenüber allein hartherzig verstockt bleibt angesichts der dann doch offenkundigen Pflicht, zu helfen.«[73] In der Tat, die nationalsozialistische Führung konnte sich in ihrer immer brutaleren Politik bezüglich der »Judenfrage« von den Ergebnissen der Konferenz nur bestärkt fühlen. Die ganze erbärmliche Veranstaltung hatte gezeigt, dass die westlichen Nationen in keiner Weise gewillt waren, ihre Türen zu öffnen und jüdische Flüchtlinge aufzunehmen oder sich zu Rettungsaktionen zu verpflichten, wo das Leben von Juden in Gefahr war. Auch waren die Demokratien nicht bereit, die antisemitische Gesetzgebung der Nazis öffentlich zu kritisieren – stattdessen zogen sie es vor, diese Gesetze als innere Angelegenheit Deutschlands zu betrachten. Und schließlich hatte das Konferenzergebnis noch eine weitere beunruhigende Implikation, die bisher erst schwach am Horizont sichtbar wurde: Wenn NS-Deutschland nicht mehr darauf rechnen konnte, seine Juden zu exportieren, zu verkaufen oder zu vertreiben, weil die gleichgültige Welt sie einfach nicht haben wollte, dann mussten sie vielleicht ganz und gar entfernt werden.

3. VERFOLGUNG UND WIDERSTAND

Alle Wege der Gestapo führen nach Ponary, und Ponary heißt Tod. Lasst uns nicht wie Schafe zur Schlachtbank gehen. Wir sind vielleicht schwach und wehrlos, aber die einzige Antwort an den Feind ist Widerstand. Brüder, es ist besser, als freie Männer im Kampf zu sterben, als auf das Erbarmen der Mörder angewiesen zu sein und zu überleben.

Abba Kovner, Manifest der zionistischen Jugend, *Wilna, 31. Dezember 1941*

Warum haben wir keinen Widerstand geleistet, als sie anfingen, 300 000 Juden aus Warschau umzusiedeln? Warum haben wir zugelassen, dass wir wie Schafe zur Schlachtbank geführt wurden?

Emanuel Ringelblum, Tagebuch, *15. Oktober 1942*

Im Exil waren die Juden stets eine Minderheit gewesen; sie hatten immer in Gefahr gelebt; doch sie hatten gelernt, dass sie durch Beschwichtigung und Besänftigung ihrer Feinde die Gefahr abwenden und die Vernichtung überleben konnten.
[...] Eine zweitausend Jahre alte Lektion konnte nicht ungeschehen gemacht werden; die Juden vermochten sich nicht rasch genug umzustellen [als ihrer Führung klar wurde, dass der moderne, maschinenartige Vernichtungsprozess das europäische Judentum erfassen würde].

Raul Hilberg, Die Vernichtung der europäischen Juden *(1982)*

Im Oktober 1938 wurden 17 000 Juden polnischer Abstammung, die bis dahin in Deutschland gelebt hatten, von den NS-Behörden brutal vertrieben. Unter entsetzlichen Bedingungen gelangten sie an die polnisch-deutsche Grenze, wo die polnische Regierung ihnen die Wiedereinreise verweigerte. Polen hatte die Juden zuvor zu Staatenlosen erklärt und so bereits seine Absicht demonstriert, sich von seinen jüdischen Bürgern zu befreien. Unter den polnischen Juden, die plötzlich feststellen mussten, dass man sie im Niemandsland im Stich ließ, befand sich auch die Familie Grynszpan. Ihr siebzehnjähriger Sohn Herschel Grynszpan, der damals als illegaler, staatenloser Einwanderer in Paris lebte, war empört darüber, wie seine Eltern und die Juden überhaupt behandelt wurden. (Später erklärte er den französischen Untersuchungsbeamten, sein Volk habe das Recht, auf dieser Erde zu existieren.[1]) In seiner Qual rächte er sich mit einem Schuss auf den deutschen Gesandtschaftsrat I. Klasse in Paris, Ernst vom Rath. Der deutsche Diplomat starb am 9. November 1938 an seiner Verletzung. Grynszpans Tat wurde von der Propagandamaschine der Nationalsozialisten sofort als »Kriegserklärung« und als Teil einer weltweiten jüdisch-freimaurerischen Verschwörung verurteilt. Sie sollte in ganz Deutschland beispiellose Gewaltausbrüche und Terroraktionen gegen Juden entfesseln, die später von den Nazis beschönigend als »Reichskristallnacht« bezeichnet wurden, nach den kristallähnlichen Glasscherben von den eingeschlagenen Fenstern jüdischer Geschäfte. In ganz Deutschland brannten mehr als 400 Synagogen, während über 7 500 Firmen und andere Häuser in jüdischem Besitz ausgeraubt und geplündert wurden. Mindestens 100 Juden wurden ermordet, weitaus mehr verletzt, und 30 000 Juden wurden in Konzentrationslager abtransportiert, wo sie unaussprechliche Entwürdigungen erleiden sollten. Der Korrespondent des *Manchester Guardian* bemerkte, als er die Ereignisse des 10. November in Berlin schilderte, dass die Plünderung und Zerstörung jüdischer Geschäfte schon seit nahezu achtzehn Stunden im Gang sei. »In den Geschäftsvierteln gibt es Straßenzüge, von denen heute Abend ganze Abschnitte buchstäblich mit Glasscherben gepflastert sind, während im Rinnstein und auf den Straßen zerschlagene Büromöbel, Schreibmaschinen, Telefone, Papierballen und andere Trümmer liegen, die von den Zerstörungstrupps aus den Fenstern geschleudert wurden.«[2]

Der britische Korrespondent berichtete weiter, wie die Brandstifter »in die Synagogen eindrangen, Benzin über die Bänke gossen und den Innenraum in Brand steckten. So weit zu beobachten war, bestand die Arbeit der Feuerwehr vor allem darin, daneben zu stehen und fachkundig Wache zu halten, damit das Feuer nicht vom Inneren der Synagoge auf benachbarte Gebäude übersprang. [...] Die Menge beobachtete das Abbrennen der Synagogen mit Gleichgültigkeit.«[3] Der amerikanische Konsul in Leipzig, David Buffum, der einen anschaulichen Bericht über das Pogrom hinterließ, schrieb, die Übergriffe der Nazis hätten in ihrer Grausamkeit »seit Beginn der Brutalität nicht ihresgleichen gehabt, weder in Deutschland noch wahrscheinlich anderswo auf der Welt«.[4] Nachdem er die Zerstörung und die Beschädigung von Eigentum geschildert hatte, fügte er hinzu: »[...] die grässlichste Phase der so genannten ›spontanen‹ Aktion war die massenweise Verhaftung männlicher deutscher Juden im Alter zwischen sechzehn und sechzig sowie jüdischer Männer ohne Staatsangehörigkeit und ihr Abtransport in Konzentrationslager. Das geschieht seit der Schreckensnacht fortwährend.«[5] Das Ausmaß des Schadens war so groß, dass internen Berichten der Sicherheitsdienste und anderen Aussagen zufolge eine große Zahl von Deutschen anscheinend über einen derartigen Vandalismus und eine so schamlose Verletzung von Recht und Ordnung schockiert und sogar empört war.[6] Andererseits nahmen nicht nur ideologische Fanatiker an den Zerstörungen der »Kristallnacht« teil. Unter dem blindwütigen Mob befanden sich viele gewöhnliche, bis zum Äußersten aufgestachelte Deutsche, die die Gelegenheit ergriffen, sich selbst zu bereichern. Zudem gab es praktisch keinen erkennbaren öffentlichen Protest (nicht einmal von den Kirchen) gegen dieses barbarische Verhalten, obwohl jüdische Gotteshäuser ein Hauptziel der Zerstörungen gewesen waren.

Anstifter und führender Kopf des Pogroms war Propagandaminister Goebbels gewesen. Am 9. November hatte er im Münchner Hofbräuhaus (zum Gedenken an Hitlers missglückten Putsch von 1923) eine aufwieglerische Rede gehalten, nachdem vom Raths Ermordung bekannt geworden war. Goebbels bezeichnete das Attentat auf den Diplomaten als den ersten Schuss in einem neuen Krieg zwischen Deutschen und Juden. Seine Tagebücher enthüllen nicht nur, dass der Führer über jeden Schritt informiert war, sondern auch, dass Hitler ausdrücklich wünschte, die Juden für den Schaden bezahlen und ihre Firmen enteignen zu lassen.[7] In der Öffentlichkeit jedoch zog der Führer es vor, Abstand zu wahren und eine distanzierte Haltung einzunehmen. Hitler war daran gelegen, dass das Pogrom den Anschein erweckte, ein »spontaner« Ausdruck des gegen die Juden gerichteten »Volkszorns« zu sein. Die Leitung der SS und des Sicherheitsdienstes (SD), die die Methoden des »rüpelhaften Antisemitismus« prinzipiell ablehnte, erholte sich schnell von ihrer ersten Überraschung und fand im Nachspiel des Pogroms neue Möglichkeiten, ihr eigenes Programm zu verfolgen und sämtliche politischen Prozesse, die mit der »Judenfrage« zusammenhingen, fester in die Hand zu nehmen.

Goebbels selbst war 1938 bei Hitler in Ungnade gefallen, weil er eine unschöne Affäre mit einer tschechischen Schauspielerin gehabt hatte, ein Umstand, der vielleicht mit erklärt, warum er einen derartigen Eifer an den Tag legte, als er zur Vergeltung an den Juden aufrief. Außerdem war er darauf bedacht, in der Judenpolitik erneut seinen eigenen Standpunkt zu etablieren, aber ohne Hitlers vorangegangene Autorisierung hätte er sicherlich nicht zu dem Pogrom aufgehetzt. Göring andererseits, der jetzt für die »Arisierung« verantwortlich war, war entschlossen, die »Judenfrage« möglichst nicht in die Hände radikaler Nationalsozialisten zu geben. Wie Himmler und Heydrich, die die deutsche Polizei beziehungsweise den SD unter sich hatten, lehnte auch er unkontrollierte Gewaltausübung ab und zog das Netz um die deutschen Juden lieber durch administrative Maßnahmen enger. Göring hielt Aktionen wie die »Kristallnacht« im Hinblick auf das Ansehen der NSDAP im In- und Ausland für einen schweren Fehler und einen bedauerlichen Ausrutscher in die ungezügelte »Arisierung«.[8] Schließlich wollte er jüdisches Vermögen für den deutschen Staat enteignen und nicht zuschauen, wie es vom plündernden Mob zerstört wurde. Außerdem war er anfangs über die Höhe der möglicherweise daraus resultierenden Versicherungsleistungen (die auf 225 Millionen Reichsmark geschätzt wurden) erschrocken. Himmler teilte Görings Missbilligung und schrieb sogar in einem Memorandum, in erster Linie seien Goebbels' Megalomanie und seine Dummheit für diese Operation verantwortlich, die die bereits schwierige diplomatische Lage Deutschlands nur noch verschärfen könne. Aber wie die politischen Meinungsverschiedenheiten und die Machtkämpfe in der Elite der NSDAP auch aussehen mochten, über die Notwendigkeit einer »Abrechnung mit den Juden« bestand grundsätzlich Einigkeit.[9]

Die »Kristallnacht« war in der deutschen Geschichte seit den Kreuzzügen die gewalttätigste öffentliche Demonstration von

Antisemitismus. Außerdem erwies sie sich als bedeutender Wendepunkt auf dem Weg zum Holocaust. Die Lehren, die die NS-Führung daraus zog, bewirkten zweifelsfrei eine Veränderung in den Verfolgungsmethoden. Am 12. November 1938 wurde bei einer Marathonsitzung in Görings Büro im Reichsluftfahrtsministerium beschlossen, den deutschen Juden für ihre so bezeichnete »feindliche Einstellung« zum Deutschen Reich und Volk eine »Sühneleistung« von einer Milliarde Reichsmark aufzuerlegen. Nachdem Göring die Strafe verkündet hatte, fügte er zynisch hinzu, er müsse noch einmal sagen, dass er in Deutschland kein Jude sein wolle.[10] Die Teilnehmer waren offenbar der Meinung, die öffentliche Demütigung, die sie den unschuldigen jüdischen Opfern des November-Pogroms zufügten, indem sie sie für den gewaltigen Schaden, den die Nazis angerichtet hatten, bezahlen ließen und sogar noch eine Entschuldigung verlangten, reiche noch nicht. Goebbels, Göring und Heydrich wechselten sich während der Versammlung mit Fantasien und Vorschlägen bezüglich weiterer Erniedrigungen ab: dass Juden Abzeichen tragen sollten, dass sie in Zügen getrennte Abteile erhalten oder gezwungen werden sollten, ihre Sitzplätze für Deutsche frei zu machen, dass man sie in Wäldern neben den Tieren, denen sie ähnelten, aussetzen solle usw.[11] Goebbels schlug vor, jüdischen Kindern, die noch auf deutsche Schulen gingen, den Schulbesuch zu verbieten, Juden das Betreten aller öffentlichen Einrichtungen zu untersagen und Ausgangssperren für sie zu verhängen. In den folgenden Monaten stimmte Hitler den konkreteren Vorschlägen zu, was darauf hinweist, dass die antijüdische Kampagne nach der »Kristallnacht« tatsächlich an Kraft gewonnen hatte.[12]

Das in praktischer Hinsicht bedeutendste Ergebnis der Konferenz im November 1938 war, dass der Prozess der Ausschaltung der Juden aus dem Wirtschaftsleben zu Ende geführt und die Konfiszierung aller übrig gebliebenen jüdischen Fabriken und Unternehmen koordiniert wurde. Die Warenhäuser, größeren Industriebetriebe und Handelsbanken, die man am längsten verschont hatte, wurden nun aufgekauft, geschlossen oder übernommen.[13] Eine zusätzliche Verordnung schloss Juden vom Einzelhandel, vom Handwerk, von Handelsvertretungen, von Direktorenposten in Firmen und von der Mitgliedschaft in Kooperativen aus. Zu Beginn seiner Rede berief Göring sich für diese Schritte direkt auf die Autorität des Führers. Er habe, sagte er, einen Brief erhalten, den Martin Bormann, der Leiter vom »Stab des Stellvertreters des Führers«, auf Befehl des Führers geschrieben habe und in dem verlangt werde, dass die »Judenfrage« jetzt ein für alle Mal »so oder so« koordiniert und gelöst werde.[14] »So oder so« war tatsächlich ein Schlüsselausdruck Hitlers, wenn es um die Juden ging, der zu verstehen gab, dass die Entscheidung unwiderruflich war. Die NS-Politik war nach der »Kristallnacht« deutlich radikaler geworden. In der Folge wurden alle jüdischen Unternehmen, die Bewegungsfreiheit der Juden und ihr gesellschaftlicher Verkehr mit Deutschen praktisch unterbunden.[15] Durch das Ausmaß der Gewalt und die Straffreiheit der Täter wurden die Juden, noch stärker als zuvor, als unerwünschtes Volk von Außenseitern abgestempelt, die man nach Belieben erniedrigen konnte und die außerhalb der Gesellschaft und der Welt moralischer Verpflichtungen standen. Ihre Existenz auf deutschem Boden wurde buchstäblich mit den Wurzeln ausgerissen. Ende 1939 durften die deutschen Juden keine öffentlichen Verkehrsmittel mehr benutzen, keine Konzerte, Theater, Kinos oder Einkaufszentren besuchen, Strände oder Parkbänke nicht mehr benutzen und nicht einmal einen Hund besitzen, so dass sie nicht bloß Ausgestoßene, sondern bereits gesellschaftlich tote Menschen waren. Als sie ihre Führerscheine abgeben mussten, weil ihre Anwesenheit auf den Straßen vielleicht die »deutsche Verkehrsgemeinschaft« beleidigen könnte, sollte es auch nicht mehr lange dauern, bis der gelbe Stern ihren Paria-Status endgültig besiegelte.

Die »Kristallnacht« hatte die Maßnahmen gegen die Juden im Dritten Reich dramatisch beschleunigt. Als unmittelbare Auswirkung wurde der Druck auf deutsche und österreichische Juden verstärkt, der sie zur Emigration zwingen sollte, die zu jener Zeit noch offizielle NS-Politik war. Doch die »Kristallnacht« förderte auch Positionen, die schon erahnen ließen, was ein paar Jahre später schließlich in der »Endlösung« gipfeln sollte. So prophezeite die SS-Zeitschrift *Das Schwarze Korps* am 24. November 1938 unter der Überschrift »Juden, was jetzt?«, die Deutschen könnten die Anwesenheit von Hunderttausenden jüdischer »Verbrecher« und »Untermenschen« im Reich nicht mehr viel länger ertragen. Der Artikel spottete über die Gleichgültigkeit und Heuchelei der »zivilisierten« Nationen und über das »große Geschrei des Weltjudentums« und forderte eine Lösung, die über die bloße Rassentrennung hinausgehen müsse. Im Falle einer kriegerischen Entwicklung »ständen wir daher vor der harten Notwendigkeit, die jüdische Unterwelt genau so auszurotten, wie wir in unserem Ordnungsstaat Verbrecher eben auszurotten pflegen: *mit Feuer und Schwert.* Das Ergebnis wäre das tatsächliche und endgültige Ende des Judentums in Deutschland, seine restlose Vernichtung.«[16] Die »Kristallnacht« und die Grauen erregenden verbalen Drohungen, die darauf folgten, deuteten darauf hin, dass die Stimmung für das Wiederaufleben eines apokalyptischen Antisemitismus reif war, der Juden mit der kriminellen, »untermenschlichen« Unterwelt gleichsetzte. Das staatliche Pogrom intensivierte die Strategie der Dämonisierung, die seit 1919 die NS-Kampagne gegen die Juden begleitet hatte. Doch jetzt, zwanzig Jahre später, sah es so aus, als ließen sich die Juden, die in Deutschland noch übrig waren, umso leichter als Ausgestoßene brandmarken und damit den Klischees der Propaganda angleichen, je kleiner ihre Zahl wurde. Ian Kershaw schreibt, dass dieser Prozess der Entpersönlichung die betäubende Gleichgültigkeit der öffentlichen Meinung in Deutschland vertiefte »und ein wichtiges Stadium zwischen der archaischen Gewalt des Pogroms und der rationalisierten ›Fließband‹-Vernichtung der Todeslager bildete«.[17]

Die »Kristallnacht« hatte noch eine weitere wichtige Funktion: Sie war Wegbereiter für den Zwei-Fronten-Krieg, den Hitler jetzt fieberhaft plante. Der konventionelle Krieg NS-Deutschlands gegen die Großmächte, bei dem es um territoriale Hegemonie und »Lebensraum« im Osten ging, und der »Krieg gegen die Juden« wurden in dieser Phase neu aufeinander abgestimmt. Seit dem 9. November 1918 waren diese beiden Themen in Hitlers Gedankenwelt eng miteinander verbunden gewesen. Wie er im Januar 1939 dem tschechischen Außenminister mitgeteilt hatte, sollten die Juden in Deutschland vernichtet werden, denn nicht umsonst hätten sie den 9. November 1918 herbeigeführt – dieser Tag würde gerächt werden.[18] Jetzt, am 9. November 1938, zwanzig Jahre nach der deutschen Kapitulation, war das Pogrom gegen die Juden ein Mittel, um die deutsche Nation psychologisch auf einen neuen europäischen Krieg vorzubereiten. Es war Hitlers Methode, die Deutschen von dem Gedanken abzubringen, dass das zwei Monate zuvor geschlossene Münchener Friedensabkommen das Ende der internationalen politischen Krise bedeuten könnte.

Hitlers berüchtigte Reichstagsrede vom 30. Januar 1939, dem sechsten Jahrestag seiner Machtergreifung, muss im Kontext einer sich selbst erfüllenden Prophezeiung und eines Krieges, der zwei Gesichter haben sollte, gesehen werden.

> Und eines möchte ich an diesem vielleicht nicht nur für uns Deutsche denkwürdigen Tage nun aussprechen: Ich bin in

> meinem Leben sehr oft Prophet gewesen und wurde meistens ausgelacht. In der Zeit meines Kampfes um die Macht war es in erster Linie das jüdische Volk, das nur mit Gelächter meine Prophezeiungen hinnahm, ich würde einmal in Deutschland die Führung des Staates und damit des ganzen Volkes übernehmen und dann unter vielen anderen auch das jüdische Problem zur Lösung bringen. Ich glaube, daß dieses damalige schallende Gelächter dem Judentum in Deutschland unterdes wohl schon in der Kehle erstickt ist.
> Ich will heute wieder ein Prophet sein. Wenn es dem internationalen Finanzjudentum in und außerhalb Europas gelingen sollte, die Völker noch einmal in einen Weltkrieg zu stürzen, dann wird das Ergebnis nicht die Bolschewisierung der Erde und damit der Sieg des Judentums sein, sondern die Vernichtung der jüdischen Rasse in Europa![19]

Diese Rede war für den Führer einer Großmacht ein ungewöhnlicher Ausbruch, und man kann sie kaum zu bloßer »Metaphorik« oder Rhetorik mit »utopischer Zielsetzung« herunterspielen, wie es der deutsche Historiker Hans Mommsen versucht hat.[20] Keiner, der den Film über dieses Ereignis gesehen und die Vehemenz wahrgenommen hat, mit der Hitler zum rasenden Beifall der Reichstagsabgeordneten diesen speziellen Abschnitt seiner Rede vortrug, kann daran zweifeln, dass es sich um eine todernst gemeinte Drohung handelte. Sie muss jedoch auf verschiedenen Ebenen analysiert werden. Das unmittelbarste Ziel war das »Weltjudentum«, das Hitler typischerweise für die wachsende Kritik verantwortlich machte, der sein Regime nach der »Kristallnacht« ausgesetzt war. Er warnte jene, die ihn »ausgelacht« oder seine »Prophezeiungen« lächerlich gemacht hatten und noch nicht verstanden, worum er im Innern bereits sicher wusste, weil er im Kern seiner Persönlichkeit und seiner Mission lag – sein Wille, die Juden zu vernichten. Aber die Rede war auch eine

Drohung an die westlichen Demokratien. Hatte Hitler nicht wiederholt seine Bereitschaft erklärt, bei der Suche nach einer »internationalen Lösung der Judenfrage« mit anderen Staaten zusammenzuarbeiten? Als Antwort jedoch hatte er nur die scheinheilige Heuchelei der liberalen Demokratien vernommen, was ihn wiederum zu der Aussage veranlasst hatte: »Wenn aber die übrige Welt mit heuchlerischer Miene aufschreit über diese barbarische Austreibung eines so unersetzbaren, kulturell wertvollsten Elementes aus Deutschland, dann können wir nur erstaunt sein über die Folgerungen, die daraus gezogen werden.«[21]

Hitler wusste, dass weder britische noch amerikanische Politiker gewillt gewesen waren, ihren missbilligenden Reden über das nationalsozialistische Deutschland und die Not der Juden entsprechende Taten folgen zu lassen. Zeigte die Konferenz von Evian nicht deutlich, dass in den menschenleeren Weiten des britischen Königreiches, der Vereinigten Staaten oder Lateinamerikas kein Platz für jüdische Flüchtlinge zu finden war? Trotzdem schickte Hitler seinen früheren Wirtschaftsminister Schacht auf eine letzte Englandreise, wo er versuchen sollte, mit dem amerikanischen Unterhändler Rublee ein Abkommen zu treffen, nach dem deutsche Juden gegen Zahlung eines »Lösegeldes« ausreisen dürften.[22] Die Nazis verfolgten den Plan, dass die Juden (und die Demokratien) in aller Welt die Emigration ihrer deutschen Glaubensgefährten durch einen Kredit von anderthalb Milliarden Reichsmark finanziell unterstützen sollten. Das Geld sollte innerhalb von zehn Jahren durch deutsche Exporte zurückgezahlt werden. Dieser Erpressung nachzugeben hätte bedeutet, die Nationalsozialisten für die Enteignung und Vertreibung der Juden finanziell zu belohnen, auch wenn Hitler das anders sah. Die Juden in Deutschland am Leben zu halten hatte für ihn keinen Sinn, es sei denn, er konnte sie bei Verhandlungen als Trumpf benutzen, als Geiseln in seinem Katz-und-Maus-Spiel von Krieg und Frieden mit dem Westen.

Hitlers »Prophezeiung« hatte aber noch eine weitere, unheilvollere Ebene, die im Licht seines Gespräches mit dem südafrikanischen Verteidigungsminister Oswald Pirow am 24. November 1938 in Berchtesgaden besser verständlich wird. Hitler hatte seinem deutschfreundlichen Gast mitgeteilt, das »Weltjudentum [in diesem Fall schienen in erster Linie die amerikanischen Juden gemeint zu sein] betrachte die Juden in Europa als Vorposten für die Bolschewisierung der Welt«; er hatte hitzig von der jüdischen Zuwanderung aus dem Osten gesprochen und erklärt, sein Entschluss stehe unwiderruflich fest, »die Juden würden eines Tages aus Europa verschwinden«.[23]

In seiner Reichstagsrede zwei Monate später koppelte er diese Voraussage mit dem Ausbruch eines Weltkrieges. Die Prophezeiung der Auslöschung wurde unpersönlich formuliert, aber sie bezog sich eindeutig auf die physische Vernichtung der europäischen Juden, insbesondere, falls es irgendeine Einmischung seitens der Vereinigten Staaten und der amerikanischen Juden (die in Hitlers Vorstellung mit den internationalen jüdischen Finanziers »außerhalb Europas« verbunden waren) geben sollte. Es kann kein Zufall sein, dass Hitler sich während der Kriegsjahre und vor allem nach Beginn der »Endlösung« ständig auf seine Prophezeiung vom Januar 1939 berief. 1942 erinnerte er zwei Mal und 1943 noch drei Mal an seine Worte, aber jedes Mal verwechselte er das Datum seiner Rede über die »Ausrottung«, den 30. Januar, mit dem Ausbruch des Zweiten Weltkrieges im September 1939.[24] Ein so zwanghaft wiederholter »Irrtum« ist schon an sich bemerkenswert. Meine Erklärung wäre, dass der Weltkrieg und der »Krieg gegen die Juden« in Hitlers Augen tatsächlich ein und dieselbe Konfrontation waren. Genauso waren auch der »Prophet« und der »Realpolitiker« ein und dieselbe Person.

Der Prophet war da, um den dunklen Fantasien von »Sieg oder Untergang« regelmäßig Ausdruck zu verleihen, der Politiker ging pragmatischer vor und passte sich mit der nötigen taktischen Flexibilität den wechselnden internationalen und diplomatischen Konstellationen an, während er sich tastend auf die sich selbst erfüllende Prophezeiung der »Vernichtung« zubewegte.

Zwischen 1933 und 1939 wurde, wie wir gesehen haben, die nationalsozialistische Politik bezüglich der »Judenfrage« von vielen widersprüchlichen Strömungen innerhalb des deutschen Staates und der deutschen Gesellschaft sowie von äußeren Kräften beeinflusst. Auch wenn die Juden von der NS-Führung beharrlich als »Todfeinde« bezeichnet wurden, die es zu isolieren und aus Deutschland zu entfernen galt, gab es noch keinen eindeutigen Plan, sie physisch auszurotten. Im Rückblick wird deutlich, dass Maßnahmen wie wirtschaftlicher Boykott, Ausschluss aus der Rechtsgemeinschaft und Diffamierung zwischen 1933 und 1938 noch einigermaßen vorsichtig durchgeführt wurden, wenn man sie mit der Lawine vergleicht, die dann folgte. Die Nürnberger Gesetze hatten einen wichtigen »Fortschritt« markiert, denn sie hatten das NSDAP-Programm und die traditionellen Ziele des deutschen Antisemitismus – also die Rassentrennung, die Entfernung der Juden aus der Wirtschaft und aus der bürgerlichen Gesellschaft und die Aberkennung der Staatsbürgerschaft – verwirklicht. Aber diese Rassengesetze zerschlugen weder die Institutionen und den Lebenswillen der deutschen Juden noch ihre ökonomische Grundlage. Gleichzeitig stießen die Gesetze trotz ihres stark diskriminierenden Charakters bei den konservativen Eliten, den Kirchen, in Geschäftskreisen, bei den Intellektuellen oder bei der Masse der deutschen Bevölkerung auf keinen nennenswerten Widerspruch. Es scheint also, dass es zumindest bis zum November 1938 (und wahrscheinlich noch länger) einen öffentlichen Konsens in der »Judenfrage« gab, dessen Rahmen die NS-Führung mit ihren Aktionen bis dahin nicht gesprengt hatte.

Insofern war es eine wichtige qualitative Veränderung, als 1938/39 immer deutlicher sichtbar wurde, dass die NS-Politik eine völlige Vertreibung der Juden aus Deutschlands gesellschaftlichem und politischem Raum anstrebte. Man könnte diese Sichtbarmachung zweifellos als logischen Schritt (im Sinne einer bürokratischen Logik) in das nächste Stadium der Vertreibung der Juden aus Deutschland erklären, wobei eine klare Vorstellung davon, was darauf folgen sollte, fehlte. Aber während auf der Hand lag, dass die Bürokratie und die internen Machtkämpfe um das Recht, die antijüdische Politik zu beeinflussen, von zentraler Bedeutung waren, ist auch kaum zu übersehen, dass Hitler selbst eine wesentliche Rolle spielte, indem er der Bewegung Dynamik und Schwungkraft verlieh. Göring wies darauf hin, dass letztlich allein der Führer entscheide.[25] Das galt insbesondere bei schwer wiegenden Entscheidungen, etwa wenn es um Krieg und Frieden ging oder um Zeitpunkt, Ort oder Art und Weise der Entfesselung des Holocaust. Nur in Hitlers Vorstellungswelt waren Krieg und Völkermord so eng miteinander verzahnt. Seine apokalyptische Sichtweise war es, die 1939 im Kontext eines kommenden Weltkrieges die Ausweitung der »Judenfrage« auf ganz Europa als selbstverständlich voraussetzte. Als Deutschland nach dem September 1939 einen großen europäischen Krieg gegen Polen, Großbritannien und Frankreich führte, den es allem Anschein nach auch gewinnen würde, sollte der Weg, wenn auch noch nicht für die vollständige Vernichtung, so doch für eine vollständige »Entfernung« der Juden aus Europa geebnet sein. Der Einmarsch in die UdSSR im Juni 1941 sollte gewalttätigere und weit reichendere Schritte in Richtung einer umfassenden »Lösung« mit sich bringen, die zum Beginn einer organisierten Auslöschung des europäischen Judentums hinführten. Als im Dezember 1941 die Vereinigten Staaten in den Krieg eintraten, wurden schließlich die letzten Zurückhaltungen bei der organisatorischen Koordination dieses Plans aufgegeben, und er gelangte zur vollen Ausführung.

Was diese verschiedenen Stadien verband, war die fanatische Hingabe der Nationalsozialisten an ihr ideologisches Hirngespinst, dass sie einen »großen Rassenkrieg« führten, in dem entweder die »Deutsch-Arier« oder die Juden siegen mussten, um anschließend die Weltherrschaft zu übernehmen. Das Gesamtprojekt der Nazis blieb weiterhin die rassische »Säuberung« und die ethnische Reorganisation Europas, was die Umsiedlung und Neuansiedlung ganzer Bevölkerungsgruppen beinhaltete.[26] In diesem großen biologisch-politischen Rahmen stellten die Juden jedoch einen Sonderfall dar, denn die »Endlösung« zielte tatsächlich auf Endgültigkeit ab – sie sah vor, alle jüdischen Männer, Frauen und Kinder, deren man auf dem europäischen Kontinent habhaft werden konnte, aufzuspüren und zu töten, von Paris bis Białystok und von Amsterdam bis zur Insel Rhodos. Die Totalität dieses Völkermord-Projekts unterscheidet den Holocaust von der massiven Gewaltanwendung der Nazis, unter der Polen, Russen, Ukrainer, Serben und Zigeuner zu leiden hatten, und auch von dem so genannten »Gnadentod«, dem ethnische Deutsche zum Opfer fielen, dem Hungertod von Millionen sowjetischer Kriegsgefangener oder den Folterungen von Kommunisten und der Verfolgung der Homosexuellen oder der Zeugen Jehovas.[27]

Die unerbittliche Natur der NS-Kampagne gegen die Juden leitete sich von deren besonderem Status als »Weltfeind« ab. Dieses ideologische Konzept beinhaltete die These, dass man durch eine Lösung des deutschen »Judenproblems« (zum Beispiel durch vollständige Auswanderung) die »Judenfrage« nicht endgültig abschließen könnte. Im Zentrum des Konfliktes stand die dämonische jüdische Weltmacht, die immer versuchen würde, Deutschland, den Nationalsozialismus und die so genannte arische Zivilisation zu zerstören. Die teuflische Qualität des Gegners bedeutete auch, dass das »internationale Judentum« sich stets bemühen würde, den Krieg auszuweiten und den Kampf zu verstärken, um möglichst viel kostbares deutsches Blut auf dem Schlachtfeld zu vergießen. In dieser phantasmagorischen Logik des Rassenkrieges konnten die extremsten Maßnahmen im Vorhinein als imaginierte Selbstverteidigung gerechtfertigt werden. Doch die simple Wahrheit blieb, dass die Juden als Gruppe schwach und wehrlos waren und zu keinem Zeitpunkt irgendwelche aggressiven Pläne gegen Deutschland ausgeheckt hatten.

Es gab jedoch noch eine weitere Realität, welche die Nazis nicht ignorieren konnten. Die Invasion und die militärische Besetzung Polens hatten die jüdische Bevölkerung, die sich in Hitlers Gewalt befand, mit einem Schlag um mehr als zwei Millionen polnische Juden vergrößert. (Als Ergebnis des deutsch-sowjetischen Nichtangriffspaktes fielen von September 1939 bis Juni 1941 etwas über eine Million Juden in Ostpolen unter die kommunistische Herrschaft Russlands.) Dass die Zahl der Juden, die im deutschen »Einflussbereich« lebten, dramatisch anstieg, unterstrich ein Dilemma, welches die heftigen Bemühungen der Nazis, »judenreine« Gebiete zu schaffen, erschwerte. Immer wenn sie ein Gebiet annektierten oder eroberten, bekamen sie mehr Juden hinzu, als sie durch die Förderung der Emigration zu entfernen vermochten. So waren im März 1939, nach dem »Anschluss«, 200 000 österreichische Juden zum Großdeutschen Reich hinzugekommen. Ein Jahr später, nach dem Einmarsch der Wehrmacht in Prag, gerieten weitere 120 000 Juden unter nationalsozialistische Herrschaft. Nach dem Zusammenbruch Polens, weiteren Siegen der Wehrmacht im Westen und dann der Eroberung der baltischen Staaten, Weißrusslands, der Ukraine,

Galiziens, der Krim und anderer Gebiete im Osten stieg die Zahl der Juden, die sich in den Händen der Nazis befanden, noch einmal ungeheuer an. Was sollte mit ihnen geschehen? Allein in Warschau gab es 1939 ebenso viele Juden (etwa 330 000) wie im gesamten Deutschen Reich. Als Ostjuden wurden sie in Deutschland seit langem mit Angst und voller Vorurteile betrachtet. Jetzt sorgte die NS-Propaganda dafür, dass kein Deutscher jemals vergaß, dass die Ostjuden eine ständige Quelle von Schmutz, Infektionskrankheiten, Kriminalität und Bolschewismus waren und dass sie den Kern des »Weltjudenproblems« bildeten. Nach seinem Besuch im Ghetto von Lodz schrieb Goebbels am 2. November 1939 in sein Tagebuch: »Fahrt durch das Ghetto. Wir steigen aus und besichtigen alles eingehend. Es ist unbeschreiblich. Das sind keine Menschen mehr, das sind Tiere. Das ist deshalb auch keine humanitäre, sondern eine chirurgische Aufgabe. Man muß hier Schnitte tun, und zwar ganz radikale. Sonst geht Europa einmal an der jüdischen Krankheit zu Grunde.«[28]

Wie viele radikale Antisemiten unter den Nazis betrachtete Goebbels »den Ostjuden« als den von Grund auf tierähnlichen »Anderen«, der die Pest und weitere lebensbedrohliche Krankheiten symbolisierte. Goebbels hatte das Ghetto besucht, um die Dreharbeiten zu dem antisemitischen Film *Der ewige Jude* zu beaufsichtigen, der 1940 in die Kinos kam. In einem Tagebucheintrag vom 17. Oktober 1939 war der Propagandaminister sogar noch deutlicher geworden: »[...] Aufnahmen zum Ghettofilm. Noch niemals dagewesen. Schilderungen, so grausam und brutal in den Einzelheiten, daß einem das Blut in den Adern gerinnt. Man schaudert zurück vor soviel Roheit. Dieses Judentum muß vernichtet werden.«[29] Es ist fast, als würde Goebbels uns mit seinen Ansichten über die ersten Probeaufnahmen für den »Judenfilm«, die in Lodz gemacht wurden (kurz nachdem Wehrmachtseinheiten die Stadt eingenommen hatten), unbewusst im Voraus eine Röntgenaufnahme von der Gedankenwelt präsentieren, die hinter der Entscheidung für den Beginn des Holocaust lag. Am gleichen Tag notiert Goebbels, dass er Hitler von den Vorarbeiten zum »Judenfilm« erzählt habe, »die ihn sehr interessieren«. *Der ewige Jude* als fertiges Produkt erwies sich tatsächlich als eine Art stillschweigender Zusammenarbeit zwischen Hitler, Goebbels und dem Regisseur Dr. Fritz Hippler.[30]

Der deutsche Einmarsch in Polen führte unmittelbar zu einer sadistischen Demütigung der polnischen Juden (orthodoxe Juden wurden oft öffentlich erniedrigt, indem man ihnen die Bärte und die Schläfenlocken abriss) und in den ersten drei Monaten der Kampagne zum Mord an etwa 7000 Juden. Am 21. September 1939 legte Heydrich in seinen Anordnungen für die Einsatzgruppen der Sicherheitspolizei die Richtlinien für die SS-Politik fest. Er unterschied zwischen dem »Endziel« und den Stufen, die dorthin führten. Die erste Stufe war »die Konzentration der Juden vom Lande in den größeren Städten«. Die Konzentrationspunkte sollten Städte mit Eisenbahnkreuzungen sein, oder zumindest sollten die Orte »an Eisenbahnlinien liegen«. Außerdem befahl er die Bildung von »Judenräten« in jeder jüdischen Gemeinde. Das waren Verwaltungsorgane, die aus angesehenen Persönlichkeiten und Rabbinern bestanden. Sie sollten für die exakte und prompte Durchführung der Anordnungen verantwortlich sein, die bereits ausgegeben worden waren oder zukünftig ausgegeben werden würden.[31]

Die Judenräte sollten auch für die Evakuierung der Juden aus ländlichen Wohngebieten zuständig sein, für Unterbringung und Verkehrswesen, für das Eintreiben der Steuern und die Zuteilung von Arbeit, für Krankenhäuser, Schulen, Waisenhäuser, für die Abwasserbeseitigung und weitere Funktionen der jüdischen *kehilla* (Gemeinde) vor dem Zweiten Weltkrieg. Sie sollten zu einer Art grässlichen Karikatur einer jüdischen Regierung werden, indem sie zwischen der unterdrückten jüdischen Bevölkerung (die ihnen ihre Macht oft übel nahm) und den NS-Behörden, denen sie vollkommen untergeben waren, vermittelten. Die Vorsitzenden der Judenräte standen ständig unter ungeheurem Druck, denn sie hatten es mit einer rücksichtslosen nationalsozialistischen Bürokratie zu tun und waren täglich mit Zwangsmaßnahmen, Repressalien, Forderungen und Beschlagnahmungen sowie mit der Qual der hungernden jüdischen Bevölkerung konfrontiert.[32] Sie hatten ihre Macht von den deutschen Herren erhalten, standen aber wissentlich oder unwissentlich den zum Untergang verurteilten Gemeinden vor. Die Judenräte setzten sich normalerweise aus Angehörigen der Mittelschicht zusammen, aus Kaufleuten, Ärzten, Rechtsanwälten und anderen Akademikern, die schon vorher im öffentlichen Leben der Juden aktiv gewesen waren. Manchmal wurden sie auf Befehl der Nazis von berühmten Persönlichkeiten der Gemeinde ausgewählt, in anderen Fällen war die Auswahl recht willkürlich. Die Weigerung, im Rat mitzuarbeiten, bedeutete meistens den Tod. Die Nazis betrachteten den Judenrat als ein Instrument zur Beherrschung des Ghettos, als wertvolles Organ, das ihre Politik ausführte und es ihnen ersparte, ihre Verordnungen selbst zu überwachen und durchzusetzen.

Indem die NS-Führer die Judenräte für Entscheidungen über Leben und Tod verantwortlich machten, etwa dafür, wer den Deutschen für die Verschleppung in die Vernichtungslager ausgeliefert werden sollte, gelang es ihnen, die jüdische Führung in den bürokratischen Teil des Vernichtungsprozesses einzubinden. Raul Hilbergs sehr kritischer Sichtweise zufolge lieferten die Juden in diesen Rollen den Deutschen letztlich Verwaltungspersonal, das ein noch reibungsloseres Funktionieren der Vernichtungsmaschinerie ermöglichte. Hilberg ist der Ansicht, dass die Juden mit einem Muster reagierten, das sich in einer zweitausendjährigen Ghettogeschichte herausgebildet hatte und aus »Abschwächen, Ausweichen, Lähmung und Nachgeben« bestand.[33] Vor dem Holocaust hatten die Juden die Erfahrung gemacht, »dass sie durch Beschwichtigung und Besänftigung ihrer Feinde die Gefahr abwenden und die Vernichtung überleben konnten«.[34] Als sie mit dem NS-Terror konfrontiert wurden, konnten sie sich nicht umstellen und wurden Teil der Vernichtungsmaschinerie. Unter diesen entwürdigenden Bedingungen »kollaborierten« einige Juden sogar mit dem Feind. Die verhasste jüdische Polizei war zum Beispiel dafür zuständig, Juden, die deportiert werden sollten, zusammenzutreiben und in die Züge zu stoßen, was sie zu Helfershelfern bei der Auslöschung von Mitjuden machte. Die Polizisten gehörten einer privilegierten Machtstruktur an, die zwangsläufig zur Korruption führen musste und die jüdische Solidarität stark unterminierte. Doch auch sie standen unter Zwang und wurden häufig auf grausamste Weise erpresst. Schließlich, argumentiert Hilberg, rief die Existenz der Judenräte ein verhängnisvoll täuschendes Gefühl von »Normalität« hervor und veranlasste die Juden zu nachgiebigem Verhalten, was den Nazis die Arbeit sehr erleichterte.

Hannah Arendt ging sogar noch weiter und betrachtete diese »Kollaboration« als Symptom des »moralischen Zusammenbruchs«, den der Nationalsozialismus in der gesamten europäischen Gesellschaft verursacht hatte, unter Tätern, Zuschauern und Opfern gleichermaßen. »Wäre das jüdische Volk wirklich unorganisiert gewesen, so hätte die ›Endlösung‹ ein furchtbares Chaos und ein unerhörtes Elend bedeutet, aber [...] die Gesamtzahl der Opfer hätte schwerlich die Zahl von viereinhalb bis sechs Millionen Menschen erreicht.«[35] Das ist eine stark vereinfachende Feststellung, die nicht nur die Umstände und den Kontext, sondern auch die große Bandbreite an Reaktionen unter den Vorsitzenden der Judenräte übersieht. Manche machten sich zweifellos der Mittäterschaft schuldig oder ließen sich durch ihre Machtposition korrumpieren, andere jedoch versuchten, die jüdischen Interessen zu schützen, so gut sie konnten. Der Vorsitzende des Warschauer Judenrates, der Chemieingenieur Adam Czerniaków, der 1942 Selbstmord verübte (als die Nazis begannen, pro Tag 10 000 »unproduktive« Juden für die »Umsiedlung« zu verlangen, was unausweichlich die Liquidation bedeutete), war ein gutes Beispiel für jene Vorsitzenden, die sich verzweifelt bemühten, Juden zu retten, indem sie im Ghetto mehr Industrie und Fabriken aufbauten. Czerniaków war ein mutiger Mann, der ständig bei den Deutschen intervenierte, um ihre unmenschlichen Vorschriften abzumildern, sein Tagebuch jedoch vermittelt ein überwältigendes Gefühl von Machtlosigkeit und Versagen.[36] Bis zum Juli 1942 waren im Warschauer Ghetto über 100 000 Juden verhungert und an Krankheiten gestorben, insbesondere an Typhus und Ruhr.

Czerniaków verachtete seinen Kollegen in Lodz, den »König« des örtlichen Judenrates, Mordechai Chaim Rumkowski, als aufgeblasen, arrogant und dumm. Ein Ghettovorsitzender wie Rumkowski, der in einer Pferdekutsche durch sein »Königreich« fuhr und Banknoten mit seinem Konterfei herausgab, hatte zweifellos megalomanische Tendenzen entwickelt. Doch Rumkowski verfolgte ebenfalls die Strategie der »Rettung durch Arbeit«, in der Hoffnung, dass die wirtschaftliche Vernunft vielleicht über den ideologischen Fanatismus der Nazis siegen könnte. Trotz des Hungers wurde die Erhöhung der Produktivität zum Selbstzweck. Rumkowski organisierte die 180 000 Menschen, die im Ghetto von Lodz lebten (und von denen viele für die deutsche Wehrmacht arbeiteten), effizient und tyrannisch – er entschied, wer am Leben blieb und wer sterben musste. Seine Argumentation fasst den Horror des jüdischen Dilemmas zusammen: »Ich muss die Gliedmaßen abschneiden, um den Körper selbst zu retten. Ich muss die Kinder nehmen, denn wenn ich das nicht tue, werden außer ihnen noch andere mitgenommen.«[37] Wie der Vorsitzende des »Judenrates« in Wilna, Jacob Gens, war Rumkowski vom Nutzen des Verhandelns überzeugt und lieferte den Deutschen alle Juden aus, die sie verlangten, in der vergeblichen Hoffnung, die übrigen dadurch beschützen und retten zu können. Gens' Führungsstil war nicht weniger autoritär als der von Rumkowski, und er war genauso überzeugt wie dieser, dass nur seine eigenen Methoden eine Hoffnung für die ständig streitende, zersplitterte jüdische Gemeinde boten. Die Meinungen über seine Rolle sind bis heute geteilt, aber der Vorwurf der Kollaboration ist schwer zu widerlegen. Gens wurde ein paar Tage vor der Liquidation des Wilnaer Ghettos von der Gestapo erschossen, während man Rumkowski zusammen mit der Mehrzahl der Bewohner des Ghettos von Lodz 1944 in die Gaskammern brachte.

In Polen hatte man seit Ende 1939 Ghettos eingerichtet. Das größte war das Warschauer Ghetto, das unter einer zum Himmel schreienden Überbevölkerung litt. In seiner »Blütezeit« lebten dort eine halbe Million Juden. Im November 1940 wurde es mit Stacheldraht von der übrigen Stadt abgeriegelt (es gab allerdings einen Schmugglerweg), so dass die Ghettobevölkerung auf 3,9 Quadratkilometern zusammengepfercht war – im Vergleich dazu bewohnten die polnischen Christen 138 Quadratkilometer. Die Tore zum Ghetto wurden von deutscher, polnischer und jüdischer Polizei bewacht. In dieser Hölle auf Erden war es den Juden verboten, Bargeld oder Handelswaren zu behalten. Sie lebten in vollständiger wirtschaftlicher Isolierung von der Außenwelt. Für die Zwangsarbeit bekamen sie entweder gar keinen Lohn oder nur eine winzige Geldsumme, die normalerweise nicht einmal ausreichte, um einen Laib altbackenes Brot zu kaufen. In den beiden größten polnischen Ghettos, Warschau und

Lodz, starben etwa ein Viertel der Bewohner an Krankheiten, an Unterernährung und an den unmenschlichen Verhältnissen. Die Nazis behaupteten fälschlicherweise, sie hätten die Ghettos geschaffen, um die Ausbreitung von Epidemien zu verhindern, aber das Ziel dieser heimtückischen Propaganda war es, die Juden als Volk zu brandmarken, das nicht nur andersartig, sondern auch körperlich degeneriert war. Indem man sie dem Hungertod auslieferte, konnte man sicherstellen, dass die Realität dem Stereotyp ähnlich wurde, selbst dann noch, als man ihre Zahl reduzierte. Chaim Kaplan, der zeitgenössische Chronist des Warschauer Ghettos, der ergreifend über die gigantische Katastrophe schrieb, die über die polnischen Juden gekommen war, bemerkte am 10. März 1940 in seinem Tagebuch, der antisemitische Hass der Nazis gehe in seiner Tiefe weit über eine politische Ideologie hinaus.[38] Kaplans Äußerungen sind es wert, ausführlich zitiert zu werden:

> Es ist ein Hass des Gefühls, dessen Quelle eine seelische Erkrankung ist. Nach seinen äußerlichen Anzeichen verläuft er als physiologischer Hass, der sich das Hassobjekt als körperlich unrein vorstellt, als einen Aussätzigen, der außerhalb des Lagers wohnen muss. […] Aber die Gründer des Nazismus und die Parteiführer schufen eine wissenschaftliche Ideologie auf tieferen Fundamenten. Sie haben eine vollständige Lehre, die den jüdischen Geist von innen und außen analysiert. Judentum und Nazismus sind zwei Weltanschauungen, von denen keine mit der anderen verträglich ist und die aus diesem Grund nicht zusammen leben können. Das Judentum hat zweitausend Jahre lang seine kulturelle und geistige Spur bei den Völkern der Welt hinterlassen. Es stand wie ein Fels und unterband die Ausbreitung des germanischen Heidentums. […] Zwei Könige können nicht die gleiche Krone tragen. Entweder würde die Menschheit judäisch

> sein oder sie würde götzendienerisch-deutsch sein. Bis jetzt war sie judäisch. Selbst der Katholizismus ist eine Tochter des Judentums und das Kind seines Geistes und ist daher mit den Schwächen behaftet, die es von seiner Mutter erbte. Die neue Welt, die der Nazismus schaffen will, richtet sich mit allen ihren Verhaltensweisen auf einen primitiven Götzendienst. Der Nazismus steht daher zum Kampf gegen das Judentum bis aufs Letzte bereit.[39]

Im Abgrund des Warschauer Ghettos hatte Kaplan etwas von der stark heidnischen Essenz des Nationalsozialismus erfasst, während er darauf beharrte, dass sich die außergewöhnliche Vitalität des Judaismus auch noch mitten im Inferno zeigte. Obwohl die polnischen Juden äußerlich gesehen zerschmettert und zerbrochen inmitten des furchtbaren Leides lagen, das die nationalsozialistischen Eroberer ihnen zufügten, hatten sie weder ihren Lebenswillen noch ihre Liebe zum Leben oder ihren unerschütterlichen Lebensmut verloren. Kaplan berichtet von der außergewöhnlichen Atmosphäre, die einige Monate nach der Abriegelung im Warschauer Ghetto herrschte: »Am Tage, wenn die Sonne scheint, stöhnt das Ghetto. Aber nachts geht jeder tanzen, selbst wenn sein Magen leer ist. Zum Tanz spielt eine stille, diskrete Abendmusik auf. Es ist fast eine *Mitzwa* zu tanzen. Je mehr man tanzt, desto mehr bezeugt das den Glauben an die ›Ewigkeit Israels‹. Jeder Tanz ist ein Protest gegen unsere Unterdrücker.«[40]

Trotz ihrer verzweifelten Lage gelang es den Juden, in den Ghettos Studiengruppen, Leihbibliotheken und Untergrundschulen einzurichten. Es gab Komitees, die für Kinderbetreuung und Hilfe für die Bedürftigen sorgten oder eine große Vielfalt an kulturellen Aktivitäten aufrechterhielten. Trotz der tragischen Umstände bemühten die Ghettobewohner sich (so gut sie konnten), ihre Treue gegenüber der Tradition und den religiösen jüdischen Werten zu bewahren. Die Rettung von Tora-Rollen, das Studium des Talmud, Gebete und *Bar Mitzwa*-Feiern sowie der Hebräischunterricht wurden fortgesetzt. Um noch einmal Chaim Kaplan zu zitieren, der am 2. Oktober 1940, am Vorabend des Neujahrsfestes 5701, in sein Tagebuch schrieb:

> Alles ist uns verboten. Ein Wunder, dass wir noch leben und alles tun. Und das gilt auch vom öffentlichen Gebet. Hunderte von geheimen Minjanim in ganz Warschau veranstalten Gottesdienste und lassen selbst nicht die schwierigsten Hymnen aus. Es fehlt nicht einmal an Predigten. Alles ist im Einklang mit den alten Bräuchen Israels.[41]

Das war eine religiöse Selbstbestätigung, die nicht weniger wichtig war als die offensichtlicheren politischen und militärischen Formen des Widerstands. Trotz des nagenden Hungers und der immer wiederkehrenden Ausbrüche von Typhus kämpften die Intellektuellen im Warschauer Ghetto mit wahrhaft bemerkenswerter Hartnäckigkeit darum, das kulturelle Erbe einer so verschiedenartigen Gemeinde am Leben zu erhalten.[42] In der jüdischen Bibliothek wurden regelmäßig Konzerte, Seminare, literarische Abende und Diskussionen veranstaltet. Es gab jüdische Kultur- und Musikfeste. Lyriker und andere Schriftsteller lasen aus ihren Werken, man führte Kammermusik und Theaterstücke auf. Die klassischen und die jüngeren Werke der Literatur wurden begierig gelesen. Auch Waisenhäuser – wie das von Janusz Korczak – stellten Kulturprogramme für die Öffentlichkeit zusammen und erreichten damit Angehörige der jüdischen Gemeinde, die derartige Veranstaltungen noch nie besucht hatten.[43] Es gab »Kinderecken«, wo man Kindern außer Essen auch Bildung und Unterhaltung bot.

Diese intensiven kulturellen Aktivitäten legten beredt Zeugnis davon ab, dass die polnischen Juden sich weigerten, sich bis auf das Niveau wilder Tiere erniedrigen zu lassen, auch wenn die Deutschen das mit allen nur denkbaren Mitteln versuchten. Obwohl den Juden in den Ghettos bewusst war, dass eine Katastrophe bevorstand, waren sie entschlossen, um ihre individuelle und kollektive jüdische Identität, um ihre menschliche Würde und um eine Form des nationalen Überlebens zu kämpfen, ganz gleich, wie düster die Aussichten sein mochten.[44] Das übliche Klischee, dass die Juden ihren Verfolgern keinen Widerstand leisteten und einfach »wie Schafe zur Schlachtbank« liefen, ist weder eine genaue noch eine gerechte Beschreibung der Wirklichkeit, auch wenn es in seinem ursprünglichen Kontext vom jüdischen Widerstand eher als Ruf zu den Waffen gedacht war. Wer es als pauschale Kritik einsetzt, übersieht, wie sehr die Nationalsozialisten sich zu verbergen bemühten, dass hinter ihrer Politik den Juden gegenüber die Absicht stand, das ganze Volk zu ermorden. Die Täter schürten falsche Hoffnungen und die Illusion, dass Gefügigkeit und Arbeit die Juden retten könnten.

Mit der Parole »wie Schafe zur Schlachtbank« wird außerdem übersehen, dass es die Vorstellung von einer totalen physischen Auslöschung eines Volkes nicht nur bis dahin noch nie gegeben hatte, sondern dass sie den meisten Juden (und Nichtjuden) auch als das Produkt einer kranken Fantasie erschienen sein muss. Zudem unterschätzte diese Parole den Zustand völliger Erschöpfung und Demoralisierung, in dem die ghettoisierten Juden sich befanden, und das Ausmaß, in dem sie isoliert und von der Außenwelt abgeschnitten waren. Weiterhin ignoriert sie die einschüchternde Wirkung von kollektiven Bestrafungen, die die Nazis jederzeit praktizierten, auch wenn sie es nur mit völlig trivialen, unerheblichen Widerstandshandlungen zu tun hatten. Das Wissen, dass die Deutschen zu schrecklichen Vergeltungsmaßnahmen greifen würden, hielt Menschen in ganz Europa von jedem Versuch des bewaffneten Widerstandes ab.

Zum Beispiel gab es unter den vielen, gut ausgebildeten Soldaten der Alliierten und unter den Hunderttausenden von russischen Kriegsgefangenen in deutschen Lagern relativ wenige Rebellionsversuche, obwohl die Gefangenen nur von einer recht kleinen Anzahl von Wachtposten beaufsichtigt wurden. Ihnen wird nur selten vorgeworfen, passiv gewesen zu sein. Dabei waren Gefangene aus dem Westen nicht der unerbittlichen Entmenschlichung ausgesetzt, die das übliche Schicksal der Juden in den Ghettos und in den Konzentrationslagern war.

In viel größerem Ausmaß als alle anderen machten die Juden die entsetzliche Erfahrung, wie wilde Tiere gejagt zu werden. Noch schlimmer war, dass sie sich – zumindest in Osteuropa – in einer allgemein feindlichen und antisemitischen Umgebung befanden. Selbst wenn sie entkommen konnten, waren jüdische Männer immer noch durch die Beschneidung gekennzeichnet, und häufig konnte man sie leicht an ihren Bärten, ihren Gesichtszügen oder ihrer typischen Kleidung erkennen. Trotz dieser großen Hindernisse rebellierten die Juden in den Ghettos von Warschau und Białystok, in den Vernichtungslagern Treblinka, Sobibór und Auschwitz und griffen, wo immer sie ihren Folterern entkommen konnten, bei den Partisanen zu den Waffen. Wahrscheinlich war es kein Zufall, dass die Vorfahren der militanten Widerstandskämpfer Juden aus Litauen waren, die Ersten, die unter begeisterter Beteiligung der dortigen Bevölkerung von den Deutschen in großer Zahl grausam umgebracht wurden.[45] Es war, als würden die Juden spüren, dass Litauen eine Art Experimentierfeld für die »Endlösung« war. Diese Erkenntnis führte im Januar 1942 zum bewaffneten Kampf im Wilnaer Ghetto. Er beruhte auf der prophetischen Einsicht der zionistischen Jugendorganisation (*Haschomer Hazair*), »Hitler will alle Juden Europas töten« (das war drei Wochen vor der Wannsee-Konferenz) und »die Juden Litauens stehen an erster Stelle«.[46]

In seinem Manifest vom 31. Dezember 1941 warnte Abba Kovner, der Leiter der Jugendorganisation, dass nur noch ein Viertel der 80 000 Wilnaer Juden übrig seien und dass die, die einmal aus dem Ghetto verschleppt wurden, nie wiederkommen würden. In diesem Kontext fügte Kovner hinzu: »Lasst uns nicht wie Schafe zur Schlachtbank gehen. Wir sind vielleicht schwach und wehrlos, aber die einzige Antwort an den Feind ist Widerstand!«[47] Die Revolte war eine verzweifelte Widerstandshandlung, die zur Gründung der *Fareinikte Partisaner Organisatzije*, der »Vereinigten Partisanen-Organisation«, führte, der sich Mitglieder aus allen Gruppen des politischen jüdischen Lebens anschlossen, hauptsächlich aber Zionisten, Bundisten (Mitglieder der jüdischen sozialistischen Partei, des »allgemeinen jüdischen Arbeiterbundes in Russland, Litauen und Polen«) und Kommunisten. Die jüdischen Jugendgruppen waren nicht durch familiäre Verantwortungen belastet und aufgeschlossener für revolutionäre Aktivitäten. Instinktiv gingen sie gegen die Position jener Judenräte an, die sich, in der vergeblichen Hoffnung, größeres Übel abzuwenden, für Gehorsam und Passivität aussprachen. Im Sommer 1943 gelang es einigen der jungen jüdischen Kämpfer, aus dem Wilnaer Ghetto zu entfliehen, Partisaneneinheiten zu bilden und schließlich zur Befreiung ihrer Stadt beizutragen.

Auch in anderen der mindestens zwanzig osteuropäischen Ghettos brachen bewaffnete Revolten aus. Am besten bekannt ist der Aufstand im Warschauer Ghetto, der fast einen Monat lang, vom 19. April bis zum 15. Mai 1943, dauerte.[48] Es war die erste bewaffnete Rebellion, die Zivilisten im von den Nazis besetzten Europa durchführten, und die Deutschen waren vollkommen überrascht. Anfangs bestanden die Kämpfer im Ghetto aus einer 600 Mitglieder starken jüdischen Kampforganisation, die von dem vierundzwanzigjährigen Mordechai Anielewicz angeführt wurde, und der nationalen Militärorganisation, der 400 Männer und Frauen angehörten. Die Ghettokämpfer waren kaum ausgebildet, bekamen nur minimale Hilfe von der örtlichen polnischen Widerstandsbewegung, und ihre Bewaffnung bestand aus einigen Maschinenpistolen, Gewehren und einer größeren Anzahl von Granaten und Molotowcocktails. Sie hatten miterlebt, wie der größte Teil der Ghettobewohner verschwunden war, entweder in die Vernichtungslager deportiert worden oder an Hunger und Krankheiten zu Grunde gegangen war. Die 60 000 Menschen, viele von ihnen Jugendliche, die von 350 000 Juden im Warschauer Ghetto übrig geblieben waren, waren die körperlich kräftigsten, und man hatte sie bis zum Schluss aufgespart. Als die SS-Männer in das Ghetto eindrangen, um weitere Juden für die Deportation zusammenzutreiben, wurden sie zu ihrer großen Verblüffung mit Bomben, Schüssen und Granatexplosionen begrüßt. Schließlich sollten 3 000 Mann unter dem Kommando von SS-General Jürgen Stroop, ausgerüstet mit schweren Maschinengewehren, Haubitzen, Artillerie und Panzerspähwagen – die dann noch von Bombern und Panzern Verstärkung bekamen –, nötig sein, um den an Feuerkraft hoffnungslos unterlegenen jüdischen Widerstand zu überwinden. Die Juden harrten in Abwasserkanälen unter der Stadt aus, bis das Ghetto von deutschen Streitkräften vollkommen zerstört worden war. Manche der jüdischen Kämpfer sprangen lieber aus den brennenden Gebäuden, als sich ihren Unterdrückern zu ergeben. Sie wussten von Anfang an, dass sie einen hoffnungslosen Kampf führten, aber sie waren entschlossen, in Ehre und Würde zu sterben. In seinem letzten Brief aus dem Ghetto schrieb Mordechai Anielewicz am 23. April 1943, »was geschehen ist, ging über unsere kühnsten Träume hinaus« und »was wir gewagt haben, ist von großer, ungeheurer Bedeutung«.[49] Über sein Schicksal oder das seiner Kameraden machte er sich keinerlei Illusionen. Am wichtigsten war, dass die Selbstverteidigung im Ghetto und der bewaffnete jüdische Widerstand endlich Wirklichkeit geworden waren. Über 15 000 Juden starben im Kampf und über 50 000 wurden gefangen genommen und in die Vernichtungslager geschickt.

Es ist wichtig festzuhalten, dass es auch in den Vernichtungslagern selbst Aufstände gab, darunter einen in Auschwitz, wo Gefangene eines der Krematorien sprengten und dabei mehrere SS-Wachtposten töteten, sowie einen viel größeren Aufstand in Treblinka im August 1943. Am 14. Oktober 1943 stürmten in Sobibór mehrere hundert Gefangene die Tore, eine Rebellion, die zwei Tage später zur Schließung des Lagers führte. Die Mehrzahl der Gefangenen kam zwar bei dem Ausbruchsversuch um, aber über hundert Menschen gelang die Flucht und viele schlossen sich Partisaneneinheiten in den Wäldern an. Im von den Nazis besetzten Europa beteiligten sich Zehntausende von Juden an den verschiedenen Partisanen- oder Widerstandsbewegungen, manche, um sich an ihrem mörderischen Feind zu rächen, andere, um ihr eigenes Leben und möglichst auch das anderer Juden zu retten. Jüdische Partisanen kämpften tapfer in den Wäldern der Ukraine und Polens, in den Karpaten, in Weißrussland und in Litauen.[50] In Osteuropa fanden die Aktivitäten jüdischer Partisanen wegen der offenen Feindseligkeit der örtlichen Bevölkerung normalerweise in getrennten jüdischen Einheiten statt. Dieser Antagonismus erstreckte sich manchmal auch auf die antinationalsozialistischen Partisanengruppen, die in Polen und anderswo nicht selten von Antisemiten durchsetzt waren. Die jüdische Kampfbrigade, die sich unter Abba Kovner in den Wäldern um Wilna herum bildete, war die berühmteste aller jüdischen Partisanengruppen. Andere Brennpunkte des jüdischen Widerstandes befanden sich in den Gegenden um Białystok, Kaunas und Minsk, wo Juden von 1943 an in den multinationalen Partisaneneinheiten unter sowjetischer Leitung eine wichtige Rolle spielten. Das sowjetische Oberkommando ließ die Existenz getrennter jüdischer Partisaneneinheiten aus Prinzip nicht zu.[51] In Süd- und Westeuropa waren Juden mit einer weniger unverhohlenen Form von Feindseligkeit seitens der jeweiligen Bevölkerung konfrontiert, so dass es in Ländern wie Frankreich, Belgien, Holland, Italien, Griechenland und Jugoslawien (wo etwa 2 000 Juden in Titos Guerillabewegung kämpften) leichter für sie war, als Teil der nationalen Widerstandsbewegung zu operieren.[52] Trotz der widrigen Umstände taten Juden sich auch unter den Gründern der Partisanenbewegung in der Slowakei hervor. Dort kämpften im Sommer 1944 mindestens 2 500 Juden im slowakischen Nationalaufstand.

In Frankreich stellten Juden in einer bestimmten Phase über 15 Prozent der Résistancekämpfer, mehr als zwanzig Mal so viel wie ihr prozentualer Anteil an der Gesamtbevölkerung ausmachte. Ihre Rolle in Führungspositionen sowie unter den einfachen Résistancekämpfern war bemerkenswert. Die Hälfte der Gründer der *Libération* waren Juden, und sie stellten fast 20 Prozent der Mitglieder des Nationalkomitees, der höchsten Institution des französischen Untergrundes. Der Gründer der *Francs-Tireurs et Partisans français* (der Name der militärischen Organisation der Résistance) in der Gegend von Paris 1942/43 war Jude, ebenso wie eine überdurchschnittlich große Anzahl jener, die sich den *Forces Françaises Libres* anschlossen, die de Gaulle in London aufbaute. Häufig genug verschwiegen die jüdischen Widerstandskämpfer in Frankreich und Westeuropa die Tatsache, dass sie Juden waren. Manchmal geschah das aus Sicherheitsgründen. In anderen Fällen mögen sie geglaubt haben, ihr Judentum sei der Sache der Alliierten nicht dienlich, entweder, weil die Deutschen und ihre französischen Kollaborateure in Vichy diese Tatsache ausschlachten würden, oder aus Angst, dass es in der Résistance latente antijüdische Gefühle wachrufen könnte.[53] Hinzu kam, dass viele jüdische Widerstandskämpfer ihre französische Identität zweifellos für wichtiger hielten als ihre Verbundenheit mit dem Judentum und ihrer Herkunft. Die relativ hohe Anzahl von Juden im französischen kommunistischen Widerstand wurde ebenfalls heruntergespielt, sowohl von den Juden selbst als auch von der kommunistischen Partei. Das geschah meistens aus politischen und ideologischen Erwägungen heraus, die den Überlegungen, die während des Krieges in der Sowjetunion und in Osteuropa angestellt wurden, nicht unähnlich waren. Ein Resultat dieser Diskretion ist, dass die Geschichte des jüdischen Widerstands zur Zeit des Holocaust weniger bekannt ist, als sie es eigentlich sein sollte, außer in Israel, wo sie eine vorrangige Bedeutung bekam. Aber die bekannten Erzählungen sind oft ausgesprochen selektiv. Wenn wir außerdem die Heldenhaftigkeit und die Fähigkeiten von den mehr als eine halbe Million jüdischen Soldaten in der Roten Armee berücksichtigen sowie den hervorragenden Militärdienst von mehr als 700 000 Juden in der britischen und in der amerikanischen Armee (von anderen Armeen der Alliierten ganz zu schweigen), dann ist der militärische Beitrag der Juden, die in regulären Truppen für den Sieg über NS-Deutschland kämpften, keineswegs zu vernachlässigen. Etwa 10 Prozent der Juden in aller Welt (1,6 Millionen von 16 Millionen Juden insgesamt im Jahr 1939) kämpften im Krieg, darunter auch 35 000 Juden aus Palästina, die sich freiwillig in die jüdische Brigade der britischen Armee meldeten.

In Deutschland selbst gab es praktisch keinerlei bewaffneten Widerstand und ebenso auch keinen jüdischen Widerstand. Doch ein auffallend hoher Anteil von deutschen (und österreichischen) Juden, die vor 1939 aus dem Dritten Reich emigriert waren, beteiligte sich in Belgien, Holland, Italien und Frankreich am Kampf gegen den Faschismus und an den Bemühungen, die deutsche Besatzungsmacht zu sabotieren. Jene Juden, die unter den Bedingungen der rücksichtslosen »Gleichschaltung« (der Kontrolle der Nationalsozialisten über Staatsorgane und gesellschaftliche Organisationen) in Deutschland blieben, hatten keine Möglichkeit, direkten politischen Widerstand zu leisten. Doch das hielt weder die Rabbis noch die offiziellen Vertreter der deutschen Juden davon ab, gegen die Verfolgungen und die ersten Deportationen in den Osten würdevoll Protest zu erheben.[54] Zudem war die jüdische Presse, solange sie im Dritten Reich existieren konnte, zweifellos die letzte Enklave liberaler und humanistischer Werte, die im NS-Deutschland noch zugelassen war. Zwischen den Zeilen und auch in offenen Polemiken konnte man auf diesen Seiten häufig den Protest gegen die »staatliche Propaganda, die den Juden zum Untermenschen herabwürdigte«, lesen.[55]

Trotz der vollkommen isolierten und wehrlosen Position der deutschen Juden im Dritten Reich gab es ungefähr 2 000 Juden, vor allem junge Leute, die im deutschen antifaschistischen Untergrund aktiv waren. Das ist eine bemerkenswert hohe Zahl, wenn man bedenkt, dass bei Kriegsausbruch im September 1939 nur noch 200 000 Juden in Deutschland lebten. (Wenn man diese Zahl im Verhältnis zur Gesamtbevölkerung Deutschlands betrachtet, hätte es etwa 600 000 bis 700 000 deutsche Antifaschisten geben müssen, wofür es sicherlich keine Anhaltspunkte gibt.[56]) Zu bedenken ist allerdings, dass die jüdischen Antifaschisten (vor allem Sozialisten und Kommunisten) der deutschen Arbeiterbewegung nahe standen und sich in erster Linie dieser Bewegung verpflichtet fühlten. Besonders zahlreich waren Juden im deutschen kommunistischen Widerstand, zu dem auch die von Herbert Baum geleitete jüdische Untergrundgruppe gehörte. Baum war für den mutigen, allerdings verfehlten und in seinen Auswirkungen katastrophalen Angriff auf die Propaganda-Ausstellung »Das Sowjetparadies« verantwortlich, die die Nazis im Lustgarten in Berlin zeigten. Die jungen Männer und Frauen der Baum-Gruppe waren Atheisten, die vollkommen außerhalb der jüdischen Gemeinde standen.[57] Ihre Entfremdung vom Judentum fand in den Ansichten der jüdischen Gemeinde über die kommunistische Agitation ihr exaktes Pendant. Dass die Kommunisten sich regelmäßig in primitiver Propaganda gegen »jüdische Kapitalisten« ergingen, selbst nachdem eine derartige Gruppe in Deutschland gar nicht mehr existierte, war dabei auch nicht hilfreich. Andererseits zeigte die kommunistische Untergrundpresse nach der »Kristallnacht« tatsächlich echte Anzeichen von Solidarität mit der verfolgten jüdischen Bevölkerung.[58] Trotz des undemokratischen, totalitären Charakters ihrer Organisation und ihrer Ideologie traten die Kommunisten unter denjenigen, die innerhalb des begrenzten deutschen Widerstandes größere Opfer brachten, besonders hervor.

Die jüdische Jugendbewegung im NS-Deutschland (die eine Vielfalt von kulturellen und politischen Strömungen unter den deutschen Juden widerspiegelte) war ebenfalls ein günstiger Boden für antifaschistische Aktivitäten. Zum Teil lag das an der stark sozialistischen Orientierung vieler zionistischer Jugendgruppen, die auf die Zeit der Weimarer Republik zurückging. Die Bewegung führte im Dritten Reich insofern ein einzigartiges Dasein, als sie, unter den Augen der Gestapo, die eher humanistischen Werte der deutschen Kultur vor 1933, die in der Gesamtgesellschaft schnell verschwanden, bewahrte. Für eine Reihe von Jahren, bis zu ihrem Verbot, könnte man sogar sagen, dass die jüdische Jugendbewegung, wie Arnold Paucker es formulierte, »hier – im totalitären Deutschland – […] eine Oase freiheitlichen Denkens« bildete, die weiter gedieh und zu antinationalsozialistischen Aktivitäten anregte.[59] Später, während der Kriegsjahre, führten antifaschistische Juden in Deutschland und außerhalb gefährlichere illegale Aktionen durch, die von Sabotage, versuchten Attentaten und pazifistischer Propaganda bis zur Fluchthilfe für alliierte Kriegsgefangene reichten. Die Motive für diese Handlungen waren, genauso wie die Beweggründe der Juden in anderen Bereichen des Widerstandes, vielfältig und leiteten sich nicht immer aus dem Judentum der einzelnen Aktivisten ab. Nichtsdestotrotz stand die Tatsache, dass viele Juden sich im Widerstand hervortaten, durchaus im Zusammenhang damit, dass sie als Angehörige einer besonders verfolgten Minderheit eine prinzipientreue, stark emotionale Identifikation mit den Zielen der antinationalsozialistischen Koalition aufbauten.

4. DIE »ENDLÖSUNG«

Hätte man zu Kriegsbeginn und während des Krieges einmal zwölf- oder fünfzehntausend dieser hebräischen Volksverderber so unter Giftgas gehalten, wie Hunderttausende unserer allerbesten deutschen Arbeiter [...] es im Felde erdulden mussten, dann wäre das Millionenopfer der Front nicht vergeblich gewesen. Im Gegenteil: Zwölftausend Schurken zur rechten Zeit beseitigt, hätten vielleicht einer Million ordentlicher, für die Zukunft wertvoller Deutschen das Leben gerettet.

Adolf Hitler, Mein Kampf *(1925)*

Fahrt durch das Ghetto. Wir steigen aus und besichtigen alles eingehend. Es ist unbeschreiblich. Das sind keine Menschen mehr, das sind Tiere. Das ist deshalb auch keine humanitäre, sondern eine chirurgische Aufgabe. Man muss hier Schnitte tun, und zwar ganz radikale. Sonst geht Europa einmal an der jüdischen Krankheit zu Grunde.

Joseph Goebbels, Tagebuch, *2. November 1939, Lodz (Polen)*

Und dann kommen sie alle an, die braven 80 Millionen Deutschen, und jeder hat seinen anständigen Juden. Es ist ja klar, die anderen sind Schweine, aber dieser eine ist ein prima Jude. Von allen, die so reden, hat keiner zugesehen, keiner hat es durchgestanden. Von Euch werden die meisten wissen, was es heißt, wenn 100 Leichen beisammen liegen, wenn 500 daliegen oder wenn 1000 daliegen. Dies durchgehalten zu haben und dabei – abgesehen von Ausnahmen menschlicher Schwächen – anständig geblieben zu sein, das hat uns hart gemacht.

Heinrich Himmler, Rede vor den SS-Führern in Posen am 4. Oktober 1943

Gelegentlich wird vergessen, dass die Juden in den ersten achtzehn Monaten nach dem Einmarsch in Polen im September 1939 nicht die wichtigste Zielscheibe der Nazis waren. Nachdem die Deutschen mit Zustimmung der Sowjetunion die Zerstörung des polnischen Staates beschlossen hatten, gingen sie daran, seine Eliten zu vernichten, Teile der polnischen Bevölkerung in den Osten zu »bringen«, jeglichen Ausdruck ihrer nationalen Identität auszulöschen und die Masse des Volkes zu Heloten zu erniedrigen. In dem Versuch, den nationalen Widerstand Polens zu brechen, ermordeten die »Einsatzgruppen« zum Beispiel von 1939 bis 1940 an die 10000 polnische Intellektuelle, Adlige und Kleriker. Den Mördern folgten deutsche Ökonomen, Techniker und akademische Planer, die ausrechneten, dass ein großer Teil der ländlichen Bevölkerung Polens eine überflüssige Belastung sei, deren Anwesenheit die industrielle Entwicklung behindere und den wirtschaftlichen Interessen Deutschlands im Wege stehe. Die »negative demographische Politik« – ein technokratisches Konzept, das Görings Vierjahresplan entstammte – sah (nach dem Juni 1941) vor, zur Lösung von mit der Ausweitung des Krieges aufgetretenen Lebensmittelengpässen den Tod von Millionen Polen und Russen zu organisieren.[1] Es war kein Zufall, dass noch vor Ende 1941 zwei Millionen sowjetische Kriegsgefangene in deutschen Lagern dem Hungertod preisgegeben wurden. Göring selbst sagte im November 1941 voraus, dass in Russland zwanzig bis dreißig Millionen Menschen verhungern würden. Vielleicht, fügte er zynisch hinzu, sei das gut, denn gewisse Leute müssten dezimiert werden. Im Rahmen von Himmlers »Generalplan Ost«, der das gesamte Gebiet zwischen Leningrad und der Krim erfasste, entwarf man im Namen der »Germanisierung« neue Strategien der »rassischen Neuordnung« sowie eine Siedlungspolitik für die eroberten Gebiete.[2]

In der Zeit von 1939 bis 1941 hatten die Nazis im Hinblick auf die Juden, Polen oder auch die halbe Million Deutsche, die in von Deutschland annektiertem Gebiet »repatriiert« worden waren, noch kein klares, schlüssiges Konzept ausgearbeitet. Himmler hatte Hitler am 25. Mai 1940 eine geheime Denkschrift mit dem Titel »Einige Gedanken über die Behandlung der Fremdvölkischen im Osten« vorgelegt. Mit Blick auf die nichtdeutsche Bevölkerung insgesamt machte er deutlich, dass das einzige Ziel einer Schulbildung für die »Untermenschen des Ostens« darin bestehe, ihnen die Grundrechenarten, das Schreiben ihres Namens und Gehorsam gegenüber den Deutschen beizubringen.[3] Die Polen sollten als »Arbeitervolk ohne Führer« behandelt werden, dessen Hauptaufgabe es war, das Dritte Reich mit Wanderarbeitern zu versorgen. Skrupellos plädierte Himmler außerdem dafür, »rassisch« wertvolle polnische Kinder (blond, blauäugig und mit nordischem Aussehen) ins Deutsche Reich zu schicken und sie dort als deutsche »Arier« großzuziehen. In diesem frühen Stadium lehnte Himmler den »bolschewistischen Weg«, ein Volk physisch auszulöschen, ausdrücklich als »undeutsch und unmöglich« ab. Stattdessen verließ er sich anscheinend auf eine Mischung von »rassischer Aussiebung«, Umsiedlung und Aufsplitterung der verschiedenen ethnischen Gruppen Osteuropas in möglichst viele Teile und Fragmente. Außerdem hoffte er, »den Begriff Juden [...] völlig auslöschen zu sehen«, nach Möglichkeit durch eine groß angelegte Auswanderung aller Juden nach Afrika oder in eine andere Kolonie.[4]

Wahrscheinlich spielte Himmler damit auf die Idee an, die in führenden NS-Kreisen immer noch ernsthaft erwogen wurde: Juden in großer Zahl auf die östlich von Afrika gelegene tropische Insel Madagaskar, die damals französische Kolonie war, zu deportieren. 1937 war die polnische Regierung an die Franzosen und die Briten mit dem Wunsch herangetreten, eine Million polnischer Juden entweder dorthin oder nach Südafrika abzuschieben. Jetzt, nach dem Sieg über Frankreich, hatte Franz Rademacher (der Leiter des so genannten Judenreferats im deutschen Auswärtigen Amt) eine Denkschrift verfasst, in der er die Massendeportation von vier Millionen Juden aus Europa und ihre Ansiedlung auf Madagaskar vorsah, sobald die Insel von französischer in deutsche Herrschaft übergegangen war. Die Mittel für die Umsiedlung sollten natürlich von den ausgeplünderten Juden selbst stammen. Die Verwaltung der Gerichte und das Kultur- und Wirtschaftsleben sollte ihnen nominell selbst überlassen werden, letztlich aber sollten sie unter der »fachkundigen« Kontrolle der SS stehen. Selbstverständlich würde den ausgesiedelten Juden die deutsche und jede andere europäische Staatsbürgerschaft aberkannt werden, dafür aber würden sie Angehörige des »großen Ghettos« werden, dass in Zukunft als »Mandat Madagaskar« bezeichnet werden sollte.[5] Rademacher betrachtete dieses Projekt sogar als nützliche Antwort der Nazis auf die zionistischen Bestrebungen in Palästina und meinte, man würde damit verhüten, dass die Juden »etwa in Palästina ihren eigenen Vatikanstaat gründen und damit den symbolischen Wert«, den Jerusalem für Christen und Mohammedaner in aller Welt habe, »für ihre Ziele einspannen«. Außerdem könnte man die Juden, da sie unter deutscher Herrschaft blieben, seiner Ansicht nach »als Faustpfand für ein zukünftiges Wohlverhalten ihrer Rassegenossen in Amerika« benutzen.[6]

Rademachers Plan fand die Billigung des Außenministers von Ribbentrop, und auch Heydrich und seine SS-Bürokraten nahmen ihn (mit einigen Änderungen) ernst, solange ihnen die Leitung des Projektes zugesichert werden konnte. Aber als die Deutschen 1940 Großbritannien nicht besiegen konnten, hieß das, dass die Kontrolle über den Schiffsverkehr auf dem Atlantik, die für die erfolgreiche Durchführung des Madagaskar-Plans notwendig war, nicht gesichert war. Obwohl Hitler den Plan in Gesprächen mit Mussolini und anderen ausländischen Staatsoberhäuptern immer noch gelegentlich erwähnte, wurde diese »Lösung« bald stillschweigend zu den Akten gelegt. Offiziell jedoch erhielten die Abteilungen des Auswärtigen Amtes von Rademacher erst am 10. Februar 1942 endgültig eine Bestätigung der Entscheidung, die Hitler mehrere Monate zuvor getroffen hatte: Da der Krieg in der Sowjetunion es in der Zwischenzeit möglich gemacht habe, andere Gebiete für die »Endlösung« außer Acht zu lassen, habe der Führer beschlossen, dass die Juden nicht nach Madagaskar, sondern in den Osten evakuiert werden sollten. Madagaskar brauche daher für die »Endlösung« nicht mehr in Erwägung gezogen zu werden.[7]

Der deutsche Einmarsch in die Sowjetunion im Juni 1941, das so genannte Unternehmen »Barbarossa«, war tatsächlich unauflöslich mit der Entscheidung verknüpft, einen Krieg zur Vernichtung aller europäischen Juden zu führen. Dieser Krieg sollte außerdem zwanzig Millionen Sowjetbürger das Leben kosten (über die Hälfte von ihnen waren Zivilisten), von denen drei Millionen Kriegsgefangene aus der Roten Armee waren, die die Deutschen verhungern ließen. Bei dieser ungeheuren Konfrontation, die zu Recht als brutalste militärische Kampagne in der modernen Geschichte bezeichnet wurde, wurden alle herkömmlichen Verhaltenskonventionen, von Rücksichten aus ethischen oder rechtlichen Gründen ganz zu schweigen, vollständig ignoriert. Im »Kommissarbefehl« vom 6. Juni 1941 ordnete das Oberkommando der Wehrmacht an, im Kampf gegen den Bolschewismus und insbesondere gegen die »politischen Kommissare aller Art« seien »Schonung und völkerrechtliche Rücksichtnahme [...] falsch«. Der kommunistische Feind bediene sich

»barbarisch asiatischer Kampfmethoden«, deren »Urheber« eben die politischen Kommissare seien, was die unmittelbare Exekution aller politischen Offiziere der Roten Armee notwendig mache.[8] In den ersten Monaten der Kämpfe erschoss die Wehrmacht etwa 600 000 dieser Offiziere. Auch gegen Partisanen und ihre Helfer sowie gegen Juden und Mitglieder der kommunistischen Partei wurden erbarmungslose Strafaktionen vorgeschrieben. Die Wehrmacht als reguläre deutsche Armee sollte die Einsatzgruppen der SS, die ihr unmittelbar folgten, militärisch und logistisch unterstützen. Die Aufgabe der Einsatzgruppen bestand darin, Juden und andere Sowjetbürger, die ausgelöscht werden sollten, zu ermorden.

Die vier Einsatzgruppen, die an der russischen Front von der Ostsee bis zum Schwarzen Meer operierten, sollten mit Hilfe der Wehrmacht und NS-Polizeieinheiten in den ersten achtzehn Monaten des Russlandfeldzugs mehr als eine Million jüdischer Männer, Frauen und Kinder ermorden. In der Ukraine fanden sie, in Lwow (Lemberg) beginnend, bei ihrem Massaker an den Juden unter ukrainischen Nationalisten willige Helfer. Ein Bericht der Einsatzgruppen aus der Zeit vom 1. bis 31. Oktober 1941 beschäftigt sich mit der Vernichtung in der Ukraine, darunter auch mit den berüchtigten Massakern von Babi Yar gleich außerhalb der ukrainischen Hauptstadt Kiew.[9] Hier heißt es, die bittere Feindschaft der ukrainischen Bevölkerung gegen die Juden sei außergewöhnlich groß, weil man annehme, sie seien für die Sprengungen in Kiew (bei denen viele Wehrmachtsangehörige ums Leben gekommen waren) verantwortlich und außerdem Agenten der sowjetischen Geheimpolizei. 33 771 Juden wurden am 29. und 30. September als Vergeltung für die »Brandstiftung« in Kiew exekutiert. Gold, Wertsachen und Kleidung wurden gesammelt und der NS-Fürsorgeorganisation für die Ausstattung von »Volksdeutschen« zur Verfügung gestellt.[10]

Weder in diesem sterilen Bericht noch in anderen deutschen Dokumenten kommt der unbeschreibliche Horror dieses Blutbades, bei dem wehrlose und unschuldige Männer, Frauen und Kinder niedergemetzelt wurden, auch nur im Entferntesten zum Ausdruck.

Einige der frühesten Massaker fanden in den baltischen Staaten statt, wo die Einsatzgruppen begeisterte Unterstützung fanden, vor allem von Litauern. Hier ist ein typischer Auszug aus einem Bericht von Karl Jäger, dem Kommandeur des Einsatzkommandos 3 der Einsatzgruppe A, über die Ermordung von litauischen Juden, ein Dokument, welches das Datum Kowno, 1. Dezember 1941, trägt. Es ist ebenfalls in der eiskalten Sprache verfasst, die für derartige Berichte, in denen die Zahl der Todesopfer normalerweise statistisch exakt aufgeschlüsselt wurde, charakteristisch ist:

> Ich kann heute feststellen, dass das Ziel, das Judenproblem für Litauen zu lösen, vom Einsatzkommando 3 erreicht worden ist. In Litauen gibt es keine Juden mehr, außer den Arbeitsjuden incl. ihrer Familien.
> Das sind
>
> | | |
> |---|---|
> | in Schaulen | ca. 4 500 |
> | in Kauen | ca. 15 000 |
> | in Wilna | ca. 15 000. |
>
> Diese Arbeitsjuden incl. ihrer Familien wollte ich ebenfalls umlegen, was mir jedoch scharfe Kampfansage der Zivilverwaltung (dem Reichskommissar) und der Wehrmacht eintrug und das Verbot auslöste: Diese Juden und ihre Familien dürfen nicht erschossen werden.
> Das Ziel, Litauen judenfrei zu machen, konnte nur erreicht werden durch die Aufstellung eines Rollkommandos mit ausgesuchten Männern unter Führung des SS-Obersturmführers Hamann, der sich meine Ziele voll und ganz aneignete

> und es verstand, die Zusammenarbeit mit den litauischen Partisanen und den zuständigen zivilen Stellen zu gewährleisten.
> Die Durchführung solcher Aktionen ist in erster Linie eine Organisationsfrage. Der Entschluß, jeden Kreis systematisch judenfrei zu machen, erforderte eine gründliche Vorbereitung jeder einzelnen Aktion und Erkundung der herrschenden Verhältnisse in dem betreffenden Kreis. Die Juden mußten an einem Ort oder an mehreren Orten gesammelt werden. Anhand der Anzahl mußte der Platz für die erforderlichen Gruben ausgesucht und ausgehoben werden. Der Anmarschweg von der Sammelstelle zu den Gruben betrug durchschnittlich 4 bis 5 km. Die Juden wurden in Abteilungen zu 500, in Abständen von mindestens 2 km, an den Exekutionsplatz transportiert. […]
> Sämtliche Führer und Männer meines Kommandos in Kauen haben an den Großaktionen in Kauen aktiv teilgenommen. Lediglich ein Beamter des Erkennungsdienstes war infolge Krankheit von der Teilnahme befreit.
> Ich betrachte die Judenaktionen für das EK 3 in der Hauptsache als abgeschlossen. Die noch vorhandenen Arbeitsjuden und -jüdinnen werden dringend gebraucht, und ich kann mir vorstellen, daß nach dem Winter diese Arbeitskräfte dringend weiter gebraucht werden.[11]

Anschließend vertritt Jäger die Meinung, alle männlichen Arbeitsjuden sollten unverzüglich sterilisiert werden, um eine Fortpflanzung zu verhindern, und Jüdinnen, die trotzdem schwanger würden, müssten liquidiert werden.

Das Tötungsmuster der Mordkommandos, wie es hier beschrieben wird, war für die Ostfront recht typisch und eine exakte Spiegelung des »ideologischen Krieges« der Auslöschung und Versklavung, den Hitler befohlen hatte. Die Wehrmacht, die es in Polen und Litauen ablehnte, wertvolle jüdische Arbeitskräfte zu ermorden, beteiligte sich in der Sowjetunion jedoch aktiv am Töten von Juden. Der Oberbefehlshaber der 6. Armee, Generalfeldmarschall von Reichenau, erklärte seinen Truppen in einem Tagesbefehl vom 10. Oktober 1941, welche Gründe sie für ihr Verhalten im Krieg gegen den Bolschewismus haben sollten:

> Das wesentliche Ziel des Feldzuges gegen das jüdisch-bolschewistische System ist die völlige Zerschlagung der Machtmittel und die Ausrottung des asiatischen Einflusses im europäischen Kulturkreis. [...] Der Soldat ist im Ostland nicht nur ein Kämpfer nach den Regeln der Kriegskunst, sondern auch Träger einer unerbittlichen völkischen Idee und der Rächer für alle Bestialitäten, die deutschem und artverwandtem Volkstum zugefügt wurden. Deshalb muß der Soldat für die Notwendigkeit der harten, aber gerechten Sühne am jüdischen Untermenschentum volles Verständnis haben. Sie hat den weiteren Zweck, Erhebungen im Rücken der Wehrmacht, die erfahrungsgemäß stets von Juden angezettelt wurden, im Keime zu ersticken.[12]

Am 20. November 1941 äußerte sich Generalfeldmarschall Erich von Manstein, der das Oberkommando über die 11. Armee hatte und einer der glänzendsten Heerführer Deutschlands war, ebenfalls zu diesem Thema:

> Seit dem 22.6. steht das deutsche Volk in einem Kampf auf Leben und Tod gegen das bolschewistische System. Dieser Kampf wird nicht in hergebrachter Form gegen die sowjetische Wehrmacht allein nach europäischen Kriegsregeln geführt. [...] Das Judentum bildet den Mittelsmann zwischen dem Feind im Rücken und den noch kämpfenden Resten der Roten Armee und der Roten Führung. Es hält stärker als in Europa alle Schlüsselpunkte der politischen Führung und Verwaltung, des Handels und des Handwerks besetzt und

> bildet weiter die Zelle für alle Unruhen und möglichen Erhebungen.
> Das jüdisch-bolschewistische System muß ein für allemal ausgerottet werden. Nie wieder darf es in unseren europäischen Lebensraum eingreifen.
> Der deutsche Soldat hat daher nicht allein die Aufgabe, die militärischen Machtmittel dieses Systems zu zerschlagen. Er tritt auch als Träger einer völkischen Idee und Rächer für alle Grausamkeiten, die ihm und dem deutschen Volk zugefügt wurden, auf.
> Für die Notwendigkeit der harten Sühne am Judentum, dem geistigen Träger des bolschewistischen Terrors, muß der Soldat Verständnis aufbringen.[13]

Derartige ideologische Aussagen von höchsten deutschen Befehlshabern, die ihre Truppen zu noch größerer Grausamkeit gegen die »rassischen« und politischen Feinde des Dritten Reiches ermahnten, wurden nun zu Gemeinplätzen. Die militärischen Führer sprachen – wie General Hoth, der Kommandeur der 17. Armee, am 25. November 1941 – von der Mission, die europäische Kultur vom Anrücken des asiatischen Barbarentums zu befreien, und von dem deutschen Ehr- und Rassegefühl bei der Konfrontation mit der jüdisch-bolschewistischen Nichtachtung moralischer Werte. Nicht nur die Befehlshaber, sondern auch die Kampftruppen akzeptierten diese nationalsozialistische Sichtweise, die den Krieg als ideologischen Überlebenskampf gegen dämonische jüdisch-bolschewistische Feinde auffasste. Omer Bartov weist darauf hin, dass die Wehrmachtsoldaten, die an der russischen Front eingesetzt waren, junge Männer waren, »die ihre prägenden Jahre im Dritten Reich verbracht hatten und in nationalsozialistischen Schulen und insbesondere in der Hitlerjugend und im Arbeitsdienst einer hochdosierten Indoktrination ausgesetzt gewesen waren«.[14] Erziehung und Sozialisation hatten ihnen die Geisteshaltung eingetrichtert, die für die Aufgabe des Völkermordes gebraucht wurde.

Genauer betrachtet lieferte der »Vernichtungskrieg«, den die Wehrmacht gegen die Sowjetunion, gegen den »jüdischen Bolschewismus« und die »asiatischen Horden« im Osten führte, die Voraussetzung für die »Endlösung der Judenfrage« in Europa. Hitler wusste, dass seine konservativen, antibolschewistischen Generäle seinen Ansichten im Großen und Ganzen zustimmten, genauso, wie ihnen der Gedanke, slawische »Untermenschen« durch Hunger oder Arbeit umzubringen oder sie zu einem Reservoir von Arbeitssklaven für das deutsche »Herrenvolk« zu erniedrigen, keine Schwierigkeiten bereitete. Das Unternehmen »Barbarossa« hatte der NS-Elite für die »Lösungen« einer Reihe von weit reichenden Problemen, die man bis dahin verschoben oder auf Eis gelegt hatte, neue Perspektiven eröffnet. Seit den zwanziger Jahren schon träumte Hitler von einem Krieg gegen die Sowjetunion, um für ein großdeutsches Reich »Lebensraum« im Osten zu schaffen. Doch dieser Krieg musste ein »Weltanschauungskrieg« zur Vernichtung des internationalen Kommunismus sein, denn diesen betrachteten die Nazis als die wichtigste politische Waffe der Juden – als Ausdruck ihres Willens, die Welt zu beherrschen.[15]

Es fällt auf, dass Hitler, als der gewaltige Krieg mit der UdSSR näher rückte, allmählich zu seiner Sprache in *Mein Kampf* und zur antisemitischen rassischen Eschatologie seiner Anfangszeit als Agitator in München zurückkehrte. Auf einer vorbereitenden Tagung am 30. März 1941 hatte er seine militärischen Befehlshaber informiert, dass der Krieg gegen die Sowjetunion ein »Kampf zweier Weltanschauungen gegeneinander« werden würde – ein Rassenkrieg, der sich von den Konfrontationen im Westen vollkommen unterscheide.[16] Die Richtlinien, die er für die erbarmungslose Ausrottung der bolschewistischen Kommissare, der Partisanen und der Juden gab, wurden – wie wir gesehen haben – von seinen Generälen und Truppen im Feld buchstabengetreu ausgeführt.

Es ist wichtig zu verstehen, dass zu diesem Zeitpunkt in dem Kontinuum der mörderischen Aktionen, die zusammen den Holocaust ausmachen, ein qualitativer Sprung stattfand. Die Phase von der Eroberung Polens bis zum Juni 1941 kann im Rückblick als »Versuchslabor« für Hitlers rassische und imperialistische Ziele angesehen werden. In Polen hatte die Rassenpolitik, die Polen und Juden aus den vom Dritten Reich annektierten Gebieten vertreiben und sie durch »rassereine« Deutsche und »Volksdeutsche« ersetzen sollte, trotzdem nur begrenzten Erfolg. Der Generalgouverneur des Generalgouvernements im besetzten Polen, Hans Frank, beschwerte sich ständig, dass sein Machtbereich ein riesiger Abladeplatz für Juden aus Deutschland, Österreich und den anderen annektierten polnischen Gebieten geworden war, in einer Situation, die seiner überlasteten Verwaltung ohnehin Probleme bereitete. In den Ghettos kam es infolge der vorsätzlichen Grausamkeit der Deutschen zu akuter Überfüllung, chronischer Lebensmittelknappheit und dem Fehlen jeglicher sanitärer Einrichtungen, was zu Ausbrüchen von Typhus und anderen Infektionskrankheiten führte. Doch auch wenn unter diesen entsetzlichen Bedingungen in den Ghettos oder in den Arbeitslagern Hunderttausende starben und Juden brutal und willkürlich umgebracht wurden, war der systematische Massenmord im Frühjahr 1941 noch nicht erklärtes Ziel der deutschen Politik. Andererseits wurde Sowjetrussland zum »Schauplatz der ersten Begegnung im Endkampf, [als] Vorspiel zum tausendjährigen Reich«, um Lucy Dawidowicz' vielsagenden Ausdruck für die NS-Apokalypse zu verwenden.[17]

Am 31. Juli 1941 (fast sechs Wochen nach dem Einmarsch in die UdSSR) erhielt Heydrich von Göring den Befehl, »alle erforderlichen Vorbereitungen in organisatorischer, sachlicher und materieller Hinsicht zu treffen für eine Gesamtlösung der Judenfrage im deutschen Einflußgebiet in Europa«. Weiter wurde Heydrich aufgefordert, »einen Gesamtentwurf über die organisatorischen, sachlichen und materiellen Vorausmaßnahmen zur Durchführung der angestrebten Endlösung der Judenfrage vorzulegen«.[18] Außerdem ist gut belegt, dass Heydrich Mitte Juni 1941 den höheren SS- und Polizeiführern im Osten zeitlich unbegrenzte Befehle gegeben hatte, Juden, Saboteure, subversive Elemente und offizielle Vertreter der Komintern zu töten. Seine Anweisungen gingen allerdings über den Kommissarbefehl, der der Invasion vorangegangen war, nicht weit hinaus. Unter dem Deckmantel schützender Sicherheitsmaßnahmen gegen Partisanen in den besetzten Gebieten war es jedoch – wie Hitler selbst bei einer Planungskonferenz am 16. Juli 1941 erklärt hatte – leichter, alle umzubringen, die sich den Deutschen in den Weg stellten.[19] Eichmann selbst bestätigte, als er 1960 von der israelischen Polizei vernommen wurde, dass er irgendwann im August 1941 von Heydrich gehört habe: »Der Führer hat die physische Vernichtung der Juden befohlen.«[20] Er nahm an, dass Hitlers Befehl über Himmler weitergegeben worden sein musste und nie schriftlich niedergelegt worden war, womit er wahrscheinlich Recht hatte.

Im September 1941, während deutsche Truppen sich mit ihrer militärischen Kampagne immer stärker verzettelten, stieg die Zahl der ermordeten sowjetischen Juden stark an. Bezeichnenderweise hatte Hitler am Abend des 2. Oktober 1941 zu verstehen gegeben, dass diese Beschleunigung der Massaker im Osten seine volle Zustimmung finde. Er erinnerte wieder einmal an seine Prophezeiung aus der Reichstagsrede vom Januar 1939, dass »der Jude aus Europa verschwinden« werde, und sagte zynisch zu Himmler und Heydrich, es sei übrigens kein schlechter Gedanke, dass man ihnen gerüchteweise einen Plan zur Ausrottung der Juden unterstelle. Terror sei eine nützliche Sache.[21] Zu dieser Aussage kam es kaum mehr als einen Monat, nachdem Himmler (am 18. September 1941) den Gauleiter des Warthelands, Arthur Greiser, schriftlich informiert hatte, der Führer »wünsche jetzt, daß das Reich und das Protektorat Böhmen und Mähren ›möglichst bald‹ von allen dort lebenden Juden ›geleert und befreit‹ würden. Himmler gab seine Absicht bekannt, diese Aufgabe noch vor dem Ende des Jahres zu verwirklichen. In einem ersten Schritt wollte er die Juden in die eingegliederten Gebiete transportieren, bevor sie im folgenden Frühjahr ›noch weiter nach dem Osten‹ deportiert würden.«[22]

Hitlers Befehl vom September 1941, die Juden aus dem Reich »zu entfernen« und in den Osten zu bringen, war vielsagend, denn er ging über die geographisch eher beschränkte Ermordung der sowjetischen Juden hinaus und zielte auf eine paneuropäische Lösung der »Judenfrage« ab. Auf einer Tagung in Prag am 10. Oktober 1941 erinnerte Heydrich, dass es »des Führers Wunsch« sei, »vor Ende des Jahres die Juden aus dem ›deutschen Raum‹ verschwinden« zu sehen, von wo aus sie nach Lodz, Riga und Minsk deportiert werden sollten.[23] Die Formulierung »des Führers Wunsch«, die sowohl Himmler als auch Heydrich benutzten, sollte während des Holocaust ein Eigenleben annehmen. Sie war eines der wichtigsten Kodewörter (andere lauteten »Evakuierung«, »Umsiedlung«, »Transport in den Osten«) zum Verbergen oder zur Tarnung der entsetzlichen Realität des Massenmordes. Ein weiterer entscheidender Hinweis auf den Beginn einer neuen Phase war der Runderlass des Gestapo-Chefs Heinrich Müller vom 23. Oktober 1941 (in Himmlers Namen herausgegeben), in dem angeordnet wurde, »daß die *Auswanderung* von Juden mit sofortiger Wirkung zu verhindern ist«.[24] Wo sollten die Juden denn hin, wenn sie nicht mehr emigrieren durften, aber auch nicht bleiben konnten, wo sie waren? Diese Frage war umso dringlicher, als der russische Winter einsetzte und der »jüdisch-bolschewistische« Feind den Deutschen erstmals schwere Verluste beibrachte.

Es gab noch weitere deutliche Anzeichen dafür, dass um September und Oktober 1941 herum eine Entscheidung für den Genozid fiel. Die Brutalität der Massenerschießungen an der Ostfront verlangte allmählich ihren psychischen Preis von den Einsatzgruppen, und Himmler war, nachdem er Zeuge einer solchen Exekution geworden war, für die Bedürfnisse seiner Truppen »sensibler« geworden und sah ein, dass eine »humanere« Tötungsmethode wünschenswert war. Im September 1941 war die Einsatzgruppe C im Besitz eines Lastwagens, in dem die eingeschlossenen jüdischen Opfer mit Abgasen getötet wurden. Im Oktober 1941 hatten Adolf Eichmann, Erhard Wetzel (der Rassenreferent im Reichsministerium für die besetzten Ostgebiete, dem »Ostministerium«) und Viktor Brack, der Organisator des »Euthanasie-Programms«, in der Kanzlei des Führers Pläne für die Konstruktion von Vergasungsapparaten diskutiert.[25] Man einigte sich: »Nach Sachlage bestehen keine Bedenken, wenn diejenigen Juden, die nicht arbeitsfähig sind, mit den Brackschen Hilfsmitteln [d. h. durch Vergasen] beseitigt werden. [...] Die Arbeitsfähigen dagegen werden zum Arbeitseinsatz nach Osten abtransportiert.«[26]

Als Zielorte für deportierte deutsche Juden aus dem »Altreich« wurden Riga und Minsk genannt, wo sie bei der Ankunft den Kommandeuren der Einsatzgruppen übergeben werden sollten. Selbstverständlich hatten die Deutschen nicht die Absicht, die Juden, deren Massenverschleppung sie organisierten, an den Zielorten zu ernähren. Welche Überlebensaussichten hatten diese Juden, zumal sie zu harter Arbeit nicht fähig waren? Außerdem ging es jetzt, da man sich für eine bessere, wenn auch immer noch primitive Tötungsmethode entschieden hatte (mobile »Gaswagen«, die Kohlenmonoxid ausstießen), nur noch darum, passende Standorte zu finden und die »Vernichtungslager« zu errichten. Das erste Todeslager wurde in Chelmno (Kulmhof) in Polen gebaut, und am 8. Dezember 1941 begann dort die Vergasung von Juden (mit den Abgasen von Lastwagen).[27] Anscheinend hatte Himmler eine spezielle Genehmigung bekommen, dort 100000 Juden umbringen zu lassen. (Etwa um diese Zeit benutzten die Deutschen auch Gaswagen, um Juden in Semlin in Serbien zu töten.[28]) Als Nächstes wurde das Lager Belzec in Ostpolen (nahe der früheren sowjetischen Grenze) errichtet, das erste Vernichtungslager, das mit Gaskammern ausgestattet war, die im März 1942 in Betrieb genommen wurden. Inzwischen war auch Auschwitz-Birkenau in Schlesien, welches das größte aller Vernichtungslager werden sollte (obwohl es außerdem auch Konzentrations- und industrielles Arbeitslager war), einsatzbereit, die Vergasung der Juden begann dort aber erst zwei Monate später.[29] Der riesige Lagerkomplex, der vereinfachend, aber irreführend als Auschwitz bezeichnet wird (Oświecim auf Polnisch), erstreckte sich zu beiden Seiten der Haupteisenbahnlinie von Wien nach Krakau. Er wurde letztlich zum bekanntesten Symbol für den Holocaust als Massenmord am Fließband. Man schätzt, dass etwa 1,2 Millionen Juden in den Gaskammern von Auschwitz-Birkenau ihr Leben verloren, zusammen mit einer viel kleineren Anzahl von Polen, Zigeunern und sowjetischen Kriegsgefangenen. Ähnliche Tötungsanlagen wurden auch in anderen polnischen Vernichtungslagern errichtet, zum Beispiel in Sobibór (Mai 1942), Treblinka (Juli 1942) und Majdanek (Herbst 1942). Einziger Sinn und Zweck dieser Lager war der Massenmord.

Gegen Ende 1941 drängte man von vielen Seiten zunehmend auf die physische Vernichtung der Juden, insbesondere in dem seltsamen Niemandsland, das als Generalgouvernement bezeichnet wurde. Der Generalgouverneur, der frühere Rechtsanwalt Hans Frank, hätte in der berüchtigten Rede, die er am 16. Dezember 1941 in Krakau hielt, seine Absichten nicht deutlicher machen können. »Mit den *Juden* – das will ich Ihnen auch ganz offen sagen – muß so oder so Schluß gemacht werden. Der Führer sprach einmal das Wort aus: wenn es der vereinten Judenschaft wieder gelingen wird, einen Weltkrieg zu entfesseln, [...] dann wird der Jude in Europa sein Ende gefunden haben.«[30] Der Generalgouverneur bediente sich Hitlers Formulierung »so oder so«, die allmählich zur nationalsozialistischen Erkennungsmelodie für den Holocaust wurde.

Anschließend meinte Frank abwertend, er wisse, dass »an vielen Maßnahmen, die jetzt im Reich gegenüber den Juden getroffen werden, Kritik« wegen ihrer angeblichen »Grausamkeit« und »Härte« geübt werde (an den Deportationen usw.). In einer Sprache, die wieder unverkennbar an Hitler erinnerte, schimpfte er: »Mitleid wollen wir grundsätzlich nur mit dem deutschen Volke haben, sonst mit niemandem auf der Welt.« Falls »die Judensippschaft in Europa« den Krieg überleben würde, erklärte Frank, während Deutsche ihr Blut für Europa geopfert hatten, wäre das nur ein »Teilerfolg«. Frank erwartete aber, dass die Juden »verschwinden« würden, und daher beabsichtigte er, einen Vertreter zu der von Reinhard Heydrich im Januar 1942 geplanten Konferenz in Berlin zu schicken (ein Hinweis auf die bevorstehende Wannsee-Konferenz). Als altes Parteimitglied berichtete Frank daraufhin seinem Publikum, was man ihm bei einem kürzlichen Besuch in Berlin gesagt habe: Statt »Scherereien« zu machen, indem er sich weigere, weitere Juden in sein Gebiet hineinzulassen, täte er besser daran, sie selbst zu »liquidieren«. Für Sentimentalität oder Mitgefühl sei, so schloss er, kein Platz:

> Wir müssen die Juden vernichten, wo immer wir sie treffen und wo es irgend möglich ist. [...] Die Juden sind auch für uns außergewöhnlich schädliche Fresser. Wir haben im Generalgouvernement schätzungsweise 2,5, vielleicht mit den jüdisch Versippten und dem, was alles daran hängt, jetzt 3,5 Millionen Juden. Diese 3,5 Millionen Juden können wir nicht erschießen, wir können sie nicht vergiften, werden aber doch Eingriffe vornehmen können, die irgendwie zu einem Vernichtungserfolg führen, und zwar im Zusammenhang mit den vom Reich hier zu besprechenden großen Maßnahmen.[31]

Im Einzelnen sollten diese »großen Maßnahmen«, auf die Hans Frank anspielte, auf der berüchtigten, neunzig Minuten langen Wannsee-Konferenz besprochen werden. Diese Konferenz fand am 20. Januar 1942 in der heiteren Atmosphäre einer eleganten Vorstadtvilla in Berlin statt. Organisiert wurde sie von Reinhard Heydrich in seiner Eigenschaft als Chef der Sicherheitspolizei und des SD und, was noch wichtiger war, als designierter Bevollmächtigter für die Vorbereitung der »Gesamtlösung der Judenfrage«. Heydrich, der von der gesamten NS-Führung am ehesten wie ein »Arier« aussah, war ein fanatischer Antisemit (auch wenn es irreführende Gerüchte gegeben hatte, dass er zum Teil jüdische Vorfahren habe), und er war entschlossen, die Konferenz rasch und nüchtern voranzutreiben.[32] Ursprünglich war sie für den 8. Dezember 1941 geplant gewesen, so dass sie jetzt um sechs Wochen verspätet stattfand. Angeblich diente sie dem Zweck, mit den Staatssekretären der verschiedenen Reichsministerien Richtlinien für einen Generalplan zu koordinieren und abzustimmen, nach dem alle europäischen Juden ausgerottet werden sollten (wobei dieses Wort natürlich vermieden wurde). Fünf Vertreter der SS und der Polizei waren anwesend, darunter Gestapo-Chef Heinrich Müller und der gewissenhafte Adolf Eichmann vom Reichssicherheitshauptamt, der die Anfertigung des Protokolls beaufsichtigte. Die neun Zivilisten vertraten das Innenministerium (Dr. Stuckart), das Reichsjustizministerium (Dr. Freisler), die Reichskanzlei (Kritzinger), das Reichsministerium für die besetzten Ostgebiete (Dr. Meyer und Dr. Leibbrandt), das Amt des Beauftragten für den Vierjahresplan (Neumann), das Amt des Generalgouverneurs (Dr. Bühler), die Parteikanzlei (Klopfer) und das Außenministerium (Dr. Luther).

Heydrich eröffnete die Versammlung, indem er auf frühere Aufgaben verwies, die ihm im September 1939 und im Juli 1941 von Göring übertragen worden waren, nämlich einen praktischen und organisatorischen Entwurf für »die Endlösung der europäischen Judenfrage« zu erarbeiten. Das erfordere »die vorherige gemeinsame Behandlung aller an diesen Fragen unmittelbar beteiligten Zentralinstanzen im Hinblick auf die Parallelisierung der Linienführung«. Mit offensichtlicher Genugtuung betonte Heydrich, dass die Verantwortung für die Handhabung der »Endlösung« beim Reichsführer-SS (Himmler) und bei ihm selbst als Chef der Sicherheitspolizei und des SD liege. Dann wiederholte Heydrich kurz die beiden Schlüsselelemente des Kampfes, den das Reich bis dahin gegen den Feind geführt hatte, und zwar »die Zurückdrängung der Juden aus den einzelnen Lebensgebieten des deutschen Volkes« und »die Zurückdrängung der Juden aus dem Lebensraum des deutschen Volkes«.[33] Bis vor kurzem hatte man »als einzige vorläufige Lösungsmöglichkeit die Beschleunigung der Auswanderung der Juden« vorangetrieben. Heydrich erinnerte an einige Schwierigkeiten, die es dabei gegeben hatte, etwa die Beschränkung oder die Aufhebung von Einreisegenehmigungen durch die ausländischen Regierungen, fehlende Schiffsplätze und finanzielle Hindernisse. Trotzdem waren in den acht Jahren NS-Herrschaft – vom 30. Januar 1933 bis zum 31. Oktober 1941, als Himmler die Emigration (wegen der Kriegsbedingungen und neuer »Möglichkeiten im Osten«) verboten hatte – 537 000 Juden »zur Auswanderung gebracht« worden. Darunter befanden sich 360 000 Juden aus dem »Altreich«, 147 000 aus der »Ostmark« (Österreich ab März 1938) und etwa 30 000 aus Böhmen und Mähren. Man hatte die wohlhabenden Juden und große jüdische Organisationen im Ausland dazu gebracht, diese Emigration zu finanzieren. Aber das war Vergangenheit, ein bloßes Vorspiel zu den großen Aufgaben der Zukunft.

Statt der Emigration gab es nun eine neue »Lösungsmöglichkeit«, nämlich »nach entsprechender vorheriger Genehmigung durch den Führer die Evakuierung der Juden nach dem Osten«. Diese »Evakuierung«, die Deportation in den Osten, sollte jedoch nur eine »Ausweichmöglichkeit« auf dem Weg zur »kommende[n] Endlösung der Judenfrage« sein, die es aber, in Heydrichs technokratischem Jargon, erlaubte, »bereits [...] praktische Erfahrungen« zu sammeln. Vermutlich bezog Heydrich sich sowohl auf die organisatorische Erfahrung bei den Deportationen als auch auf das, was man bereits bei den Erschießungen, beim Vergasen und bei anderen Tötungsmethoden, die in den vergangenen sechs Monaten im Osten erprobt worden waren, gelernt hatte.

Nach den übertriebenen Schätzungen des Reichshauptsicherheitsamtes würde die »Endlösung« der europäischen Judenfrage nicht weniger als elf Millionen Juden umfassen. (Heydrich deutete an, dass selbst diese Zahl eher noch zu niedrig angesetzt sein könnte, weil ausländische Staaten, die nur »Glaubensjuden« zählten, die Juden aber nicht »nach rassischen Grundsätzen« definierten, die tatsächliche Zahl der Juden im Normalfall unterschätzten.) In der von ihm vorgelegten Bevölkerungstabelle waren als Opfer auch 330 000 englische Juden und 4 000 Juden aus Irland vorgesehen sowie Juden aus neutralen Ländern wie Schweden (8 000), der Schweiz (18 000), Spanien (6 000) und der europäischen Türkei (55 500), die alle keine deutsche Besetzung erleben sollten. Estland war das einzige Land, das schon als »judenfrei« aufgeführt war. Besonders hoch wurde die Zahl der Juden in der UdSSR eingeschätzt (fünf Millionen), in der Ukraine (2,99 Millionen) und im nicht besetzten Frankreich (700 000). Heydrich zufolge sollte Europa im »Zuge der praktischen Durchführung der ›Endlösung‹« von »Westen nach Osten durchgekämmt« werden, wobei »das Reichsgebiet« (Deutschland und Österreich) »einschließlich Protektorat Böhmen und Mähren« wegen der »Wohnungsfrage und sonstiger sozialpolitische[r] Notwendigkeiten« Vorrang haben sollten. In der Realität sollte sich der Holocaust allerdings anders entwickeln.

Heydrich sah in Ländern wie Ungarn und Rumänien, die er als korrupt betrachtete, einige Schwierigkeiten voraus und meinte sogar: »Zur Regelung der Frage in Ungarn ist es erforderlich, in Zeitkürze einen Berater für Judenfragen der ungarischen Regierung aufzuoktroyieren.« Andererseits war er der Ansicht, in der Slowakei und in Kroatien sei »die Angelegenheit nicht mehr allzu schwer, da die wesentlichsten Kernfragen in dieser Hinsicht dort bereits einer Lösung zugeführt wurden«. Heydrich erwartete im »besetzten und unbesetzten Frankreich« bei der »Erfassung der Juden zur Evakuierung« keine großen Schwierigkeiten, hielt jedoch hinsichtlich »der Aufnahme der Vorbereitungen zur Regelung des Problems in Italien [...] eine Verbindung mit Polizei-Chef [sic] in diesen Belangen für angebracht.« Verräterisch war seine beiläufige Erwähnung der »etwa fünf Millionen« Juden auf dem europäischen Gebiet der UdSSR, wobei er nicht einmal andeutete, dass sowjetische Juden bereits zu Hunderttausenden ermordet worden waren. Stattdessen meinte er zynisch: »Der Einfluß der Juden auf alle Gebiete in der UdSSR ist bekannt«; anschließend führte er eine verzerrte »berufsständische Aufgliederung« an.

Der Beginn der »einzelnen größeren Evakuierungsaktionen« würde, wie Heydrich bemerkte, »weitgehend von der militärischen Entwicklung abhängig sein«. Für die von Deutschland bereits besetzten und beeinflussten Gebiete wurde der Vorschlag gemacht, dass »die in Betracht kommenden Sachbearbeiter des Auswärtigen Amtes sich mit den zuständigen Referenten der Sicherheitspolizei und des SD besprechen«. Martin Luther, der eifrige Unterstaatssekretär im Auswärtigen Amt und ein erbarmungsloser Bluthund in »jüdischen Angelegenheiten«, machte darauf aufmerksam, dass bei »tiefgehender Behandlung dieses Problems« in den skandinavischen Ländern wahrscheinlich Schwierigkeiten auftreten würden, dass aber bei der geringen Zahl der dort lebenden Juden eine »Zurückstellung [der Evakuierungen] keine wesentliche Einschränkung« sei.[34]

Heydrich führte kurz aus, dass unter »entsprechender Leitung« die Juden »im Osten zum Arbeitseinsatz« kommen sollten. Trotz der bemühten Euphemismen muss allen Anwesenden klar gewesen sein, dass die meisten der deportierten Juden sicherlich »arbeitsunfähig« sein würden und daher sofort zu entfernen waren. Die Übrigen sollten in »großen Arbeitskolonnen, unter Trennung der Geschlechter« zum Straßenbau herangezogen werden, »wobei zweifellos ein Großteil durch natürliche Verminderung ausfallen« würde. Diese Arbeitsprojekte, die an die stalinistischen Gulags erinnerten, wurden nie verwirklicht. Anscheinend legte Hitler, der zu diesem Zeitpunkt die verfügbaren Arbeitskräfte lieber anders einsetzte, sein Veto ein. Diejenigen Juden, die dieses albtraumhafte Szenario überleben würden, konnte man natürlich nicht freilassen, sondern sie würden »entsprechend behandelt werden müssen«, da es sich hier um den »widerstandsfähigsten Teil« handle, um »eine natürliche

Auslese«, eine »Keimzelle eines neuen jüdischen Aufbaus«, wie Heydrichs Denkweise zufolge »die Erfahrung der Geschichte« zeigte.[35]

Schließlich räumte die Wannsee-Konferenz laut Protokoll der Frage der »Mischlinge« und der »Mischehen« beträchtlichen Raum ein, was manche Historiker nach wie vor erstaunt – vor allem, weil die langatmigen und abstrusen Diskussionen anscheinend keine schlüssigen Resultate erbrachten. Für die Nazis ging es dabei nicht bloß um eine Vernebelung, sondern dieses Thema war wirklich wichtig und bereitete begriffliche Schwierigkeiten.[36] Nicht weniger als 75 000 Personen waren als »Mischlinge 1. Grades« (mit zwei jüdischen Großeltern) definiert worden und 125 000 bis 130 000 als »Mischlinge 2. Grades« (ein jüdischer Großelternteil). Für die deutschen Beamten war es seit der Verabschiedung der Nürnberger Gesetze (1935), die im Prinzip auch für die Durchführung der »Endlösung« galten, entscheidend gewesen, zu wissen, wer als Jude behandelt werden musste. »Mischlinge 1. Grades« sollten nun »den Juden gleichgestellt« und »Mischlinge 2. Grades« den »Deutschblütigen zugeschlagen« werden. Es gab jedoch einige Ausnahmen. Kinder aus Ehen von »Mischlingen 1. Grades [...] mit Deutschblütigen« zum Beispiel wurden »im wesentlichen den Deutschen gleichgestellt«. Auch ihr »mischblütiger« Elternteil sollte von der »Evakuierung« ausgenommen sein. Ähnlich privilegiert sollten »Mischlinge 1. Grades« sein, die sich »Verdienste« erworben und von »den höchsten Instanzen der Partei und des Staates« Ausnahmegenehmigungen erhalten hatten. Aber selbst diese Ausnahmen mussten sich einer »freiwilligen« Sterilisation unterziehen, falls sie im Reich bleiben wollten. Das alles sah aus wie ein hoffnungslos verwickelter bürokratischer Wirrwarr rassistischen Wahnsinns – und das war es auch –, aber die Nazis nahmen diese Thematik sehr ernst. In den meisten Bereichen konnten

Heydrich und das Reichssicherheitshauptamt mit den Ergebnissen durchaus zufrieden sein. Es gelang ihnen allerdings nicht, die komplizierte Gesetzgebung zu »Halb-« und »Vierteljuden« nach ihren Wünschen zu straffen und zu vereinheitlichen. Zum Teil wurde das von Bürokraten wie Stuckart und von der Kanzlei des Führers verhindert und möglicherweise auch von Hitler selbst, bis er 1944 seine Position änderte.

Gegen Ende der Wannsee-Konferenz meinte Staatssekretär Dr. Bühler, das Generalgouvernement würde »es begrüßen [...], wenn mit der Endlösung dieser Frage im Generalgouvernement begonnen würde«, weil »gerade hier der Jude als Seuchenträger eine eminente Gefahr« bedeute und durch »fortgesetzten Schleichhandel die wirtschaftliche Struktur des Landes« unterminiere. Im Anklang an die Forderungen des abwesenden Hans Frank erklärte er, die Mehrzahl der 2,5 Millionen Juden sei überdies »arbeitsunfähig« – was im Kontext dieser mörderischen Überlegungen der Verhängung einer kollektiven Todesstrafe gleichkam. Das Protokoll bemerkt lakonisch, Bühler hätte »nur eine Bitte, die Judenfrage in diesem Gebiet so schnell wie möglich zu lösen«. Tatsächlich begann die systematische Ausrottung im Generalgouvernement erst im Frühjahr 1942. Eine Ausnahme bildete Galizien, wo die deutschen Massaker an Juden bereits im Oktober 1941 angefangen hatten.[37]

Was also war die historische Bedeutung der Wannsee-Konferenz? Trotz ihrer sterilen Sprache entwirft sie ganz klar einen generellen, zentral organisierten Plan für das Massaker am *europäischen* Judentum (in seiner Gesamtheit), und das Protokoll der Konferenz ist das einzige erhaltene offizielle Dokument, welches so ins Detail geht. Es ist der erste Text, der das Schicksal der Juden in *West-* und *Mitteleuropa* eindeutig offenbart, ebenso wie das von Millionen polnischer und russischer Juden, mit deren Ermordung man schon begonnen hatte. Letztere Tatsache wird im Protokoll typischerweise unter den Teppich gekehrt. Außerdem zeigte die Wannsee-Konferenz, dass die Bürokratie des deutschen Staates keine ernsthaften Einwände dagegen hatte, dass die Mordpläne von Heydrichs Reichssicherheitshauptamt in die Tat umgesetzt wurden, mit Ausnahme einiger vorausgesehener Schwierigkeiten und Hemmnisse in Bezug auf die »Mischlinge«. Folglich war es offensichtlich, dass die große Mehrheit der deutschen Juden (abgesehen wiederum von jenen, die in bestimmte, genau definierte Kategorien passten und durch Mischehen geschützt waren) dazu verurteilt war, das Schicksal der »Endlösung« zu erleiden.

Die ersten Deportationen deutscher Juden, die Mitte Oktober 1941 stattfanden, hatten nicht immer unmittelbar zum Tod geführt. Ein Brief von Wilhelm Kube (dem Generalkommissar von Weißrussland und einem alten Parteimitglied) vom 16. Dezember 1941 an Hinrich Lohse zeigt eine gewisse Unsicherheit, wie mit ihnen umgegangen werden soll. Kube beschreibt die Lage der deutschen Juden in Minsk und fragt nach klaren Anweisungen. Er bemerkt, dass sich unter den Juden, die aus Deutschland ins Ghetto von Minsk verschleppt wurden, mit dem Eisernen Kreuz ausgezeichnete Helden des Ersten Weltkrieges, Kriegsversehrte sowie Halb- und sogar Dreiviertel»arier« befänden. Kube versichert, diese Menschen würden sich hinsichtlich ihrer Fähigkeiten, ihrer Produktivität und ihrer »persönlichen Reinlichkeit« stark von den russischen Juden unterscheiden. Diese deutschen Juden seien »Menschen, die aus unserem Kulturkreis kommen, [...] etwas anderes als die bodenständigen vertierten Horden«. Weiter fragt er an, ob man Litauer und Letten, »die hier auch von der Bevölkerung abgelehnt werden, mit der Abschlachtung beauftragen« solle, und ergänzt: »Ich könnte es nicht. Ich bitte Dich, mit Rücksicht auf das Ansehen unseres Reiches und unserer Polizei hier eindeutige Anweisungen zu geben, die in der menschlichen Form das Nötige veranlassen.«[38] Kube weigerte sich, selbst Befehle zur Liquidierung zu erteilen.

Kubes Bedenken erinnern daran, dass die Anwendung des Völkermord-Plans auf deutsche Juden nicht ohne weiteres selbstverständlich war, auch nicht für hartgesottene und überzeugte Parteimitglieder. Diese Tatsache zeigte sich auch darin, dass eine Maßnahme wie der Befehl, den gelben Stern zu tragen, für die Juden im Reich (Deutschland, Österreich und das tschechische Protektorat) bis Ende 1941 aufgeschoben wurde oder dass die letzten Deportationen aus Deutschland verzögert wurden. Das Deutsche Reich wurde erst im Juni 1943 für »judenrein« erklärt. Das Naziregime ging auf diesem Gebiet vorsichtiger vor, weil sich die gewaltsame Entfernung deutscher Juden nicht vor der Bevölkerung verheimlichen ließ und möglicherweise unbequeme Fragen über ihren letztlichen Bestimmungsort provoziert hätte.

Ein sogar noch größeres potenzielles Hindernis für eine rasche und umfassende Beseitigung der Juden war die Tatsache, dass fleißige jüdische Arbeiter für die deutsche Militärmaschinerie in den Ostgebieten nützlich waren. Doch die SS war entschlossen, solche pragmatischen Überlegungen wo immer möglich außer Acht zu lassen. Besonders deutlich wurde das in der Antwort auf die Anfrage von Hinrich Lohse (Reichskommissar für das Ostland) vom 15. November 1941. Es ging um jüdische Arbeiter, und Lohse wollte vom Reichsministerium für die besetzten Ostgebiete wissen, ob »alle Juden im Ostland ohne Rücksicht auf Alter und Geschlecht und wirtschaftliche Interessen (zum Beispiel der Wehrmacht an Facharbeitern in Rüstungsbetrieben) liquidiert werden« sollten.[39] Lohse war zwar dafür, das »Ostland von Juden zu reinigen«, aber er wusste auch um die Bedürfnisse der Rüstungsfabriken und der Reparaturwerkstätten. In den baltischen Staaten wie auch in Polen und im

Westen, aber anders als in der Sowjetunion oder in Jugoslawien, hatte der Judenmord für die Wehrmacht nicht oberste Priorität. Den Fabriken, die für die deutsche Wehrmacht arbeiteten, »durch Liquidierung« jüdische Arbeiter zu nehmen, obwohl sie nicht durch einheimisches Personal ersetzt werden konnten, erschien Lohse unvernünftig. Die Antwort, die er vom Reichsministerium für die besetzten Ostgebiete erhielt (unterzeichnet von Verbindungsoffizier Otto Bräutigam), war bedeutsam. Die »Judenfrage«, hieß es in dem Schreiben, sei mittlerweile vermutlich durch mündliche Gespräche geklärt worden. »Wirtschaftliche Belange sollen bei der Regelung des Problems grundsätzlich unberücksichtigt bleiben.« Weiter wurde darum gebeten, dass alle auftauchenden Fragen direkt mit dem höheren SS- und Polizeiführer geklärt würden.[40]

Aus solcher Korrespondenz ist ersichtlich, dass die Implikationen der »Endlösung« den Männern im Feld, die die Befehle aus Berlin ausführen sollten, nicht immer klar waren. Zweifellos gab es viel Chaos, Verwirrung in der Verwaltung, widerstreitende Interessen und logistische Probleme, welche sofortige oder improvisierte Lösungen erforderten. Das bedeutet aber nicht, dass der Massenmord an den europäischen Juden ein Vorgang war, in den die Nazis einfach hineinstolperten, ohne zentrale Kontrolle und ohne ideologische Richtlinien. Unglücklicherweise war die »Endlösung« für Hitler eine Angelegenheit der großen Politik, auch wenn er die Ausführung ihrer Details Untergebenen wie Himmler und Heydrich überließ, denen er vertraute.

Ein anschauliches Beispiel für Hitlers Vorstellung von der »Endlösung« in der Zeit kurz vor der Wannsee-Konferenz findet sich in einer Unterredung, die er am 28. November 1941 mit dem Großmufti von Jerusalem, Hadschi Amin el-Husseini, führte, dem Führer der palästinensischen Araber, der damals in Berlin im Exil lebte. Schon seit 1933 war Hadschi Amin eifrig bestrebt gewesen, für seine national-palästinensischen und panarabischen Ziele die Unterstützung der Nazis zu gewinnen, allerdings mit gemischtem Erfolg. Wie viele arabische Nationalisten in den dreißiger Jahren war er ein glühender Bewunderer der Ordnung und Disziplin im neuen Deutschen Reich und zählte darauf, dass Hitler den britischen Imperialismus im Mittleren Osten besiegen und ihm helfen würde, die »jüdische nationale Heimstatt« in Palästina zu beseitigen.[41] Bei ihrem Treffen in Berlin betonte der Mufti, wie der Gesandte Schmidt protokollierte, dass die Araber die gleichen Feinde hätten wie das nationalsozialistische Deutschland, »nämlich die Engländer, die Juden und die Kommunisten«. Die arabische Welt, so erklärte er, sei »von ganzem Herzen bereit, mit Deutschland zusammenzuarbeiten«, nicht nur durch »Verübung von Sabotageakten und Anstiftung von Revolutionen« (gegen die Briten), »sondern auch positiv durch Bildung einer arabischen Legion«. Als Gegenleistung wünschte der Mufti sich eine öffentliche Erklärung Hitlers, in der er sich für die nationalen arabischen Ziele und die Befreiung Palästinas von den zionistischen Juden aussprechen sollte.

Hitler war vorsichtig, was ein derartiges Versprechen anging. Er erinnerte den Mufti daran, dass er »als Verstandesmensch und primär als Soldat« spreche, der überzeugt sei, dass das Schicksal der arabischen Welt letztlich in den »sehr schweren Kämpfen« entschieden werden würde, die im Augenblick in der Sowjetunion stattfanden. Andererseits wich er aus, als er dem palästinensischen Führer den Grund für seinen Kreuzzug gegen die Juden erklärte. Er sagte dem Mufti, Deutschland trete »für einen kompromisslosen Kampf gegen die Juden ein«. Deutschland sei entschlossen, »Zug um Zug eine europäische Nation nach der anderen zur Lösung des Judenproblems aufzufordern und sich im gegebenen Augenblick mit einem gleichen Appell auch an außereuropäische Völker zu wenden«.[42] Gleichzeitig verdeutlichte Hitler die ideologische Bedeutung des Zweiten Weltkrieges in Formulierungen von einer Schärfe, wie sie in keinem anderen deutschen diplomatischen Dokument zu finden ist. Gegenwärtig stehe Deutschland, erklärte Hitler, »in einem Kampf auf Leben und Tod gegen zwei Machtpositionen des Judentums: Großbritannien und Sowjetrußland«. Er räumte ein: Theoretisch sei »der Kapitalismus Englands und der Kommunismus Sowjetrußlands voneinander verschieden«, in der Praxis aber »verfolge das Judentum in beiden Ländern ein gemeinsames Ziel«.[43] Der Kampf gegen die Juden sei »das Entscheidende«, informierte Hitler seinen arabischen Gast. Auf politischer Ebene stelle er sich als »Auseinandersetzung zwischen Deutschland und England dar«, aber weltanschaulich sei es »ein Kampf zwischen dem Nationalsozialismus und dem Judentum«.[44]

Hitler bat den Mufti, die folgende Erklärung »in seinem tiefsten Herzen zu verschließen«: Er (der Führer) werde »den Kampf bis zur völligen Zerstörung des jüdisch-kommunistischen europäischen Reiches fortführen«.[45] Das war unbestreitbar ein deutlicher Hinweis darauf, dass die Massenvernichtung der Juden bereits begonnen hatte und bald stark beschleunigt werden sollte. Außerdem sollte der Krieg gegen die Juden, sobald die deutschen Armeen »den Südausgang Kaukasiens erreicht« hätten und folglich einsatzbereit am Nordrand des Mittleren Ostens stünden, nicht auf den europäischen Kontinent beschränkt bleiben. Vorher hatte Hitler dem Palästinenserführer versichert, eine »jüdische Heimstatt«, die »nichts anderes sei als ein staatlicher Mittelpunkt für den destruktiven Einfluß der jüdischen Interessen«, wolle er bekämpfen. Und was noch wichtiger war, Hitler versprach, wenn die »Stunde der Befreiung« gekommen sei, würde das »deutsche Ziel [...] lediglich die Vernichtung des im arabischen Raum unter der Protektion der britischen Macht lebenden Judentums sein«.[46]

Hitlers Antwort enthüllte die Gesamtvision hinter seinem Völkermordprojekt, die sogar den Mittleren Osten und »außereuropäische Völker« umfasste. Sie war nicht auf die europäischen aschkenasischen Juden beschränkt, sondern schloss auch die Ausrottung »des im arabischen Raum [...] lebenden Judentums ein«.[47] Sie war ebenso gegen den »jüdischen« Kapitalismus (Großbritanniens) wie gegen den jüdischen Kommunismus (in der UdSSR) gerichtet. Der unmittelbar bevorstehende Kriegseintritt der Vereinigten Staaten (innerhalb von weniger als zwei Wochen) sollte die Globalisierung des Konfliktes und damit per definitionem seine »Verjudung« weiter vorantreiben.

Der deutsche Historiker Christian Gerlach argumentierte kürzlich, dass Hitlers Entscheidung, die europäischen Juden zu vernichten, formal erst am 12. Dezember 1941 gefallen sei, einen Tag also nach seiner Kriegserklärung an die Vereinigten Staaten. Gerlachs wichtigster Anhaltspunkt für diese These sind Bemerkungen, die Hitler (nach Aufzeichnungen von Goebbels) an ebenjenem Nachmittag in seiner Privatresidenz vor den versammelten Reichs- und Gauleitern machte.[48] Wie er es auch vor und nach dem Dezember 1941 zu tun pflegte, erinnerte Hitler an seine berühmte »Prophezeiung«, er werde die Juden vernichten, die er fast drei Jahre zuvor geäußert und in der er erklärt hatte, was geschehen würde, »wenn [die Juden] noch einmal einen Weltkrieg herbeiführen würden«. Goebbels warnte in seinen Aufzeichnungen: »Das ist keine Phrase gewesen. Der Weltkrieg ist da, die Vernichtung des Judentums muß die notwendige Folge sein.« Für Mitleid mit den Juden sei kein Platz, nur für Mitleid mit dem deutschen Volk, das »jetzt wieder im Ostfeldzug an die 160 000 Tote geopfert« habe. Die »Urheber dieses blutigen Konflikts« (d. h. die Juden) sollten »dafür mit ihrem Leben bezahlen«.[49]

Das war eine unverhohlene Anstachelung zum Massenmord, die angesichts des Kreises, vor dem sie geäußert wurde, umso bedeutungsvoller war. Fast die gesamte Parteispitze und die Mehrzahl der Entscheidungsträger, die die »Endlösung« in ihren Gebieten durchsetzen sollten, waren zugegen. Außerdem hatten die europäischen Juden mit Amerikas Eintritt in den Krieg jegliche Rolle als »Faustpfand« – mit deren Hilfe man das Verhalten der Vereinigten Staaten hätte bremsen oder kontrollieren können –, die sie (in den Köpfen der Nazis) bis dahin vielleicht noch gehabt haben mochten, verloren. Von nun an befand NS-Deutschland sich im Krieg gegen drei außereuropäische Großmächte (die USA, die UdSSR und das britische Weltreich) – eine Tatsache, die die Vorstellung der Nazis untermauerte, Deutschland sei ein schützender Wachtposten für den europäischen Kontinent. In diesem Zusammenhang konnte man die Juden umso leichter als die bedrohliche »fünfte Kolonne« dämonisieren, als revolutionäre, subversive Elemente und Verschwörer, gegen welche die europäischen Nationen sich unter nationalsozialistischer Führung vereinigen mussten.

Es gibt jedoch stichhaltige Gründe für die Annahme, dass die »Endlösung« bereits lange vor Dezember 1941 beschlossen wurde. Zu jenem Zeitpunkt wurden bereits Pläne für die Vergasung polnischer Juden gemacht, und frühere Erklärungen von Goebbels, Rosenberg und Heydrich sowie von Hitler selbst hatten deutlich auf den Genozid hingewiesen. Zum Beispiel hatte Heydrich am 6. November 1941 in einem Brief an das deutsche Oberkommando des Heeres in Paris die volle Verantwortung für die Sprengstoffanschläge auf sieben Pariser Synagogen übernommen, eine Aktion, die am 2. Oktober 1941 stattgefunden hatte.[50] Die terroristischen Anschläge waren von einer Gruppe kollaborierender französischer Antisemiten mit Hilfe des deutschen Sicherheitsdienstes durchgeführt worden. Heydrich informierte den deutschen Militärbefehlshaber, Otto von Stülpnagel, er habe die entsprechenden Vorschläge »erst in dem Augenblick angenommen, als auch von höchster Stelle mit aller Schärfe das Judentum als der verantwortliche Brandstifter in Europa gekennzeichnet wurde, der endgültig aus Europa verschwinden muss«.[51] Vermutlich waren die Zerstörungen vom 2. Oktober schon im September 1941 organisiert worden. Weil mit der Autorität »von höchster Stelle« nur der Führer gemeint sein konnte, der alle Juden als »Brandstifter« und als »Schuldige« (für den Krieg) bezeichnete, impliziert Heydrichs Aussage, dass ihm die Entscheidung, die Juden zu vernichten, bereits im September 1941, wenn nicht schon früher, bekannt war.

Am 30. Januar 1942 hüllte Hitler im Berliner Sportpalast seine Prophezeiung von der »Vernichtung der jüdischen Rasse in Europa« in alttestamentarische Sprache, indem er erklärte, von nun an würde das Gesetz »Aug' um Aug', Zahn um Zahn« auf den »bösesten Weltfeind aller Zeiten« angewendet.[52] Es ist bezeichnend, dass Hitlers weitschweifige Tischgespräche von Ende Januar 1942 zunehmend die Verantwortung der Juden für den Weltkrieg und ihre Rolle als ein immerwährendes »Ferment« zum Thema hatten. Dabei wurde die Notwendigkeit einer »radikalen Lösung« und umfassender Maßnahmen auf europäischer Ebene betont, so als wäre dieser Prozess noch nicht in vollem Gange gewesen, sondern stünde noch bevor. Doch wir wissen aus verschiedenen Quellen, darunter auch aus Goebbels' Tagebüchern, dass Hitler tatsächlich die treibende Kraft hinter dem Völkermord war und ihn genau verfolgte. Am 6. März 1942 notierte Goebbels: »Überhaupt vertrete ich die Meinung, daß, je mehr Juden während dieses Krieges liquidiert werden, desto konsolidierter die Lage in Europa nach dem Kriege sein wird.«[53] Zwei Wochen später schrieb der Propagandaminister mit offensichtlicher Genugtuung: »Wir sprechen zum Schluß noch über die Judenfrage. Hier bleibt der Führer nach wie vor unerbittlich. Die Juden müssen aus Europa heraus, wenn nötig, unter Anwendung der brutalsten Mittel.«[54] Am 27. März 1942 beschreibt Goebbels die Deportation von Juden aus dem Generalgouvernement in den Osten als »ein ziemlich barbarisches und nicht näher zu beschreibendes Verfahren«.[55] Goebbels schätzte, dass etwa 60 Prozent dieser Juden »liquidiert werden müssen, während nur noch 40 Prozent in die Arbeit eingesetzt werden können«, und diktierte weiter: »Der ehemalige Gauleiter von Wien [Globocnik], der diese Aktion durchführt, tut das mit ziemlicher Umsicht und auch mit einem Verfahren, das nicht allzu auffällig wirkt. [...] Auch hier ist der Führer der unentwegte Vorkämpfer und Wortführer einer radikalen Lösung.«[56]

Für Hitler war der Kampf gegen die Juden tatsächlich viel mehr als ein bloßes Propagandainstrument oder ein politisches Mittel, um andere Ziele zu erreichen. In seinen Reden verglich er die Juden ständig mit Ungeziefer, das Infektionen verbreitet, mit Keimen einer tödlichen Seuche, mit Bakterien oder bösartigen Krankheiten – oder, wie er es 1919 formuliert hatte, mit einer »Rassentuberkulose der Völker«. Diesen Zusammenhang zwischen Juden und tödlicher Krankheit, den Hitler zwanghaft herstellte, versuchte er auch ausländischen Staatsmännern, Verbündeten und Kollaborateuren ständig einzuimpfen. Am 21. Juli 1941 sagte er zum kroatischen Außenminister, Russland sei wegen der Juden zum »Pestherd« für die Menschheit geworden.[57] Während seines Treffens mit dem ungarischen Reichsverweser Admiral Horthy auf Schloss Klessheim warnte Hitler diesen unzuverlässigen Verbündeten, dass Nationen, die sich nicht von den Juden befreiten, umkommen würden. Der Führer leugnete, dass die Massenmorde an den Juden in Polen grausam seien. Er meinte, dem Protokoll zufolge: »Wenn sie nicht arbeiten könnten, müßten sie verkommen. Sie wären wie Tuberkelbazillen zu behandeln, an denen sich ein gesunder Körper anstecken kann.«[58]

Heinrich Himmler, der Architekt und Organisator der »Endlösung«, die er als Verwaltungsaufgabe begriff, teilte mit Sicherheit die Ansicht, dass die Juden Tod bringende Bakterien seien, die man rücksichtslos ausmerzen müsse. In seiner Rede vor SS-Offizieren in Posen am 4. Oktober 1943 sprach er offen von der »Endlösung« als einer »Reinlichkeitsangelegenheit«: »Wir wollen nicht am Schluß, weil wir einen Bazillus ausrotteten, an dem Bazillus krank werden und sterben. Ich werde niemals zusehen, daß hier auch nur eine kleine Fäulnisstelle entsteht oder sich festsetzt. Wo sie sich bilden sollte, werden wir sie gemeinsam ausbrennen.«[59] Himmlers Sorge um die jüdische »Verseuchung« erstreckte sich auch auf Frauen und Kinder. »Ich hielt mich nämlich nicht für berechtigt, die Männer auszurotten – sprich also, umzubringen oder umbringen zu lassen – und die Rächer in Gestalt der Kinder für unsere Söhne und Enkel groß werden zu lassen. Es mußte der schwere Entschluß gefaßt werden, dieses Volk von der Erde verschwinden zu lassen.«[60]

Der pedantische und methodische Himmler machte zudem viel Aufhebens von der eingebildeten »Gefahr für die Sicherheit« und rechtfertigte vor dem versammelten Publikum aus hohen SS- und Polizeiführern den Holocaust als notwendige Präventivmaßnahme: »[...] denn wir wissen, wie schwer wir uns täten, wenn wir heute noch in jeder Stadt – bei den Bombenangriffen, bei den Lasten und bei den Entbehrungen des Krieges – die Juden als Geheimsaboteure, Agitatoren und Hetzer hätten. Wir würden wahrscheinlich jetzt in das Stadium des Jahres 1916/17 gekommen sein, wenn die Juden noch im deutschen Volkskörper säßen.«[61]

Der Reichsführer-SS und Chef der deutschen Polizei sprach außerdem von einem »ethischen« Dilemma und auch von dem

»Idealismus«, der für die Durchführung einer so gigantischen Aufgabe wie der »Endlösung« benötigt werde. Seine Rede in Posen war mit denkwürdigen Klischees in Bezug auf »Ehre«, »Treue« und »Anständigkeit« gespickt – angesichts von Leichenbergen. »Dies durchgehalten zu haben und dabei – abgesehen von Ausnahmen menschlicher Schwächen – anständig geblieben zu sein, das hat uns hart gemacht. Dies ist ein niemals geschriebenes und niemals zu schreibendes Ruhmesblatt unserer Geschichte.«[62] Dass die »Endlösung«, die Ausrottung der Juden, das »Allerhärteste und Schwerste« war, verbarg Himmler nicht. In seiner Rede vor den Reichs- und Gauleitern in Posen gab er unumwunden zu: »Für die Organisation, die den Auftrag durchführen mußte, war es der schwerste, den wir bisher hatten.«[63] In seiner ruhigen, düsteren Art konnte Himmler seinen Leuten den Eindruck vermitteln, dass sie nicht so sehr an Morden als vielmehr an einer heiligen Mission beteiligt waren, mit deren Hilfe die SS-Elite eine neue Rasse blonder, blauäugiger germanischer Helden schmieden würde. Eben weil sie jedoch ein »Herrenvolk« waren, mussten die Deutschen rein und »anständig« bleiben, unfähig zu Diebstahl oder Betrug. Massenmord war erlaubt und in einem »idealistischen« Fall, der im Nationalsozialismus vorlag, sogar bewundernswert, aber geringfügige Vergehen, die gegen Himmlers kleinbürgerlichen Moralkodex verstießen, konnten nicht geduldet werden. Das hinderte den Reichsführer-SS nicht daran, dem Westen bei Kriegsende Abkommen vorzuschlagen, bei denen es unter anderem darum ging, Juden gegen militärische, finanzielle oder politische Vorteile einzutauschen oder zu verkaufen. Im November 1944 befahl Himmler von sich aus, die Vergasung der Juden einzustellen, in der vergeblichen Hoffnung, auf diese Weise mit den westlichen Alliierten ein geheimes Abkommen zu einem Zusammenschluss gegen die Sowjetunion treffen zu können.[64]

Hitler andererseits blieb bis zum bitteren Ende vollkommen kompromisslos. Er war überzeugt, der Menschheit einen großen Dienst erwiesen zu haben, indem er der ganzen Welt die Augen für die »jüdische Gefahr« geöffnet hatte. Am 13. Februar 1945 prahlte er: »Die jüdische Eiterbeule habe ich aufgestochen«, und sagte voraus: »Die Zukunft wird uns ewigen Dank dafür wissen.«[65] Hitler diktierte sein so genanntes »Politisches Testament« am Morgen des 29. April 1945 (einen Tag vor seinem Selbstmord), als die Reichskanzlei in Berlin schon unter sowjetischem Artilleriefeuer lag. In diesem Dokument hielt er seine »Liebe und Treue« zum deutschen Volk fest, das ihm die Kraft gegeben habe, »schwerste Entschlüsse zu fassen«. Nicht zum ersten Mal versicherte er, dass er den Krieg gegen England und Amerika nicht gewollt habe. Er machte ausschließlich die Juden für den mörderischen Krieg und insbesondere für die vielen Opfer der massiven Luftangriffe verantwortlich und prophezeite: Aus »den Ruinen unserer Städte und Kunstdenkmäler wird sich der Haß gegen das letzten Endes verantwortliche Volk immer wieder erneuern«, denn »dem internationalen Judentum und seinen Helfern« sei die Katastrophe zu verdanken.[66] Er habe die Juden (diese »internationalen Geld- und Finanzverschwörer«) gewarnt, sie müssten den Preis dafür zahlen, dass sie den Weltkrieg verursacht hätten. Dieses Mal jedoch wären es nicht nur »Millionen Kinder von Europäern der arischen Völker«, die verhungern oder »in den Städten verbrannt und zu Tode bombardiert« würden, sondern auch »der eigentlich Schuldige« würde, »wenn auch durch humanere Mittel«, seine »Schuld zu büßen« haben.[67]

Hitlers letztes Testament war sowohl eine Rechtfertigung für den Massenmord als auch die erste Leugnung des Holocaust. Sein Krieg gegen die Juden war seiner eigenen Einschätzung nach ein Akt der Selbstverteidigung »gegen die Weltvergifter aller Völker«. Er hatte immer nur den Frieden gesucht. Die

»internationalen Finanziers« waren es gewesen, die ihn in den Krieg gezwungen hatten. Die Juden zu vergasen und zu erschießen war seine »humane« Antwort auf die Bombenangriffe der Alliierten auf Deutschland, die in der Weltanschauung der Nazis wiederum ein Akt »jüdischer« Aggression gegen »arische« Humanität waren. Das war die seltsame, schattenhafte Welt, in der der Führer lebte. Der Holocaust war in der Tat ein logischer Höhepunkt von Hitlers messianischer Megalomanie und der pervertierten Religiosität, die seine Politik angetrieben hatte. In ihrer »Endgültigkeit« hallte sie von düsteren Echos des Jüngsten Gerichts wider, wobei die Vernichtung der Juden die Morgendämmerung eines neuen, Tausendjährigen Reiches ankündigte, die Erlösung des Jüngsten Tages. Mit seiner apokalyptischen Sichtweise schlachtete Hitler eine lange Tradition der christlichen und antichristlichen Judenfeindlichkeit im Westen aus und radikalisierte sie, selbst dann noch, als sie die moralischen Grundlagen der europäischen Zivilisation, die zu verteidigen sie so fälschlich behauptete, zerstörte. Lucy Dawidowicz wies vor einem Vierteljahrhundert treffend darauf hin, dass der Holocaust nicht einfach irgendeine antisemitische Aktion war. »Die ›Endlösung der Judenfrage‹ war Teil einer Erlösungsideologie, die den Himmel anstrebte, indem sie die Hölle auf die Erde brachte.«[68]

5. ZWISCHEN KREUZ UND HAKENKREUZ

Die Juden zu vertreiben ist eine christliche Handlung, weil es zum Guten des Volkes ist, welches sich auf diese Weise von seiner Plage befreit.

Pater Jozef Tiso, Präsident der Slowakei, Rede vom August 1942

Ich muss den empörten Protest des christlichen Gewissens zu Gehör bringen, und ich erkläre, dass alle Menschen, Arier oder Nichtarier, Brüder sind, weil sie vom gleichen Gott geschaffen wurden; [...] die gegenwärtigen antisemitischen Maßnahmen stellen eine Verachtung der Menschenwürde dar und verletzen die heiligsten Rechte des Einzelnen und der Familie.

Bischof Pierre-Marie Théas (Montauban), Protest gegen die Deportation französischer Juden, September 1942

Wenn wir erkannt hätten, dass in den Kommunisten, die ins Konzentrationslager geworfen wurden, der Herr Jesus selber gefangen dalag [...], wenn wir gesehen hätten, dass beim Beginn der Judenverfolgung der Herr Christus es war [...], wenn wir da zu ihm gestanden und uns zu ihm bekannt hätten, ich weiß nicht, ob Gott uns dann nicht beigestanden hätte und ob dann nicht das ganze Geschehen einen anderen Lauf hätte nehmen müssen.

Pastor Martin Niemöller, Vortrag 1946

Das Wiederaufleben Deutschlands (»Deutschland erwache«) und die Vernichtung der Juden (»Juda verrecke«) bildeten in Hitlers Gedankenwelt seit der »Katastrophe« vom November 1918 zwei organisch miteinander verbundene Prozesse. In eschatologische Begrifflichkeit gebracht, fasste er sie als eine Art kosmischen Krieg der Kräfte des Lichts gegen die teuflischen Mächte der Dunkelheit auf. »Mit den Juden gibt es kein Paktieren«, hatte Hitler in *Mein Kampf* erklärt, »sondern nur das harte Entweder-Oder.«[1] Unverblümt warnte er am 27. Februar 1925 im Münchner Bürgerbräukeller sein Publikum: »Entweder der Feind geht über unsere Leiche oder wir über die seine.«[2] In diesem Kampf auf Leben und Tod gegen die satanischen Kräfte des Bösen stellte Hitler sich gern als Retter des germanischen Volkes (und der gesamten nichtjüdischen Welt) dar, der einen Jahrtausendkampf um das Heil führte. Der militante Stil seiner Erlösungspolitik machte häufig bei der christlichen Sprache und Bildlichkeit Anleihen und passte das Übernommene an die weit verbreiteten Zwangsvorstellungen vom bevorstehenden Untergang der deutschen Nation oder von der Auslöschung der »arischen« Rasse an. Die schwere Notlage der Deutschen wurde im Voraus als Rechtfertigung für die Umkehrung aller humanitären Werte benutzt. »Wir wollen vermeiden, daß auch unser Deutschland den Kreuzestod erleidet! Mögen wir inhuman sein! Aber wenn wir Deutschland retten, haben wir die größte Tat der Welt vollbracht? [sic] Mögen wir Unrecht tun! Aber wenn wir Deutschland retten, haben wir das größte Unrecht der Welt wieder beseitigt. Mögen wir unsittlich sein! Aber wenn unser Volk gerettet wird, haben wir der Sittlichkeit wieder Bahn gebrochen!«[3]

Wenn Hitler davon sprach, Deutschland, die »arischen« Nationen und die europäische Zivilisation vor der Kreuzigung durch einen »teuflischen jüdischen Weltfeind« retten zu wollen, schreckte er nicht davor zurück, sich selbst mit dem christlichen Heiland zu vergleichen, so gotteslästerlich derartige Anspielungen im Rückblick auch erscheinen müssen. In seinen frühen Reden im katholischen Bayern ließ er immer wieder Passagen des Neuen Testaments anklingen und erinnerte daran, dass Christus »zur Peitsche griff, um die Wucherer, das Nattern- und Ottergezücht hinauszutreiben aus dem Tempel«.[4] Auch Jesus, so erinnerte Hitler seine vorwiegend katholische Zuhörerschaft, hatte in einer materialistischen Welt gelebt, die »von den Juden und dem jüdischen Geiste genau wie heute durchseucht« war und in der eine korrupte, inkompetente Staatsmacht herrschte.[5] In Hitlers Projektion erschien Christus eher wie Siegfried, wie ein germanischer Krieger und Held, der eine große, weltumspannende Bewegung ins Leben gerufen hatte, indem er einen populären antijüdischen Glauben gepredigt hatte, gekoppelt mit einem glühenden patriotischen Idealismus. Jesu Dornenkrone war sein »Kampf gegen die Juden«, der jetzt als Vorbild für Hitlers eigenen Krieg gegen den materialistischen »jüdischen Geist« herhalten musste. »Als Mensch«, insistierte der Führer, habe er die »Verpflichtung, dafür zu sorgen, dass die menschliche Gesellschaft nicht den gleichen katastrophalen Zusammenbruch erleide wie bereits eine alte Kultur vor rund zwei Jahrtausenden, die auch durch dieses Judenvolk dem Untergang entgegengetrieben wurde«.[6] Am 12. April 1922 erklärte Hitler nachdrücklich in München: »[...] ich wäre kein Christ [...], wenn ich nicht Mitleid empfinden würde und nicht wie einst vor 2000 Jahren unser Herr Front machen würde gegen die, die dieses arme Volk heute ausplündern und ausbeuten«.[7] Indem er sich in das Gewand eines fundamentalistischen, antisemitischen Christentums hüllte, gestand er seinem bayrischen Publikum: »In grenzenloser Liebe lese ich als Christ und Mensch die Stelle durch, die uns verkündet, wie der Herr sich endlich aufraffte und zur Peitsche griff, um die Wucherer, das Nattern- und Ottergezücht hinauszutreiben aus dem Tempel. [...] Seinen ungeheueren Kampf aber für diese Welt, gegen das jüdische Gift, den erkenne ich heute, nach zweitausend Jahren, in tiefster Ergriffenheit am gewaltigsten an der Tatsache, daß er dafür am Kreuze verbluten mußte.«[8]

In einer weiteren leidenschaftlichen Rede im Dezember 1926 in München behauptete Hitler sogar, Jesus sei ein Vorbild und ein »Vorkämpfer« für den Nationalsozialismus gewesen. Gerade für den Nationalsozialisten habe das Weihnachtsfest, so Hitler, erhöhte Bedeutung, denn Christus sei der größte Vorkämpfer im Kampfe gegen den jüdischen Weltfeind gewesen. Christus sei die größte Kampfnatur gewesen, die je gelebt hat. Die Lehre Christi sei für Jahrtausende grundlegend gewesen für den Kampf gegen den Juden als Feind der Menschheit. Das Werk, welches Christus angefangen habe, aber nicht beenden konnte, werde er (Hitler) zu Ende führen.[9]

Als Graf Lerchenfeld, ein früherer Ministerpräsident von Bayern, in einer Landtagssitzung sagte, sein Gefühl »›als Mensch und als Christ‹ müsse ihn davon abhalten, Antisemit zu sein«, wies Hitler in seiner Antwort jeden pazifistischen, humanitären Standpunkt ab: »Ich sage: *Mein christliches Gefühl weist mich hin auf meinen Herrn und Heiland als Kämpfer.* [...] Es weist mich hin auf den Mann, der einst einsam, nur von wenigen Anhängern umgeben, diese Juden erkannte und zum Kampf gegen sie aufrief, und der, wahrhaftiger Gott, nicht der Größte war als *Dulder*, sondern der Größte als *Streiter*!«[10]

Hitlers Bild von einem militant antijüdischen Jesus entsprang zum großen Teil dem österreichischen Katholizismus des Fin de Siècle, den er in seiner Kindheit und Jugend aufgenommen hatte. Als junger Mann hatte er in Wien die politische Virtuosität von Karl Luegers christlich-sozialer Bewegung bewundert, in der ein antijüdischer und antikapitalistischer, vom Klerus geförderter Populismus eine zentrale Rolle gespielt hatte. Die Hingabe des niederen Klerus an die Armen und das Sendungsbewusstsein dieser Geistlichen hatte sie nach Hitlers Ansicht wie kleine Inseln aus dem allgemeinen Morast herausragen lassen.[11] In der Tat hatte die katholische Kirche in seiner österreichischen Heimat, wie er sich gerne erinnerte, vielen fähigen Personen aus den unteren Schichten als wichtiges Vehikel für die soziale Mobilität gedient.[12] Die Religion seiner Kindheit hatte noch andere Eigenarten aufzuweisen, wie die geheimnisvolle künstliche Dämmerung der katholischen Kirchen, die brennenden Kerzen und den Weihrauch, die auf den jungen Hitler einen starken Eindruck machten.

Aus den Erfahrungen seiner Lehrjahre im Vorkriegswien schloss Hitler, dass jede offene Konfrontation mit der katholischen Kirche vermieden werden musste. Anschauungsunterricht boten das Scheitern von Bismarcks »Kulturkampf« gegen deutsche Katholiken in den siebziger Jahren des neunzehnten Jahrhunderts und Schönerers Kreuzzug gegen Rom im Jahr 1900. Folglich hatte Hitler seit den Anfängen der nationalsozialistischen »Kampfzeit« jede Einmischung in religiöse Auseinandersetzungen, die seiner eigenen Person oder der Einheit seiner Bewegung hätte schaden können, vermieden. Wer versuchte, ein protestantisches religiöses Sektierertum in die NSDAP hineinzutragen, wie etwa der thüringische NS-Führer Artur Dinter, wurde entweder ausgeschlossen oder des nationalen Verrats und des bewussten oder unbewussten Kampfes für »jüdische Interessen« bezichtigt.[13] Diese schlimmste disqualifizierende Anklage wurde sogar gegen Hitlers früheren Waffenkameraden General Erich Ludendorff vorgebracht, den strikt antikatholischen Helden der deutschen »völkischen« Rechten. Ludendorff und seine zweite Ehefrau, Mathilde von Kemnitz, die 1926 den Tannenbergbund gründeten, entwickelten die fixe Idee, dass der Jesuitenorden und die römisch-katholische Kirche erbitterte Feinde des Deutschtums seien, nicht weniger lebensgefährlich als »Juda« oder das Freimaurertum. Hitler verurteilte diesen fanatischen Antikatholizismus und den Vernichtungskrieg zwischen den christlichen Konfessionen in Deutschland als katastrophale Ablenkung von der »jüdischen Gefahr«.[14]

Hitlers Bemühen, die Traditionalisten nicht vor den Kopf zu stoßen, hatte ausgesprochen politische Gründe und war in einer ländlichen, katholischen Gegend wie Bayern, das zwischen 1919 und 1925 die Wiege der nationalsozialistischen Bewegung war, durchaus vernünftig.[15] Außerdem aber erkannte er die Affinität zwischen den antijüdischen religiösen Traditionen in Bayern, für die so beliebte Feste wie die Oberammergauer Passionsspiele typisch waren (die die vorrangige Rolle der Juden bei der Kreuzigung Jesu betonten), und seinem eigenen Antisemitismus. Der bedeutende Einfluss dieses aufwieglerischen Elements in den volkstümlichen Vorurteilen, der im München nach 1919 noch dadurch verstärkt wurde, dass in der Volksmeinung Judentum und Kommunismus gekoppelt waren, erklärt, warum Hitler bestrebt war, die christliche antijüdische Tradition für seine eigenen Ziele einzuspannen. Prägnant wird das in der berühmten Passage in *Mein Kampf* zusammengefasst, in der Hitler wettert: »Indem ich mich des Juden erwehre, kämpfe ich für das Werk des Herrn.«[16] Ebenso offensichtlich wird die Anknüpfung an die judenfeindliche Tradition, wenn Hitler in seinen Reden Jesus leidenschaftlich als »Geißel der Juden« bezeichnet oder die Aussprüche »des großen Nazareners« rühmt, der den goldenen Mittelweg immer verachtet habe, ob in der Politik oder in seinem Leben.[17] Da wundert es kaum, dass die Nazis in den Anfangsjahren aus wahltaktischen Gründen gerne die jahrhundertealte Tradition des christlichen Antisemitismus nutzten und ihre Lehren so präsentierten, als wären sie mit einem »positiven Christentum« vereinbar. Wenn man verstehen will, was Hitler mit diesem propagandistischen Schlagwort meinte, ist es wichtig, zu bedenken, dass seine Ideen in den zwanziger Jahren stark vom »geistigen« Paten des Nationalsozialismus, dem katholischen bayrischen Journalisten Dietrich Eckart, beeinflusst waren, den er »als den Besten einer [...] im Dichten und Denken« bezeichnete und dem *Mein Kampf* gewidmet war.[18] Eckart war zwanzig Jahre älter als Hitler und hatte seinen zwar ungeformten, aber tatendurstigen Schützling in die Münchner Gesellschaft eingeführt, seine Umgangsformen und sein Deutsch aufpoliert, seinen rassistischen Antisemitismus umgemodelt und ihn auf die Rolle des messianischen Retters für Deutschland vorbereitet. Auch den nationalsozialistischen Schlachtruf »Deutschland erwache!« hatte Eckart erfunden, so lautete eins seiner Gedichte. 1919 begann er die ultranationalistische Wochenzeitschrift *Auf gut Deutsch* zu veröffentlichen, in der der Versailler Vertrag, die jüdischen Kriegsgewinnler, der Bolschewismus und die Sozialdemokratie angeprangert wurden.

Eckarts eklektische Kombination aus völkischem Rassismus und katholischem Mystizismus sowie seine manichäische Sicht von der Welt als einem Schlachtfeld der Kräfte des Lichts und der Dunkelheit (verkörpert von Ariern und Juden) zogen den jungen Hitler sehr an. Für ihn war Eckart Prophet, Lehrer und Vaterfigur, ein Mann, der dem Nationalsozialismus unschätzbare Dienste erwies. Hitler stimmte mit Eckarts Ansicht überein, dass die »jüdische Frage« das Hauptproblem der Menschheit sei, das alle anderen Probleme umfasse.[19] Genauso teilte er auch Eckarts Überzeugung, dass der heilige Paulus die Offenbarung Christi radikal verzerrt und mit einem kalten »jüdischen« Materialismus überzogen habe, aus dem in der Folge alle sozialen Übel erwuchsen.

Nach 1918 war die Situation in Deutschland, dessen Niedergang Eckart mit der Dekadenz des spätrömischen Reiches verglich (wo das »Judentum« – unter dem »Deckmantel« des Christentums – zum ersten Mal einen Zusammenbruch der Moral eingefädelt hatte), höchst gefährlich. Die Hauptgründe für die »Dekomposition« waren der Kapitalismus, der Bolschewismus und das Freimaurertum – drei tödliche moderne Repräsentanten der »Verjudung«.[20] Das deutsche Volk war von der Auslöschung bedroht, und seine einzige Rettung lag in einer Verschmelzung von Nationalismus, Sozialismus und »positivem Christentum«. Es galt, diese neue Trinität von jeglicher jüdischer Komponente zu befreien und in einem fundamental »antimaterialistischen« Geiste neu zu interpretieren. Nachdem Eckart 1924 gestorben war, sollte Adolf Hitler sein chiliastisches Programm des erlösenden Antisemitismus mit verheerender Wirkung durchsetzen.[21]

Indem die Parteiführer der NSDAP mit Parolen über das »positive Christentum« um sich warfen und ihren Führer als tief religiösen Menschen darstellten (was durch Hitlers häufige Erwähnung der »göttlichen Vorsehung« erleichtert wurde), konnten sie suggerieren, dass ihre Bewegung althergebrachte Werte verteidigte, und zwar vor allem gegen den »gottlosen Marxismus«. Der glühende Nationalismus, der 1914 so viele deutsche Christen ergriffen hatte und der in protestantischen Kreisen besonders häufig anzutreffen war, spielte den Nazis weiter in die Hände.[22] Unter den Protestanten, die in der Weimarer Republik für nationalistische Appelle empfänglich blieben, gab es eine auffallend große Minderheit, die zu begeisterten Anhängern des Nationalsozialismus wurden. Sie gründeten unter Vorsitz von Ludwig Müller, einem militaristischen Pastor, der schon in den zwanziger Jahren für seine nationalistischen Predigten und seinen völkischen Antisemitismus bekannt gewesen war, eine eigene deutsche evangelische »Reichskirche«. Die darin versammelten »Deutschen Christen« bekannten sich zu »heroischer Frömmigkeit« und einem heftigen Antisemitismus, der bestrebt war, den Glauben an Christus mit der »Blut und Boden«-Lehre der Nazis in Einklang zu bringen.[23] Den »Deutschen Christen« lag insbesondere daran, Mischehen zwischen Juden und Deutschen zu verbieten. Aber trotz Müllers beharrlicher Loyalität dem Regime gegenüber blieb Hitler von seinen Bemühungen unbeeindruckt.

Die Gegenbewegung dazu, die »Bekennende Kirche«, deren Hochburgen sich in Nord- und Mitteldeutschland befanden, war in protestantischen Kreisen die einzige Gruppe, die Christentum und nationalsozialistische Weltanschauung für unvereinbar hielt. Besonders beunruhigt waren ihre Anhänger über die Einführung eines »Arier«-Paragrafen in das kirchliche Leben (der Konvertiten jüdischer Herkunft aus der Kirche ausschloss) und über die Forderung der »Deutschen Christen«, das Alte Testament aus der Bibel zu streichen.[24] Trotzdem war auch in der protestantischen Opposition der politische Antisemitismus recht häufig. Der führende Kopf der antinationalsozialistischen »Bekennenden Kirche« war Pastor Martin Niemöller, der, wie viele andere deutsche Protestanten auch, Hitlers Aufstieg zur Macht ursprünglich als Beginn einer nationalen Wiederbelebung begrüßt hatte. Niemöller teilte den Antikommunismus der Nazis vollkommen und verabscheute die Weimarer Republik, die er selbst einmal als »vierzehn Jahre Dunkelheit« bezeichnet hatte, genauso wie sie. Auch war er nicht immun gegen die deutsche protestantische Tradition der Feindseligkeit den Juden und dem Judentum gegenüber, die von Luther über den Hofprediger Adolf Stoecker während des Zweiten Reiches bis zu den Theologen im NS-Deutschland eine beeindruckende Kontinuität aufwies.[25] Nur einmal (1936 in einer geheimen Denkschrift an Hitler) erhob die »Bekennende Kirche« die Stimme, um gegen die Hetzkampagne gegen die Juden und gegen die Konzentrationslager und die Machtbefugnisse der Gestapo zu protestieren.

Die römisch-katholische Kirche in Deutschland sollte gegen das Eindringen und die Verlockungen der nationalsozialistischen Ideologie größere Widerstandsfähigkeit zeigen.[26] Im Gegensatz zu den Protestanten hatten die Katholiken in ihren Reihen kein Trojanisches Pferd, das mit den nazifizierten »Deutschen Christen« vergleichbar gewesen wäre. Außerdem konnten sie vom Vatikan in Rom institutionelle Unterstützung und kraftvolle moralische Ermutigung erwarten. Es ist wahr, dass der Vatikan unter Pius XI. in den dreißiger Jahren tatsächlich (wie viele Katholiken in Europa und darüber hinaus) eine gewisse Nähe zu antikommunistischen, autoritären Regierungen aufwies, die sich für eine lokale Version einer korporatistischen, militärischen oder klerikal-faschistischen Diktatur einsetzten. Außerdem unternahm der Heilige Stuhl im Juli 1933 auf Hitlers dringenden Wunsch hin einen schwerwiegenderen Schritt, indem er ein Konkordat mit dem Dritten Reich unterzeichnete und dem NS-Regime damit ein gewisses Maß der ersehnten internationalen Anerkennung verschaffte. Aus der Sicht der Nationalsozialisten beseitigte das Konkordat, indem es die katholische Zentrumspartei neutralisierte (die ihrer Selbstauflösung zustimmte, nachdem sie 1933 eingewilligt hatte, Hitler besondere Vollmachten für den Notfall zu gewähren), eine potenzielle Quelle der Opposition. Das Konkordat beschränkte die Kirchen auf ihre religiöse, erzieherische und wohltätige Rolle. Der Vatikan seinerseits glaubte, dass ein Konkordat helfen könnte, die religiösen Freiheiten und den rechtlichen Status der großen katholischen Minderheit im Dritten Reich zu sichern.[27]

In seiner ersten Grundsatzerklärung vor dem Reichstag hatte

Hitler sich bemüht, so beruhigend wie möglich zu wirken, und behauptet, dass die neue Reichsregierung in den beiden christlichen Konfessionen den wichtigsten Faktor zur Bewahrung der deutschen Gesellschaft sehe.[28] Im April 1933, in seinen ersten Gesprächen mit Berning, dem katholischen Bischof von Osnabrück, bestätigte der Reichskanzler seine Absicht noch einmal und beharrte darauf, dass seine antijüdische Politik auf Prinzipien beruhe, nach denen sich die katholische Kirche schon seit fünfzehnhundert Jahren richte. Allerdings bedauere er die Tatsache, dass die katholische Kirche im modernen, liberalen Zeitalter die Realität der jüdischen Gefahr anscheinend nicht mehr so klar erfasse, wie sie es in der Vergangenheit getan habe.[29] Hitler schien immer noch zu hoffen, dass er die katholische Kirche dafür gewinnen könnte, ihm allgemein im Kampf gegen die Juden zur Seite zu stehen und seine Rassengesetzgebung zu unterstützen. Die Tatsache, dass Berning als Antwort auf Hitlers Behauptungen, der nationalsozialistische Antisemitismus basiere auf katholischen Prinzipien und katholischer Praxis, kein einziges Wort der Kritik äußerte, konnte ihn nur ermutigen.

Das Konkordat hatte nicht nur den Widerstand der Kirche gegen das Regime gebremst, sondern nun strömten auch zahlreiche Katholiken zur NSDAP hin. Genauso wie die Protestanten wurden sie vom Aufruf zu einer nationalen Wiedergeburt angezogen. Trotzdem hatte diese »Gleichschaltung« Grenzen, und in der Hierarchie der katholischen Kirche rief sie einiges Unbehagen hervor. Kurz nach Weihnachten 1933 hielt Michael Kardinal von Faulhaber, Erzbischof von München und eine zentrale Figur in der deutschen katholischen Kirche, in der Münchener Michaeliskirche vor einer großen Menschenmenge einige mutige Predigten, in denen er die hebräische Bibel und die jüdischen Ursprünge des Christentums gegen die Verunglimpfung durch völkische Rassisten verteidigte. Diese Predigten, die kurz darauf unter dem Titel *Judentum, Christentum, Germanentum* (1934) veröffentlicht wurden, verurteilten in theologischer Sprache beredt ungezügelten Nationalismus und rassische Intoleranz.[30] Gleichzeitig aber bestand von Faulhaber darauf, dass die Tatsache, dass das Alte Testament für die Christenheit unverzichtbar sei, für einen Antagonismus gegen die Juden seiner Zeit, dem er sich nicht widersetzen wolle, belanglos sei. Er widersprach sogar Andeutungen aus dem Ausland, dass seine öffentlichen Ansprachen eine Verteidigung der deutschen Juden darstellten oder eine Kritik an der nationalsozialistischen Politik implizierten.[32] Kardinal von Faulhabers Ambivalenz zeigte sich auch in den kommenden Jahren immer wieder und spiegelte so die Haltung der deutschen katholischen Hierarchie insgesamt und auch des Vatikans selbst. Am 4. November 1936 besuchte von Faulhaber Hitler zu einem dreistündigen Gespräch auf dem Obersalzberg bei Berchtesgaden. Der Reichskanzler forderte unter anderem, dass die katholische »Kirche ihren Kampf [...] gegen unsere Rassengesetzgebung« aufgeben solle. Gegen diese Gesetze werde »immer noch von der Kanzel gepredigt«. Vor dem Hintergrund des Spanischen Bürgerkriegs warnte Hitler von Faulhaber, wenn »der Nationalsozialismus nicht Herr über den Bolschewismus« werde, dann sei es »auch mit dem Christentum und mit der Kirche in Europa vorbei«.[32]

Von Faulhaber war nach der Unterredung anscheinend von Hitlers diplomatischer Raffinesse beeindruckt und glaubte, der Reichskanzler würde die Rechte der katholischen Kirche in Deutschland weiterhin respektieren. Das erwies sich als fatale Täuschung, die Papst Pius XI. selbst 1937 in der päpstlichen Enzyklika *Mit brennender Sorge. Über die Lage der katholischen Kirche im Deutschen Reich* richtig stellte.[33] Es war die einzige ernsthafte und unmissverständliche öffentliche Kritik am Nationalsozialismus, die der Vatikan sich zu äußern erlaubte. Die

Enzyklika war zu einem großen Teil von Erzbischof von Faulhaber selbst verfasst worden (unter Mithilfe seiner deutschen katholischen Kollegen), wobei Eugenio Pacelli, der Staatssekretär am Heiligen Stuhl (und zukünftige Papst Pius XII.), ihn aktiv unterstützt hatte. Die Enzyklika verurteilte den nationalsozialistischen Rassismus scharf als eine Form von atheistischem neuem Heidentum und prangerte auch die totalitären Staatsdoktrinen an, erwähnte aber weder den Antisemitismus noch die Verfolgung der deutschen Juden. Trotz der »Kristallnacht«, die ein Jahr später folgte, legten weder die deutsche katholische Hierarchie noch der Vatikan offiziell Protest ein, auch wenn Kardinal von Faulhaber anscheinend privat dem Großrabbiner von München bei dem Versuch half, einige religiöse Gegenstände aus seiner brennenden Synagoge zu retten.

Doch die Ambivalenz dem Nationalsozialismus gegenüber endete dort nicht. Wie die protestantischen Kirchen, so schienen auch die führenden katholischen Bischöfe in Deutschland Hitlers Außenpolitik zum Zeitpunkt des »Anschlusses« von Österreich und der tschechischen Krise von 1938 im Allgemeinen zu unterstützen. Außerdem fanden sowohl Kardinal von Faulhaber als auch Kardinal Bertram es angebracht, Hitler zu beglückwünschen, dass er das Attentat von Johann Georg Elser am 8. November 1939 überlebt hatte, und als Dank an die göttliche Vorsehung für die Rettung des Führers in München ein »Tedeum« singen zu lassen. Adolf Kardinal Bertram aus Breslau hatte sich bereits 1939 zu Hitlers fünfzigstem Geburtstag mit einem Glückwunschtelegramm hervorgetan, eine Geste, die er in den folgenden Jahren wiederholte.[34]

Während des Krieges schwieg die deutsche katholische Hierarchie angesichts der entsetzlichen Gräueltaten gegen Polen und Juden, bis auf wenige ehrenhafte Ausnahmen. Die fehlende Reaktion ist nicht auf Unwissen über die Ereignisse in ihrer Mitte oder in den von Deutschland besetzten Gebieten zurückzuführen. Der Bischof von Osnabrück, Monsignore Berning, bemerkte in seinen Notizen vom 5. Februar 1942: »Es besteht wohl der Plan, die Juden ganz auszurotten.«[35] Er fragte sich einfach, ob er und seine bischöflichen Kollegen von der Kanzel herab öffentlich Protest anmelden sollten oder nicht. Monsignore Conrad Gröber, der Erzbischof von Freiburg, informierte den Papst am 14. Juni 1942 über die Massaker an Juden, die von den Einsatzgruppen in Russland verübt wurden, und meinte zum Schluss, das Weltbild der Nazis sei durch den denkbar radikalsten Antisemitismus geprägt, der bis zur Vernichtung des Judentums gehe, nicht nur des jüdischen Geistes, sondern auch der Menschen selbst.[36] Doch trotz der Bemühungen einer kleinen Minderheit – wie der mutigen Margarete Sommer (Leiterin einer katholischen Hilfsorganisation der Berliner Kurie) –, die zu einer öffentlichen Verurteilung der nationalsozialistischen Morde drängte, hüllte man sich weiter in Schweigen. Auf der bayerischen Bischofskonferenz vom 30. bis zum 31. März 1943 erinnerte Kardinal von Faulhaber sein Publikum: »Wir könnten den Gegnern der Kirche keinen größeren Gefallen tun, als jetzt große Kanonen auffahren. Jetzt, wo man in Schwierigkeiten steckt, würde man sofort die Geschichte vom Dolchstoß wieder aufleben lassen. Mir scheint, man wartet darauf.«[37]

Von Faulhaber glaubte, man würde den deutschen Bischöfen Verrat, den Bruch der nationalen Solidarität und Unterstützung der feindlichen Propaganda vorwerfen, was für den deutschen Katholizismus irreversible Folgen gehabt hätte. Als im Oktober 1941 die Massendeportationen deutscher Juden begannen, beschränkte das Episkopat seine Intervention bei der Regierung auf katholische »Nicht-Arier«. Es war bezeichnend, dass Kardinal Bertram sich Ende 1941, als die deutschen Bischöfe gegen das vorgeschlagene Gesetz, das Partner in »Mischehen« zur

Scheidung zwingen sollte, protestierten, verpflichtet fühlte, seinen unverbrüchlichen Patriotismus zu betonen. Er wies darauf hin, dass es ihm keinesfalls an Liebe für das deutsche Volk und seine Würde fehle und dass er auch den schädlichen jüdischen Einfluss auf die deutsche Kultur und die nationalen Interessen nicht unterschätze.[38]

Selbst der freimütigste aller hochrangigen deutschen Prälaten, der aristokratische Clemens August Graf von Galen (Kardinal und Erzbischof von Münster), legte großen Wert darauf, seine Vaterlandsliebe zu betonen. Von Galen ermahnte die Gläubigen beständig, das Vaterland zu verteidigen und gegen den äußeren Feind zu kämpfen, auch wenn er sich in seinen Predigten gegen Rachsucht, das Töten von Geiseln und den Mord an unbewaffneten Kriegsgefangenen aussprach.[39] Im Sommer 1941 begann von Galen eine Reihe von glühenden Predigten gegen das Euthanasieprogramm der Regierung, den so genannten Gnadentod, den er schlicht als Mord bezeichnete – wahrscheinlich in den zwölf Jahren NS-Herrschaft der effektivste Protest eines einzelnen Bischofs gegen das Regime.[40] Das starke öffentliche Echo, das seine Worte hervorriefen, alarmierte die Nazis (die bis zu diesem Zeitpunkt über 70 000 Menschen, meist Volksdeutsche, die unter einer Vielzahl von angeborenen mentalen oder physischen Behinderungen litten, umgebracht hatten), so dass sie sich gezwungen fühlten, das Programm der Massenvergasung offiziell auszusetzen. Fortan wurde die Euthanasie allerdings eher umgelenkt als aufgegeben, so dass die Tötungen leichter zu verbergen waren. Hitler, der einer öffentlichen Konfrontation mit der katholischen Kirche immer noch aus dem Weg gehen wollte, schwor, nach Kriegsende an von Galen Vergeltung zu üben – eine leere Drohung, wie sich herausstellen sollte.

Weder von Galen noch die etablierte Kirche in Deutschland (weder die katholische noch die protestantische) gaben vergleichbare Erklärungen zu Gunsten nicht konvertierter Juden oder Zigeuner ab, und sie unternahmen auch keine ähnlichen Interventionen.[41] Auch als die deutschen Bischöfe schließlich Berichte über die Massenmorde an Juden in den Todeslagern erhielten (von Offizieren, die im Osten dienten, von Beamten oder aus anderen Quellen), erwähnten sie in ihren vagen Erklärungen die Juden nicht gesondert. Die Wahrheit ist, dass in Deutschland und Österreich wenige Protestanten oder Katholiken bereit waren, den blutrünstigen Antisemitismus der Nazis bloßzustellen, nicht zuletzt deswegen, weil die Grenzen durch die »Lehre der Verachtung«, die die Kirchen dem Judentum gegenüber verkündeten, schon lange verwischt waren. Als der Völkermord begann, wirkten die Kirchen wie gelähmt. Noch auffälliger war, dass sie nicht begriffen, wie gefährlich der rassistische Antisemitismus für die Zukunft des Christentums war.

Im Kern des Nationalsozialismus lag, obwohl er geschickt vortäuschte, für ein »positives Christentum« einzutreten, eine tief verwurzelte Ablehnung der gesamten Zivilisation, die auf jüdisch-christlicher Ethik aufgebaut worden war. Die führenden Nazis – Hitler, Himmler, Rosenberg, Goebbels und Bormann – waren in ihrer antichristlichen Einstellung sogar fanatisch, auch wenn sie das vor der deutschen Öffentlichkeit zum Teil verbargen. Wenn gewöhnliche Deutsche Hitlers »Tischgespräche« hätten belauschen können, wären manche vielleicht zutiefst schockiert gewesen. Am 17. Februar 1942 zum Beispiel, kurz nachdem die ersten Juden vergast worden waren, verkündete der Führer des Dritten Reiches im Beisein von Himmler in einem seiner weitschweifigen Monologe: »Das Juden-Christentum hat die Antike nicht verstanden. [...] Der gleiche Jude, der damals das Christentum in die antike Welt eingeschmuggelt und diese wunderbare Sache umgebracht hat, er hat nun wieder einen schwachen Punkt gefunden: das angeschlagene Gewissen unserer Mitwelt. Es geschah das unter Änderung des Namens, wie damals von Saulus in Paulus, so heute Mardochai in Marx.«[42]

Die Überzeugung, dass Judentum, Christentum und Bolschewismus das gleiche pathologische Phänomen der Dekadenz repräsentierten, schien für Hitler ein echtes »Leitmotiv« geworden zu sein, als er einmal begonnen hatte, den Plan zur »Endlösung« in die Tat umzusetzen. In der Nacht vom 11. auf den 12. Juli 1941, kurz nach der Invasion Sowjetrusslands, behauptete Hitler, das Christentum sei der »schwerste Schlag, der die Menschheit getroffen hat«.[43] Es sei für die Auslöschung des Römischen Reiches und die Zerstörung von fünfzehnhundert Jahren Zivilisation verantwortlich. Im Vergleich zur »Duldsamkeit« der antiken Welt strebe das Christentum danach, »Ungezählte im Namen der Liebe grausam zu töten«.[44] Schlimmer noch, der Bolschewismus sei »der uneheliche Sohn des Christentums«, und beide seien »eine Ausgeburt der Juden«.[45] Das Christentum habe die »bewußte Lüge in den Fragen der Religion« in die Welt gebracht, aber der Bolschewismus lüge in gleicher Weise, »wenn er behauptet, die Freiheit zu bringen, während er nur Sklaven sehen will«.[46]

Es war auffällig, dass Hitler, als er den Holocaust in die Wege leitete, zunehmend danach strebte, die Parallelen zwischen Christentum und Bolschewismus hervorzuheben, als Lehren, welche angeblich die menschliche Kultur zerstören. In beiden Fällen bestand er darauf, dass ihre gleichmacherischen Ideen aus ein und demselben verdorbenen jüdischen »Ferment der Dekomposition« stammten. Am 21. Oktober finden wir eine weitere Variation zu diesem Thema: »Während nun alle anständigen Elemente in Rom sich der neuen Lehre verschlossen, brachte das Urchristentum die revolutionäre Aufwiegelung des Mobs der Millionenstadt; Rom wurde bolschewisiert, und dieser Bolschewismus wirkte sich in Rom genauso aus, wie wir es später in Rußland erlebten.«[47] Mit dem Zusammenbruch der Kultur im zwanzigsten Jahrhundert »will der Jude nun wieder mit dem Urchristentum, dem Bolschewismus, beginnen«.[48] Unter der jüdisch-marxistischen Herrschaft in Russland zum Beispiel seien Hunderttausende von Männern deportiert worden, und »den zurückgelassenen Frauen« habe man »Männer aus anderen Gebieten gegeben«. Die »Rassenmischung« wurde in Hitlers wahnhafter Vorstellung ein Hauptmerkmal der jüdisch-christlich-bolschewistischen »Unkultur«, zu deren Zerstörung der Nationalsozialismus sich verpflichtet hatte.

Auch vergaß Hitler an dieser Stelle nicht, wie ein Besessener seine Anwürfe gegen den heimlich marxistischen Aufwiegler Paulus zu wiederholen (»Aus dem Saulus wurde ein Paulus und aus dem Mardochai ein Karl Marx.«). In der Nachfolge von Dietrich Eckart meinte Hitler: »Erst Paulus erkannte die Zweckdienlichkeit der jüdischen Propagandamethode unter dem Mantel einer Religion.« Paulus habe im dekadenten Römischen Reich einen idealen Nährboden für seine »Gleichheitslehren« gefunden, die das enthielten, was nötig war, um eine »Millionenmasse entwurzelter Menschen [...] seinen Zwecken und Zielen nutzbar« zu machen.[49] Mit dem Vor-Bolschewismus des Paulus gehe »die schöne Klarheit der antiken Welt verloren«.[50] Die Juden hätten im Tarnkleid des paulinischen Christentums die Fiktion eines transzendenten »Jenseits« erfunden, an Stelle der ästhetischen Harmonie im Kosmos und der natürlichen »Hierarchie der Nationen«. In der Maske einer monotheistischen Religion habe »der Jude die Unduldsamkeit dahin gebracht, wo vorher nichts als Toleranz, als wahre Religion war«.[51] Vor allem aber habe das »Juden-Christentum« absichtlich die »natürliche Ordnung« umgestürzt:

> Ein Friede kann nur kommen über eine natürliche Ordnung. Die Ordnung setzt voraus, daß die Nationen sich so ineinanderfügen, daß die Befähigten führen. Der Unterlegene erhält damit mehr, als er aus eigenem würde erreichen können. Durch das Judentum wird diese Ordnung zerstört. Der Bestie, der Niedertracht, der Dummheit verhilft es zum Sieg. 1400 Jahre hat das Christentum gebraucht, um sich zur letzten Bestialität zu entwickeln. Wir dürfen deshalb nicht sagen, daß der Bolschewismus schon überwunden ist. Je gründlicher aber die Juden herausgeworfen werden, desto rascher ist die Gefahr beseitigt. Der Jude ist der Katalysator, an dem sich die Brennstoffe entzünden. Ein Volk, das keine Juden hat, ist der natürlichen Ordnung zurückgegeben.[52]

Auf den ersten Blick scheinen diese Gedanken nichts weiter zu sein als das primitive, bösartige Geschimpfe eines Geistesgestörten. Warum sollte Hitler sich, während die Einsatzgruppen in den russischen Steppen zahllose Juden und »Bolschewiki« umbrachten, mit hysterischen Schmähreden über Paulus ins Zeug legen? Warum sollte er darauf bestehen, dass das Christentum und seine Ableger in der Reformation (und noch fragwürdiger in den modernen Revolutionen) den Tod aller Reiche und der menschlichen Zivilisation selbst bedeuteten? Und doch hatte dieser Wahnsinn Methode. Ja, er legt sogar einen der tiefsten Gründe bloß, aus denen Hitler den Holocaust anordnete. An der Wurzel von Hitlers Antisemitismus stand eine apokalyptische Vision von der Zukunft der Zivilisation und der »arischen« Bestimmung, die die völlige Ausrottung eines konkurrierenden jüdischen Messianismus verlangte. Die jüdisch-christliche Ethik war es (und für Hitler war Paulus das eindrücklichste Symbol dafür), welche die Menschheit der Harmonie der natürlichen Ordnung entfremdet hatte, weil sie einen »erlogenen«, transzendenten Gott suchte. Das »Juden-Christentum« in seiner säkularisierten Form hatte, so glaubte Hitler, die zeitgenössischen Lehren hervorgebracht, die den Pazifismus, die Gleichheit vor Gott und dem Gesetz, die Brüderlichkeit der Menschen und das Mitgefühl für die Schwachen verkündeten. Diese Grundsätze musste der Nationalsozialismus ausmerzen. Für die christlichen Ideale der Nächstenliebe, der Sanftmut und der Demut konnte es in der neuen, nationalsozialistischen Ordnung Europas keinen Platz geben.[53]

Schon seit 1937 hatte es für Hitler den Anschein gehabt, dass die Kirchen eher »Verbündete« des Judaismus waren als Partner des Nationalsozialismus. Die großen Kirchen zum Beispiel bestanden immer noch darauf, das Alte Testament als wichtige Quelle der christlichen Offenbarung zu behandeln, und sie hatten den Kult um den »arischen« Jesus abgelehnt. In protestantischen Kreisen hatte die »Bekennende Kirche« an den von den Nazis geförderten »Deutschen Christen« ganz offen Kritik geübt. Auch kann es keinen Zweifel daran geben, dass die Nazis 1937 über die Enzyklika von Pius XI. wütend waren, denn das päpstliche Rundschreiben protestierte gegen die vielen Verletzungen des geschlossenen Konkordats zwischen NS-Regime und Heiligem Stuhl und verurteilte bestimmte Erscheinungsweisen des nationalsozialistischen neuen Heidentums. Es stimmt, dass führende deutsche Katholiken und Protestanten öffentlich kein Mitgefühl für verfolgte Juden zum Ausdruck brachten, sondern sich streng auf eine Verteidigung des hebräischen Bibelerbes der Christen beschränkten. Aber selbst diese Passivität der Kirche in der »Judenfrage« wurde von Hitler, Himmler, Goebbels, Ley und anderen als Beweis dafür ausgelegt, dass das Christentum unwiderruflich von »jüdischen« Einflüssen beschmutzt war. Es war kein Zufall, dass die Kirchen in den Berichten des SD (Sicherheitsdienstes) nach 1937 neben Juden und Kommunisten einen herausragenden Platz als »ideologische Feinde« des Regimes einnahmen.[54]

Die wahre Kluft zwischen Nationalsozialismus und Christentum wurde vielleicht am besten von Hitlers grauer Eminenz beschrieben, dem Leiter der Partei-Kanzlei und »Sekretär des Führers«, Martin Bormann. Am Abend des 29. November 1944 bemerkte er, wie er selbst zu Protokoll gab, im Gespräch mit Hitler: »Jede Ablehnung des Klassenkampfes ist deshalb antijüdisch, jede antikommunistische Lehre ist antijüdisch, jede antichristliche Lehre ist antijüdisch und vice versa. Demgemäß ist unsere nationalsozialistische Lehre völlig antijüdisch = antikommunistisch = antichristlich.«[55]

Für die Nationalsozialisten war bereits beim Ausbruch des Zweiten Weltkrieges klar, dass es irgendwann eine »Endlösung« der »religiösen Frage« geben müsse, auch wenn man es aus taktischen Gründen vorzog, alle großen Konfrontationen mit der Kirche bis auf die Zeit nach Kriegsende zu verschieben. Doch vom ideologischen Standpunkt aus betrachtet wurde das »Juden-Christentum« – besonders ab Sommer 1941 – als die Verkörperung von allumfassenden, vernunftbestimmten und menschlichen Werten gesehen, die dem Glaubensbekenntnis der Nazis vollkommen widersprachen. Insofern hatte die Vernichtung der Juden neben ihrer ideologischen und politischen auch eine stark symbolische Bedeutung. Mit diesem Völkermord erreichte die christliche antisemitische Tradition einen abartigen und entsetzlichen Höhepunkt, und gleichzeitig wurden damit alle positiven Werte, die das Christentum je vertreten hatte, geleugnet.

Dem neuen Papst Pius XII. (Eugenio Pacelli), der am 2. März 1939 in sein Amt gewählt wurde, war die Gefahr, welche der Nationalsozialismus für das Christentum darstellte, nicht unbekannt. Vor 1929 hatte Pacelli als päpstlicher Nuntius zwölf Jahre in München und Berlin verbracht, und seine persönliche Kenntnis des deutschen Katholizismus sowie seine Liebe zur deutschen Sprache und Kultur waren in der römischen Hierarchie beispiellos. Der neue Papst war über die Lage im Dritten Reich gut informiert, er hatte 1933 das Konkordat aufgestellt, aber auch eine Rolle bei der Formulierung der Enzyklika von 1937 gespielt, die den Nationalsozialismus verurteilte.[56] Nach seiner Wahl im Jahr 1939 bemühte Pius XII. sich jedoch, mit Hitler eine Détente zu erreichen, weil es ihm darum ging, die lebenswichtigen Interessen der römisch-katholischen Kirche im NS-Deutschland zu wahren.

Bei einem Treffen im Vatikan Anfang März 1939, bei dem die deutschen Kardinäle von Faulhaber (München), Bertram (Breslau), Schulte (Köln) und Innitzer (Wien) zugegen waren, betonte der Papst, dass er die »deutsche Frage« als wichtigste Frage überhaupt ansehe und dass er sich ihre Behandlung allein vorbehalte.[57] Weiter erklärte er den deutschen Kardinälen am 9. März 1939, dass er nicht die Absicht habe, einen Bruch mit der NS-Regierung herbeizuführen, umso weniger, als er schon zuvor Pius XI. einen so drastischen Schritt ausgeredet habe. Außerdem verbot er der Vatikanzeitung, *L'Osservatore Romano*, alle weiteren kritischen Äußerungen über Ereignisse in Deutschland. In solchen Polemiken waren die Juden selten erwähnt worden, eher hatte man sich auf die Schikanen der Nazis konzentriert, denen die Kirche ausgesetzt war, oder man hatte die »neuheidnischen« Verirrungen des biologischen Rassismus angeprangert. Die Einwände, die vor dem Krieg gegen den deutschen Antisemitismus laut wurden, bezogen sich im Allgemeinen einzig und allein auf seine Gewalttätigkeit und Brutalität, ohne aber das Recht des Staates, Juden zu diskriminieren, in Frage zu stellen.[58] Für Pius XII. und seine engsten Mitarbeiter besaß die »Judenfrage« keine hohe Priorität, ebenso wenig wie für die deutschen Kardinäle. Es überrascht daher nicht, dass die Briefe des Papstes an die deutschen Bischöfe nur so wenige Bemerkungen über die Ungeheuerlichkeiten enthalten, die nach September 1939 an den

Juden in Polen oder anderswo verübt wurden. Doch mangelte es weder an Informationen über dieses Thema noch an Appellen an den Papst, in denen er um sein Eingreifen gebeten wurde. Konrad von Preysing, der Bischof von Berlin (unter den deutschen Katholiken an vorderster Front der sensibelste und derjenige, der sich am stärksten gegen die Nazis wehrte), schrieb am 17. Januar 1941 an Pius XII. und äußerte eine Bitte: »Eure Heiligkeit sind wohl über die Lage der Juden in Deutschland und in angrenzenden Ländern orientiert. Lediglich referierend möchte ich anführen, daß von katholischer wie von protestantischer Seite an mich die Frage gestellt worden ist, ob nicht der Heilige Stuhl in dieser Sache etwas tun könnte, einen Appell zugunsten der Unglücklichen erlassen?«[59]

Wie in anderen Fällen, in denen der Papst gebeten wurde, eine öffentliche Erklärung zur Judenverfolgung abzugeben, war er entweder nicht in der Lage oder nicht gewillt zu reagieren. Aber ein Jahr später standen wesentlich mehr Informationen zur Verfügung. Im Vatikan, wie auch in anderen europäischen Hauptstädten, nahm das Wissen um die »schrecklichen Deportationen« (*orribile deportazione*) von Juden in den Osten rasch zu. Am 20. Januar 1942 hatte Kardinal Maglione (der Staatssekretär im Vatikan) gegenüber dem britischen Botschafter im Vatikan, Sir Francis d'Arcy Osborne, eine Bemerkung über eine Hitlerrede gemacht, in welcher der NS-Führer versprochen hatte, dass die Juden für mindestens tausend Jahre ausgelöscht werden würden.[60] Bald strömten aus zahlreichen Quellen auch viel konkretere Informationen nach Rom. Im März 1942 erhielt der Vatikan von Giuseppe Burzio, seinem Vertreter in Bratislava (Pressburg), die Nachricht, dass 80 000 slowakische Juden nach Polen deportiert worden seien, was für eine große Zahl von ihnen den »sicheren Tod« bedeute.[61] Am 18. März 1942 schickten Gerhart Riegner vom *World Jewish Congress* und Richard

Lichtheim von der *Jewish Agency for Palestine* dem Vatikan einen bemerkenswert detaillierten Bericht über das Schicksal der Juden in Polen und im übrigen Europa, der den Papst über den Schweizer Nuntius in Bern, Filippo Bernardini, erreichte. In diesem Bericht war die Rede davon, dass über eine Million Juden von den Deutschen ausgelöscht worden waren. Es wurde darauf hingewiesen, dass alte und kranke Menschen sowie Frauen und Kinder systematisch verschleppt wurden und dass diese Maßnahme eindeutig nicht zum Zweck der Rekrutierung von Zwangsarbeitern durchgeführt werden konnte.[62] Dann, gegen Ende Juni 1942, begann der *Daily Telegraph* in London eine Serie von Schilderungen über die Vernichtungen in Polen zu veröffentlichen, die von der BBC gesendet wurden. Osborne fasste diese Berichte speziell für den Papst zusammen und versorgte ihn auch weiter regelmäßig mit ähnlichem Material. Am 30. Juni berichtete Osborne zum Beispiel Folgendes: »Die Deutschen haben insgesamt über eine Million Juden getötet, von denen 700 000 in Polen lebten. Mehrere weitere Millionen wurden deportiert oder in Konzentrationslager eingesperrt.« Am 9. Juli 1942 teilte Osborne Seiner Heiligkeit mit, dass Kardinal Hinsley, der höchste Würdenträger der Katholiken in Großbritannien, die »äußerste Bestialität der deutschen Methoden« verurteilt habe.[63]

Vom Herbst des Jahres 1942 an unternahmen nicht nur Osborne, sondern auch die Botschafter, die Brasilien, Polen, Belgien und die Vereinigten Staaten im Vatikan vertraten, eine Reihe von Schritten, die Pius XII. drängen sollten, für die gnadenlos unterdrückten Polen und Juden einzutreten. Die römische Kurie war über diese Schritte bestürzt und behauptete, ein öffentlicher Protest würde das Leiden der Opfer nur noch verschlimmern und den Vatikan verpflichten, neben den Gräueltaten der Deutschen auch andere Grausamkeiten zu verurteilen. Außerdem, so argumentierte Maglione, ließen die Massaker sich immer noch nicht nachprüfen, und der Papst habe derartige Aktionen bereits allgemein missbilligt. Weiterhin machte er klar, dass es für den Papst nicht in Frage komme, Hitler oder NS-Deutschland namentlich anzuprangern.[64]

Diese Argumente beeindruckten Myron Taylor, den persönlichen Vertreter von Präsident Roosevelt beim Papst, nicht besonders. Am 22. September 1942 sprach er in einem Interview mit einem hochrangigen Beamten des Vatikans, Domenico Tardini, von der Gelegenheit und der Notwendigkeit, dass der Papst gegen die ungeheuerlichen Grausamkeiten der Deutschen das Wort ergreife. Als Privatmann stimmte Tardini zu, auch wenn er müde den üblichen Refrain wiederholte, dass Pius XII. bereits mehrere Male Verbrechen verurteilt habe, von wem auch immer sie begangen worden waren.[65] Solche Antworten stellten die amerikanischen und die britischen Vertreter nicht zufrieden. Osborne schrieb am 3. Oktober 1942 in einem Brief an den britischen Außenminister Anthony Eden ironisch und mit einigem Bedauern, die »gelegentlichen, allgemein gehaltenen Erklärungen haben nicht die bleibende Kraft und Gültigkeit, die man in der zeitlosen Atmosphäre des Vatikans vielleicht von ihnen erwarten könnte. [...] Eine Politik des Schweigens angesichts derartiger Verstöße gegen das Gewissen der Welt muss notwendigerweise einen Verzicht auf eine moralische Führung mit sich bringen.«[66]

Am 13. Dezember 1942 vertraute Osborne zornig seinem Tagebuch an: »Je mehr ich darüber nachdenke, desto mehr widert mich einerseits Hitlers Massaker an der jüdischen Rasse an und andererseits die Tatsache, dass der Vatikan anscheinend ausschließlich mit den Auswirkungen des Krieges auf Italien und den Möglichkeiten der Bombardierung Roms beschäftigt ist.«[67] Am nächsten Tag drängte er den Vatikan, noch einmal zu überdenken, welche Pflichten er »im Hinblick auf das beispiellose Verbrechen an der Menschheit [habe], das Hitlers Vernichtungskampagne gegen die Juden darstellt und bei dem, wie ich sagte, Italien als Partner und Verbündeter Deutschlands Komplize sei«.[68] Am 18. Dezember setzte Osborne Tardini hart zu, dass er den Papst bewegen solle, in seiner bevorstehenden Weihnachtssendung ein klares Wort zu sprechen. In einer ausweichenden Antwort wurde ihm mitgeteilt, »dass Seine Heiligkeit um jeden Preis an dem festhält, was er für eine Politik der Neutralität hält, selbst angesichts der schlimmsten Verbrechen gegen Gott und die Menschen, weil er hofft, bei der Wiederherstellung des Friedens eine Rolle spielen zu können«.[69]

Schließlich, am 17. Dezember 1942, gaben die Verbündeten selbst eine öffentliche Erklärung ab, in der die deutschen Massaker an den Juden verurteilt wurden. Osborne brachte sie sogleich zum Papst und hoffte auf dessen Billigung. Magliones Antwort fiel wiederum negativ aus, auch wenn er die Grausamkeiten, die unschuldigen Menschen zugefügt wurden, beklagte. Der Heilige Stuhl, erklärte er, könne Grausamkeiten nur allgemein verurteilen, nicht bestimmte Verbrechen. Zudem sei er nicht in der Lage, die Berichte der Alliierten über die Anzahl der ermordeten Juden zu bestätigen, und könne nicht wissen, wie zuverlässig solche Schätzungen seien.[70] Bei der Menge an immer detaillierteren Informationen aus den verschiedensten Quellen, die Rom im Laufe der vergangenen sechs Monate erreicht hatten, war das eine bemerkenswert unbefriedigende Antwort.

Die Slowakei war ein gutes Beispiel dafür, dass dem Vatikan bereits recht früh wichtige Informationen zugänglich waren. Er erhielt sie von Giuseppe Burzio, dem tatkräftigen päpstlichen Gesandten in der Slowakei, und handelte daraufhin auch. Fast unmittelbar, nachdem die Slowakei am 14. März 1939 ihre »Unabhängigkeit« erklärt hatte, waren antijüdische Gesetze eingeführt worden. Der faschistische slowakische Staat wurde von einem Kleriker, Pater Jozef Tiso, regiert, dem Vorsitzenden der

Hlinkova Slovenská L'udová Strana (Slowakische Volkspartei Hlinkas), aber im Kabinett, das von Premierminister Tuka und Innenminister Alexander Mach geleitet wurde, gab es auch eine pronationalsozialistische Gruppe. Nach September 1941 ergriff die slowakische Regierung selbst die Initiative und begann mit der Enteignung jüdischen Besitztums und dann im März 1942 mit den Deportationen. Anfänglich zumindest genoss die Regierung die stillschweigende Unterstützung der katholischen Bischöfe in der Slowakei, denen es nur darum zu gehen schien, Sorge dafür zu tragen, dass man jüdischen Konvertiten angemessene Möglichkeiten zugestand, ihrem neuen Glauben zu folgen.[71]

Der Vatikan hatte am 14. März 1942 gegen die geplanten Deportierungen der Juden protestiert und sich einigermaßen erstaunt darüber gezeigt, dass eine Nation, die angeblich katholischen Prinzipien verpflichtet war, in dieser Weise handeln könne. Der päpstliche *Chargé d'affaires* (der erfolglos versucht hatte, die slowakischen Bischöfe zu überreden, eine einheitliche Position gegen die Beschlüsse vom September 1941 einzunehmen) warnte Tiso jetzt vor ernsthaften Konsequenzen, falls er den Protest des Vatikans missachten sollte. Am 23. Mai 1942 jedoch schickte die slowakische Regierung eine kühle Botschaft an den Vatikan, in der sie ihre antisemitische Politik stolz verteidigte. Sie stellte fest, dass die Massendeportationen slowakischer Juden »Teil eines viel größeren allgemeinen Plans« seien, der in Übereinstimmung mit der deutschen Regierung in die Tat umgesetzt werde. Eine halbe Million Juden sollten nach Osteuropa transportiert werden, und die Slowakei sollte »der erste Staat sein, in dem die Einwohner jüdischer Herkunft von Deutschland akzeptiert werden würden«.[72] In den sehr detaillierten Ausführungen über die Regierungspolitik, die folgten (übermittelt von dem slowakischen Gesandten am Heiligen Stuhl, Karol Sidor), war die Rede davon, dass Deportationen von Juden aus Frankreich, Holland, Belgien, Böhmen, Mähren und dem Deutschen Reich unmittelbar bevorstünden. Der slowakische Bericht kündigte an, dass diese Menschen in Gebieten in der Nähe von Lublin angesiedelt werden sollten, wo sie »Schutzbefohlene des Reiches« (*sotto la protezieone del Reich*) sein würden. In der offiziellen slowakischen Verlautbarung hieß es, dass auch Ungarn aufgefordert werden würde, seine 800 000 Juden auszuliefern. Die slowakische Regierung wollte mit den eigenen jüdischen Staatsbürgern zwar nichts mehr zu tun haben, teilte dem Vatikan aber mit, die Deutschen hätten versprochen, »dass die Juden menschlich behandelt werden«.

Maglione, der Staatssekretär des Vatikans, schien über die Brutalität der slowakischen Regierungspolitik und die andauernden Deportationen von Juden nach Polen erschrocken zu sein, insbesondere, da die Slowakei eigenem Bekunden zufolge eine katholische Nation war, deren »Führer« Tiso ein ordinierter Pfarrer war. Dass er in so schwere Verbrechen verstrickt war, konnte dem Ansehen des Vatikans und der Kirche schaden. Am 13. Juli 1942 bemerkte Magliones oberster Assistent Tardini vielsagend: »Es ist ein wirkliches Unglück, dass der Präsident der Slowakei ein Priester ist (*un sacerdote*). Dass der Heilige Stuhl Hitler nicht gefügig machen kann, weiß jeder. Aber wer wird verstehen, dass wir nicht einmal einen Priester im Zaum halten können?«[73]

Vor allem die Verhältnisse in Kroatien waren ein Grund für Kritik am Vatikan, mehr noch als die Zustände in der Slowakei, denn in Kroatien verübte ein fromm katholisches Regime unter Leitung von Ante Pavelic, dem *Poglavnik* (Führer) der kroatischen Ustascha-Bewegung, die am 10. April 1941 an die Macht gekommen war, ungeheuerliche Verbrechen. Die Gewalt der Ustascha richtete sich gegen die »Schismatiker«, also die orthodoxen Serben, und ähnelte einem »religiösen Kreuzzug«. Der

Vatikan lehnte es ab, das Evangelium aus dem Gewehrlauf zu predigen, aber er wusste auch, wie stolz das neue Regime auf seine dreizehnhundert Jahre alte Verbundenheit mit dem Heiligen Stuhl war. Der kroatische Staat hatte unverzüglich Rassengesetze gegen die Juden erlassen – und dabei in Wochen das erreicht, wozu die NS-Regierung in Deutschland Jahre gebraucht hatte.[74] Schon im Mai 1941 wurden Juden zusammengetrieben und in Konzentrationslager transportiert. Der kroatische Erzbischof von Zagreb, Kardinal Stepinac, beobachtete diese Ereignisse voller Unruhe und vielleicht mit zwiespältigen Gefühlen. Bestimmte Aktionen der Ustascha, zum Beispiel gegen Abtreibung und anstößige Reklame, billigte der Erzbischof, und er begrüßte es, dass das neue Regime den Katholizismus so öffentlich vertrat. Gleichzeitig fühlte er sich verpflichtet, gegen die erzwungenen Konversionen von Serben und die »brutale Behandlung von Nicht-Ariern während der Deportationen und in den Lagern« zu protestieren.[75] Doch während er an Pavelic appellierte, die Maßnahmen gegen Serben und Juden »auf humanere und rücksichtsvollere Weise auszuführen«, stellte er die rassistische Politik als solche doch nicht in Frage. In dieser Hinsicht handelte Stepinac in Übereinstimmung mit der Politik, die die Vertreter des Vatikans während des Holocaust verfolgten.

Im Oktober 1942 hatte der Vatikan zuverlässige Informationen über Massaker an Juden erhalten, die Pater Pirro Scavizzi (ein italienischer Kaplan, der Lazarettzüge betreute) gesammelt hatte. Scavizzi berichtete dem Papst, dass bis dahin zwei Millionen Menschen umgebracht worden waren. Aus dieser und vielen anderen Quellen (von Alliierten, Polen, Juden usw.) sowie von seinen eigenen Nuntien wusste der Vatikan im Herbst 1942, dass überall im von den Nazis besetzten Europa Juden systematisch ermordet wurden. Schließlich äußerte Pius XII. sich in seiner Weihnachtsbotschaft 1942. In einem einzigen Satz, der einen

Atemzug lang dauerte, erwähnte er, dass Hunderttausende von Menschen ohne eigenes Verschulden und allein auf Grund ihrer nationalen Zugehörigkeit oder »Rasse« (*stirpe*) zum Tode verurteilt oder dem fortschreitenden Morden preisgegeben seien.[76] Wie der britische Historiker Owen Chadwick bemerkte, war der Papst sehr darum bemüht, sich vor Übertreibungen zu hüten. Beinahe wie die hohen britischen Beamten sei er der Auffassung, dass die Polen und die Juden übertrieben, um die kriegerischen Bemühungen zu unterstützen.[77] Daher waren die in der Rundfunksendung genannten Zahlen viel niedriger als die Schätzungen in den Berichten, die der Vatikan bis dahin erhalten hatte. Auch wurden weder Nationalsozialisten noch Juden, Polen oder andere bestimmte Gruppen von Opfern mit Namen genannt.

Der allgemeine Appell des Papstes an das Gewissen der Welt ärgerte einige und freute andere, und zumindest die deutschen Bischöfe verstanden ihn sehr wohl. Am 6. März 1943 nahm Konrad von Preysing in einem Brief an Pius XII. Bezug auf diese Botschaft. Nachdem er von den Luftangriffen gesprochen hatte, bat er den Papst, noch einen Versuch zu machen, die Juden, die sich noch in der Reichshauptstadt aufhielten, zu retten, da ihnen die Deportation drohe, die sie in den sicheren Tod führen würde:

> Wohl noch bitterer trifft uns gerade hier in Berlin die neue Welle von Judendeportationen, die gerade die Tage vor dem 1. März eingeleitet worden sind. Es handelt sich um viele Tausende, ihr wahrscheinliches Geschick haben Eure Heiligkeit in der Radiobotschaft von Weihnachten angedeutet. Unter den Deportierten sind auch viele Katholiken. Wäre es nicht möglich, dass Eure Heiligkeit noch einmal versuchten, für die vielen Unglücklichen-Unschuldigen einzutreten? Es ist dies die letzte Hoffnung so vieler und die innige Bitte aller Gutdenkenden.[78]

Die sehr ausführliche Antwort, die Pius XII. am 30. April 1943 verfasste, behandelte viele Themen, die den Papst bei seiner gesamten Korrespondenz mit den deutschen Bischöfen während des Krieges beschäftigt hatten. Er äußerte Teilnahme und tiefes Bedauern über die schweren Luftangriffe der Alliierten auf deutsche Städte und berichtete von Bemühungen des Vatikans, Informationen über deutsche Soldaten zu erhalten, die in Russland gefangen genommen oder vermisst wurden. Auf von Preysings Bitte, zu den Juden Stellung zu nehmen, ging Pius XII. nicht ausdrücklich ein, aber er äußerte, es habe ihn »getröstet zu hören, daß die Katholiken, gerade auch die Berliner Katholiken, den sogenannten Nichtariern in ihrer Bedrängnis viel Liebe entgegengebracht haben«. Im letzten Teil seines Briefes schrieb der Papst: »Für die katholischen Nichtarier wie auch für die Glaubensjuden hat der Heilige Stuhl caritativ getan, was nur in seinen Kräften stand, in seinen wirtschaftlichen und moralischen [...]. Von den sehr hohen Summen, die Wir in amerikanischer Währung für Übersee-Reisen von Emigranten ausgeworfen haben, wollen Wir nicht sprechen.«[79] (Ein Großteil des Geldes stammte von amerikanischen Juden, das wurde jedoch nicht erwähnt.)

Weiter bemerkte der Papst: »Wir haben um Gotteslohn geholfen und gut daran getan, irdischen Dank nicht in Rechnung zu stellen. Immerhin ist dem Heiligen Stuhl auch von jüdischen Zentralen wärmste Anerkennung für sein Rettungswerk ausgesprochen worden.« Dem Prälaten Bernhard Lichtenberg, dem katholischen Dompropst von St. Hedwig in Berlin, der für seine mutigen Predigten (aus Solidarität mit den deportierten Juden) von den Nazis verhaftet worden war und kurz darauf auf dem Weg nach Dachau sterben sollte, ließ der Papst »ein besonderes Wort väterlicher Anerkennung wie innigen Mitgefühls« zukommen. Von großer Bedeutung war auch, dass Pius XII. von Preysing mitteilte: »Den an Ort und Stelle tätigen Oberhirten überlassen Wir es abzuwägen, ob und bis zu welchem Grade die Gefahr von Vergeltungsmaßnahmen und Druckmitteln im Falle bischöflicher Kundgebungen sowie andere vielleicht durch die Länge und Psychologie des Krieges verursachten Umstände es ratsam erscheinen lassen, trotz der angeführten Beweggründe, ad maora mala vitanda [um größere Übel zu verhüten] Zurückhaltung zu üben.«[80] In einem Brief vom 22. April 1943 meinte der Papst, unter den Bedingungen des Krieges müsse er große Sorgfalt walten lassen, um den deutschen Katholiken, die um ihres Glaubens willen bereits so sehr unterdrückt würden, nicht unnötige Opfer aufzuerlegen.[81]

Vielleicht in einer verspäteten Antwort auf von Preysings Bitte um eine weitere Erklärung zum Schicksal der Juden schnitt Pius XII. am 2. Juni 1943 in einer Allokution (Ansprache) an die Kardinäle dieses Thema an. Es war das zweite und letzte Mal, dass er sich öffentlich zu dem äußerte, was wir jetzt als »Holocaust« bezeichnen. »Seid nicht erstaunt, Ehrwürdige Brüder und liebe Söhne, wenn Wir mit besonders eiliger Fürsorge auf die Bitten derjenigen antworten, die sich an Uns wenden, die Augen voll von ängstlichem Flehen, diejenigen, die aufgrund ihrer Nationalität oder ihrer Rasse zur Zielscheibe für noch größere Katastrophen und noch heftigere Schmerzen geworden sind, und die manchmal sogar, ohne eigenes Verschulden, zur Ausrottung bestimmt sind.«[82] Dieser kurze Abschnitt wurde von den Achsenmächten in ihren Berichten über die Ansprache des Papstes zensiert, aber Radio Vatikan sendete ihn in Deutschland und fügte hinzu, dass diejenigen, die einen Unterschied zwischen Juden und anderen Menschen machten, Gott und den göttlichen Geboten nicht treu seien.

Erst zum Kriegsende, am 2. Juni 1945, konnte Pacelli sich vor dem Kardinalskollegium von seiner Last befreien und die Dinge uneingeschränkt beim Namen nennen. Der Papst meinte, er habe die Katastrophe des Nationalsozialismus vorausgesehen, als sie noch in ferner Zukunft lag, und nur wenige hätten, wie er glaubte, mit größerer Besorgnis den Prozess verfolgt, der zum unvermeidlichen Zusammenbruch führte.[83] Er wies darauf hin, dass die Kirche alles getan habe, um der Verbreitung des gleichzeitig subversiven und gewalttätigen Gedankenguts einen Riegel vorzuschieben. Das Konkordat mit NS-Deutschland habe in keiner Weise eine formale Billigung der Lehren oder Tendenzen des Nationalsozialismus beinhaltet.[84] Pacelli erinnerte daran, dass die Enzyklika seines Vorgängers, Pius XI., 1937 den Nationalsozialismus als arrogante Apostasie, als Abfall vom Glauben an Jesus Christus, bloßgestellt habe, als die Leugnung seiner Lehre und seines Erlösungswerkes, als Kult der Gewalt, als Vergötterung von Rasse und Blut und als Verneinung menschlicher Freiheit und Würde.[85] Diese scharfe Linienziehung habe 1937 vielen, wenn auch bedauerlicherweise nicht allen Katholiken die Augen geöffnet. Es habe, so räumte Pius XII. ein, einige gegeben, die so sehr von ihren Vorurteilen verblendet waren oder von politischen Vorteilen verlockt wurden, dass sie der nationalsozialistischen Ideologie nicht mit ausreichender Kraft entgegentreten konnten.

Aber auch die Leistung des Papstes nach der militärischen Besetzung Roms im September 1943 ließ zu wünschen übrig. Mehr als tausend römische Juden (aus einer Bevölkerung von 8 000) wurden sozusagen unter den Fenstern des Vatikans nach Auschwitz deportiert. Es stimmt, dass es auch römische Juden gab, die in Klöstern und sogar im Vatikan selbst versteckt wurden. Aber es ist nicht klar, wie viel Pius XII. mit diesen Rettungsaktionen zu tun hatte oder ob er sie ausdrücklich guthieß.[86]

Am 16. Oktober 1943 umstellten die SS und die deutsche Militärpolizei das römische Ghetto, trieben Juden zusammen und transportierten sie in das italienische *Collegio Militare*, das kaum einen Kilometer vom Vatikan entfernt war. Am gleichen

Vormittag wies der Papst Maglione an, den deutschen Botschafter Ernst von Weizsäcker zu sich zu bestellen. Der Kardinal appellierte an den Botschafter: »Sie, der Sie ein weiches und gutes Herz haben, versuchen Sie, so viele Unschuldige wie möglich zu retten.« Weiter erklärte Maglione: »Es ist schmerzlich für den Heiligen Vater, schmerzlicher als man sagen kann, daß man in Rom selbst, unter den Augen des Papstes (*sotto gli occhi del Padre Commune*) so viele Menschen leiden läßt, nur weil sie einer bestimmten Rasse angehören (*appartengono ad una stirpe determinata*).«[88] Weder Pius XII. noch Maglione noch ein anderer hoher Beamter des Vatikans wollten eine offene Konfrontation mit NS-Deutschland.

Die Weigerung von Pius XII., die römische *razzia* offiziell anzuprangern, unterschied sich nicht von der Haltung, die er eingenommen hatte, als eine große Zahl von Juden 1942 aus ganz Europa (auch aus katholischen Ländern wie der Slowakei, Kroatien, Belgien und Frankreich) deportiert worden oder in Russland, der Ukraine und Polen ermordet worden waren. Wenn solche Proteste stattgefunden hätten, ist es durchaus möglich, dass mehr Katholiken geholfen hätten, Juden in besetzten Gebieten zu retten, oder dass mehr Juden möglicherweise rechtzeitig vor ihren Nazi-Jägern geflohen wären. Auch wandte der Vatikan sich nicht gegen die diskriminierenden Gesetze gegen die Juden oder gegen die soziale Absonderung, die daraus resultierte, auch nicht, als der Holocaust im Herzen Europas wütete. Im Herbst 1941 bestätigte ein Bericht von Léon Bérard, dem französischen Botschafter am Heiligen Stuhl, Marschall Pétain, dass der Vatikan gegen Vichys drakonische antijüdische Gesetze nichts einzuwenden habe, vorausgesetzt, die französische Regierung handle mit Gerechtigkeit und Nächstenliebe.[89] In Kroatien, der Slowakei, Ungarn, Rumänien und anderen Ländern, die antijüdische Gesetze verabschiedeten, war das Muster fast immer das Gleiche. Die Einwände des Vatikans richteten sich selten gegen das Prinzip der Diskriminierung an sich, auch wenn sie Gewalttätigkeit, Mord und rassistische Mutmaßungen über getaufte Juden, die der katholischen Lehre oder dem Kirchenrecht nicht entsprachen, anprangerten. Erst im August 1943 bemerkte der Jesuitenpater Pietro Tacchi Venturi, im Hinblick auf die Grundsätze und Traditionen der katholischen Kirche wiesen die antijüdischen Gesetze in Italien gewisse Tendenzen auf, die man außer Kraft setzen sollte, aber auch andere, die es wert seien, bestätigt zu werden.[90]

Ein solches Zögern und eine derartige Ambivalenz lassen sich nicht von dem tiefen Misstrauen trennen, das die Kirche den Juden immer noch entgegenbrachte, einem Misstrauen, dass der Holocaust nicht merklich verringern konnte. In den Köpfen der meisten Katholiken wurden die Juden auf theologischer Ebene immer noch mit einem Volk von »Gottesmördern« gleichgesetzt; im demokratischen Westen wurden sie mit den Kräften des Liberalismus, des Freimaurertums, des Rationalismus und des Säkularismus in Zusammenhang gebracht und im Osten mit einem diktatorischen, erbarmungslosen Bolschewismus. In der katholischen Tradition verkörperten die Juden eine säkulare »Moderne«, die für die Ideale einer christlichen Gesellschaft und ihre Vision von der Erlösung als schädlich galt. Die Kirchen, sowohl die katholische als auch die evangelische, waren – von wenigen ehrbaren Ausnahmen abgesehen – nicht in der Lage, die uralte »Lehre der Verachtung« den Juden gegenüber abzuschütteln, auch wenn sie den Holocaust nicht geplant hatten, nicht unterstützten und auch nicht guthießen. Die »Endlösung« war, um Emil Fackenheim zu zitieren, die »Nemesis einer zweitausendjährigen Krankheit im Christentum *selbst*, die umgewandelt wurde, als der Nationalsozialismus sich gegen die christliche Substanz kehrte«.[91]

6. KOLLABORATION INNERHALB EUROPAS

Man braucht viel Phantasie, um noch etwas Neues zu finden. Nach der Enteignung des Grundbesitzes, nach den Deportationen und Morden – wird alles Übrige eigentlich grotesk. […] Manchmal liegt etwas Teuflisches im Antisemitismus, aber jetzt platschen wir, wenn wir nicht in Blut schwimmen, durch schlammigen, gemeinen Diebstahl.

Mihail Sebastian, Tagebuch, Bukarest, 12. November 1941

Hitler, lass deine dreckigen Pfoten von unsern dreckigen Juden!

Graffiti in Amsterdam während des Kriegs

[…] die unmittelbaren Faktoren, die die Rettung der Juden während des Holocaust begünstigten, müssen im Zusammenhang mit den Gebräuchen und Traditionen der einzelnen Länder gesehen werden. Was die Tradition angeht, ist natürlich am relevantesten, ob sie vom Antisemitismus geprägt ist oder nicht. Aus vielen Gründen besaß das moderne Italien keine antisemitische Tradition.

Susan Zuccotti, The Italians and the Holocaust *(1987)*

Der nationalsozialistische Holocaust hatte auf sowjetischem Boden begonnen und richtete sich ursprünglich gegen die dreieinhalb Millionen Juden, die in der UdSSR mitsamt den gerade erst annektierten baltischen Staaten lebten. Zu seinen auffälligsten Merkmalen gehörte sein öffentlicher Charakter, ein fundamentaler Unterschied zu der Geheimhaltung, welche die Vergasungen umgab, die später in den Vernichtungslagern in Polen durchgeführt wurden. Als die Wehrmacht tiefer in die Sowjetunion eindrang, stieg die Zahl der Todesopfer rasch an.[1] Raul Hilberg zufolge hatten die Deutschen es bis Ende 1943 geschafft, in den früheren Grenzen der UdSSR fast zwei Millionen Juden zu ermorden, meistens durch Massenerschießungen in der Nähe ihrer Wohnorte. Ausschließlich in der Sowjetunion erschossen die Deutschen und ihre Helfer am hellen Tage wiederholt Hunderttausende unbewaffneter jüdischer Männer, Frauen und Kinder, fast in Sicht- und Hörweite ihrer Nachbarn. Obwohl diese Morde unübersehbar waren, hatte die sowjetische Regierung kein Interesse daran, mehr als bloße Einzelheiten zu veröffentlichen, die sich direkt auf den Genozid an den Juden bezogen. Ebenso war das Regime entschlossen, Hinweise auf die umfangreiche Zusammenarbeit von »friedlichen Sowjetbürgern« mit den nationalsozialistischen Invasoren zu vertuschen.

Das Beispiel der Ukrainer ist an dieser Stelle besonders relevant, weil sie in so hohem Maße mit den Deutschen »kollaborierten«. In der Ukraine trieben die örtlichen Polizeikräfte mit Feuereifer Juden zusammen und pferchten sie in Ghettos ein, so dass sie von ihren Nachbarn isoliert waren und ihre physische und psychische Widerstandskraft geschwächt wurde. Als im Spätsommer 1941 die Massenerschießungen begannen, waren es ukrainische Polizisten, welche die Juden zu den Erschießungsplätzen brachten und darauf achteten, dass niemand entkam. Auch wenn die Deutschen die Tötung der Juden immer durch ihre regionale SS und die Polizeiführer, die Sicherheitspolizei und Einheiten der mobilen Ordnungspolizei leiteten und koordinierten, haben jüngere Forschungen bestätigt, dass die einheimischen Polizisten (die »Schutzmannschaft«) als Helfer eine große Rolle spielten.[2] Zusammen mit der deutschen Gendarmerie war die ukrainische Polizei nicht nur für das Zusammentreiben der jüdischen Menschen verantwortlich, sondern sie beteiligte sich gelegentlich auch direkt an den Erschießungen in den Gruben, die für Massenexekutionen im Osten so charakteristisch waren.

In der Ukraine und im westlichen Weißrussland spezialisierte sich die so genannte Schutzmannschaft, die aus Einheimischen bestand, vor allem auf Operationen, bei denen Juden, die sich noch in den Ghettos versteckt hielten oder die in den Wäldern der Umgebung Zuflucht gefunden hatten, aufgespürt und umgebracht wurden.[3] Die örtlichen Polizisten waren besonders gefährlich, weil sie oft die Einzigen waren, die ihre früheren jüdischen Nachbarn eindeutig identifizieren konnten. In den Gebieten unter deutscher Zivilverwaltung hatten sich in den ersten Monaten der Besatzung mehr als 25 000 Männer freiwillig zum Dienst in der Schutzmannschaft gemeldet. An solchen Freiwilligen, die Juden zusammentrieben, sie in den Tod schickten oder sich an der berüchtigten »Judenhatz« auf dem Land beteiligten, mangelte es anscheinend nie. Das Verhältnis von einheimischen Polizisten zu deutschen Gendarmen betrug im Jahr 1942 zum Zeitpunkt der »Liquidationen« der Ghettos in den ländlichen Bezirken der Ukraine und Weißrusslands oft mehr als fünf zu eins. Insofern waren bei dem Tötungsprozess »von Angesicht zu Angesicht«, wie Daniel Goldhagen ihn beschreibt, nicht nur Angehörige der deutschen Ordnungspolizei »willige

Vollstrecker«. Ja, Augenzeugen schilderten später, dass manche der eifrigeren Täter, die versuchten, auf Grund ihrer Fähigkeiten als Mörder eine Beförderung zu erlangen, jüdische Frauen und Kinder sogar noch roher behandelten als die Deutschen selbst.

Die einheimischen Mörder bildeten eine Mischung aus nationalistischen Aktivisten, verrohten Antisemiten, landläufigen Opportunisten, früheren Kriminellen und einfachen Bauern, die nach einer sichereren Einkommensquelle suchten. Genauso unterschiedlich wie ihr Hintergrund waren auch ihre Motive. Manche wurden in erster Linie von purer persönlicher Gier getrieben und ließen sich durch Alkohol, Karrieresucht oder den Druck Gleichgesinnter anspornen, andere stachelte ein bösartiger Antisemitismus und glühender Hass auf das Sowjetregime an.[4] Zum Beispiel hatten die Ukrainer nicht vergessen, dass Stalin mit den Zwangskollektivierungen in der Landwirtschaft eine »Terror-Hungersnot« in ihrem Heimatland ausgelöst hatte, die Anfang der dreißiger Jahre vier Millionen Todesopfer gefordert hatte. Auch wenn die Stalinisten sich – ebenso wenig wie die Nationalsozialisten – realistischerweise nicht zum Ziel setzen konnten, das gesamte, 36 Millionen Menschen zählende ukrainische Volk auszulöschen, versuchten beide doch mit unterschiedlichen totalitären Methoden, dem hartnäckigen ukrainischen Nationalismus das Rückgrat zu brechen.[5] Wie auch anderswo in Osteuropa setzten die ukrainischen Nationalisten Juden in den dreißiger Jahren häufig mit der Nationalität der hegemonialen Unterdrücker (in diesem Fall mit den Russen) und mit dem verhassten sowjetischen Joch gleich. Diese »jüdisch-bolschewistische« Verschmelzung verschärfte fatalerweise den Antisemitismus, der seit dem siebzehnten Jahrhundert tief in das öffentliche Bewusstsein der Ukrainer eingegraben war. Es war ein Hass auf ethnischer und sozioökonomischer Ebene, der in den Jahren 1881 und 1905 und dann wieder während der russischen Bürgerkriege in blutigen Pogromen zum Ausbruch kam.[6]

Die Kollaboration mit den nationalsozialistischen Invasoren, die viele Ukrainer als »Befreiung« vom sowjetischen Kommunismus und von den Juden ansahen, war in den frühen Phasen der deutschen Besetzung nur allzu häufig. Diese Kooperation hätte noch viel größere Ausmaße angenommen, wenn die deutschen Eroberer in ihrer grenzenlosen rassischen Überheblichkeit und Torheit nicht Millionen ihrer ukrainischen Untergebenen so behandelt hätten, als wären sie tatsächlich slawische »Untermenschen«, und sie nicht in großer Zahl ausgebeutet und umgebracht hätten.[7] Doch während der anfänglichen Euphorie über den deutschen Einmarsch hatte es nicht an Ukrainern gemangelt, die sich den Besitz und die Häuser der Juden aneigneten, sobald die rechtmäßigen jüdischen Eigentümer zum Verlassen gezwungen worden waren.

Fast unmittelbar nach dem Einmarsch in die UdSSR hatten die Deutschen und ihre einheimischen Helfer auch in Litauen begonnen, systematisch Juden zu ermorden. Heydrich hatte den Einsatzgruppen Anweisung gegeben, sie sollten die einheimische Bevölkerung ermutigen, »spontan« gegen die Juden vorzugehen. Doch in diesem Fall brauchten die Litauer keine Ermunterung, so groß waren die Hingabe und die Raserei, mit der sie Pogrome durchführten. Die ersten Morde an 1 500 Juden in Kaunas (Kowno) – in der Nacht vom 25. auf den 26. Juni 1941 – wurden von den Litauern mit einer bestialischen Grausamkeit verübt, die selbst die Deutschen überraschte.[8] Die ultranationalistischen, antisowjetischen litauischen »Partisanen« meldeten sich am eifrigsten, um viele Tausend Juden in Kaunas, Wilna und in den zahlreichen Schtetlach in den litauischen Provinzen umzubringen. Bei diesen »Aktionen« übertrafen sie die Deutschen sowohl in Bezug auf Ausmaß und Intensität ihres Engagements als auch hinsichtlich der Zahl der Opfer, die sie umbrachten. Bis zu zwei Dritteln der litauischen Juden wurden möglicherweise von einheimischen Einheiten ausgelöscht, die ihren »Befreiern« sogar Unterricht darin geben konnten, wie man Frauen und Kinder erbarmungslos ermordete.

Insgesamt wurden während des Holocaust über 90 Prozent der litauischen Juden getötet, prozentual so viele wie in keiner anderen größeren jüdischen Gemeinschaft in Europa. Die große Mehrheit dieser Menschen wurde bemerkenswert rasch, in den fünf Monaten zwischen Ende Juni bis Dezember 1941, ausgelöscht. Keines dieser entsetzlichen Ereignisse wäre möglich gewesen, wenn es nicht die von Dina Porat so bezeichnete »fatale Kombination von litauischer Motivation und deutscher Organisation und Gründlichkeit« gegeben hätte.[9] Porat weist darauf hin, dass die Deutschen zwar den Rahmen und die »Legitimation« für die Morde schufen, dass aber der Brennstoff, der die Mordmaschinerie antrieb, aus den nationalen Hoffnungen der Litauer und aus ihrem Hass auf die Kommunisten bestand. Als die Deutschen kamen, explodierten die Gefühle, die sich während der sowjetischen Herrschaft über Litauen (1940–1941) – als die einheimische Bürgerschaft mit ansah, wie ihre Unabhängigkeit zunichte gemacht wurde – aufgestaut hatten, zu einer wahnwitzigen antisemitischen Wut. Auch wenn in Litauen, anders als in Polen, der Ukraine, Rumänien oder Russland, Pogrome nicht Tradition waren, erwiesen sich die Litauer bei der Tötung von Mann zu Mann als sehr effizient. Als die örtlichen Schutzmannschaftsbataillone (insgesamt etwa 8 500 Mann) ihr makabres Werk fast vollendet hatten, schickte man einige nach Weißrussland und Polen, wo sie ihre mörderischen Aktivitäten in kleinen Städten, Lagern und Ghettos fortsetzen sollten. Man traf ihre Mitglieder auch als Wächter in Vernichtungslagern wie Treblinka oder Majdanek an und bei den Hilfstruppen, die General Stroops

Soldaten bei der Niederschlagung des Aufstands im Warschauer Ghetto unterstützten. Ihr Ruf als Henker und Sadisten war unübertroffen.

Kroatien ist ein weiteres herausragendes Beispiel dafür, dass menschliche Bestialität eng mit einem leidenschaftlichen Nationalismus verknüpft war. Die herrschende Clique unter Pavelic brauchte von den Deutschen keine Ermutigung, um Juden zu töten, und noch weniger, um fast eine halbe Million Serben umzubringen. Auch hier war die deutsche Armee (trotz ihrer eigenen entsetzlichen Untaten in Serbien) anfangs über die Blutrünstigkeit der Ustascha-Faschisten, die im April 1941 an die Macht gelangt waren, überrascht.[10] Für die Kroaten blieben die orthodoxen Serben die Hauptfeinde. Sie sollten ins Exil getrieben, getötet oder wieder zum Katholizismus (angeblich dem »wahren Glauben ihrer Väter«) bekehrt werden. Im »neuen Kroatien« fand tatsächlich eine Zwangsbekehrung von Hunderttausenden orthodoxer griechischer Serben statt, was Jonathan Steinbergs Aussage, dass Kroatien »der einzige Satellitenstaat der Achsenmächte war, der mehr nichtjüdische als jüdische Zivilisten ermordete«, bestätigt.[11] Während des Zweiten Weltkriegs war der Völkermord in Kroatien offizielle, staatlich gelenkte Politik, und während der vierjährigen Ustascha-Herrschaft kamen 38 000 Juden und 27 000 Zigeuner ums Leben.[12] Schon drei Wochen nach Regierungsantritt (im Mai und Juni 1941) hatte das neue Regime antijüdische Rassengesetze erlassen, die Mischehen verboten, Juden aus dem Staatsdienst und aus akademischen Berufen entfernten, sie zwangen, ihr Eigentum anzugeben, sowie jüdische Geschäfte kennzeichneten und jüdisches Kapital »arisierten«. Nach dem Vorbild der Nürnberger Gesetze wurde Juden verboten, weibliche »arische« Bedienstete zu beschäftigen. Bald darauf wurde der größte Teil der kroatischen Juden in die berüchtigten Konzentrationslager der Ustascha geschickt, und weitere 7 000

Menschen wurden auf Anforderung der Deutschen von den Kroaten verschleppt.[13] Im Sommer 1943 bedauerte Erzbischof Stepinac die »unmenschliche und brutale Behandlung der Nichtarier während der Deportationen und in den Lagern« und, was noch schlimmer war, »dass weder Kinder noch alte Menschen noch die Kranken verschont« wurden.[14] Pavelic respektierte nicht einmal die Menschenrechte der zum Katholizismus übergetretenen Juden, sehr zum Entsetzen von Stepinac und dem akkreditierten Apostolischen Visitator Monsignore Marcone.[15]

Rumänien war ein weiteres Beispiel für die primitive Wildheit im Stil des Balkan. »Die unaussprechlichen Gräuel eines spontanen Pogroms gigantischen Ausmaßes waren sogar für die SS zu viel, ja versetzten sie in einen gewissen Schrecken.«[16] Im neunzehnten Jahrhundert hatte Rumänien mit seiner Judenverfolgung und dem kompromisslosen Beharren darauf, Juden als Fremde zu betrachten, dem zaristischen Russland Konkurrenz gemacht. Unter starkem Druck seitens der westlichen Verbündeten hatte das Land seiner jüdischen Minderheit dann nach dem Ersten Weltkrieg widerwillig die Staatsbürgerschaft gewährt, und diesen Schritt machte die rumänische Regierung im Dezember 1937 wieder rückgängig. Zu jener Zeit gab es in Rumänien mit 750 000 Menschen einen sehr großen jüdischen Bevölkerungsanteil. Innerhalb von kurzer Zeit verloren mehrere Hunderttausend Juden ihre bürgerlichen Rechte, ihren Besitz und ihre Arbeit. Weder die rumänische Regierung noch die fanatischen Ultranationalisten in der faschistischen »Eisernen Garde« brauchten von NS-Deutschland einen Anstoß, um diese Schikanen auszuführen. Der rumänische Nationalismus war fast zum Synonym für Antisemitismus geworden, und Parolen, in denen die Juden mit dem Kommunismus, dem Kapitalismus und der Plutokratie assoziiert wurden, fielen auf fruchtbaren Boden.[17] Eine extremistische antisemitische Bewegung wie die

Eiserne Garde konnte in den Wahlen von 1937 einen Stimmenanteil von 15,5 Prozent erlangen, was selbst die »Gemäßigten« in Rumänien zwang, sich rassistischer und fremdenfeindlicher Rhetorik zu bedienen, einfach um diese Extremisten in Schach zu halten.[18] Im August 1940 erklärte General Ion Antonescu fast alle rumänischen Juden zu Staatenlosen (nur etwa 10 000 Juden, die in eine spezielle, privilegierte Kategorie eingeordnet wurden, waren ausgenommen) und leitete eine der härtesten antijüdischen Gesetzgebungen ein, die es bis dahin in Europa gegeben hatte. Dieser Schritt veranlasste Hitler zu der Bemerkung, »daß ein Mann wie Antonescu in dieser Frage viel radikaler vorgeht, als wir es bisher getan haben«.[19]

Im Januar 1941 führte die Eiserne Garde in Bukarest ein brutales Pogrom durch, bei dem 170 Juden ermordet wurden. Im folgenden Monat trat Rumänien in den Krieg ein, und seine Truppen waren im Osten bald an entsetzlichen Massakern an Juden beteiligt, insbesondere auf der Krim und in der südlichen Ukraine. Allein in Odessa metzelten rumänische Soldaten mit beispielloser Grausamkeit etwa 30 000 Juden nieder. Selbst nachdem die Eiserne Garde aus der Regierung ausgeschlossen worden war, ging das Gemetzel im Sommer 1941 unvermindert weiter. Rumänische Truppen wurden eingesetzt, um Tausende von Juden in Zwangsmärschen zu ausgewählten Erschießungsplätzen zu bringen, um sie im Fluss Dniester zu ertränken oder in die deutsche Zone der Ukraine abzuschieben. Besonders schrecklich war die Deportation von fast 150 000 Juden in die neu annektierte Provinz Transnistrien. Die Juden wurden in Güterwagen gepfercht, und viele erlitten auf der tagelangen Fahrt den Erstickungstod. Die Ghettos und Konzentrationslager in Transnistrien standen denen im Deutschen Reich in ihrer Grausamkeit um nichts nach. Es überrascht nicht, dass drei Viertel der Juden in Transnistrien umkamen.

Die Regierung Antonescu ging zwar rücksichtslos gegen die nicht assimilierten, nicht rumänisch sprechenden Juden in Bessarabien und der Bukowina vor (die Rumänien 1941 von der Sowjetunion zurückerobert hatte), aber sie war längst nicht so bereit, deutsche Forderungen zu erfüllen, als die kulturell angepassten Juden des rumänischen Kernlandes in den Osten deportiert werden sollten.[20] Antonescu machte kein Geheimnis daraus, dass er sich gegen jeden Übergriff auf seine nationale Souveränität zur Wehr setzen würde. Wahrscheinlich war er auch der Ansicht, dass Rumänien seine territorialen Ziele bereits im Herbst 1942 erreicht hatte und besser daran tat, sich von NS-Deutschland zu lösen. Sein Regime hatte bereits etwa eine viertel Million rumänischer Juden umgebracht, zumeist ohne deutsche Unterstützung. Aber als das Kriegsglück sich gegen Deutschland wandte, zog Antonescu es vor, nicht alles auf eine Karte zu setzen, sich seine Kanäle zum Westen zu erhalten und sich nun allmählich von Hitlers »Endlösung« zu distanzieren.

Ende 1942 entwickelte sich ein blühender Handel mit Ausnahmezertifikaten für Juden, denn rumänische Beamte hatten entdeckt, dass der Verkauf von Juden ins Ausland ein profitables Geschäft sein konnte. Rumänien konvertierte jetzt begeistert zur Idee der jüdischen Emigration und wurde zum Markt für Juden, die Palästina zu erreichen suchten. Das europäische Land, das (abgesehen von Deutschland) die Massenvernichtung von Juden ganz aus eigener Initiative praktiziert hatte, erwies sich nun auch als besonders geschäftstüchtig. Diese Korruptheit führte zu einer neuen »Mäßigung« in der Judenfrage. Antonescu versuchte zunächst, die Nationalsozialisten zu überreden, den Juden die Ausreise in den Mittleren Osten zu erlauben, doch damit scheiterte er. Dann behinderte er ungeachtet des Drucks von Seiten der Deutschen mit Entschiedenheit die Deportation von Juden aus dem Regat-Gebiet des alten Rumänien. Bei Kriegsende hatten, trotz Antonescus früherem mörderischem Antisemitismus, etwa 300 000 rumänische Juden (über die Hälfte der jüdischen Bevölkerung) den Holocaust überlebt.

Ungarn war ein außergewöhnlich tragischer Fall, denn wenn die Deutschen nicht im März 1944 in das Land einmarschiert wären, wären viel mehr Juden verschont geblieben als in Rumänien. Stattdessen wurden in einem Schwindel erregenden, beschleunigten Vernichtungsprozess, der weniger als vier Monate dauerte, über 60 Prozent der 725 000 in Ungarn lebenden Juden in die Gaskammern nach Auschwitz geschickt. Bis zum 8. Juli 1944 waren fast 440 000 Juden verschleppt worden, und gegen Ende des Jahres war das Land, abgesehen von den Juden in Budapest, praktisch »judenrein«. Die Geschwindigkeit des Mordens wirkt umso schockierender, wenn man bedenkt, dass es in der letzten Phase des Krieges stattfand, als sicher war, dass NS-Deutschland seiner Niederlage entgegenging, und trotz des weit verbreiteten Wissens um den Holocaust und wiederholter Warnungen der Alliierten an die ungarische Regierung. Die 200 Deutschen in Adolf Eichmanns »Sondereinsatzkommando«, unterstützt von weiteren 600 Gestapoleuten, die man zur Beaufsichtigung der Deportationen nach Budapest geschickt hatte, hätten die ungarischen Juden kaum aus eigener Kraft in die Todeskammern verschleppen können. Die Mitarbeit der ungarischen Armee, der Gendarmerie (die die Schlüsselrolle spielte), die Mithilfe von Politikern, Beamten, faschistischer Pfeilkreuzler-Miliz und Transportarbeitern war unumgänglich. Sehr erleichtert wurde dieser Prozess dadurch, dass der ungarische Regierungschef, Admiral Horthy, kein Rückgrat zeigte und dass die gewöhnlichen Ungarn eher mit den Verfolgern als mit den Opfern zu sympathisieren schienen.[21] In den ersten Wochen nach der deutschen Invasion wurden nicht weniger als 35 000 Juden von der ungarischen Bevölkerung denunziert. Außerdem leisteten die christlichen Kirchen und der Primas von Ungarn, Kardinal Justinian Seredi, bemerkenswert wenig Widerstand (außer im Fall der Konvertiten) gegen die antijüdischen Maßnahmen, die letztlich zu den Deportationen führten.[22]

Der Widerstand seitens der Juden, der in der flachen, offenen Landschaft Ungarns schwierig war, war ebenfalls minimal. Ein Grund dafür, dass so wenige ungarische Juden zu den Waffen griffen, war der, dass sie seit ihrer Emanzipation im Jahr 1867 so fest in die ungarische Gesellschaft integriert waren. Im Rahmen eines multiethnischen ungarischen Staates, der zwar noch Teil des Habsburgischen Reiches war, aber ständig mit demographischen und politischen Herausforderungen von Rumänen, Deutschen, Slowaken, Serben und Kroaten konfrontiert war, waren die Juden vor 1914 wichtige Verbündete der Magyaren gewesen.[23] Während des Ersten Weltkrieges jedoch veränderte die kurzlebige Sowjetrepublik, die der jüdische Revolutionär Béla Kun und seine Verbündeten (von denen zwei Drittel Kommunisten jüdischer Herkunft waren) geschaffen hatten, die Einstellung der Ungarn entschieden zum Schlimmeren, obwohl die Revolutionäre dem Judentum nicht weniger feindlich gegenüberstanden als den christlichen Kirchen. Insbesondere galt das für die konservative Elite der Landbesitzer, die Juden traditionell als selbstverständliche Geschäftspartner angesehen hatte.

Im Jahr 1920 war Ungarn der erste moderne Staat im Nachkriegseuropa gewesen, der einen Numerus clausus einführte, um die Zahl jüdischer Studenten an den Universitäten auf 6 Prozent zu beschränken. 1938 begrenzte das erste antijüdische Gesetz den Anteil der Juden in kommerziellen, finanziellen und industriellen Bereichen sowie im Journalismus und in den freien Berufen auf 20 Prozent. Ein zweites antijüdisches Gesetz mit größerer Tragweite folgte im Mai 1939. Es reduzierte die Teilnahme der Juden am akademischen und wirtschaftlichen Leben auf

6 beziehungsweise 12 Prozent. Das dritte antijüdische Gesetz vom Juli 1941 ließ einen viel unverhohleneren Rassismus erkennen. Es verbot Mischehen zwischen Christen und Juden und beschnitt die Ausnahmeregelungen.[24] Diese Gesetzesflut spiegelte auf ihre Weise wider, welche außergewöhnlich bedeutende Rolle die Juden viele Jahrzehnte lang in Ungarns wirtschaftlichem und kulturellem Leben gespielt hatten.

Ebenso wie im Rumänien der dreißiger Jahre versuchten auch in Ungarn mehrere Regierungen hintereinander, die extreme Rechte auszuschalten, indem sie selbst eher gemäßigte rechtliche Maßnahmen gegen die Juden ergriffen. Aber mit dieser Taktik ließ sich nicht verhindern, dass in den Wahlen vom Mai 1939 die im nationalsozialistischen Stil agierenden Pfeilkreuzler 45 von insgesamt 260 Parlamentssitzen erhielten. Die Pfeilkreuzler forderten sofort weit striktere Maßnahmen gegen die Juden, die ihrerseits durch die neuen Gesetze vom Juli 1941 teilweise zufrieden gestellt worden waren. Im Juni 1942 brachte dann Premierminister Kállay, ein kosmopolitischer katholischer Aristokrat, einen Gesetzesentwurf zur Enteignung des von Juden kontrollierten Landbesitzes ein. Einige Wochen später wurde der jüdischen Religion die Gleichbehandlung mit anderen Konfessionen, die seit 1895 bestanden hatte, aberkannt. Kállay wies jedoch mit Bestimmtheit deutsche Forderungen zurück, sämtlichen jüdischen Besitz zu enteignen, den gelben Stern einzuführen oder die Juden in den Osten zu deportieren.[25] Als Hitler Admiral Horthy vom 17. auf den 18. April 1943 nach Schloss Klessheim bestellte, war offensichtlich, dass sowohl er als auch von Ribbentrop tief verärgert darüber waren, dass Juden in Ungarn (ob getauft oder nicht) immer noch wirtschaftlich und politisch einflussreiche Positionen innehatten. Das war nahezu mit Sicherheit ein Grund dafür, dass die Deutschen kaum ein Jahr später in Ungarn einmarschierten.[26]

Nach der Invasion vom März 1944 war der neue ungarische Premierminister Dőme Sztójay bereit, den Deutschen zu geben, was sie verlangten. Adolf Eichmann fand bald drei Ungarn, auf die er sich vollkommen verlassen konnte. In »Blitzesschnelle« brachten sie die Juden in den Provinzen zusammen und transportierten dann fast eine halbe Million von ihnen nach Auschwitz. Die ungarischen Chef-Kollaborateure waren Oberstleutnant László Ferenczy, der direkt für die Deportationen verantwortlich war, László Baky im Innenministerium, der die Gendarmerie beaufsichtigte, und László Endre, Staatssekretär für politische jüdische Angelegenheiten, ein besonders fanatischer Antisemit.[27] Die Kollaboration fand von nun an auf breiter Ebene statt. Für die Deportationen war in jedem Ort die Mitarbeit des Bürgermeisters, des Polizeichefs und der Gendarmen sowie der Beamten nötig, die sich, wie andere Ungarn auch, oft selbst bereicherten, indem sie die abfahrenden Juden und ihr Eigentum plünderten. Dass die meisten ungarischen Nichtjuden der Vernichtung von so vielen Juden (die in manchen Gemeinden seit Jahrhunderten gelebt hatten) derartig wenig Widerstand entgegensetzten, war umso bestürzender, als die ungarischen Juden seit langem stolz darauf waren, wie gut sie assimiliert waren. Schließlich gab Admiral Horthy dem Druck von außen doch nach und stoppte am 7. Juli 1944 die Deportationen. Er beugte sich damit heftigen Protesten, die von den westlichen Alliierten, von Papst Pius XII., vom König von Schweden und anderen Würdenträgern kamen, und zweifellos fürchtete er nach den amerikanischen Bombenangriffen auf Budapest am 2. Juli 1944 Vergeltungsmaßnahmen, das Anrücken der Roten Armee aus dem Osten und auch den Vormarsch der Alliierten in der Normandie. Zwangsläufig musste er Präsident Roosevelts Ultimatum zur Kenntnis nehmen, in dem es hieß, das Schicksal Ungarns werde dem Schicksal keiner anderen zivilisierten Nation gleichen, bis die Deportationen unterbunden würden.[28]

Mitte Oktober 1944 jedoch stürzten die Deutschen die Regierung Horthy und ernannten den brutalen antisemitischen Führer der Pfeilkreuzler, Ferenc Szálasi, zum Staatsoberhaupt. Nun begann die grausige letzte Phase des ungarischen Holocaust – eine Terrorherrschaft, während derer das Blut von mehr als 20 000 Juden, die von fanatischen Pfeilkreuzlern gequält und abgeschlachtet wurden, die Donau rot färbte.[29] Es war eine Phase, in der Juden in aller Welt eindringliche Appelle an die Regierungen der Verbündeten, an das Internationale Rote Kreuz, den Vatikan und neutrale Länder richteten und sie anflehten, jüdische Leben zu retten. In Budapest wurden – nach einer Idee von Raoul Wallenberg, dem heldenhaften schwedischen Diplomaten – mindestens 15 000 Juden durch Schutzpässe gerettet. Auch der tatkräftige päpstliche Nuntius Angelo Rotta rettete Juden, ebenso wie Schweizer Diplomaten, die Gebäude speziell zu dem Zweck erwarben, Juden sicher darin unterzubringen.[30] Interessanterweise war es eine anhaltende Schweizer Pressekampagne, die im Sommer 1944 viel dazu beitrug, bei führenden westlichen Politikern Empörung über das Schicksal der ungarischen Juden zu wecken.[31]

Die Stellung der Juden im »unabhängigen« slowakischen Staat, der 1939 mit deutscher Hilfe gegründet worden war, war noch gefährdeter als die der ungarischen Juden. Die faschistische Miliz (die Hlinka-Garde) in diesem kleinen, schwachen, rückständigen Marionettenstaat war katholisch und gleichzeitig auch ultranationalistisch, prodeutsch und sehr antisemitisch. Die meisten Katholiken in der slowakischen Regierung teilten den »modernen« Rassismus der Nazis nicht ganz. Sie zogen immer noch die traditionelle katholische Unterscheidung zwischen getauften und nicht konvertierten Juden vor. Sicherlich waren sie daran interessiert, die Juden zu deportieren und ihr Eigentum zu übernehmen, aber von der »Endlösung« wussten sie noch nichts. Es gab allerdings einflussreiche Personen wie den Innenminister Alexander Mach und den an den Deutschen orientierten Ministerpräsidenten Vojtech Tuka, die im Umgang mit der »Judenfrage« die Nazis zu imitieren wünschten. Diese Männer bildeten die treibende Kraft hinter der Deportation von fast 90 000 slowakischen Juden, mit der Anfang 1942 begonnen wurde. Es gibt, wie Yehuda Bauer argumentiert, Hinweise darauf, dass es eher die Slowaken waren als die Deutschen, die die Deportationen in die Wege leiteten.[32] Die slowakische Führung wusste bis Mai 1942 nichts Definitives von den Massenmorden in Polen, auch wenn sie wahrscheinlich bereits einige Hinweise erhalten hatte. Ende Juli 1942 jedoch waren 52 000 Juden nach Polen abtransportiert worden, darunter Frauen, Kinder und sehr junge oder hinfällige Menschen. NS-Deutschland verlangte für jeden Juden, den es erhalten hatte, 500 Reichsmark, erhob aber keinen Anspruch auf das Eigentum der Juden. Die slowakische Führung, die eifrig bemüht war, in der neuen Ordnung der Nationalsozialisten mitzuarbeiten, rechnete damit, dass sie aus den massenweisen Enteignungen jüdischen Besitzes ansehnlichen Profit schlagen würde.

Es war in der Slowakei, dass zum ersten Mal ein jüdisches Zentrum (*Ústredňa Židov*) entstand, das versuchte, die Deportationen zu verhindern, indem es slowakische Beamte bestach und Verhandlungen mit Dieter Wisliceny, Eichmanns Vertreter in Bratislava, führte. Die Mitglieder des jüdischen Zentrums gehörten zwar offiziell zu Tisos Regierungsapparat (und mindestens eine Person war dabei, die mit Deutschland kollaborierte), aber sie taten, was in ihren Kräften stand, um die Vernichtungsmaschinerie zu sabotieren. Sie richteten Netze von Nachrichtendiensten ein, halfen etwa 8 000 Juden, in das noch verhältnismäßig sichere Ungarn zu gelangen, gaben Informationen über Deportationen in den Westen weiter und engagierten sich auf andere Weise im Untergrund. Neben diesem Zentrum entstand noch eine weitere Arbeitsgruppe, die von der mutigen Zionistin Gizi Fleischmann und dem ultraorthodoxen Rabbiner Michael Cov Ber Weissmandel geleitet wurde. Dort entwickelte man den Plan, Wisliceny mit einer großen Geldsumme zu bestechen und so die Deportationen zu stoppen.[33] Gegen Ende 1942 schlug die Arbeitsgruppe Wisliceny dann ein viel umfassenderes Vorhaben namens Europa-Plan vor, bei dem gegen eine Anzahlung von 200 000 Dollar, der weitere Summen folgen würden, alle Deportationen nach Polen (und vielleicht sogar die Tötungen) eingestellt werden sollten. Rabbi Weissmandel (der irrtümlich annahm, dass die erste Zahlung an Wisliceny im Sommer 1942 den Deportationen aus der Slowakei Einhalt geboten hatte) sollte später die Juden außerhalb Europas beschuldigen, sie hätten bei der Rettung der europäischen Juden versagt, weil sie das Geld nicht rechtzeitig geschickt hätten. Seine Vorwürfe beruhten jedoch auf seiner Unkenntnis dessen, was in der Slowakei tatsächlich geschah, auf seiner Ahnungslosigkeit in Bezug auf die finanziellen Zwänge auf jüdischer Seite so wie auf einer Fehlinterpretation der nationalsozialistischen Absichten.[34]

Es gab, wie wir gesehen haben, Länder wie die Slowakei, Kroatien, Litauen und Rumänien, die mit ihrer brutalen Behandlung der Juden den Deutschen zu verschiedenen Zeitpunkten vorangingen oder ihnen sogar Konkurrenz machten. Aber es gab auch gegenteilige Fälle, in denen die »Endlösung« teilweise oder vollkommen sabotiert wurde. Ein dramatisches Beispiel hierfür war Bulgarien, dessen 50 000 einheimische Juden den Krieg überlebten, obwohl Deutschland während des Krieges beträchtlichen Druck auf seinen Verbündeten ausübte, diese Menschen zur Deportation auszuliefern.[35] Die bulgarische Monarchie hatte sich dank ihrer Allianz mit NS-Deutschland territorial stark vergrößern können (auf Kosten von Griechenland, Jugoslawien und Rumänien). Anders als Ungarn und Rumänien jedoch schickte sie nicht einmal Alibi-Truppen an die Ostfront, um gegen die Sowjetunion zu kämpfen. Außerdem war, im Gegensatz zur Slowakei, Kroatien, Rumänien und Ungarn, die faschistische Bewegung im Land klein und hatte keinen politischen Einfluss. Auch besaß Bulgarien ein hoch geachtetes Parlament, das harmonisch mit der Monarchie zusammenarbeitete. Vor allem aber war dieses Land auffallend frei von Antisemitismus, der im größten Teil Osteuropas so stark verbreitet war. Hier lag ein wesentlicher Grund dafür, dass das Land den Forderungen der Nationalsozialisten, einheimische Juden auszuliefern, widerstand. Die meisten Bulgaren betrachteten die vor allem sephardischen Juden, die in das nationale Leben gut integriert waren, einfach nicht als Gefahr für ihre Gesellschaft.[36]

Es stimmt, dass die bulgarische Regierung im Januar 1941 einige antijüdische Gesetze verabschiedete. Sie waren aber weitaus milder als in den meisten anderen Ländern Europas und wurden durch viele Ausnahmen abgeschwächt. Zum Beispiel waren sämtliche getauften Juden (unabhängig vom Zeitpunkt ihrer Konversion) automatisch nicht betroffen. 5 000 Juden – ein Zehntel der gesamten jüdischen Bevölkerung – erhielten besondere Privilegien. Ein Numerus clausus wurde eingeführt, aber er beruhte auf dem Prozentsatz der Juden in den Städten, so dass er recht hoch war. Selbst die schärfste Maßnahme – die Einbeziehung von 6 000 leistungsfähigen Männern zur Zwangsarbeit – war kaum geeignet, die deutschen Nationalsozialisten zu begeistern, die klagten, dass Bulgarien das »Judenproblem« nicht begreife. Sogar das gelbe Zeichen, das kurz eingeführt (und dann wieder entfernt) wurde, war sehr klein, und die meisten Juden machten sich nicht einmal die Mühe, es zu tragen. Ein

Bericht des SD an das Auswärtige Amt im November 1942 stellte fest, dass diejenigen, die es trugen, von der »irregeleiteten Bevölkerung« viel Anteilnahme bekämen.

Als Hitler König Boris III. von Bulgarien aufforderte, die bulgarischen Juden für die Arbeit in Deutschlands Ostgebieten auszuliefern, lehnte der Monarch ab und berief sich darauf, dass die jüdischen Arbeitskräfte im eigenen Land gebraucht würden, um Straßen und Eisenbahnlinien zu bauen. Nicht einmal Theodor Dannecker, ein eifriger SS-Experte für Judendeportationen, der Anfang 1943 nach Sofia kam, konnte die Situation grundlegend ändern, vor allem deshalb nicht, weil das Parlament und große Teile der bulgarischen Bevölkerung gegen Deportationen waren. Allerdings handelte Dannecker mit Aleksandur Belev, dem Kommissar für jüdische Angelegenheiten, ein Abkommen aus, wonach 20 000 Juden deportiert werden sollten. Keiner dieser Menschen sollte jedoch das Land verlassen. Politiker, Kleriker, Intellektuelle und Beamte standen auf Seiten der Juden.[37] Als diese Nachrichten den König erreichten, wies er den Premierminister an, die Deportationen abzusagen. Die Juden wurden 1943 aus der Hauptstadt zwangsumgesiedelt, so dass sie an ihren neuen Wohnorten in kleinen Provinzstädten sehr zum Missvergnügen der Deutschen eher verstreut als konzentriert waren. Der griechisch-orthodoxe Metropolit Stephan von Sofia erklärte öffentlich, »dass Gott das jüdische Schicksal vorbestimmt hat und Menschen kein Recht haben, die Juden zu foltern und zu verfolgen«. Das war, wie Hannah Arendt schreibt, »erheblich deutlicher als alles, was man aus dem Vatikan gehört hat«.

In seiner Untersuchung zu diesem Thema würdigt Michael Bar-Zohar besonders die Bemühungen von Dimitr Peschew, dem stellvertretenden Parlamentspräsidenten, der zusammen mit 42 Abgeordneten Druck auf den bulgarischen Premierminister ausübte, um die Juden zu retten. Bar-Zohar schildert auch den intensiven Einsatz der bulgarischen Juden selbst und die heimliche Aktion von Belevs bulgarischem Sekretär, der ein führendes Mitglied der jüdischen Gemeinschaft warnte, als die ersten Deportationen drohten. Resultat der Rettungsaktion war, dass die deutschen Bevollmächtigten in Sofia unsicher wurden. Der deutsche Botschafter schrieb im Juni 1943 an seinen Außenminister, dass die Situation hoffnungslos sei und dass es keinen Sinn habe, weiter Druck auf Bulgarien auszuüben, damit es seine Juden zur Deportation ausliefere, weil die Bulgaren weder das gleiche Konzept noch die gleichen Vorstellungen hätten, die in Deutschland herrschten. Die Bulgaren seien es seit Jahrhunderten gewohnt, harmonisch mit ihren Minderheiten – Türken, Juden, Zigeunern, Armeniern usw. – zusammenzuleben, einfach weil, anders als in anderen Ländern, keine deutlich erkennbaren Eigenarten sie von diesen Völkern trennten.[38]

Die Deutschen gaben ihre Bemühungen bald auf, und während des Krieges wurde kein einziger einheimischer bulgarischer Jude verschleppt. Von den in Makedonien und Thrakien, den neu eroberten Gebieten, lebenden Juden wurden jedoch 11 363 mit Hilfe von bulgarischen Polizeieinheiten unter deutschem Kommando nach Treblinka deportiert. Über die Souveränität der besetzten Gebiete war noch nicht entschieden, und wahrscheinlich hätten König Boris oder der bulgarische Staat nicht viel tun können. Aber anders als im Falle Dänemarks (dem Bulgarien in anderer Hinsicht ähnelt) gibt es keine Hinweise darauf, dass Aktionen zur Rettung von Juden aus diesen Gebieten geplant oder unternommen wurden.

Dänemark war das einzige Land im nationalsozialistisch besetzten Europa, dessen gesamte jüdische Gemeinde gerettet wurde, weil die Bevölkerung der NS-Politik mit heftigem Widerstand begegnete.[39] Obwohl die Nationalsozialisten Dänemark im April 1940 erobert hatten, behandelten sie das Land, als wäre es ein neutraler Staat, so dass es eine unabhängige Regierung behielt, in deren Geschäfte die Deutschen sich bis zum Herbst 1943 nicht einmischten. Anders als in Norwegen gab es unter den Dänen keine begeisterten Kollaborateure, die in einer ernsthaft faschistischen oder nationalsozialistischen Bewegung organisiert gewesen wären. Im Gegensatz zu Deutschland hatte die lutheranische Tradition keinen nennenswerten religiösen Antisemitismus hervorgebracht, und protestantische Pastoren standen bei den Protesten zu Gunsten der Juden in vorderster Reihe. Wie Bulgarien und Italien war auch Dänemark relativ immun gegen den Judenhass, hielt es aber nicht für nötig, komplizierte Verrenkungen zu unternehmen und doppeltes Spiel zu treiben, um seine Juden zu retten. In Dänemark wandten die Deutschen nicht einmal ihren bevorzugten Trick an, den Widerstand dadurch aufzuweichen, dass sie zwischen den 6 400 einheimischen Juden und den 1 400 »staatenlosen« Flüchtlingen aus Deutschland unterschieden, die vor dem Krieg dort Asyl erhalten hatten.

Die jüdische Gemeinde in Dänemark war nicht nur klein, relativ homogen und stark assimiliert – sie hatte auch das Glück, in einem Land zu leben, in dem die gesamte Gesellschaft von einem demokratischen, staatsbürgerlichen Bewusstsein getragen war.[40] Das schien sogar die deutsche Besatzungsmacht selbst zu beeinflussen, unter anderem auch den Militärbefehlshaber General von Hannecken. Der deutsche Gesandte in Dänemark, Werner Best, spielte nach November 1942 ebenfalls eine etwas doppeldeutige Rolle. Trotz seiner Vorgeschichte als »Schreibtischmörder« und enger Mitarbeiter von Heydrich gibt es Hinweise darauf, dass er dabei half, Himmlers Befehle zur Deportation der dänischen Juden zu sabotieren. Die deutschen Truppen trieben schließlich von über 7 000 Juden nicht mehr als 477 zusammen. Best hatte den Soldaten verboten, in jüdische Wohnungen einzudringen. Führende jüdische Persönlichkeiten, die von dänischen Regierungsbeamten Hinweise auf die für den 1. Oktober 1943 geplante Deportation erhalten hatten, ließen diese Nachricht während des Gottesdienstes zum jüdischen Neujahrsfest in den Synagogen verbreiten, was den Juden gerade genug Zeit gab, sich zu verstecken. Auch hier hatten sie Glück, dass ihre dänischen Nachbarn darauf vorbereitet waren, sie zu empfangen.

Während des ganzen Monats Oktober wurden Juden über die schmale Wasserstraße ins neutrale Schweden gebracht, wo selbst die nichtdänischen Juden eine Arbeitserlaubnis bekamen. Die dänische Fischereiflotte half beim Transport, und die Kosten wurden zum großen Teil von wohlhabenden dänischen Bürgern getragen. Mit dieser Großzügigkeit stand Dänemark in krassem Gegensatz zu vielen anderen Ländern, wo die Juden Wucherpreise bezahlen mussten, um überhaupt eine Ausreisegenehmigung zu erhalten. Der offene Widerstand, den Dänemark der nationalsozialistischen Judenpolitik während des Holocaust entgegensetzte, war in der Tat einzigartig, selbst wenn man berücksichtigt, dass es sehr hilfreich für das Land war, mit Schweden einen verständnisvollen Nachbarn zu haben, der (trotz seiner »Kollaboration« mit Deutschland) bis 1943 bereit war, ohne Bedingungen Juden aufzunehmen.[41] Auch Finnland, das sich kategorisch weigerte, über die Deportation seiner 2000 Juden mit den NS-Bevollmächtigten auch nur zu diskutieren, bewies, dass der Widerstand gegen deutsche Forderungen in der Praxis möglich war. So mussten die Nationalsozialisten ihren größten Fehlschlag bei der Lösung der »Judenfrage« paradoxerweise bei ihren skandinavischen »Blutsbrüdern« hinnehmen. Abgesehen von seltenen Ausnahmen erwiesen sich diese »nordischen Menschen« bei der Judenverfolgung überhaupt nicht als hilfreich, während von den »Untermenschen« des Ostens, die von den Nationalsozialisten verunglimpft wurden, nur allzu viele bereitwillig bei der Ausplünderung und Ermordung ihrer jüdischen Nachbarn mitwirkten.

Holland glich den skandinavischen Ländern insofern, als auch dort ein recht gemäßigter Antisemitismus herrschte (obwohl deutsche Juden, die vor 1939 dorthin geflohen waren, nicht gerade herzlich begrüßt worden waren), und große Teile der Bevölkerung standen den antijüdischen Maßnahmen, die unter der deutschen Besatzung eingeführt wurden, ablehnend gegenüber. Unterstützung und Hilfe für Juden kam besonders häufig von holländischen Calvinisten. Auch Johannes de Jong, der katholische Erzbischof von Utrecht, verbot seiner Gemeinde, den Deutschen beim Zusammentreiben der Juden zu helfen.[42] Im Februar 1941, nachdem an vielen Orten Juden verhaftet worden waren und unter den Gewalttätigkeiten der Nationalsozialisten gelitten hatten, hatten die Arbeiter in Amsterdam einen Generalstreik ausgerufen, der zwei Tage dauerte. Nach Kriegsbeginn war das in Europa die erste öffentliche Demonstration gegen die nationalsozialistische Judenpolitik. Doch die Nazis konnten den Widerstand der Niederländer meistens relativ mühelos brechen, nicht zuletzt, weil die flache, offene Landschaft Methoden eines Guerillakrieges praktisch unmöglich machte. Außerdem lernten die Deutschen aus den öffentlichen Protesten. Sie hielten Polizeirazzien in den Straßen ab und führten ihre Judenverfolgung anschließend mit Hilfe von Erlassen durch, die in amtlichen Blättern veröffentlicht wurden. Auch hatten sie niederländische Helfer. Zum Beispiel konnten sie sich auf Anton Musserts *Nationaal Socialistische Beweging* verlassen, die in den Niederlanden relativ stark war. Vor 1939 war diese Bewegung zwar nicht nennenswert antisemitisch gewesen, aber später war sie mehr als hilfsbereit, wenn es darum ging, Juden aus ihren Verstecken aufzustöbern. Noch wichtiger war die Hilfe der niederländischen Bürokratie, die genaue Informationen über Adressen, Arbeitsstellen und Herkunft der Juden lieferte. Damit nicht genug: Geachtete Mitarbeiter der holländischen Börse, der Versicherungen und der Banken beteiligten sich bereitwillig und aus eigenem Antrieb an der Plünderung von jüdischem Vermögen.

Auch die niederländische Polizei spielte bei der Entfernung der Juden eine wesentliche Rolle und arbeitete in voller Absicht mit der SS zusammen. Die Polizisten waren für das grausame Zusammentreiben in jüdischen Wohnvierteln verantwortlich, das den Deportationen voranging, auch wenn es unwahrscheinlich ist, dass sie den letzten Bestimmungsort ihrer Opfer kannten. Einen Großteil der Schuld am Eifer der Polizei kann man Sybren Tulp zuschreiben, dem charismatischen Polizeichef von Amsterdam, der ein glühender Bewunderer Hitlers war. Weil die Mehrheit der 140 000 niederländischen Juden in Amsterdam lebte (insbesondere, nachdem man 1942 auch holländische Juden aus anderen Orten gezwungen hatte, dorthin umzuziehen), war sein Einfluss besonders verheerend.[43] Nur 25 000 holländische Juden konnten sich erfolgreich vor der Polizei verstecken, auch wenn man das bei einem kleinen Land ohne Gebirge oder große Wälder, die Deckung geboten hätten, als relativ hohe Zahl betrachten mag. 107 000 holländische Juden wurden nach Westerbork und von da aus weiter verschleppt, und weniger als 5 000 kehrten nach dem Krieg lebend zurück.[44] In Holland wurden die Deportationen zu einer Katastrophe, die in ganz Westeuropa beispiellos war. Über 80 Prozent der holländischen Juden kamen in den Vernichtungslagern in Polen ums Leben. Leider war die Leichtgläubigkeit der jüdischen Führung für dieses Unheil mit verantwortlich.

Die Deutschen hatten einen *Joodse Raad* (Judenrat) eingerichtet, der die antijüdischen Verordnungen in seiner Zeitung veröffentlichte, gelbe Abzeichen verteilte und allgemein einen »privilegierten« Status genoss. Er half bei den Deportationen, vermied jeden Widerstand und übergab den Deutschen sogar die Namen von 7000 Gemeindemitgliedern. Die Leitung des Judenrates glaubte lange Zeit hartnäckig, dass nur jüdische Flüchtlinge aus Deutschland oder andere »Ausländer« deportiert werden würden. Eine konkurrierende jüdische Gruppe, die jede Zusammenarbeit mit den Nationalsozialisten ablehnte, setzte dieser Politik der Kollaboration heftigen Widerstand entgegen. Der *Joodse Raad* und seine Vorsitzenden weigerten sich vielleicht einfach, das Schlimmste zu glauben, und vertrauten naiv auf einen allgemeinen Respekt vor dem Gesetz und auf etwas, das sie »Zivilisation« nannten. Möglicherweise hätten die Ratsmitglieder ohnehin wenig tun können, um die »bösen Verordnungen« zu unterlaufen. Aber eine weniger wohlwollende Deutung ihres Verhaltens musste zu dem Schluss kommen, dass sie sich, wie es anderswo auch geschah, von der Vernichtungsmaschinerie vereinnahmen ließen, und zwar mit besonders katastrophalen Resultaten.[45]

Im benachbarten Belgien war die Situation der Juden praktisch in jeder Hinsicht anders. Vor dem Krieg hatte es dort etwa 90000 Juden gegeben, von denen ein Drittel Flüchtlinge aus Deutschland waren. Ein noch höherer Prozentsatz stammte aus anderen europäischen Ländern, wie Polen und der Tschechoslowakei. Ende 1942 waren fast 40000 Juden aus Belgien geflohen (darunter auch die wichtigsten führenden Persönlichkeiten), und von den 50000 im Land verbliebenen Juden waren nur 5000 in Belgien geboren.[46] Die staatenlosen oder erst kürzlich eingebürgerten Juden waren meistens leicht zu identifizieren, und in einem so kleinen, stark urbanisierten und industrialisierten Land war es schwer, sich zu verstecken. Ende 1942 waren etwa 15000 dieser vor allem ausländischen Juden (30 Prozent der belgischen Juden) nach Auschwitz deportiert worden. Aber als die Deutschen 1943 anfingen, belgische Juden zusammenzutreiben, gab es öffentliche Proteste, die dazu führten, dass einige der Internierten wieder freigelassen wurden. Was in diesem und in anderen Fällen half, war die Haltung der obersten deutschen Militärs – des Gouverneurs, General Alexander von Falkenhausen (der 1944 an der Verschwörung gegen Hitler beteiligt war), und des Brigadiers General Eggert Reeder. Beide hatten die Einführung des gelben Sterns in Belgien abgelehnt und die Macht der SS und der Gestapo erfolgreich beschnitten. Wichtig war auch, dass (anders als in Holland) die belgische Polizei entschied, nicht mit den Deutschen zu kooperieren, und Eisenbahnarbeiter waren bei der Abfertigung der Deportationszüge gelegentlich absichtlich unaufmerksam und ermöglichten so einigen Juden die Flucht. In Belgien gab es, außer in der flämischsprachigen Bevölkerung, relativ wenige Einheimische, die mit den Nationalsozialisten kollaborierten. Selbst die faschistische Rexist-Partei mit ihrem Vorsitzenden Léon Degrelle (die nach 1939 unter den französischsprachigen Wallonen an Einfluss verlor) arbeitete deutlich weniger mit den Deutschen zusammen als Musserts *Nationaal Socialistische Beweging* in Holland. Alle diese Faktoren führten dazu, dass die Zahl der jüdischen Todesopfer aus Belgien mit etwa 25 000 Menschen bedeutend niedriger war als in Holland.[47]

Frankreich andererseits besaß sowohl die größte jüdische Gemeinde in Westeuropa als auch eine antisemitische Tradition, deren literarische Brillanz von keiner anderen europäischen Nation erreicht wurde.[48] Gleichzeitig war Frankreich die Wiege der jüdischen Emanzipation in Europa gewesen – was 150 Jahre, bis zur Niederlage 1940, nachgewirkt hatte. In der Dritten Republik waren Frankreichs Juden längst gut in die französische Gesellschaft, die Kultur und die Politik integriert. In den dreißiger Jahren jedoch, als Tausende von Flüchtlingen (darunter viele Juden) ins Land strömten, war das ehemals tolerante Klima für die

Juden unwirtlicher geworden. 1940 schätzte man, dass von den etwa 330 000 in Frankreich lebenden Juden etwa 195 000 gebürtige Franzosen waren und die anderen 135 000 aus dem Ausland kamen. Es ist ohne Zweifel richtig, dass etwa 50 Prozent der ausländischen Juden in den Tod geschickt wurden, aber nur etwa 10 Prozent der *israélites français*. Insgesamt sollten etwa 80 000 Menschen (ein Viertel aller französischen Juden) im Holocaust sterben, ein furchtbarer »Makel« der modernen französischen Geschichte, aber eine relativ »geringe« Zahl an Todesopfern, wenn man das gesamte europäische Horrorkabinett betrachtet.

Das militärische Debakel vom Juni 1940 und die anschließende deutsche Besetzung waren die Voraussetzung für Marschall Pétains »nationale Revolution« und das Vichy-Regime in der südlichen Landeshälfte. Die französische Regierung behielt als Ergebnis des Waffenstillstands eine gewisse Souveränität und konnte daher das Ausmaß der deutschen Intervention in der »Judenfrage« in ihrer eigenen Zone begrenzen. So wurde zum Beispiel der gelbe Stern, dessen Tragen in der deutschen Besatzungszone nach dem 7. Juni 1942 per Erlass vorgeschrieben worden war, von Marschall Pétain in Vichy nicht eingeführt.[49] Andererseits verfolgte die französische Regierung die Juden während der Kriegsjahre und verabschiedete nach Oktober 1940 sogar von sich aus antijüdische Gesetze, die so streng waren wie nur irgendetwas, was die Deutschen erfunden hatten. Diese Gesetzgebung war ein autonomer Akt und beruhte auf einer ureigenen französischen Tradition, in der sich althergebrachter Katholizismus, Fremdenhass, integraler Nationalismus und rassistische Vorurteile über den minderwertigen Charakter der Juden vermischten.[50] Das *Statut des Juifs*, das »Judengesetz« vom 4. Oktober 1940, autorisierte Präfekten (als Bevollmächtigte des französischen Staates), ausländische Juden in speziellen »Lagern« zu internieren oder sie in entlegenen Dörfern unter Polizeiaufsicht zu stellen. Am 7. Oktober entzog der französische Staat per Erlass allen algerischen Juden die französische Staatsbürgerschaft, die sie siebzig Jahre lang besessen hatten.

Im *Statut des Juifs* der Vichy-Regierung war ausdrücklich von Rasse die Rede. Personen mit nur zwei Großeltern »jüdischer Rasse« wurden als Juden klassifiziert, wenn sie mit einem Juden oder einer Jüdin verheiratet waren – eine Definition, die strenger war als die damalige deutsche Gesetzgebung. Der Vichy-Regierung ging es besonders darum, weitere Einwanderungen jüdischer Flüchtlinge zu verhindern und die Auswanderung bereits in Frankreich lebender Flüchtlinge zu fördern. Man war entschlossen, alles Fremde, »unfranzösische« und »unassimilierbare« aus der französischen Kultur zu vertreiben. Schon im Oktober 1940 hatte das »Judengesetz« all jenen, die keinen französischen Vater hatten, den Staatsdienst und bestimmte freie Berufe untersagt. Bald sollte eine Beschränkung der Zahl der Juden in den freien Berufen folgen. Es kann keinen Zweifel daran geben, dass das Vichy-Regime gründlich vom Antisemitismus durchdrungen war. Es richtete sogar eine besondere Abteilung für jüdische Angelegenheiten ein, die anfangs von dem eher traditionellen, konservativ-katholischen Nationalisten Xavier Vallat und später von dem rassistischen und antisemitischen Fanatiker Darquier de Pellepoix geleitet wurde.[51] Für Vallat verstand es sich von selbst, dass Juden gefährliche, nicht assimilierbare Fremde waren, durch deren Eingliederung ein Staat im Staat entstehen würde. Gleichzeitig favorisierte er einen eher gemäßigten staatlichen Antisemitismus in der Tradition der rechten *Action Française*, der die Zahl der Juden und ihren Einfluss drastisch reduzieren sollte, dabei aber die extremeren Positionen der Nationalsozialisten und der deutschfreundlichen französischen Kollaborateure vermied.

Zwischen Juni und Dezember 1941 beschränkte eine Reihe

von Erlassen aus Vichy die Zahl der Juden in den freien Berufen (Medizin, Rechtswesen usw.) auf 2 Prozent und die Zahl der Universitätsstudenten auf 3 Prozent. Außerdem führte Vallat eine detaillierte Zählung aller Juden in der nicht besetzten Zone durch und machte Vorschläge (die am 22. Juli 1941 Gesetz wurden), jüdisches Eigentum und jüdische Unternehmen zu »organisieren«. Das Ziel war, »alle jüdischen Einflüsse auf die nationale Wirtschaft auszuschalten«. Im November 1941 wurde den Juden eine ganze Palette an wirtschaftlichen und finanziellen Aktivitäten verboten, darunter die Arbeit im Bankwesen, in der Handelsschifffahrt, im Maklergewerbe und im Großhandel sowie in der Werbung, in den Nachrichtendiensten, im Verlagswesen und in Film, Theater und Rundfunk. Juden durften kein Land mehr erwerben, es sei denn, sie bewirtschafteten es selbst. Mit dieser drakonischen Gesetzgebung hoffte die Vichy-Regierung, in jüdischen Angelegenheiten ihre Unabhängigkeit zu bewahren und dabei doch das antisemitische Programm zu erfüllen, das integraler Bestandteil ihrer Ideologie war.[52]

Im Frühjahr 1942 jedoch hatten die Deutschen für Frankreich weit reichende antijüdische Projekte entwickelt, die einige Monate später mit den Massendeportationen beginnen sollten. Im Mai 1942 wurde Vallat durch den radikaleren Darquier de Pellepoix ersetzt – ein Schritt, der auf Pierre Lavals Rückkehr an die Macht und die Intensivierung der deutschen Polizeioperationen in Frankreich folgte. Bereits am 27. März 1942 hatten die ersten Züge mit Juden das Konzentrationslager Drancy in Richtung Auschwitz verlassen, angeblich als Vergeltung für Angriffe auf deutsche Militärangehörige in Frankreich. Als im Juni 1942 Eisenbahnwagen verfügbar waren, wurden weitere Juden deportiert. Aber das Reichssicherheitshauptamt konnte seine antijüdischen Aktionen in Frankreich nur mit aktiver Hilfe der französischen Verwaltung, der Beamten im Staatsdienst und der Polizei durchführen, von den Eisenbahnern ganz zu schweigen. Die Deutschen brauchten nicht hart zu verhandeln, um Laval zu überreden, der Deportation von ausländischen und staatenlosen Juden zuzustimmen. Es gibt allerdings keine Hinweise darauf, dass in den Plänen der französischen Regierung die Massenvernichtung vorgesehen war. Trotzdem war das Vichy-Regime darauf erpicht, die ausländischen Juden in der eigenen Zone loszuwerden (und drängte die Deutschen, sie in die Transporte aufzunehmen), auch wenn es dagegen war, die französischen Juden anzurühren. Am 4. Juli 1942 richtete René Bousquet, der Chef der französischen Polizei, der Gestapo aus, Pétain und Laval hätten in die Deportationen eingewilligt und betrachteten sie als »einen Anfang« zur Entfernung »aller staatenlosen Juden aus den besetzten und den nicht besetzten Gebieten«. Für die Deutschen war das jedoch nur eine vorläufige Einschränkung. Andererseits wusste Laval, dass die radikalisierte deutsche Politik im Sommer 1942 in der französischen Öffentlichkeit negative Reaktionen hervorgerufen hatte. Die Einführung des gelben Sterns in der deutschen Besatzungszone hatte den ersten offenen Widerstand gegen die Verfolgung der Juden hervorgerufen. Diese Maßnahme führte vielen Franzosen, die bis dahin den rassistischen Gesetzen gegen die Juden zugestimmt hatten, ganz konkret die volle Bedeutung des Antisemitismus vor Augen.[53]

Mitte des Jahres 1942 hatten die Deutschen nicht mehr genug Leute (nicht mehr als drei Polizeibataillone mit insgesamt nur rund 3 000 Mann), um ihre Politik des Zusammentreibens, der Internierung und der Deportation durchzuführen. Daher waren die viel zahlreicheren französischen Polizeikräfte mit ihrer effizienten Kartei – in der allein für das Departement Seine 150 000 Juden erfasst waren – für ihre Zwecke unentbehrlich. Die großen Anstrengungen der französischen Polizei bei der Kollaboration mit den Deutschen erwiesen sich als entscheidender Faktor für die Deportationen. Das berüchtigtste Beispiel für diese Kollaboration ereignete sich vielleicht am 16. Juli 1942, als die Pariser Polizei 7 000 Juden (darunter über 4 000 Kinder) in der Arena des *Vélodrome d'Hiver*, dem Pariser Sportpalast, zusammentrieb, wo sie so zusammengepfercht wurden, dass ihnen kaum Platz blieb, sich hinzulegen. Insgesamt wurden bei dieser zweitägigen »Aktion« 12 884 Juden gefangen, allerdings nur halb so viele, wie die Deutschen zu fassen gehofft hatten.[54]

Bis September 1942 waren aus beiden französischen Zonen mehr als 27 000 Juden verschleppt worden. Einen Monat zuvor hatte Laval einer Gruppe amerikanischer Quäker gesagt, die »ausländischen Juden in Frankreich seien stets ein Problem gewesen und die französische Regierung sei froh, dass ein diesbezüglicher Wandel der deutschen Einstellung Frankreich die Möglichkeit gebe, sie loszuwerden«.[55] Für den amerikanischen *Chargé d'affaires* in Vichy, der zu diesem Zeitpunkt ebenfalls mit Laval über die Deportationen sprach, war offensichtlich, dass Laval »weder Interesse noch Mitgefühl für das Schicksal der Juden aufbrachte, die, wie er kalt bemerkte, in Frankreich schon zu zahlreich seien«.[56] Pétains Reaktion wirkte ebenso distanziert. Bittstellern vermittelte er den Eindruck, dass er den ganzen Ernst der Zusammentreibungen und der Deportationen nicht recht begriff. Einer der dunkelsten Flecken in der Geschichte der Vichy-Regierung war, dass sie sich erbot, die Kinder ausländischer Juden zur Deportation auszuliefern, und zwar noch bevor die Deutschen danach fragten oder überhaupt bereit waren, diese Kinder anzunehmen. Auf französische Initiative hin wurden allein im Jahr 1942 über 1000 Kinder unter sechs Jahren und weitere 2 557 unter zwölf Jahren sowie fast 2 500 jüdische Jugendliche zwischen dreizehn und siebzehn Jahren nach Auschwitz verschleppt. Für die Vichy-Administration stellte sich nie die Frage, ob man sie vielleicht in die Obhut der öffentlichen Fürsorge geben oder retten sollte. Mitte September 1942 machte Laval unmissverständlich klar, dass nichts ihn davon abhalten würde, sein politisches Vorhaben, »Frankreich von unerwünschten Elementen ohne Staatsangehörigkeit zu reinigen, auszuführen«.[57]

Nachdem die französische Polizei zusammen mit den Männern (von denen einige französische Staatsbürger waren) auch Frauen und Kinder in die Viehwaggons verladen hatte und man nie wieder etwas von ihnen hörte, zeichnete sich in der öffentlichen Meinung ein Wandel ab. In der katholischen Kirche (die Pétain und Vichy vorher kräftig unterstützt hatte) und unter den Protestanten, geleitet von Pastor Boegner, erhob sich Protest. Am 23. August 1942 verfasste Erzbischof Saliège von Toulouse seinen berühmten Hirtenbrief, der weite Verbreitung erlangte: »Dass Kinder, dass Frauen, Väter und Mütter wie Vieh behandelt werden, dass Angehörige einer Familie auseinander gerissen und an unbekannte Bestimmungsorte verschickt werden, dieses traurige Spektakel bleibt unserer heutigen Zeit vorbehalten.«[58] Saliège erinnerte die französische Öffentlichkeit daran, dass Juden und Ausländer »richtige Männer und Frauen« seien, »Teil der Menschheit«, und man sie nicht grenzenlos misshandeln dürfe. Andere Kleriker, wie die Bischöfe von Montauban und von Marseille, folgten seinem Beispiel, auch wenn die Protestierenden weniger als die Hälfte der Prälaten in der unbesetzten Zone ausmachten. Laval versuchte zunächst, mit nur partiellem Erfolg, die Kirchenvertreter vor der Einmischung in politische Angelegenheiten zu warnen. Aber Ende Oktober 1942 war die anfängliche Krise zwischen Regime und Kirche abgeklungen, und die öffentlichen Proteste gegen die Deportationen legten sich. Trotzdem hatte die Legitimität des Vichy-Regimes einen Schlag erlitten.

Am 11. November 1942 begann die deutsche Besetzung des französischen Südens, denn Hitlers Truppen drangen als Reaktion auf die amerikanischen Landungen in Nordafrika bis zur französischen Mittelmeerküste vor. Für die Juden hieß das, dass die Macht der deutschen Polizei sich jetzt auf ganz Frankreich erstreckte, auch wenn sie in der südlichen Zone viel zu wenig Personal hatte. Aber die französische Polizei fuhr mit ihren repressiven Aktionen fort und verstärkte sie sogar, und im Februar 1943 nahm sie Massenverhaftungen von ausländischen Juden vor. Im nördlichen Teil Frankreichs setzte man im Januar und Februar 1943 auch die Deportationen von Drancy nach Auschwitz fort. Am 6. März 1943 waren, deutschen Berechnungen zufolge, bereits ungefähr 49 000 Juden aus Frankreich in den Osten verschleppt worden. Als der Druck im Laufe des Jahres 1943 zunahm, flohen einige der gejagten Juden nach Spanien und in die Schweiz. Häufiger allerdings fanden sie, vor allem auf dem Land, in französischen Haushalten und in religiösen Institutionen Zuflucht.

Auch im Verlauf des Jahres 1943 begleitete die französische Polizei weiter Konvois und Eisenbahnzüge, in denen Juden deportiert wurden, und stöberte Flüchtlinge auf. Merklich weniger begeistert aber war man in Polizeikreisen, als man auch französische Juden deportieren sollte, und nun meinten die Deutschen, der französischen Polizei fehle im »Kampf gegen die Juden« die nötige Initiative. Im Sommer 1943 verstärkten die Deutschen ihren Druck auf Vichy, den französischen Juden die Staatsbürgerschaft zu nehmen (*dénaturalisation*). Darquier de Pellepoix befürwortete diesen Plan leidenschaftlich (insbesondere wenn Juden nach dem 10. August 1927 eingebürgert worden waren), aber Laval machte Ausflüchte und nahm am 7. August 1943 dann Abstand von diesem Schritt. Auch Pétain lehnte den Gedanken an eine wahllose Deportation französischer Juden auf der Basis des Entzugs der Staatsbürgerschaft ab. Er musste in Frankreich Recht und Ordnung aufrechterhalten, und außerdem wollte er aus Gewissensgründen jeden Fall einzeln prüfen. Vichys neue Obstruktionspolitik in der »Judenfrage« hing wohl damit zusammen, dass das »Kriegsglück« sich wandelte und eine Niederlage Deutschlands immer wahrscheinlicher wurde. In Frankreich musste mit zunehmend antideutscher Stimmung gerechnet werden, und auch das Missfallen des Vatikans war zu berücksichtigen. Zudem spielte auch die Meinung des Auslands, insbesondere der Vereinigten Staaten, bei den Überlegungen in Vichy eine Rolle.

Inzwischen wuchsen in der französischen Öffentlichkeit Kritik und Ernüchterung. Dass die Deutschen französische Juden verhafteten, wurde von immer mehr Franzosen als nationale Demütigung empfunden – eine Auffassung, die die Legitimität Vichys untergrub. Laval, der wegen der (in seinen Augen) relativ unbedeutenden »Judenfrage« sonst kaum die Konfrontation mit den Deutschen suchte, lehnte die Ausbürgerung der Juden aber als zu extrem ab. Also griffen die Nationalsozialisten zu direkten Aktionen und schickten einen der rücksichtslosesten »Judenexperten« der SS, den in Österreich geborenen Alois Brunner, aus Saloniki (wo er geholfen hatte, in aller Eile über 50 000 griechische Juden nach Auschwitz zu deportieren) nach Frankreich, wo er sich um die Deportationen kümmern sollte. Brunner und seine SS-Leute kamen im Herbst 1943 in Südfrankreich an und führten ihre »Säuberungen« bis zum Frühjahr 1944 fort, nun ohne nennenswerte Unterstützung von Seiten der französischen Polizei. Allerdings half ihnen die Miliz, eine paramilitärische französische Truppe, die Juden erbarmungslos verfolgte und aus einem gewissen Maß an ideologischer Überzeugung heraus handelte.

Auch wenn ihnen die französische Polizei nicht mehr mit voller Kraft zur Verfügung stand, gelang es den Deutschen doch, von 1943 bis 1944 33 500 Juden in den Osten zu schicken. Trotzdem waren die Ergebnisse in Frankreich vom nationalsozialistischen Standpunkt aus gesehen insgesamt enttäuschend. Nur einer von vier Juden war im Netz der »Endlösung« gefangen worden. Ab August 1943 waren einige Vertreter der Gestapo überzeugt, dass Vichy nicht mehr kooperierte und ihre Arbeit sogar sabotierte. Das scheint eine Übertreibung zu sein. Es gibt wenig Hinweise darauf, dass Pétain und Laval sich bewusst um den Schutz der französischen Juden bemühten, indem sie die Deportation von ausländischen Juden bereitwillig akzeptierten. Klar scheint indes zu sein, dass sie sich quer stellten, als ein Sieg der Deutschen zweifelhaft wurde, und mit Sicherheit bereitete ihnen ihr Gesichtsverlust in der französischen Öffentlichkeit Sorgen.

Nicht so eindeutig lässt sich feststellen, wann der Vichy-Regierung klar wurde, was die »Endlösung« tatsächlich bedeutete. Die offizielle französische (und deutsche) Erklärung lautete, die Juden würden in Arbeitskolonien nach Polen gebracht. Nach Ende Juni 1942, als sowohl Frauen und kleine Kinder als auch kranke und alte Menschen abtransportiert wurden, war dieses Märchen kaum noch glaubhaft. Ende August 1942 berichteten jüdische Organisationen in Frankreich (wie die *Consistoire Central des Israélites de France*) Laval, dass die Juden »mitleidlos und methodisch« ausgerottet würden, auch wenn sich die Existenz eines Generalplans noch nicht beweisen ließ.[60] Auch Pastor Boegner sprach im September 1942 mit Laval über den Massenmord, wurde aber mit Geschichten abgespeist, dass die Juden im Osten eine landwirtschaftliche Kolonie aufbauten. Trotzdem wusste die Vichy-Regierung, dass viele Juden sterben würden, einfach weil die Bedingungen ihrer Abfahrt aus Frankreich grauenhaft waren. Nach 1943 äußerten französische Regierungsvertreter sich nur noch so wenig wie möglich zum Schicksal der Juden, was unter den gegebenen Umständen nur als schuldbewusstes Schweigen gedeutet werden kann.

Die französische Komplizenschaft bei der »Endlösung« ist von der tief verwurzelten antisemitischen Tradition, die durch das Trauma der Niederlage von 1940 noch verstärkt worden war, nicht zu trennen. Vichys rassistische Maßnahmen gegen die Juden waren unmenschlich, die Enteignung von jüdischem Besitz habgierig und die antisemitische Propaganda widerwärtig, auch wenn sie sich nie zu der wahrhaft Gift sprühenden Hetze herabließ, der sich die pronationalsozialistische Presse der französischen Kollaborateure in Paris bediente.[61] Die Vichy-Regierung schützte die einheimischen Juden zum Teil (ebenso wie Rumänien und Ungarn vor dem Einmarsch der Deutschen), aber ihre Bemühungen in dieser Richtung waren im Grunde weder energisch noch hartnäckig. Vichy lieferte ausländische Juden aus der nicht besetzten Zone Frankreichs eilfertig aus und gab den Transporten jüdische Kinder mit, lange bevor die Deutschen das verlangt hatten. Das waren besonders abscheuliche Aktionen. Andererseits planten die Regierenden nie, Juden in großer Anzahl zu ermorden oder zu Exekutionen aufzurufen, die mit jenen in Deutschland, Österreich, Kroatien, Rumänien, der Ukraine oder Litauen vergleichbar gewesen wären. Das Vichy-Regime versuchte zwar durch seine perfide Politik, mit allen nur denkbaren Mitteln die Zahl der Juden in Frankreich zu reduzieren, aber seine Rolle bei der »Endlösung« blieb ambivalent.

Auch wenn unter der Vichy-Regierung drei Viertel der französischen Juden überlebten, muss ebenfalls gesagt werden, dass die französische Regierung mit den Juden viel grausamer umging als die italienische. Laval war erzürnt, dass es in den acht Departements im südlichen Frankreich, die die Italiener seit November 1942 besetzt hielten, italienische Hilfsaktionen für die Juden gab, und verlangte sogar eine deutsche Intervention, obwohl er damit an der Situation nichts änderte. Im Februar 1943 blockierten die Italiener nicht nur die Versuche der französischen Polizei und der Präfekten, Juden (französische und ausländische) zusammenzutreiben und aus der italienischen Zone hinauszubringen, sondern sie stellten alle Juden formal unter italienischen Schutz. Das Ergebnis war, dass Tausende von Juden sich in die italienische Zone Frankreichs an der Côte d'Azur durchschlugen. Nizza wurde unter der italienischen Militärherrschaft sogar ein kulturelles und politisches Zentrum der Juden, sehr zur Empörung von Berlin und Paris. Erst als die Italiener sich im September 1943 den Briten und den Amerikanern ergaben und deutsche Truppen einmarschierten, konnte der antijüdische Terror im Süden Frankreichs beginnen.

Dass die Italiener den Holocaust sabotierten, erstaunt auf den ersten Blick umso mehr, als Italien der wichtigste europäische Verbündete NS-Deutschlands war. Bis zum Staatsstreich von Marschall Pietro Badoglio hatten die Deutschen Italien als souveränen, unabhängigen Staat behandelt. Bereits in *Mein Kampf* hatte Hitler darauf hingewiesen, dass das faschistische Italien (zusammen mit Großbritannien) Deutschlands natürlicher Verbündeter gegen die französischen Hegemoniebestrebungen sei.[62] Hitler bewunderte Mussolini als den Begründer des Faschismus, von dem er viel über die Techniken der Massenmobilisierung gelernt hatte. Von Mussolini übernahm er in den frühen zwanziger Jahren auch die Verwendung von Uniformen, farbigen Hemden und den Gruß mit ausgestrecktem Arm. Weiterhin waren paramilitärische Methoden, Stoßtruppen (*fascio di combattimento*), das »Führerprinzip«, der Militarismus, der extreme Nationalismus und der militante Antibolschewismus Innovationen aus dem faschistischen Programm der Italiener, die die Nazis für ihre eigenen Bedürfnisse zurechtschneiderten.[63] Sowohl die faschistische als auch die nationalsozialistische Ideologie priesen Jugend, Aktivismus und Bewegung um ihrer selbst willen. Sie wetterten gegen die Dekadenz einer zum Untergang verurteilten bürgerlichen Ära und erklärten dem Marxismus den Krieg. Beide blickten auf Mythen der Macht und der imperialen Größe zurück, die ihre Wurzeln in der Vergangenheit hatten – Hitler auf das Deutsche Reich und Mussolini auf das Rom der Antike. Doch Mussolini war es, der als Erster eine Autokratie neuen Stils einführte, die auf Massenpolitik und spektakulären, ritualisierten Zurschaustellungen der Macht basierte.

Keinem anderen lebenden Staatsmann brachte Hitler eine vergleichbare Loyalität und Verehrung entgegen. Als der Duce Ende September 1937 Berlin besuchte, feierte Hitler seinen italienischen Gast als einen jener einsamen Männer, die die Geschichte nicht prüft, sondern die selbst Geschichte machen. Anders als andere führende Nationalsozialisten schien Hitler die ideologische Kluft, die seine eigene Bewegung und seine Weltanschauung, trotz vieler äußerlicher Ähnlichkeiten, vom Faschismus Mussolinis trennte, nie richtig zu erkennen. Zum Beispiel war »Rasse« für die meisten italienischen Faschisten kein biologischer Begriff, sondern wurde eher als Synonym für »Nation« gebraucht. Bis Mitte der dreißiger Jahre behandelte Mussolini die germanische Version des »nordischen« Rassismus als wichtigtuerischen, pseudowissenschaftlichen Unsinn, der ein kultiviertes, mediterranes, romanisches Volk beleidigte. Ähnlich betrachtete der Duce die Judenverfolgung als peinliches Zeichen für die »Unreife« der Nationalsozialisten, obwohl er in seiner eigenen Partei immer noch eine fanatische Judenhetze, wie Giovanni Preziosis und Roberto Farinacci sie betrieben, duldete. Bei seinen regelmäßigen Ausbrüchen, in denen er seinem Ärger über die Deutschen Luft machte, konnte er sich über Hitler und seine »Marotten« besonders vernichtend äußern. Im November 1934 erklärte Mussolini Nahum Goldmann, einem führenden Zionisten: »Ich kenne Herrn Hitler. Er ist ein Idiot, ein Schurke, ein fanatischer Schurke, ein unerträglicher Schwätzer. Ihm zuzuhören ist eine Qual. Sie sind viel stärker als Herr Hitler. Wenn von Hitler keine Spur mehr übrig ist, werden die Juden immer noch ein großartiges Volk sein.«[64]

Der Duce wusste nur zu gut, dass die 45 000 Juden in Italien vorbildliche Patrioten und gründlich in die italienische Gesellschaft integriert waren. Sie hatten sich ganz problemlos mit der italienischen Bevölkerung vermischt, und bis auf ihre Religion unterschieden sie sich in physischer, spachlicher und kultureller Hinsicht nur wenig von ihren Nachbarn. Seit dem *Risorgimento* Mitte des neunzehnten Jahrhunderts hatten die Juden im Wirtschaftsleben (besonders im Bank-, Geschäfts- und Versicherungswesen), im Journalismus, im Bildungswesen und auf wissenschaftlichem, künstlerischem und literarischem Gebiet eine wichtige Rolle gespielt. Obwohl die jüdische Gemeinde klein war, hatte sie zwei Premierminister, einen Verteidigungsminister und fünfzig Generäle gestellt – ein Rekord, der sonst nirgends in Europa erreicht wurde. In Italien war die Assimilation Realität, nicht bloße Ideologie, reiner Mythos oder Selbstbetrug, wie es anderswo oft der Fall war. Es gab in diesem Land weder eine echte »Judenfrage« noch einen politischen Antisemitismus, der in seiner Härte mit antisemitischen Strömungen in Frankreich, Deutschland, Österreich oder Osteuropa vergleichbar gewesen wäre.

Nach der faschistischen Machtergreifung im Jahr 1922 hatte die jüdische Gemeinde in Italien sechzehn Jahre lang weder unter ernsthaften Schikanen noch unter Verfolgung zu leiden. Die Juden schlossen sich, wie andere Italiener auch, in Scharen der faschistischen Bewegung an. Mussolini selbst würdigte ihren Patriotismus und vertrat offiziell die Haltung, Juden sollten Nichtjuden heiraten und ganz in die italienische Nation integriert werden. Das war das genaue Gegenteil der NS-Politik in

Deutschland. Daher verblüfften die neuen Rassengesetze von 1938 die Öffentlichkeit und waren sofort unbeliebt, sowohl bei den etablierten Eliten und den gewöhnlichen italienischen Bürgern als auch bei der katholischen Kirche. Viele Italiener betrachteten die Gesetze als einigermaßen lächerlichen Kotau vor NS-Deutschland, als jämmerlichen Versuch Mussolinis, sich ideologisch und politisch nach Hitler auszurichten. Für die italienischen Juden war dieser Mangel an öffentlicher Begeisterung für die neuen Gesetze allerdings nur ein schwacher Trost. Trotzdem wich die italienische Politik weiterhin beträchtlich vom deutschen Muster ab. Es gab zahlreiche Ausnahmen – zum Beispiel Kriegsveteranen, Juden mit hohen Auszeichnungen und frühere Mitglieder der faschistischen Partei, wobei auch deren Eltern, Großeltern, Ehefrauen, Kinder und Enkelkinder eingeschlossen waren. Auch die »Arisierungs«-Politik war in Italien weitaus liberaler als in Deutschland oder in Österreich. Noch wichtiger war aber, dass die Italiener nach 1939 sowohl ausländische Juden italienischer Herkunft als auch Juden fremder Nationalität verteidigten, und zwar nicht nur in Italien, sondern auch in Südfrankreich, Tunesien, Griechenland, Albanien, Montenegro und Kroatien.[65]

Auffallend ist, dass in den Gebieten, die während der Kriegsjahre von der italienischen Armee besetzt waren, die Juden nicht ernsthaft zu Schaden kamen.[66] Als zum Beispiel das italienische Militär 1943 Frankreich verließ, half es, jüdische Flüchtlinge über die Berge zu bringen, und in den italienisch besetzten Teilen Jugoslawiens unterstützten italienische Soldaten, entsetzt von den an Juden verübten Gräueltaten, Juden auf der Flucht vor der kroatischen Ustascha und den Nationalsozialisten. Viele Juden wurden in Eisenbahnzügen der italienischen Armee mitgenommen, in Militäruniformen gekleidet und nach Italien gebracht, wo man sie versteckte. Man kann kaum umhin, den

Abgrund zu bemerken, der das gnadenlose deutsche Militär mit seiner starren Disziplin, seinem Gehorsam und seiner uhrwerkhaften Effektivität von der italienischen Armee trennte, die zwar als Kampftruppe verblüffend untauglich war, aber in vielen Fällen Güte und Mitgefühl zeigte. Die Wehrmacht und die deutsche Luftwaffe waren für die Zerstörung ganzer Großstädte, Kleinstädte und Dörfer verantwortlich, für die Vernichtung von Bevölkerungsgruppen und für kaltblütige Morde an jüdischen Zivilisten in Russland, der Ukraine, Serbien und anderen Gebieten im Osten. Das italienische Militär behandelte, auch wenn sein Verhalten der Bevölkerung in den Kolonien gegenüber keineswegs vorbildlich war, jüdische Flüchtlinge, die völlig Fremde waren, oft mit tadellosem, menschlichem Feingefühl. Selbst vermeintlich klassische italienische Laster wie Faulheit, Korruption, Ineffizienz und chaotische Disziplinlosigkeit wurden, wie Jonathan Steinberg gezeigt hat, im Kontext des Holocaust zu Tugenden, weil sie zuließen, dass die Italiener sich im Namen alltäglicher Menschlichkeit ständig über Vorschriften hinwegsetzten. Auf der anderen Seite verwandelten sich die preußischen Militärtugenden wie Ordnungsliebe, Pflichtgefühl, blinder Gehorsam und rigider Perfektionismus, als sie mit den Geboten von Hitlers Rassenkrieg gekoppelt wurden, in eine Furcht erregende Vernichtungsmaschine.[67]

Nach 1940 traf Mussolini sicherlich die Schuld, dass er bei der Kriegsführung ganz und gar mit Hitler kooperierte. Schon vorher hatte der Duce über das italienische Bildungswesen und über Presse, Rundfunk und Kulturleben seine eigene faschistische Version des Antisemitismus eingeführt. Die meisten italienischen Juden erschütterte der Schock der plötzlichen gesellschaftlichen Ausgrenzung, denn die Nation, der sie loyal und gut gedient hatten, beraubte sie ihrer Staatsbürgerschaft und ihres Lebensunterhalts. Aber auch wenn diese Aktionen unentschuldbar waren, wurden ihre Auswirkungen doch durch die Palette an Ausnahmen, den Einfallsreichtum der italienischen Juden selbst und die Hilfe, die sie von ihren Nachbarn erhielten, zum Teil abgemildert.[68] Selbst Beamte der italienischen Regierung und einige Veteranen der faschistischen Bewegung schienen sich von der Stimmung in der Bevölkerung und einem allgemeinen Widerwillen, sich der NS-Doktrin zu fügen, anstecken zu lassen. Den Deutschen war durchaus bewusst, dass die Italiener bei der Ausführung der antijüdischen Maßnahmen »mangelnden Eifer« zeigten. Am 13. Dezember 1942 notierte Goebbels in sein Tagebuch: »Übrigens sind die Italiener in der Behandlung der Judenfrage außerordentlich lax. Sie nehmen die italienischen Juden sowohl in Tunis wie im besetzten Frankreich in Schutz und dulden durchaus nicht, daß sie zur Arbeit angesetzt oder zum Tragen eines Judensterns gezwungen werden. Man kann hier wieder einmal sehen, daß der Faschismus doch nicht so recht in die Tiefe zu gehen wagt, sondern in wichtigsten Problemen an der Oberfläche haften bleibt.«[69] Am 23. Juni 1943 hielt Goebbels nach einer Unterredung mit Hitler fest, der Führer habe Unzufriedenheit mit den Italienern zum Ausdruck gebracht, weil sie in der »Judenfrage« nicht radikal seien. Mussolini, hatte Hitler angeblich gesagt, sei kein Revolutionär wie er selbst oder wie Stalin. Trotz dieser privaten Kritik aber hielt Hitler an seiner Loyalität seinem Verbündeten gegenüber weiter fest.

Am 25. Juli 1943 wurde der Duce von König Viktor Emmanuel III. in seine Villa befohlen und verhaftet. Nicht lange darauf ergab sich die italienische Armee den Verbündeten. Mussolini wurde dennoch von den Nationalsozialisten befreit und gründete in Norditalien die »Italienische Soziale Republik« Salò, die von September 1943 bis zu seiner Hinrichtung durch italienische Partisanen am 28. April 1945 bestand. Der Duce beeilte sich, ein

Manifest herauszugeben, in dem er die Juden zu »feindlichen Ausländern« erklärte, und er ließ ein antijüdisches Gesetz verabschieden, das die jüdischen Gemeinden und Wohltätigkeitsorganisationen auflöste und ihren Besitz konfiszierte. Deutsche Truppen marschierten in Italien ein, und die SS begann, italienische Juden zu deportieren, wobei sie Mitte Oktober 1943 auch über 1 000 Juden in Rom verhaftete. Das sollte die finsterste Phase in der Geschichte der italienischen Juden sein, in der die fanatischsten Elemente in der italienischen Gesellschaft ans Licht kamen und die Juden terrorisierten, Partisanen umbrachten und deutsche Befehle ausführten. Italienische Bürger verrieten, meist aus Habgier, die Verstecke einiger Juden. Tausende von Juden wurden von der faschistischen Polizei verhaftet und interniert – und viele landeten in Konzentrationslagern an der österreichischen Grenze. Das berüchtigtste unter diesen Lagern wurde im Oktober 1943 in Risiera di San Sabba bei Triest errichtet. Es besaß eine Gaskammer und Krematorien.[70] Dort wurden etwa 5 000 Juden und außerdem italienische Antifaschisten und slowenische Partisanen ermordet. Mehrere Tausend ausländische Juden (und auch einige italienische Juden) im Konzentrationslager Ferramonti-Tarsia in Süditalien, das 1943 von den Alliierten besetzt wurde, konnten den Krieg jedoch überleben.

Im Frühjahr 1944 brachen die Deutschen ein früheres Versprechen und begannen Juden aus Italien nach Auschwitz zu verschleppen. Insgesamt sollten etwa 8 000 Juden sterben, als sich der Holocaust mit unerwarteter Gewalt auf Norditalien herabsenkte und für etwa 15 Prozent der italienischen Juden Tod und Vernichtung brachte. Sicherlich wäre die Zahl der Opfer viel höher gewesen, wenn nicht viele gewöhnliche Italiener – ob Kleriker oder Laien, Widerständler oder nicht im Widerstand engagierte Menschen, Soldaten oder Zivilisten, nominelle Faschisten, Liberale oder Kommunisten – Menschlichkeit gezeigt hätten.

Juden fanden Verstecke in den Städten und auf dem Land, in den Bergen und auf Bauernhöfen, in Klöstern – und einige wurden sogar im Vatikan versteckt. Man nahm sie auf und half ihnen spontan, trotz der damit verbundenen Risiken, denn man betrachtete sie als Menschen mit gleichem Lebensrecht. Die Geschichte der Kollaboration während des Holocaust war allzu oft eine Geschichte unbeschreiblicher Grausamkeit, Herzlosigkeit, Gleichgültigkeit und Abgestumpftheit. Aber es gab auch Inseln der Barmherzigkeit und des schlichten menschlichen Anstands, die sich als Testament der Hoffnung umso klarer gegen die herrschende Dunkelheit abheben.

7. GROSSBRITANNIEN, AMERIKA UND DER HOLOCAUST

Möge mein Tod ein energischer Protestschrei gegen die Gleichgültigkeit der Welt sein, die Zeuge der Vernichtung des jüdischen Volkes ist, ohne Schritte dagegen zu unternehmen.

Shmuel Artur Zygelbojm (bündischer Abgeordneter des polnischen Nationalrats im Londoner Exil), in einem Abschiedsbrief kurz vor seinem Selbstmord am 12. Mai 1943

[Die Schuld] liegt bei den Nazis. [...] Aber können wir den Vorwürfen entgehen, wenn wir, obwohl es in unserer Macht liegt, etwas zu tun, um die Opfer zu retten, nicht die notwendigen Maßnahmen ergreifen und zwar rasch ergreifen? [...] Wenn die Regierungen von Großbritannien und Amerika entschlossen wären, ein Rettungsprogramm durchzuführen, das in irgendeiner Weise der Größe der ungeheuren Not angemessen ist, wären sie dazu in der Lage.

George Bell, Bischof von Chichester (England), 18. Mai 1943

Was habt ihr uns angetan, ihr freiheitsliebenden Völker, ihr Hüter der Gerechtigkeit, ihr Verteidiger der hohen Prinzipien der Demokratie und der Brüderlichkeit der Menschen? Was habt ihr an einem wehrlosen Volk verüben lassen, während ihr daneben standet und es verbluten ließet [...]? Wenn an Stelle der Juden Tausende von englischen, amerikanischen oder russischen Frauen, Kindern und alten Menschen Tag für Tag gefoltert, verbrannt, in Gaskammern erstickt worden wären – hättet ihr dann in gleicher Weise gehandelt?

David Ben-Gurion, Rede auf dem Berg Scopus, Jerusalem, 10. Juli 1944

Man hat gegen die Alliierten die Anklage erhoben, sie seien im Holocaust »Komplizen« gewesen, hätten die Opfer ihrem Schicksal »preisgegeben« und sich angesichts der Tragödie des jüdischen Volkes der Gleichgültigkeit schuldig gemacht. Manche Historiker haben angedeutet, dass die amerikanische und die britische Regierung durch eine energischere Rettungspolitik Hunderttausende von Juden vor dem Tod hätten bewahren können. David Wyman zum Beispiel ist der Überzeugung, dass Präsident Roosevelt, obwohl er über den Mord an den Juden gut informiert war, nicht bereit war, Risiken für sie einzugehen.[1] Seine Politik war weitgehend von politischer Zweckmäßigkeit bestimmt, aber wie die meisten anderen Entscheidungsträger der Alliierten besaß er nur einen höchst oberflächlichen Einblick in jüdische Probleme. Höchstwahrscheinlich dachte Roosevelt mitten in der gigantischen globalen Konfrontation, in die die Vereinigten Staaten verwickelt waren, nicht viel darüber nach, was mit den Juden geschah, außer wenn spezifisch jüdische Forderungen gestellt wurden. Dann lautete die Standardantwort, die die Amerikaner (wie die Briten) auf solche Appelle gaben: Die einzige Möglichkeit, den Juden zu helfen, besteht darin, so schnell wie möglich den Krieg zu gewinnen. Während aber kein ernsthafter Historiker leugnen würde, dass es strategische Realitäten gab, die die Möglichkeiten der Rettung beschränkten, vermittelte das Widerstreben, Juden zu helfen oder ihnen die Türen zu öffnen, den Tätern, Zuschauern und Opfern gleichermaßen eine negative Botschaft. Diese Botschaft wurde zwar selten ausdrücklich formuliert, aber sie deutete an, dass Juden entbehrlich waren – eine Vorstellung, die Hitler in seiner Überzeugung bestärkte, dass das Ausland seinem Verlangen, das jüdische Volk zu vernichten, keinen ernsthaften Widerstand entgegensetzen würde.

Die Kritik, die sich gegen die Vereinigten Staaten (und in hohem Maße gegen Großbritannien) richtet, enthält normalerweise eine dreifache Anklage. Erstens entschied die amerikanische Regierung sich für eine stark restriktive Einwanderungspolitik (die zwischen 1933 und 1945 nicht verändert wurde), und zwar als Reaktion auf den Druck rassistischer und fremdenfeindlicher Gruppen in der amerikanischen Gesellschaft, mit denen die Regierenden sich nicht ernsthaft auseinander setzen wollten.[2] Zweitens lehnte die Regierung Roosevelt deutsche Verhandlungsangebote oder andere Möglichkeiten, Juden aus den Fängen Hitlers zu befreien, ab oder behinderte sie (im Fall des Außenministeriums wissentlich); und schließlich (wiederum wie im Fall der Briten) war die amerikanische Luftwaffe nicht bereit und wurde von der amerikanischen Regierung auch nicht angewiesen, die Eisenbahngleise, die nach Auschwitz führten, zu bombardieren oder die Vernichtungsanlagen im Lager selbst zu zerstören.[3]

Von diesen Anklagepunkten ist der allgemeine Widerstand gegen einen Zustrom von »Ausländern« nach Amerika, der zwischen den Weltkriegen herrschte, am besten dokumentiert.[4] Es besteht kein Zweifel daran, dass hinter dem US-amerikanischen Einwanderungsgesetz von 1924, das für die Ursprungsländer strenge Quoten festlegte und dabei insbesondere die Zuwanderung aus Ost- und Südeuropa stark einschränkte, der Wunsch stand, so viele jüdische, slawische und italienische Immigranten wie möglich auszuschließen. Die Annahmen von der »nordischen Überlegenheit«, die dem Gesetz zu Grunde lagen, wurden zwar nicht ausschließlich vom Antisemitismus genährt, waren auf ihre Weise aber mit Hitlers Vorstellungen von »Rassereinheit« vergleichbar. Nach dem Ersten Weltkrieg hatte ein fremdenfeindliches Meinungsklima rassistische und antisemitische Organisationen begünstigt, zum Beispiel den Ku-Klux-

Klan, dessen Einfluss in den zwanziger Jahren seinen Höhepunkt erreichte. In diesem Jahrzehnt bemühte sich auch der Automobilmillionär Henry Ford (den die Nationalsozialisten sehr bewunderten), im *Dearborn Independent* seine wahnwitzigen antisemitischen Theorien über die jüdische Weltverschwörung zu verbreiten.[5] Weiterhin gab es fundamentalistische evangelische Prediger wie Gerald L. K. Smith und Gerald Winrod, die mit ihrem Antisemitismus hausieren gingen, und in den dreißiger Jahren folgten ihnen William Dudley Pelleys *Silver Shirts* und Fritz Kuhns deutsch-amerikanischer Bund.[6] Als die Große Depression schlimmer wurde, breitete sich in Amerika auch die Empfänglichkeit für diese bigotten Lehren beträchtlich aus. Ein gutes Beispiel war der Einfluss des katholischen Radiopriesters Pater Charles Coughlin, der in den Jahren 1938 und 1939 mit seinen Schimpftiraden gegen den New Deal (»Jew Deal«) und die Juden ein Millionenpublikum erreichte. Die Verbindung zwischen starken isolationistischen Strömungen und antijüdischer Gesinnung, die mit dem Näherrücken des Zweiten Weltkriegs in Amerika entstand, löste bei den amerikanischen Juden besondere Besorgnis aus. Im September 1941 (drei Monate, bevor Amerika in den Zweiten Weltkrieg eintrat) formulierte der Pilot und Volksheld Charles Lindbergh – seit langem ein Bewunderer Hitlers – diese Verbindung deutlich. In einer berüchtigten Rede für das *America First Committee* warnte er, die Juden sollten Amerika bloß nicht in den Krieg treiben (sie waren tatsächlich starke Befürworter von Roosevelts Interventionspolitik), denn sie würden selbst die ersten Opfer sein.

Auch wenn der Antisemitismus in Amerika nie zu einer zusammenhängenden, organisierten politischen Bewegung zusammenwuchs und auch die großen politischen Parteien nicht ernsthaft infiltrierte, war er in den dreißiger und vierziger Jahren doch so weit verbreitet, dass er die amerikanischen Reaktionen auf den Holocaust beeinflusste. Meinungsumfragen (die allerdings immer mit zahlreichen Vorbehalten zu betrachten sind) zeigten, dass kurz vor dem Krieg 75 bis 85 Prozent der Amerikaner dagegen waren, die sehr strengen Einwanderungsquoten zu erhöhen, um jüdischen Flüchtlingen zu helfen. Ende der dreißiger Jahre waren die Widerstände gegen Einwanderung im amerikanischen Kongress so stark, dass Gesetzesvorlagen, die vorsahen, Flüchtlingen die Tür zu öffnen, zurückgenommen werden mussten. Das gleiche Schicksal erwartete 1938 auch den von Senator Robert Wagner vorgelegten Gesetzentwurf, der über die erlaubte niedrige Quote hinaus 20 000 jüdische Kinder ins Land hineinlassen wollte.

Amerikas Eintritt in den Krieg, der vorgeblich dazu dienen sollte, durch den Kampf gegen Faschismus und Nationalsozialismus die Welt für die Demokratie sicher zu machen, schwächten den möglichen Einfluss antijüdischer Emotionen. Doch Meinungsumfragen zeigen, dass während der Kriegsjahre nach den Japanern und den Deutschen die Juden als die größte Gefahr für die amerikanische Gesellschaft betrachtet wurden. 1944 erklärten nicht weniger als 65 Prozent der Amerikaner, die Juden hätten zu viel Macht (diese Zahl war etwa drei Mal höher als die Schätzung für Großbritannien), und die Vorurteile, dass Juden unehrlich, habgierig, materialistisch, aggressiv und subversiv seien, waren recht weit verbreitet.[9] Durch solche Klischees wurde das negative Verhalten höchster Beamter im Außenministerium mitgeformt oder unterstützt. Zu diesen Beamten zählte auch Breckinridge Long jun., der stellvertretende Außenminister, der in der Roosevelt-Regierung für die Flüchtlingspolitik zuständig war. Long war ein paranoider Antisemit, der Hitlers *Mein Kampf* für »eloquent in seinem Widerstand gegen das Judentum und gegen die Juden als Verfechter von Kommunismus und Chaos« hielt.[10] Bei derartigen Einstellungen überrascht es nicht, dass das

Finanzministerium unter Henry Morgenthau jun. vom Außenministerium monatelang hingehalten wurde, als es sich bemühte, jüdischen Wohlfahrtsorganisationen die Genehmigung zu erteilen, Geld für ein Hilfs- und Rettungsprogramm für Juden zu überweisen. Weitere Vorwände für diese Verzögerung lieferte die britische Regierung, als sie Washington im Dezember 1943 mitteilte, sie sei gegen derartige Hilfsprogramme, weil es »Schwierigkeiten [geben würde], eine größere Anzahl an Juden loszuwerden, falls sie gerettet werden sollten«.[11] Diese hartherzige Reaktion trieb Morgenthau zum Handeln. Aus einer internen Untersuchung darüber, wie das Außenministerium unter Cordell Hull die Frage der Rettung behandelte, entstand ein Dokument mit dem schonungslosen Titel »Bericht an den Minister über das Stillschweigen dieser Regierung angesichts des Mordes an den Juden« vom 13. Januar 1944.[12]

Diese unerbittliche Anklage, die Morgenthau vorgelegt wurde, zeigte, dass bestimmte Mitarbeiter im Außenministerium nicht nur den ihnen zur Verfügung stehenden amerikanischen Regierungsapparat nicht einsetzten, um Juden vor Hitler zu retten, sondern sogar versuchten, eine solche Rettung zu hintertreiben. Sie kooperierten nicht mit privaten Institutionen, die eigene Hilfsprogramme zu entwickeln suchten, sondern behinderten diese. Weiterhin hatten sie wiederholt versucht, den Informationsfluss über den Mord an den europäischen Juden zu stoppen und dann falsche und irreführende Erklärungen abgegeben, um ihre Schuld zu vertuschen. Roosevelt war von dem Bericht schockiert, und er erkannte, dass diese Tatsachen, falls sie bekannt werden sollten, politischen Sprengstoff abgeben würden. Ergebnis war, dass im Januar 1944 eine Flüchtlingsbehörde mit Namen *War Refugee Board* eingerichtet wurde, die bei der Rettung der Juden in Europa mitwirken sollte.[13] Es war die einzige Regierungsstelle dieser Art, die während des Krieges von den Alliierten geschaffen wurde, aber sie besaß zu wenig Einfluss und kam zu spät. Das *War Refugee Board* erhielt überhaupt keine Hilfe vom Kriegsministerium und konnte schließlich nur für etwa 1000 Flüchtlinge eine Einreisegenehmigung erwirken.

Das antijüdische Klima hemmte die Bereitschaft der meisten amerikanischen Juden, sich bei der Roosevelt-Regierung nachdrücklich für eine Veränderung der US-Politik im Hinblick auf den Holocaust einzusetzen. Die amerikanischen Juden waren durch den in ihren Augen raschen Anstieg des Antisemitismus in ihrem Land tief erschüttert. Viele Juden waren sich, da sie erst kürzlich eingewandert waren, ihrer eigenen Position und ihrer Rechte in der amerikanischen Gesellschaft noch nicht sicher. Daher widerstrebte es ihnen, in irgendeiner Weise *Rischtis* – Theater – zu machen. Sie hatten Angst, dass man ihre eigene Loyalität anzweifeln könnte und der Zorn der christlichen Welt geweckt werden würde.

Die jüdische Gemeinde in Amerika, die zwischen den Kriegen fast fünf Millionen Menschen zählte, war in ihrer Haltung keineswegs einheitlich. Tatsächlich wirkten die ideologischen und politischen Unterschiede zwischen den Gruppierungen nie größer als in den dreißiger Jahren. Es gab orthodoxe und reformierte Juden, wohlhabende und arme, deutsche und russische, ganz zu schweigen von den galizischen Juden und den Säkularisten aller Schattierungen – Sozialisten, Kommunisten, Mitglieder der Arbeiterpartei und »revisionistische« Zionisten. Durch die Säkularisierung und die Akkulturation waren die Bande religiöser und ethnischer Solidarität beträchtlich aufgeweicht worden, was auch die kulturellen Verbindungen zu den Juden in Russland, Polen, Deutschland oder Palästina geschwächt hatte.[14] Was die meisten amerikanischen Juden viel stärker vereinte als Verbindungen über den Ozean hinweg, war ihr Verlangen, ihren neu erworbenen amerikanischen Patriotismus unter Beweis zu stellen. Das zeigte sich besonders in der Tatsache, dass mehr als eine halbe Million junger Juden in den Streitkräften der Vereinigten Staaten dienten. Die Reaktionen der amerikanischen Juden auf den Holocaust waren sehr von diesem Trend zur kulturellen Anpassung bestimmt. Zum Beispiel neigten die stärker amerikanisierten Juden in der Regel dazu, die Katastrophe als geringfügig anzusehen oder ihr Ausmaß zu unterschätzen, ganz ähnlich wie die nichtjüdischen Amerikaner. Das galt weniger für Juden in den Einwanderungszentren wie der Lower East Side in Manhattan oder Williamsburg in Brooklyn, in denen die europäischen Juden, die vernichtet wurden, noch keineswegs Abstrakta waren. Es überrascht nicht, dass die jiddische Presse genauer und intensiver über die Ereignisse des Holocaust berichtete als die entsprechenden englischsprachigen Medien.[15]

Die ungeschminkte Wahrheit ist aber, dass die Rettung europäischer Juden für die großen jüdischen Organisationen in Amerika keinen besonders hohen Stellenwert hatte und zu Kriegszeiten in ihren Programmen kaum auftauchte. Einige Vertreter der einzelnen jüdischen Organisationen wandten sich privat an den Präsidenten und an hohe Regierungsmitglieder, aber selbst auf diese Vorstöße folgten keine weiteren intensiven Aktionen. Trotz dieser Apathie fanden die Vorsitzenden der amerikanischen Juden sich zu einer gemeinsamen Erklärung zusammen, in der die Aktivitäten eines Notkomitees zur Rettung der jüdischen Menschen Europas verurteilt wurden. Dieses Komitee hatte ein absoluter Außenseiter, der militante Peter Bergson, ein Vertreter der palästinensischen Untergrundgruppe *Irgun Zwai Lemmi*, gegründet.[16] Das jüdische Establishment lehnte den lauten, provokanten Stil des Komitees ab, das Anzeigen schaltete, um die amerikanische Öffentlichkeit und den Kongress daran zu erinnern, was tatsächlich in Europa geschah, außerdem missfielen den großen Organisationen der heftig antibritische Ton, die unablässige Betonung, dass man eine jüdische Armee brauche, und die emotionale, extreme Sprache.[17] Vor allem aber war das jüdische Establishment über diese unerwartete Invasion in sein eigenes organisatorisches Territorium verärgert, und auch darüber, dass eine winzige Gruppe ihm die Schau stahl, eine Gruppe, die von 1944 an mit den terroristischen Aktivitäten des Irgun verbunden war, die sich gegen die britische Kolonialherrschaft in Palästina wandten.

Auch die amerikanischen Zionisten, die der Hauptrichtung angehörten, missbilligten den Extremismus der Bergsonisten, auch wenn sie die britische Politik selbst ebenfalls ablehnten. Nachdem die Zionisten in den dreißiger Jahren beobachtet hatten, dass die amerikanische Regierung nicht gewillt war, jüdischen Flüchtlingen die Tür zu öffnen, konzentrierten sie ihre Energien darauf, beim Aufbau der jüdischen nationalen Heimstatt in Palästina zu helfen. Sie kooperierten mit David Ben-Gurion und den übrigen palästinensischen Jischuw-Führern bei dem Protest gegen das britische MacDonald-Weißbuch von 1939 und ließen sich so weit überzeugen, dass sie Ben-Gurions Argumente zu Gunsten einer jüdischen Staatsbürgerschaft, die unmittelbar nach Beendigung des Krieges eingeführt werden sollte, unterstützten. Dieses Ziel wurde am 6. Mai 1942 im Hotel Biltmore in New York formal gebilligt.[18] Auf dieser Tagung sagte Chaim Weizmann (der damals noch der Vorsitzende des Weltzionismus war) düster voraus, dass wahrscheinlich ein Viertel der osteuropäischen Juden durch die Gräueltaten der Nationalsozialisten umkäme, während etwa vier Millionen heimatlose jüdische Überlebende nach dem Krieg irgendwo zwischen Himmel und Hölle treiben würden.[19] Der Zionismus könne jedoch die Welt der Nichtjuden überzeugen, weil Palästina für die jüdische Tragödie der Heimatlosigkeit die einzige praktikable Lösung anbiete. Endlich, so meinte Weizmann, würden die Juden die Nichtjuden »von der Schwierigkeit befreien, unsere Probleme zu lösen«.[20]

Im August 1942, drei Monate nach Biltmore, erhielt der bekannteste amerikanische Zionist (und Vorsitzende des *World Jewish Congress* [*WJC*]), Stephen Wise, endlich das Telegramm von Dr. Gerhart Riegner, dem Vertreter des *WJC* in Genf, in dem mitgeteilt wurde, dass es in Deutschland einen Plan gab, alle Juden in den von Deutschland besetzten Ländern mit einem Schlag auszurotten.[21] Das Außenministerium hatte Wise diese Information bislang vorenthalten, wurde aber schließlich von Unterstaatssekretär Summer Welles autorisiert, das Telegramm am 24. November 1942 zu veröffentlichen. Die verheerenden Nachrichten ließen die Juden in den Vereinigten Staaten kurz aktiv werden, wobei dic amcrikanischen Zionisten sich an vorderster Front bemühten, die Regierung Roosevelt zu einem ernsthafteren Rettungsprogramm zu bewegen. Am 2. März 1943 strömten über 20 000 Menschen (aufgerufen vor allem vom *WJC*) in den Madison Square Garden in New York, um ihre Unterstützung für die Millionen von der Ausrottung bedrohten europäischen Juden kundzutun. Eine Woche später besuchte eine ähnlich große Menge das neunzig Minuten lange Theaterstück *We Will Never Die*, in dem unter anderem einige der Gräueltaten, die die Nationalsozialisten an den Juden verübt hatten, rezitiert wurden. Der Initiator Ben Hecht, ein berühmter Autor und Dramatiker, hoffte, den Schleier des Schweigens um das jüdische Volk zu durchdringen: »Der Leichnam eines Volkes liegt auf den Stufen der Zivilisation. Schaut hin! Hier ist er! Und keine Stimme ist zu hören, die bei diesem Gemetzel ›Halt!‹ schreit, und keine Regierung ergreift das Wort, um dem Mord an Millionen Menschen ein Ende zu setzen.«[23] Die *New York Times* und ein Teil der regulären Tagespresse äußerten sich wohlwollend über das Schauspiel, weil es half, die öffentliche Diskussion darüber, ob man nicht etwas tun könne, um den Juden zu helfen, wieder in Gang zu bringen. Ein indirektes Ergebnis war die Bermuda-Konferenz im April 1943, bei der Vertreter Großbritanniens und der Vereinigten Staaten (denen mit Verspätung klar wurde, dass Nichtstun ein politisches Risiko war) ankündigten, sie würden versuchen, Pläne zu entwickeln, um den europäischen Juden zu helfen, was, wie sich bald herausstellte, ein leeres Versprechen war.

Die angloamerikanische Konferenz begann am ersten Tag (19. April 1943) des zum Scheitern verurteilten Aufstands im Warschauer Ghetto, der zufällig auf den ersten Abend des jüdischen Pessach-Festes fiel. Dieses Zusammentreffen der Daten war eine besonders grausame Ironie, weil die Ergebnisse der Bermuda-Konferenz enthüllen sollten, dass die Alliierten die europäischen Juden ihrem Schicksal überlassen hatten, trotz der optimistischen gegenteiligen Erklärungen. Die beiden Delegationen schlossen kategorisch aus, sich in irgendeiner Form an Hitler zu wenden, weder mit der Forderung, Juden in den von den Nationalsozialisten besetzten Ländern freizulassen oder NS-Kriegsgefangene und Internierte gegen Juden auszutauschen, noch mit dem Vorschlag, (durch die Blockade der Alliierten) Lebensmittel zu schicken, um bei der Ernährung der Juden in Europa mitzuhelfen.[24] Nachdem die Delegierten das Problem, wie mit nichtjüdischen polnischen und griechischen Flüchtlingen umzugehen sei, schnell und reibungslos gelöst hatten, fiel es ihnen wesentlich schwerer, sich in der Sache der Juden auch nur auf einen relativ kleinen Punkt, etwa die vorübergehende Ansiedlung jüdischer Flüchtlinge in Nordafrika, zu einigen. Schließlich kam es zu einem britisch-amerikanischen Kompromiss, der auf einer grundlegenden, stillschweigend akzeptierten Voraussetzung beruhte: dass die Amerikaner hinsichtlich Palästinas keinen Druck auf die Briten ausüben würden, während Letztere die jüdische Immigration in die Vereinigten Staaten mit ähnlicher Diskretion behandeln würden.[25]

Nach der Konferenz schrieb Richard Law, der Staatssekretär im britischen Auswärtigen Amt, an den Außenminister Anthony Eden einen Brief, in dem er sich darüber äußerte, dass die amerikanische und die britische Regierung wegen der Flüchtlinge unterschiedlichem Druck aus dem Innern ausgesetzt seien. In Großbritannien, so behauptete Law, spürten die Staatsvertreter ein beträchtliches Drängen von einem Bündnis aus jüdischen Organisationen und Erzbischöfen, »aber bisher keinen Gegendruck von den vielen Menschen, die eine Einwanderung von Ausländern fürchteten und ablehnten«.[26] In Amerika, bemerkte Law, komme zu dem Druck seitens der Juden die Meinung einer bedeutenden Gruppe in der amerikanischen Bevölkerung hinzu, »die, ohne rein antisemitisch zu sein, eine Immigration aus dem Ausland an sich neidisch und ängstlich betrachtet. Und im Unterschied zur Situation in unserem Lande ist diese Gruppe sehr gut organisiert. Während die Amerikaner daher ihr Äußerstes tun müssen, um die Juden zu beschwichtigen, wagen sie es nicht, bei den Vertretern der ›amerikanischen Meinung‹ Anstoß zu erregen.«[27] Laws Einschätzung war zum Teil korrekt. Dieser Sachverhalt erklärte, warum die amerikanische Regierung Anfang 1939 jüdische Flüchtlinge aus Deutschland auf dem Ozeandampfer *St. Louis*, denen die Einreisevisa nach Kuba verweigert worden waren, kaltblütig abgewiesen hatte. Präsident Roosevelt war, insbesondere zwischen 1939 und 1941, möglicherweise auch daran gelegen, den antisemitischen Behauptungen, er sei ein »Werkzeug der Juden«, keine Glaubwürdigkeit zu verleihen. Er war schließlich hartnäckig darum bemüht, sich gegen den starken Einfluss von Isolationisten und Politikern, die die Einheimischen gegenüber den Einwanderern begünstigen wollten, durchzusetzen und Amerika stärker am Krieg zu beteiligen.[28] Außerdem wusste er aus der politischen Praxis, dass es nicht realisierbar war, die Haltung des Kongresses oder der Bevölkerung zu den Einwanderungsgesetzen zu verändern.

Wie stand es um spätere Möglichkeiten, die deutsche Völkermordmaschine durch die Bombardierung von Auschwitz zu zerstören oder zu verlangsamen? Nach September 1943 konnten amerikanische und britische Bomber Ziele im gesamten Dritten Reich anfliegen, vor allem von Flugplätzen in Süditalien aus. Am 4. April 1944 war ein Aufklärungsflugzeug der Alliierten von einem italienischen Stützpunkt aus gestartet und hatte nach einem zweieinhalbstündigen Flug die neuen Industrieanlagen bei Auschwitz fotografiert. Die Fotos, die eine Anlage für die Produktion von synthetischem Treibstoff zeigten, wurden genau geprüft, aber den Gaskammern und den Krematorien wurde keine Beachtung geschenkt.[20] Am 20. August 1944 warfen 127 Bomber vom Typ *Flying Fortress* in Begleitung von 100 Mustang-Jägern ihre Bomben auf eine Fabrik ab, die weniger als acht Kilometer von Auschwitz entfernt war. Bei anderen Angriffen wählten die Alliierten Auschwitz III (Buna-Monowitz) als Ziel und überflogen dabei das Todeslager und die dorthin führenden Eisenbahngleise, weil beide nicht als militärische Ziele betrachtet wurden.[30]

Schon im Sommer 1944, als Hunderttausende von ungarischen Juden nach Auschwitz in den Tod verschleppt wurden, richteten jüdische Führer in der Slowakei, insbesondere Rabbi Weissmandel, Appelle an den Westen, dass man Auschwitz bombardieren solle.[31] Einige jüdische Organisationen und das *War Refugee Board* (die von der Regierung Roosevelt eingerichtete Behörde zur Rettung von Flüchtlingen) riefen, wenn auch überlegter, ebenfalls zu Aktionen auf.[32] Aber die führenden jüdischen Persönlichkeiten waren sich keineswegs alle einig. Manche, darunter die Vorsitzenden der *Jewish Agency for Palestine Executive*, fürchteten, dass es unter den Lagerinsassen zu viele Todesopfer geben würde.[33] Auch die Leiter der jüdischen Organisationen in Amerika schienen von der Idee überhaupt nicht begeistert zu sein. Sogar Leon Kubowitzki (Vorsitzender des *World Jewish Congress Rescue Department*), der John J. McCloy, dem Vizeminister im amerikanischen Kriegsministerium, die formale Aufforderung zur Bombardierung überreicht hatte, hatte den Vorschlag ursprünglich abgelehnt. McCloy behauptete in seiner Antwort irreführenderweise, man habe untersucht, ob eine derartige Aktion durchführbar sei, und Fachleute seien zu dem Schluss gekommen, dass ein solcher Einsatz »nur um den Preis eines Abzugs beträchtlicher Luftwaffenkapazitäten durchgeführt werden [könnte], die für einen Erfolg unserer augenblicklich in entscheidende Operationen verwickelten Streitkräfte unverzichtbar sind, und ihre Wirksamkeit wäre in jedem Fall so zweifelhaft, dass ein Einsatz unserer Kräfte nicht gerechtfertigt wäre«.[34] McCloy fügte hinzu, dass ein derartiger Rettungsversuch womöglich noch schlimmere Vergeltungsaktionen der Deutschen provozieren könne. Das waren keine belanglosen Argumente, wie manchmal behauptet wird. Aber sinnvoller wäre es gewesen, wenn McCloy argumentiert hätte, dass die Deutschen immer noch auf die Massenerschießungen zurückgreifen konnten, wenn die Gaskammern nicht mehr funktionierten. Von dieser abschlägigen Antwort (oder der vergleichbaren Weigerung der Briten) sollte man nicht automatisch ableiten, dass hier eine absichtliche Vertuschung oder reine Böswilligkeit im Spiel waren. Unter den hochrangigen amerikanischen und britischen Beamten sowie unter den militärischen Befehlshabern der Alliierten herrschte jedoch tatsächlich eine gewisse Abneigung, auf jüdische Bitten hin zu handeln. Hinzu kamen bürokratische Routine, Gleichgültigkeit und ein mehr als nur ein schwacher Antisemitismus.

Vor allem aber darf man nicht vergessen, dass für Roosevelt, der von der zentralen Bedeutung der »Judenfrage« für die Nazis sicherlich wenig wusste, die Situation der verfolgten Juden letztlich nur geringe Bedeutung hatte. Als Amerika einmal in den Krieg eingetreten war, wurde diese Frage, verglichen mit dem obersten Ziel eines Sieges der Alliierten, sogar noch nebensächlicher. Wie Churchill war auch Roosevelt viel zu sehr mit den größeren Details der globalen militärischen und diplomatischen Strategie beschäftigt, um nach dem Dezember 1941 speziellen Problemen der Rettung von Juden noch viel Zeit zu widmen. Trotzdem stellte er sich regelmäßig jüdischen Organisationen zur Verfügung. Als Stephen Wise ihn im Dezember 1942 schließlich bat, die Welt auf die »Endlösung« der Nationalsozialisten aufmerksam zu machen, weigerte er sich nicht. Und er versuchte auch nicht, Wise davon abzuhalten, einen Plan für die Evakuierung jüdischer Flüchtlinge aus Rumänien zu erarbeiten (der leider ergebnislos blieb). Was noch wichtiger war: Ab Ende 1943 unterstützte Roosevelt das Finanzministerium und seine hohen Beamten darin, die Initiative zu Rettungsaktionen zu ergreifen.[36]

Die Einrichtung des *War Refugee Board* Anfang 1944, wie verspätet sie auch sein mochte, war ein wichtiger und positiver Schritt. Zum ersten Mal standen die Hilfsbemühungen für Juden auf der Seite der Alliierten nicht mehr unter dem hinderlichen Einfluss des amerikanischen Außenministeriums und des britischen Auswärtigen Amtes. Nach dem deutschen Einmarsch in Ungarn warnte Roosevelt (wieder gegen Widerstand aus dem Inland) in einer Erklärung vom 24. März 1944, dass jene, die sich an der Deportation der Juden beteiligten, bestraft werden würden. Im vierten Abschnitt seiner Erklärung bezeichnete er den »systematischen Massenmord an den Juden Europas« als »eines der schwärzesten Verbrechen der gesamten Geschichte«.[37] Am 26. Juni 1944 (am Tag nach einem der seltenen öffentlichen

Appelle von Papst Pius XII.) verlangte Präsident Roosevelt, dass Horthy alle Deportationen aus Ungarn einstellen solle.

Es muss eingeräumt werden, dass Roosevelt gegen eine »liberale« Version des Antisemitismus nicht gefeit war. Im Januar 1943 hatte er dem französischen Generalgouverneur von Marokko in Casablanca vorgeschlagen, dass »die Zahl der Juden, die in freien Berufen tätig sind (Jura, Medizin usw.), jedenfalls auf den Prozentsatz beschränkt werden sollte, den die jüdische Bevölkerung Nordafrikas in der gesamten nordafrikanischen Bevölkerung ausmacht«.[38] Um eine solche Diskriminierung zu rechtfertigen, erinnerte Roosevelt an »die spezifischen und verständlichen Beschwerden, welche die Deutschen den Juden in Deutschland gegenüber hatten, nämlich, dass sie zwar einen kleinen Teil der Bevölkerung ausmachten, dass aber über fünfzig Prozent der Rechtsanwälte, Ärzte, Lehrer, Professoren usw. in Deutschland Juden seien«.[39] Ähnlich vereinfachende und mit Vorurteilen behaftete Vorstellungen traten im Februar 1945 bei Roosevelts Begegnung mit König Ibn Saud zu Tage. Zweifellos unter dem Einfluss amerikanischer Interessen am Erdöl erklärte er, er sei sehr beeindruckt von der Sichtweise (einer sehr parteiischen), die der saudische Monarch vom Konflikt im Mittleren Osten habe, in der sich offener Antisemitismus mit einer völligen Ablehnung eines jüdischen Staates mischten. Roosevelt fügte hinzu, dass »die Deutschen anscheinend drei Millionen polnische Juden umgebracht haben, so dass in Polen Platz für eine Wiederansiedlung von vielen heimatlosen Juden sein müsste«. Diese Vermutung, die viele britische Beamten teilten, war eine wirklich verblüffende Fehleinschätzung der jüdischen Situation und der jüdischen Denkweise nach dem Holocaust.[40]

Für die zionistische Bewegung war Roosevelts plötzlicher Tod im April 1945 ein Glücksfall, denn sein Nachfolger, Harry S. Truman, stand ihren Bestrebungen wesentlich wohlwollender gegenüber. Die amerikanischen Zionisten hatten aus dem jämmerlichen Scheitern der Bermuda-Konferenz zwei Jahre zuvor ihre eigenen Schlüsse gezogen. Die unschöne Farce in der Karibik wirkte wie eine weitere grelle Veranschaulichung der allgemeinen Gleichgültigkeit, mit der die christliche Welt (darunter auch angeblich »freundlich gesinnte« Regierungen wie jene von Roosevelt und Churchill) das Leid der Juden betrachtete, und demonstrierte, wie vergeblich es war, sich auf humanitäre Appelle zu verlassen. Abba Hillel Silver, der Aufwiegler in der amerikanischen zionistischen Bewegung, beschrieb am 2. Mai 1943, nicht lange nach der Bermuda-Konferenz, zornig seinen Eindruck: »Die Feinde Israels suchen nach uns und sondern uns aus, unsere Freunde aber würden unsere Existenz als Volk gern vergessen.«[42] Wenn die Juden 1933 im Besitz eines eigenen palästinensischen Staates gewesen wären, davon war Silver überzeugt, dann hätten deutsche, österreichische und osteuropäische Juden in großer Zahl dort Zuflucht gefunden. Dieses Argument brachte auch Emmanuel Neumann vor, ein weiterer führender amerikanischer Zionist, und er fügte hinzu, falls die amerikanischen Juden der langen Geschichte der Verfolgung ihres Volkes nicht 1943 ein Ende machten, indem sie sich für ein jüdisches Gemeinwesen im Nachkriegspalästina einsetzten, »werden wir in unseren eigenen Augen Verachtung verdienen«.[43]

Die zionistische Führung des *Jischuw* (der jüdischen Gemeinde in Palästina) setzte sich voll und ganz für den Kampf zur Schaffung einer jüdischen Nationalheimat ein und hatte seit zwanzig Jahren darauf gedrängt, dass alles andere diesem obersten Ziel untergeordnet werden solle. Das *Ha'avarah*-Abkommen von 1933, das die Übersiedlung deutscher Juden und den Transfer von einem Teil ihres Eigentums nach Palästina ermöglichte, bot den Zionisten eine unerwartete Möglichkeit, ihre demographische Position zu stärken, selbst wenn das bedeutete, den weltweiten jüdischen Boykott gegen die Nationalsozialisten zu unterlaufen.[44] Der Jischuw war noch recht klein (278 000 Juden) und den palästinensischen Arabern zahlenmäßig weit unterlegen. Trotzdem sah es 1937 so aus, als seien die Briten bereit, den Juden einen Ministaat in einem geteilten Palästina anzubieten. Dieser Vorschlag verschwand jedoch rasch vom Tisch, als sich die internationale Situation verschlechterte. Im Mai 1939 war klar, dass die Balfour-Deklaration gestorben war und dass ernsthaft die Gefahr bestand, dass die britische Mandatsmacht die zionistischen Bestrebungen vereiteln würde, und das genau zu dem Zeitpunkt, als sich um die europäischen Juden eine tödliche Falle schloss. Der oberste Leiter der palästinensischen Juden, David Ben-Gurion, war sich völlig im Klaren darüber, wie schwach die Position des Jischuw war, der schließlich auf das zweifelhafte Wohlwollen Großbritanniens angewiesen war. Nach September 1939 hatten der Zionismus und die Juden in aller Welt jedoch kaum eine andere Wahl, als die Kriegsbemühungen der Alliierten zu unterstützen, auch wenn die Briten ihren Bemühungen um einen eigenen Staat zunehmend feindselig gegenüberstanden. Gleichzeitig war Ben-Gurion entschlossen, die öffentliche Meinung der Welt gegen die Politik des MacDonald-Weißbuches aufzubringen und die illegale Einwanderung zu billigen, ohne den bestehenden Vertrag mit Großbritannien zu widerrufen.[45] Obwohl weit verbreitet Zorn darüber herrschte, dass die Mandatsmacht die Alija (Einwanderung) und jegliche militärische Organisation des Jischuw mit Restriktionen belegte, ermunterte man junge palästinensische Juden, in die britische Armee einzutreten.

Trotzdem quälten den Jischuw und seine Führung tief sitzende Ängste vor der Ohnmacht, denn er war sich der Kluft zwischen dem virilen Selbstbild des Zionismus und seiner beschränkten Handlungsfähigkeit bei der Rettung der europäischen Juden bewusst. Außerdem waren am 13. November 1942 etwa siebzig palästinensische Juden, die seit Ausbruch des Krieges in Europa festgehalten worden waren, in Palästina eingetroffen und hatten frühere Berichte über Massaker an europäischen Juden bestätigt.[46] Die Neuankömmlinge waren im Rahmen eines zivilen Austauschprogramms gegen deutsche Bewohner Palästinas ausgewechselt worden. Sie kamen aus verschiedenen Teilen des von Nationalsozialisten besetzten Europas (auch aus Polen), und ihre anschaulichen Augenzeugenberichte boten einen schockierenden Einblick in das Ausmaß des Völkermords. Zionistische Führer begannen sich zu fragen, ob die völlige Ausrottung der europäischen Juden nicht auch das Ende der Bewegung bedeuten würde, wie Chaim Weizmann im Juni 1942 bereits angedeutet hatte. Diese »entsetzliche Vorstellung« suchte auch Ben-Gurion nachts heim, aber er behielt das für sich und war bemüht, in der Öffentlichkeit das ungeheure Ausmaß der Tragödie herunterzuspielen.[47]

Nichtsdestotrotz drängte Ben-Gurion nach November 1942 die Alliierten immer stärker, sich für die europäischen Juden einzusetzen. Er schlug vor, sie sollten den Nationalsozialisten als Gegenleistung dafür, dass sie den Juden erlaubten, Europa zu verlassen, einen Austausch gegen Deutsche anbieten, die in der westlichen Hemisphäre festgehalten wurden; außerdem solle man neutrale Länder auffordern, Juden aufzunehmen, und zwar gegen das Versprechen, dass der Westen Lebensmittel für ihre Ernährung liefern und ihre Ausreise nach Kriegsende garantieren würde. Ben-Gurion forderte als Vergeltung für die Massaker an den Juden die Bombardierung deutscher Städte, zusammen mit einer Propagandakampagne, bei der über deutschen Ortschaften Flugblätter abgeworfen werden sollten, um diese Politik zu erklären. Auch Warnungen der Alliierten an Hitlers Verbündete, dass sie ihre Juden nicht deportieren und ihnen keinen

Schaden zufügen dürften, hielt Ben-Gurion für ein wichtiges Mittel, das eine weitere Kollaboration verhüten könnte.[48] Vor allem wünschten er und andere zionistische Führer sich eine Lockerung der im MacDonald-Weißbuch festgelegten britischen Restriktionen, damit Palästina mehr Überlebende aufnehmen könnte. Auch die Vernichtungslager wurden nicht übersehen. Chaim Weizmann und Moshe Shertok (ein zukünftiger Premierminister Israels) drängten den britischen Außenminister, die Alliierten sollten das Vernichtungslager Auschwitz-Birkenau bombardieren. Shertok räumte ein, dass das wohl nicht allzu vielen Juden das Leben retten würde, meinte aber, es gebe trotzdem zwingende Gründe für eine solche Aktion.

Am 11. Juli 1944 verfasste Shertok ein Memorandum, dessen Stichhaltigkeit Eden und Churchill anscheinend beeindruckte. Shertok erklärte, die Bombardierung von Auschwitz würde zeigen, dass die Alliierten gegen diejenigen, die den Völkermord begingen, »direkt Krieg führten«. Eine solche Bombardierung würde die wiederholten Behauptungen der Deutschen, »dass die Alliierten eigentlich mit der Arbeit der Nazis, die Europa von den Juden befreien, gar nicht so unzufrieden sind«, abschwächen. Weiterhin würde diese Aktion Androhungen von Vergeltungsmaßnahmen gegen die Mörder Gewicht verleihen, »indem sie zeigte, dass die Alliierten die Vernichtung der Juden so ernst nehmen, dass sie den Einsatz von Luftstreitkräften für dieses bestimmte Ziel als gerechtfertigt ansehen, und auf diese Weise eine abschreckende Wirkung erzielen«. Schließlich konnte die Bombardierung von Auschwitz vielleicht auch innerhalb von Deutschland Widerstand gegen die Fortsetzung der Massaker auslösen.[49]

Trotz Churchills Einsatz lehnte das britische Luftfahrtministerium (ebenso wie sein amerikanisches Pendant) den Vorschlag aus technischen Gründen ab.[50] Die Tatsache, dass diese Forderungen nach einer Bombardierung von Auschwitz abgewiesen wurden, zeigte, wie schwierig es war, feste Positionen der Alliierten zu verändern, ob nun aus politischen, strategischen oder bürokratischen Gründen. Das galt auch für das Abkommen »Waren gegen Blut«, das 1944 als Brand-Mission bekannt wurde – eine Angelegenheit, der Ben-Gurion viel Zeit widmete, die aber von den Alliierten schnell als Komplott der Gestapo abgelehnt wurde.[51] Brand, ein ungarischer Zionist, der in Budapest mit Eichmann zusammengetroffen war, reiste mit der Anweisung in die Türkei, der *Jewish Agency* einen Vorschlag der Deutschen zu unterbreiten: Für eine Gegenleistung von Lastwagen und anderen Waren sollten sie die Vernichtung der ungarischen Juden einstellen. Brand wurde von den Briten verhaftet, weil man ihn verdächtigte, ein Spion der Nationalsozialisten zu sein. Man machte keinen Versuch, das Angebot zu prüfen, nicht einmal, um Zeit zu gewinnen. Diese und andere Beispiele unterstrichen die Tatsache, dass alle Rettungs- und Hilfsvorschläge des Jischuw von der Zustimmung der Alliierten abhängig waren – was die Möglichkeiten der Zionisten, etwas Wesentliches für die jüdischen Opfer des Holocaust zu tun, stark einschränkte. So hing zum Beispiel Ende 1942 der Transport transnistrischer Juden aus Rumänien heraus von der Einwilligung der Briten ab, die nicht gegeben wurde. Der Plan, Juden aus Bulgarien zu evakuieren, schien Erfolg versprechender zu sein, schlug aber letztlich fehl, weil der britische Botschafter in Ankara dagegen war. Wenn die Briten eine Einwanderungserlaubnis gaben, wie im Fall der rumänischen Juden, die 1944 in Istanbul eintrafen, lag das an der Zusammenarbeit zwischen dem örtlichen britischen Konsulat und Ira Hirschmann, dem Vertreter des amerikanischen *War Refugee Board*. Doch solche Unterstützung gewährte man dem Jischuw nur widerwillig, normalerweise dann, wenn sie zu den Operationen des britischen Militärs und des Geheimdienstes passte.

So fand sich der relativ machtlose Jischuw während des Holocaust zwischen einer erbarmungslosen deutschen Vernichtungspolitik und der relativen Gleichgültigkeit der Alliierten gefangen. Der zionistischen Bewegung fehlten ausreichende Finanzmittel und einflussreiche Verbündete. Sie kontrollierte weder die Einwanderung nach Palästina noch die Einreise in irgendein anderes Land. Die Zionisten hatten nicht die Möglichkeit, Deutschland den Krieg zu erklären, ja, ihre Fähigkeit, unabhängig zu handeln, war überhaupt sehr eingeschränkt. Um wirkungsvoll etwas gegen den Holocaust zu unternehmen, war der Jischuw daher fast vollständig darauf angewiesen, Briten und Amerikaner zu Bemühungen zu überreden, dem Gemetzel Einhalt zu gebieten oder fliehenden Juden eine Zuflucht zu gewähren. Ben-Gurion und seine Kollegen mussten diese sehr einschneidenden Einschränkungen ständig berücksichtigen. Ohne die bevorstehende Auseinandersetzung mit den Arabern (die sie als unvermeidlich beurteilten) aus den Augen zu verlieren, versuchten sie, den Jischuw zu stärken und auf die Zukunft vorzubereiten. Das Resultat war, dass die Rettung der europäischen Juden langfristigen politischen Prioritäten und einem Maß an Nützlichkeitsdenken untergeordnet wurde, das im Rückblick manchmal frösteln macht.[52] Bei einem Treffen der Vorsitzenden der *Jewish Agency* meinte Ben-Gurion zum Beispiel, die Juden Polens seien »die Opfer einer Nation ohne Heimatland«. Die einzige angemessene Reaktion auf den Holocaust sei »verdoppeltes Drängen auf jüdische Unabhängigkeit«.

Die Reaktionen der Briten auf den Holocaust wurden außerdem sehr durch den Kampf zwischen Juden und Arabern in Palästina beeinflusst. Nach 1938, als die Gefahr eines neuen Weltkrieges heraufzog, machten die Entscheidungsträger sich zunehmend um Großbritanniens strategische und politische Stellung im Mittleren Osten Gedanken. Obwohl die Briten den

Aufstand der palästinensischen Araber 1939 niedergeschlagen hatten, entschieden sie sich jetzt, die arabischen Bestrebungen auf Kosten der zionistischen zu begünstigen. Daher wurde die weitere Einwanderung von Juden nach Palästina von der Zustimmung der Araber abhängig gemacht. Zu diesem Zweck versperrte nach 1939 ein angeblich wohlwollendes Großbritannien den Juden die Fluchtwege, insbesondere den Weg in die jüdische nationale Heimstatt in Palästina. Während des Krieges unternahmen die Briten intensive diplomatische Anstrengungen, um europäische Regierungen zur aktiven Verhinderung »illegaler« jüdischer Einwanderung zu drängen.[53] Britische Marinestreitkräfte wurden mit der ausdrücklichen Aufgabe ins östliche Mittelmeer geschickt, Schiffen mit solchen Immigranten an Bord den Weg abzuschneiden. Wenn sie abgefangen wurden, winkten ihnen normalerweise Deportation und Exil. Diese unmenschliche Politik, die von der Armee, dem Kolonialministerium und dem Auswärtigen Amt voll und ganz mitgetragen wurde (ohne dass das Wissen um den Holocaust ein Hinderungsgrund gewesen wäre), wurde bis zum Rückzug der Briten aus Palästina im Jahr 1948 fortgeführt. Es versteht sich von selbst, dass die Möglichkeiten, Juden zu retten, stark reduziert waren, wenn man Palästina, das den Briten ausdrücklich überlassen worden war, weil sie bei der Schaffung einer jüdischen nationalen Heimat helfen sollten, a priori ausschloss. Die britische Politik war so drakonisch, dass 1945 selbst die armselige Quote von 75 000 jüdischen Einwanderern nach Palästina, die für die Kriegsjahre erlaubt gewesen war, noch nicht ausgeschöpft war.

Dieser Starrsinn führte zu solchen Tragödien wie dem Untergang des Flüchtlingsschiffes *Struma* im Februar 1942, einer Katastrophe, die in großem Maße darauf zurückzuführen war, dass die britische Regierung auf die Türkei Druck ausgeübt hatte, das nicht seetüchtige Schiff trotz aller bekannten Risiken wieder auf das Schwarze Meer hinauszuschicken.[54] Die britische Sturheit produzierte Reaktionen wie das Telegramm des britischen Hochkommissars, der das Kolonialministerium im Juli 1940 wissen ließ, von den polnischen Soldaten, die aus Südosteuropa nach Palästina evakuiert werden sollten, betrachte man nur Nichtjuden als akzeptabel.[55] Die schlichte Wahrheit war, dass alle Abteilungen der britischen Regierung – vom Kabinett über das Auswärtige Amt und das Kolonialministerium in London bis zur Armeeführung im Mittleren Osten und der Kolonialverwaltung in Palästina selbst – entschlossen waren, die Juden in ebendem Moment, als sie mit der höchsten Gefahr konfrontiert waren, aus ihrem Heimatland herauszuhalten. Als Grund für diese abartigen Bemühungen konnte nahezu jedes Argument herhalten, darunter auch die stark übertriebene Angst, einige jüdische Immigranten könnten Spione der Nationalsozialisten sein. Dass Juden und Zionisten den Briten im Krieg gegen die Nationalsozialisten ihre Loyalität bezeugten, machte nicht viel Eindruck, vor allem deshalb nicht, weil die Regierungsbeamten meinten, sie könnten eine derartige Unterstützung als selbstverständlich voraussetzen. Wie 1941 in einem Memorandum des Auswärtigen Amtes gefolgert wurde: »Wenn es darauf ankommt, werden die Juden uns nicht daran hindern, die Deutschen auf den Thron zu setzen.«[56] Der Kontrast zu den Zeiten der Balfour-Deklaration und zum Ersten Weltkrieg, als Großbritannien aktiv um das »Weltjudentum« geworben hatte (in der Überzeugung, dass die Freundschaft mit den Juden für die Kriegsführung der Alliierten von wesentlicher Bedeutung sei), hätte nicht größer sein können.

Das Ausmaß dieser Zurückweisung ist umso bemerkenswerter, als Großbritannien im Zweiten Weltkrieg von Winston Churchill regiert wurde, dem mächtigsten Premierminister der jüngeren Geschichte, der ein glühender Prozionist war. In der

Opposition hatte Churchill scharf kritisiert, dass die Briten sich aus der Verpflichtung, die sie in der Balfour-Deklaration eingegangen waren, zurückgezogen hatten. Wie also stand es dann um seine Haltung zu den Juden, zum Zionismus und zum Holocaust, als dieser sich während des Zweiten Weltkriegs entwickelte? Sicherlich hatte Churchill die zionistischen Bestrebungen für »eine starke jüdische Streitkraft in Palästina«, mit der die Juden sich selbst würden verteidigen können, seit Kriegsbeginn unterstützt. Aber seine eindeutig vorgetragenen Ansichten fanden bei seinen Kabinettskollegen im Februar 1940 (bevor er Premierminister wurde) keine Unterstützung. Ein Jahr später wies er General Wavells Einwände gegen die Idee, palästinensische Juden zu bewaffnen, zurück, weil sie für die stark proarabische Haltung der meisten britischen Armeeoffiziere, die ihre Furcht vor negativen Auswirkungen in der arabischen Welt absichtlich übertrieben hatten, typisch sei. Churchill meinte, dass »die Araber unter dem Eindruck kürzlicher [britischer] Siege jetzt keine Schwierigkeiten machen würden«.[57] Aber um unnötige Auseinandersetzungen um etwas, das für ihn eine Nebensache war, zu umgehen, verzögerte der Premierminister das Projekt der Gründung einer jüdischen Armee sechs Monate lang. Am 5. Juli 1942 intervenierte er, um Weizmanns Forderung nach einer Wiederaufnahme zu unterstützen, indem er an den Kolonialminister schrieb, es sei falsch, der »Voreingenommenheit für die Araber und gegen die Juden« nachzugeben, die im Kolonialministerium und unter britischen Militärbefehlshabern immer noch grassiere; er sei in der Tat dafür, »unter einigen dieser antisemitischen Offiziere und anderen in hohen Positionen« durch Abberufung oder Entlassung ein Exempel zu statuieren.[58]

Es gab auch noch andere Faktoren, die Churchill beeinflussten. Er war überzeugt, dass eine Verzögerung dieser Angelegenheit dem Ansehen der Briten in Amerika schaden könne, weil man in den Vereinigten Staaten eine jüdische Armee immer stärker favorisierte. Außerdem dachte Churchill – als der Jischuw 1942 unmittelbar in Gefahr war, weil die Möglichkeit bestand, dass Rommels Afrikakorps in Palästina einmarschierte –, die Juden in Palästina müssten eine Möglichkeit bekommen, sich selbst zu verteidigen.[59] Doch in Whitehall stieß die Idee einer jüdischen Armee weiterhin auf entschlossene und hartnäckige Ablehnung, und auch das Kriegsministerium stellte sich quer. Nur durch sein energisches Eingreifen konnte Churchill diese Hindernisse schließlich überwinden. Am 26. Juli 1944 schrieb er an Kriegsminister Grigg (der ein heftiger Gegner des Projektes gewesen war): »Mir gefällt der Gedanke, dass die Juden versuchen, die Mörder ihrer Landsleute in Mitteleuropa unter Druck zu setzen, und ich glaube, in den Vereinigten Staaten würde es große Befriedigung auslösen.«[60] In einer Nachricht an Roosevelt vom 23. August 1944, die den Präsidenten auf seine Seite ziehen sollte, fügte Churchill hinzu, dass »unter allen Völkern sicherlich [die Juden] das Recht haben, als erkennbarer Truppenverband den Deutschen einen Schlag zu versetzen«.[61] Churchill erklärte dem amerikanischen Präsidenten (der dem Gedanken im Grunde positiv gegenüberstand), er habe überhaupt keine Einwände dagegen, dass die jüdische Brigade ihre eigene Fahne, den Davidstern, hisse, was auch immer an »üblichen albernen Einwänden« dagegen erhoben werden würde. »Ich kann nicht sehen, warum das nicht geschehen sollte. Ich meine sogar, dass diese Fahne an der Spitze einer Kampfeinheit eine Botschaft wäre, die um die ganze Welt gehen müsste.«[62] Diese Haltung deckte sich damit, dass Churchill persönlich schon seit langem die Schaffung eines jüdischen Staates (einschließlich der Negev-Wüste) unterstützte, was er Chaim Weizmann gegenüber im November 1944 wiederholte. Aber sein Einsatz für die jüdische Armee war der einzige eindeutige Fall, in dem Churchill etwas Besonderes unternahm, um den Juden während des Holocaust zu helfen. Angesichts seines enormen Beitrags zur Rettung der westlichen Zivilisation vor der Barbarei des Nationalsozialismus ist das eine ernüchternde Tatsache, und sie zeigt, welch eine geringe Wertigkeit das Schicksal der Juden für ihn besaß.

Positiv allerdings reagierte Churchill auf Weizmanns Appell, Auschwitz zu bombardieren. Nachdem Eden ihn über die Sachlage informiert hatte, erwiderte er ihm am 7. Juli 1944: »Holen Sie aus der Air Force heraus, was Sie können, und schalten Sie mich, wenn nötig, ein.«[63] Leider wies das Luftfahrtministerium den Plan als undurchführbar zurück, und einige Beamte meinten offenbar, dieses Projekt »müsse mit dem Verlust britischer Menschenleben und Flugzeuge bezahlt werden, Kosten ohne Nutzeffekt«.[64] Wie Bernard Wasserstein bemerkt: »[Das] war ein auffälliges Zeugnis dafür, dass der britische *Civil Service* Entscheidungen auf Ministerebene unterlaufen konnte.«[65] Allzu oft setzten Ministerialbeamte in Whitehall sich bei Entscheidungen, die die Juden betrafen, durch, obwohl eine Intervention auf höherer Ebene vielleicht zu einem anderen Ergebnis geführt hätte. Churchill besaß zumindest die geschichtliche Vorstellungskraft, um die Größe der Tragödie zu erfassen. Am 11. Juli 1944 formulierte er in einem Brief an Anthony Eden über den Holocaust folgendermaßen: »Ohne Zweifel haben wir es hier mit dem wahrscheinlich schlimmsten und scheußlichsten Verbrechen zu tun, das in der gesamten Weltgeschichte jemals begangen worden ist, begangen unter Einsatz eines wissenschaftlichen Apparates durch angeblich zivilisierte Menschen im Namen einer großen Nation und eines der führenden Völker Europas.«[66]

Doch seine Erklärungen zu diesem Thema blieben dürftig, wenn man bedenkt, dass er früher und zu besseren Informationen über die Massaker an Juden Zugang hatte als alle anderen wichtigen Regierungschefs der Alliierten. Die Briten hatten deutsche Kodes geknackt, was bedeutete, dass Churchill, bald nachdem er im Mai 1940 Premierminister geworden war, regelmäßig Entschlüsselungen von deutschen Funksprüchen erhielt, zusammen mit den Übersetzungen des Geheimdienstes. Im Sommer wussten die Briten durch ihre eigenen Kode-Spezialisten von Massakern, die die deutsche Ordnungspolizei und die Waffen-SS in Russland an Juden verübt hatten. In einer Rede vom 24. August 1941 machte Churchill tatsächlich eine sehr emotionale Anspielung auf den »Massenmord« und die »schrecklichsten Gräueltaten« der Deutschen, worin sich die Informationen aus den Berichten, die er bekommen hatte, widerspiegelten.[67] Seine Betonung lag jedoch darauf, wie stark der Widerstand der russischen Patrioten gegen den deutschen Einmarsch war, nicht auf den Juden, die er überhaupt nicht erwähnte. Dieses Muster wurde fortgeführt, obwohl Churchill Zugang zu Dechiffrierungen der Polizei hatte. Wie Richard Breitman bemerkt hat, ging Churchill, wenn es in Radiosendungen oder öffentlichen Reden um das Schicksal der Juden ging, nur sehr selten weit über die Grenzen hinaus, auf die die britische Regierung sich geeinigt hatte.

Eine Ausnahme war die mitfühlende Nachricht an den *Jewish Chronicle*, die Churchill im November 1941 einsandte. Darin bemerkte er, die Juden habe die »volle Wucht des nationalsozialistischen Angriffs auf die Bastionen der Freiheit und der Menschenwürde« getroffen.[68] Sie litten jetzt unerträglich, räumte Churchill ein, aber ihr Mut und ihr Wille zum Widerstand seien ungebrochen. Leider hatte diese Erklärung ein recht begrenztes Publikum und war nur ein leises Echo von dem, was Churchill bereits über die Morde der Nazis wusste. Zudem war es ein seltener Fall, dass er sich überhaupt an Juden wandte. Churchill hatte beispielsweise kein Interesse daran, sich mit englisch-jüdischen

Delegationen zu treffen. In dieser Hinsicht war er sogar noch unzugänglicher als Roosevelt.

Ein gutes Beispiel für Churchills Distanziertheit war, dass er auf den verzweifelten Appell, den Lady Reading am 16. Januar 1943 verfasste, nicht persönlich einging. Lady Reading schrieb über »die schreckliche Not der Juden« und flehte Churchill an, »die eisernen Fesseln der Bürokratie« zu zerschlagen.[69] Wie, fragte sie, konnten britische Parlamentsabgeordnete im Unterhaus »ihr Mitgefühl mit den toten Juden bekunden«, während die »Regierungsmitglieder dieselben Juden zum Tode verurteilen«? »Es ist ausgeschlossen, dass Sie von solchen Dingen wissen«, schrieb Lady Reading weiter. »Ich kann nicht glauben, daß Sie sie dulden würden. Immer noch gibt es etwa 40 000 Einwanderungszertifikate für Palästina, auch nach den Weißbuch-Vereinbarungen. Mr. Churchill, wollen Sie nicht die Anweisung geben, daß die Zertifikate denjenigen zur Verfügung stehen, denen die Flucht gelingt, ob Mann, Frau oder Kind? Ist es möglich, ist es wirklich möglich, die Zuflucht im Heiligen Land zu verweigern?«[70] Die grausame Antwort darauf lautete, dass das nur allzu gut möglich war. Das wusste Mr Churchill, und er änderte wenig daran, er überließ es dem Auswärtigen Amt, eine typisch unverfängliche Antwort zu verschicken, in der wie üblich Transportprobleme und die militärischen Komplikationen bei möglichen Rettungsbemühungen angeführt wurden. In London und Washington herrschte Einigkeit, dass jeder Versuch, Juden zu retten, die Kriegsführung nur verkomplizieren oder behindern konnte. Es gibt keine Hinweise darauf, dass Churchill anders dachte. Sein Außenminister, Anthony Eden, der »die Araber den Juden vorzog« und ein unerschütterlicher Antizionist war, stand Rettungsversuchen weiterhin entschieden ablehnend gegenüber. Die beste Zusammenfassung seiner Einstellung (die vom Auswärtigen Amt geteilt wurde) ist in der eisigen Antwort enthalten, mit der Eden auf das Drängen der Amerikaner im März 1943 reagierte, jenen Juden, »die von der Vernichtung bedroht« seien, aus Südosteuropa herauszuhelfen. »Wenn wir das tun«, meinte Eden, »dann werden die Juden in aller Welt wollen, dass wir in Polen und in Deutschland etwas Ähnliches anbieten. Hitler könnte uns bei solch einem Angebot durchaus beim Wort nehmen, und es gibt einfach nicht genug Schiffe und Transportmöglichkeiten auf der Welt, um sie abzufertigen.«[71]

Dass Eden 1943 so kühl auf den Holocaust reagierte, lag nicht daran, dass er nicht gewusst hätte, was diese Vorgänge möglicherweise für die Opfer bedeuteten. Aber als sich Fakten darüber, was mit den Juden geschah, ansammelten, machte sich in weiten Kreisen auch Unglauben breit, und die britischen Beamten entwickelten (wie viele ihrer Kollegen anderswo) eine Tendenz, die Nachrichten über den Massenmord als unzuverlässige Produkte überaktiver Fantasie zu behandeln. Ein typisches Beispiel für diese Haltung war der Vorsitzende des *Joint Intelligence Committee* (Geheimdienstausschuss) Victor Cavendish-Bentinck, der sich mit anderen Beamten darüber einig war, dass den Aussagen über die Gaskammern nicht zu trauen sei, und in einem Memorandum vom Juli 1943 ergänzte, die Polen und, in erheblich größerem Ausmaß, die Juden neigten dazu, die Gräueltaten der Deutschen zu übertreiben, um die Briten »aufzustacheln«.[72] Dieses verächtliche Abtun ist umso bemerkenswerter, als der britischen Regierung spätestens im Dezember 1942, wenn nicht schon lange vorher, ein recht detailliertes Bild der Todeslager, Auschwitz mit seinen Vergasungsanlagen eingeschlossen, zugänglich war.

Besonders aufschlussreich war, dass man dem Augenzeugenbericht des unerschrockenen polnischen Untergrundkuriers Jan Karski, der im November 1942 in London eintraf, mit Misstrauen begegnete. Karski war ein viel versprechender junger Diplomat, der bald nach Ausbruch des Krieges zum Verbindungsmann zwischen der polnischen Exilregierung, die ihren Sitz in London hatte, und den Widerstandsorganisationen in seinem besetzten Heimatland wurde. Im Sommer 1942 hatte der praktizierende Katholik und leidenschaftliche polnische Patriot einen sehr gefährlichen Auftrag übernommen. Er hatte mit führenden jüdischen Persönlichkeiten das Warschauer Ghetto besichtigt und die Ergebnisse der Deportationen mit eigenen Augen gesehen. Er hatte Izbica Lubelska in Ostpolen besucht und sich in der Nähe des Vernichtungslagers Belzec aufgehalten. Außerdem identifizierte Karski Treblinka und Sobibór richtig als Stätten der Massenhinrichtungen von Juden. Er berichtete den Briten und den Amerikanern, dass von den vor dem Krieg fast dreieinhalb Millionen zählenden polnischen Juden »nur eine kleine Anzahl übrig bleiben«. Es gehe nicht um Unterdrückung, betonte Karski, sondern um »ihre völlige Auslöschung durch alle Arten von speziell erfundenen und perfektionierten Methoden der Quälerei und der Folter«.[73]

Bei der Beschreibung der Vorgänge in Belzec erwähnte Karski insbesondere den Mord durch Giftgas. Wort für Wort wiederholte er vor seinen Zuhörern die Botschaft, die ihm ein Sprecher des jüdischen sozialistischen Bundes in Warschau mitgegeben hatte. »Sie [die Menschen im Westen] glauben nicht, was sie hören. Sagen Sie ihnen, dass *wir alle sterben*. Sollen sie alle die retten, die noch am Leben sind, wenn der Bericht sie erreicht. Wir werden ihnen niemals verzeihen, dass sie uns keine Waffen geliefert haben, so dass wir wie Männer hätten sterben können, mit Gewehren in den Händen.«[74] Sowohl der Vorsitzende des Bundes als auch der Zionistenführer, die Karski durch das Warschauer Ghetto geführt hatten, hatten ihm erklärt, dass die polnischen Juden hilflos seien. Sie könnten bei der Verfolgung durch die Deutschen weder vom polnischen Untergrund noch von der Bevölkerung Unterstützung erwarten. Nur die mächtigen Regierungen der Alliierten könnten wirksam Beistand leisten, aber sie müssten eine Reihe beispielloser Schritte unternehmen: Dazu gehörte, dass sie deutsche Städte bombardieren und klar machen müssten, dass das als Vergeltung für die Ausrottung der Juden geschehe; sie müssten deutsche Kriegsgefangene und deutsche Staatsbürger in alliierten Ländern als Geiseln nehmen; sie müssten sich über den Rundfunk und mit aus der Luft abgeworfenen Flugblättern an das deutsche Volk wenden, damit es seine eigene Regierung unter Druck setze; und sie müssten alle verfügbaren Informationen über die Verbrechen der Nationalsozialisten an den Juden veröffentlichen.[75]

Auf die polnische Exilregierung in London hatte Karskis Mission eine unmittelbare Wirkung. Am 10. Dezember 1942 appellierte sie formal an die Regierungen der Alliierten, sich gegen die Vernichtung der Juden in Polen auszusprechen. Das war der Hauptbeweggrund dafür, dass die Alliierten eine Woche später eine Erklärung abgaben, in der sie die NS-Verbrechen an den Juden zum ersten Mal öffentlich verurteilten. Aber Proklamationen waren eine Sache und Taten eine andere. Am 18. Januar 1943 verlangte Graf Raczynski im Namen der polnischen Exilregierung und auch im Interesse der polnischen Juden, als Vergeltung für die Vernichtungen sollten die Alliierten Deutschland bombardieren. Doch der britische Außenminister wies alle Forderungen kurzerhand zurück und gab, wie Karski es ausdrückte, »vage Zusagen ab, bei einigen neutralen Ländern vorzusprechen«. In Washington, wo der polnische Kurier mit Roosevelt zusammentraf, war der Empfang zwar herzlicher, aber seine Botschaft wurde nicht recht verstanden und die praktischen Resultate waren dürftig. Karskis Protokolle von seinen Begegnungen mit britischen und amerikanischen Politikern, Regierungsbeamten und hochrangigen Militärs sind eine unverzichtbare Lektüre. Er war mit gutem Grund der Meinung, dass seine Aussagen in seinem Bericht vom November 1942 allen Gesprächspartnern unwiderlegbare Beweise für den Völkermord hätten liefern müssen und dass die Alliierten daraufhin sofort spezielle Maßnahmen hätten ergreifen müssen, um die europäischen Juden zu retten. Doch das geschah nicht. Stattdessen traf Karski bei den führenden Persönlichkeiten in Politik und Militär, die die Möglichkeit gehabt hätten, die jüdische Tragödie in großem oder kleinerem Umfang abzumildern, auf eine Mischung aus politischer Heuchelei und seelenloser Bürokratie, engstirnigem nationalem Eigeninteresse und reiner Gleichgültigkeit.[76] Entweder zeigten sie kein Interesse oder aber sie meldeten Zweifel am Ausmaß der Vernichtung an oder betrachteten die jüdische Tragödie als ein im Wesentlichen »jüdisches Problem« und nicht als Katastrophe, die einen unmittelbaren Bezug zur Bedeutung der westlichen Zivilisation und der gesamten Menschheit hatte.

8. DIE MODERNE UND DER NATIONAL-SOZIALISTISCHE VÖLKERMORD

Der Tod ist ein Meister aus Deutschland.

Paul Celan, Todesfuge

Hier in dieser Waggonladung
Bin ich Eva
Mit meinem Sohn Abel
Falls ihr meinen älteren Jungen
Kain, den Sohn Adams, seht,
Sagt ihm, dass ich ...

Dan Pagis (mit Bleistift im versiegelten Güterwagen geschrieben)

An keinem anderen Ort und zu keiner anderen Zeit hat man ein derart unerwartetes und derart komplexes Phänomen beobachtet: niemals sind so viele Menschenleben in so kurzer Zeit mit einer derart luziden Kombination von technischer Erfindungsgabe, Fanatismus und Grausamkeit ausgelöscht worden.

Primo Levi, Die Untergegangenen und die Geretteten

Es war eine Leugnung Gottes. Es war eine Leugnung des Menschen. Es war die Zerstörung der Welt in Miniaturformat.

Rabbi Hugo Gryn (Auschwitz-Überlebender)

Man hat den Völkermord der Nationalsozialisten als »den spektakulärsten und entsetzlichsten Fall von industriellem Töten in diesem Jahrhundert« bezeichnet.[1] In den vergangenen Jahren wurde dieser Mord von einer wachsenden Zahl von Wissenschaftlern weniger als Regression in die Barbarei oder als einzigartig schreckliches Ereignis in der Menschheitsgeschichte betrachtet, sondern eher als typischer Ausdruck der Moderne selbst. Mit anderen Worten: Man hat den Holocaust als Produkt der destruktiven bürokratischen und technischen Möglichkeiten der modernen westlichen Zivilisation gedeutet.[2] Diese soziologische Herangehensweise, die zum Beispiel Zygmunt Bauman in seinem Werk veranschaulicht, versucht, über die bahnbrechenden Untersuchungen von Raul Hilberg hinauszugehen, der vor vierzig Jahren als Erster die eiskalte, bürokratische und industrielle Effizienz analysierte, mit der das deutsche Völkermordprogramm ausgeführt wurde; der soziologische Ansatz bemüht sich auch, weiterzugehen als die umstrittenen Thesen von Hannah Arendt, denen zufolge Menschenmassen unter dem Druck moderner totalitärer Regimes gewohnheitsmäßig eine Bereitschaft zeigen, jeden Sinn für kollektive oder individuelle moralische Verantwortung abzulegen.[3] Für Bauman ist der Holocaust weniger ein totalitäres Phänomen als vielmehr die Konsequenz aus einem Potenzial des modernen Lebens und der Kultur seiner Organisationen, die von »rationalen« Bürokratien, »wissenschaftlichen« Ideologien, Entpersönlichung und der extremen funktionalen Spezialisierung der industriellen Gesellschaft beherrscht werden.[4] Es überrascht vielleicht nicht, dass dieser Ansatz Bauman dazu verleitet hat, den Einfluss von historischen und ideologischen Faktoren, wie der antijüdischen Tradition, die im christlichen Europa über viele Jahrhunderte hinweg bestand, herunterzuspielen.

Selbst der »wissenschaftliche« Antisemitismus wird zwar nicht ignoriert, erhält aber im NS-Völkermord nur eine relativierte, rein funktionelle und begrenzte Rolle.[5] Bauman betrachtet den modernen Rassismus als verzweifelten Versuch, Grenzen neu zu ziehen, die in Folge der unablässigen Fluktuation und der Schwindel erregenden Veränderungen der Industriegesellschaft verwischt wurden. Ebenso vergeblich war der Versuch, die soziale Mobilität der Juden, die durch ihre Emanzipation möglich geworden war, zu kontrollieren und wieder einzuschränken und die Juden wieder einzusperren. Dieses Modell enthält sicherlich einiges an Wahrheit, aber gleichzeitig ignoriert es, wie hartnäckig die vormodernen Vorurteile, Emotionen und Hassgefühle waren, für die die Weltanschauung der Nazis nur eine modernisierte, pseudowissenschaftliche Aufmachung lieferte. Weiterhin trug der Holocaust in organisatorischer und technischer Hinsicht zwar zum Teil »moderne« Züge, er hatte aber ebenso viele »archaische« Eigenschaften, bis hinunter zu und einschließlich der primitiven Tötungsmethoden. Tatsächlich wurden bei den entsetzlichen Massenerschießungen in Gruben, die an der Ostfront stattfanden, genauso viele Juden ermordet, wie in Auschwitz durch die fabrikmäßige Vernichtung starben.

Wie Bauman sind auch die deutschen Historiker Götz Aly und Susanne Heim der Ansicht, dass der Holocaust durch moderne technische Rationalisierungsprozesse ausgelöst wurde. Sie behaupten jedoch, der Massenmord sei vor allem von Technokraten aus der deutschen Akademikerschaft erdacht worden, die im Dritten Reich mit der Planung der Bevölkerungspolitik befasst waren.[6] Diese demographischen Experten waren keine fanatischen Nazis und noch nicht einmal Antisemiten, sondern im Wesentlichen opportunistische Intellektuelle und tüchtige Bürokraten, die an eine »Modernisierung« glaubten und gleichzeitig ihre persönliche Karriere voranbringen wollten, indem sie halfen, die »Neue Ordnung« der Nationalsozialisten in Europa zu entwerfen. Sie argumentierten, dass die Deportation oder der Mord an den verarmten jüdischen Massen im übervölkerten Agrarland Polen die Türen für eine größere gesellschaftliche Mobilität und für die zukünftige industrielle Entwicklung öffnen würde. Durch die Morde an den Juden würde man überflüssige Esser loswerden, und sie sollten der erste Schritt in einem weit reichenderen Plan von Genoziden an anderen ethnischen Gruppen (Zigeunern, Russen, Polen usw.) sein und damit den Weg für die sozioökonomische Modernisierung in Osteuropa bereiten. Die Juden wurden Aly und Heim zufolge also nicht umgebracht, weil sie Juden waren oder als Resultat einer »irrationalen« rassistischen Ideologie, sondern man vernichtete sie aus Nützlichkeitserwägungen, denn sie waren »Luftmenschen«, die der modernen, rationalen, »westlichen« technokratischen Zivilisation im Wege standen. Diese »in der Hierarchie nicht immer bedeutenden Planer« des Dritten Reiches »entschieden nicht, aber sie bereiteten die Entscheidungen ihrer Chefs vor, die ihrerseits auf den Rat der Experten großen Wert legten und sie nachdrücklich aufforderten, frei zu forschen«.[7]

Ein derartiger Ansatz ist problematisch, auch wenn nur wenige der Annahme widersprechen würden, dass deutsche Wissenschaftler, »Strategen« und Planer sich einer Mittäterschaft an den NS-Verbrechen schuldig machten. Aber es gibt zu viele Tatsachen, die mit dieser Theorie einfach nicht in Einklang zu bringen sind. Zum Beispiel bestand unter den »jüdischen« Experten im Dritten Reich wenig Einmütigkeit, als sie Lösungen für die verhungernden Juden in den Ghettos von Lodz und Warschau vorschlugen.[8] Weiterhin gibt es keinen Hinweis darauf, dass Hitler, dessen Verachtung für »Experten« aller Art (selbst in militärischen Fragen) gut bekannt war, den Vorschlägen von Planern auf unteren Ebenen jemals auch nur die geringste Beachtung geschenkt hätte.[9] Außerdem muss man zwischen einer Modernisierungsstrategie und reiner Habgier, die es auf die Plünderung und den Raub jüdischen Besitzes abgesehen hatte, unterscheiden. Diese Gier war während des »Anschlusses«, bei den Pogromen von 1938, bei den »Arisierungs«-Maßnahmen und während der darauf folgenden Deportationen tatsächlich ein integraler Bestandteil der nationalsozialistischen antisemitischen Politik. Die massive Enteignung von jüdischem Reichtum und jüdischem Besitz machte den Nationalsozialismus zweifellos für Millionen von Nichtjuden attraktiver.

Aber welche »Modernisierungslogik« lag der Tatsache zu Grunde, dass während des Krieges, obwohl das Militär dringend Transportkapazitäten brauchte, 2 200 Juden von der griechischen Insel Rhodos über 3 000 Kilometer weit nach Auschwitz transportiert wurden?[10] Welcher Sinn lag ökonomisch oder politisch gesehen darin, 1944, nachdem die Niederlage Deutschlands durch die Landung der Alliierten in der Normandie und das Vorrücken der Roten Armee im Osten unausweichlich geworden war, eine halbe Million ungarische Juden nach Auschwitz zu deportieren? Wenn eine gesellschaftliche »Modernisierung« Ziel der Nazis war, warum deportierten und ermordeten sie dann die gut integrierten, ökonomisch produktiven Juden in Deutschland, Österreich, Italien, den Niederlanden oder Frankreich, die bestimmt keine »Luftmenschen« waren? Die Tatsache, dass nationalsozialistische Ökonomen und Planer sich häufig einer »utilitaristischen« Sprache bedienten, um ihre Vorurteile gegen Juden und Polen zu maskieren, und dass sie ihre politischen Vorschläge in Begriffen wie »Produktivität«, »Lebensmittelversorgung«, »öffentliche Gesundheit« oder »Bedrohung für die Sicherheit« abfassten, sollte nicht über deren zu Grunde liegenden rassistischen Inhalt hinwegtäuschen. Rationalisierungen sind nicht das Gleiche wie Gründe. Das Etikett der »Modernisierung«

zu verwenden, um die nationalsozialistische Politik der genozidalen Vernichtung in eine Kategorie einzuordnen, glättet den Massenmord letztlich und »normalisiert« ihn, als wäre er eine leicht abweichende Version der normalen kapitalistischen Entwicklung.[11]

Genozidale Impulse waren, wie wir in diesem Buch wiederholt gezeigt haben, inhärenter Bestandteil der nationalsozialistischen Bewegung, Ideologie und Denkweise. Es stimmt, dass die Ziele des Regimes in Friedenszeiten offiziell auf die »Rassentrennung« beschränkt waren, der Vertreibungen folgen sollten. Aber im Jahr 1939 war bereits offensichtlich, dass die Nationalsozialisten, falls ein Krieg ausbrechen sollte, die Bedingungen für eine »ethnische Säuberung« als gegeben ansehen würden, der die physisch und geistig Behinderten, die Zigeuner und vor allem die Juden zum Opfer fielen.[12] Die NS-Führung brauchte keine Planungsfachleute, die ihr sagten, in einem globalen Krieg würden die Juden »mit der Vernichtung unserer Feinde auch ihre eigene Vernichtung erleben«.[13] In einem Kommentar zu einer Hitlerrede im Februar 1942 fügte Goebbels hinzu: »Die großen Chancen, die dieser Krieg uns bietet, werden vom Führer in ihrer ganzen Tragweite erkannt.«[14]

Der Krieg gegen die Partisanen war ein typisches Beispiel. Der zuständige SS-Führer Erich von dem Bach-Zelewski bemerkte, dass der Kampf gegen Partisanen nach und nach als Vorwand benutzt wurde, um andere Maßnahmen durchzuführen, etwa die Vernichtung von Juden und Zigeunern, die systematische Reduzierung der slawischen Völker und die Terrorisierung von Zivilisten durch Schießereien und Plünderungen.[15] Der Kampf gegen Partisanen und »Sicherheits«-Erwägungen waren typische Methoden der Nationalsozialisten, um ihre Politik der physischen Auslöschung zu tarnen und ihr eine Pseudolegitimation zu verschaffen. Ebenso verwendeten Planer auch

Modelle für die gesellschaftliche Entwicklung, um dem Völkermord eine Aura wissenschaftlicher Rationalität zu verleihen. Aber derartige Überlegungen gerieten im Dritten Reich nie mit dem Primat der Politik in Konflikt,[16] und sie hielten Hitler auch nicht davon ab, Vertreter von Wehrmacht oder Industrie abzuweisen, die ihn drängten, die Deportation dringend benötigter jüdischer Fachkräfte aufzuschieben.[17] In Polen wurden aus ideologischen und politischen Gründen Ghettos geschaffen, obwohl sie der Wirtschaft schadeten.

Als Himmler Rudolf Höß anwies, das Konzentrationslager Auschwitz zu gründen, gab er dafür ausdrücklich einen ideologischen Grund an – die Notwendigkeit, »die biologischen Grundlagen des Judentums zu zerstören«.[18] Himmler sprach in seinen Befehlen und in jenen Reden, in denen er sich zur »Endlösung« äußerte, stets von einem »primitiven, ursprünglichen, natürlichen Rassenkampf« gegen die Juden, nicht von ökonomischem Nutzen.[19] Als Juden zur Zwangsarbeit eingesetzt wurden, verlangte Himmler außerdem, man sollte dafür sorgen, dass sie sich schnell zu Tode arbeiteten oder aber sie durch Polen ersetzen, denn, wie er es am 2. Oktober 1942 formulierte, »auch dort [in Polen] sollen eines Tages dem Wunsche des Führers entsprechend die Juden verschwinden«.[20]

Auch gibt es keinen überzeugenden Beweis für die Behauptung von Aly und Heim, dass die Nationalsozialisten als Teil ihres demographischen und »Modernisierungs«-Programmes letztlich die *Vernichtung* der Slawen (oder auch nur der gesamten slawischen Elite) planten. Slawische Nationen wie Kroatien und die Slowakei waren mit NS-Deutschland verbündet (ebenso wie Bulgarien), und die Deutschen stellten sich vor, dass Kroaten und Slowaken die serbische und die tschechische Elite beherrschen und bei ihrer Vernichtung helfen würden. Auch wenn den Ukrainern und den Weißrussen (wie auch den Balten) nicht einmal der Anschein von Unabhängigkeit gewährt wurde, so genossen sie doch einen eingeschränkten, untergeordneten Status als »Helfer« der Deutschen, besonders bei der Ermordung der Juden. Polen, Serben und Großrussen andererseits hatten überhaupt keine Rechte und waren Massakern und furchtbaren Ungerechtigkeiten ausgeliefert, nicht aber einem systematischen Völkermord. Wie Himmler es 1943 in Posen ausdrückte: »Ob die anderen Völker im Wohlstand leben oder ob sie verrecken vor Hunger, das interessiert mich nur soweit, als wir sie als Sklaven für unsere Kultur brauchen, anders interessiert mich das nicht. Ob bei dem Bau eines Panzergrabens 10 000 russische Weiber an Entkräftung umfallen oder nicht, interessiert mich nur insoweit, als der Panzergraben für Deutschland fertig wird.«[21]

Nach der Logik des nationalsozialistischen rassischen Imperialismus sollten Russen und Polen zu Heloten des Reiches erniedrigt werden. Es war aber nicht erforderlich, sie im Namen einer apokalyptischen, chiliastischen Ideologie auszurotten. Auch offizielle Vertreter der Nationalsozialisten und mit Sicherheit Soldaten der Wehrmacht sahen in dem Versuch, die gesamte polnische Nation auszulöschen, etwas, das im Widerspruch zu ihrem Selbstbild als »Kulturnation« stand. Bezeichnenderweise schloss Himmler selbst eine »Germanisierung« jener Polen, die man für »rassisch wertvolle« Elemente hielt, nicht aus. Der Rest des polnischen Volkes sollte versklavt und ökonomisch ausgebeutet werden, mit Ausnahme der Eliten (Klerus, Intellektuelle, Offiziere), die man gnadenlos vernichten wollte. Ähnlich spielten Nützlichkeitsdenken und Zweckmäßigkeit auch in den Plänen, die die Nazis für die Russen und die Ukrainer hatten, eine gewisse Rolle. Es sollte eine kontrollierte Form der »ethnischen Säuberung« geben, und 1941 stellte man sich tatsächlich vor, dass Millionen slawischer Menschen in Russland umkommen würden, als Resultat der deutschen Eroberung, der Kolonialisierung und einer zielgerichteten Politik des Aushungerns. Aber die totale Vernichtung ganzer slawischer Völker war für die Nationalsozialisten weder praktikabel, noch hätte sie einem wichtigen Punkt in ihrem ideologischen Programm gedient.

Die slawischen Völker in Russland wurden während des Krieges zwar als rassisch minderwertig und manchmal als asiatische »Untermenschen« beschrieben, aber nicht als »Läuse«, »Ungeziefer« oder »Bazillen« bezeichnet, die man durch industrialisierten Massenmord insgesamt loswerden musste. Auch gab es keine mit den Massenerschießungen der Einsatzgruppen vergleichbaren Morde, die die Nazis an Slawen verübt hätten. Weder Polen noch Serben noch Russen (auch wenn sie in der rassisch-biologischen Hierarchie fast ganz unten angesiedelt waren) wurden als »Weltfeind« betrachtet oder als eine Gegenrasse geschmäht, die die Grundfesten der »arischen« Zivilisation selbst bedrohte. Der Kampf gegen die Slawen im Osten war in nationalsozialistischen Begriffen im Grunde ein Krieg um »Lebensraum« und Kolonisierung von Land. Wenn er erfolgreich gewesen wäre, hätte er zur Vertreibung von bis zu 30 Millionen Slawen (die man nach Sibirien deportiert hätte) geführt. In Westrussland, der Ukraine und im Kaukasus hätte man sie durch deutsche Siedler ersetzt.

Diese rassistische Vision von einem großgermanischen Reich im Osten brach jedoch nach und nach zusammen, als der NS-Staat ab Ende 1941 in einen verzweifelten Kampf auf Leben und Tod verwickelt war, den er gegen ein wieder erstarktes Sowjetrussland und Großbritannien, das Verstärkung von den Vereinigten Staaten bekommen hatte, führte. Das militärische Patt und die daraus resultierenden demographischen und logistischen Engpässe führten Anfang 1942 zu einer Veränderung in der deutschen Politik. Um den Verlust von Soldaten auszugleichen und die Rüstungsindustrie zu erhalten, beschloss NS-Deutschland, das Arbeitskräftepotenzial der unterworfenen Völker zu maximieren. Das Ergebnis war, dass Millionen sowjetischer Kriegsgefangener (von denen man die meisten später verhungern ließ), Polen, Tschechen und andere Europäer ins Reich gebracht wurden, wo sie als Arbeitskräfte dienten, obwohl das die nationalsozialistische Vision von einer »rassereinen Volksgemeinschaft« eindeutig unterhöhlte.[22] Zum gleichen Zeitpunkt aber verschleppte man Juden aus den Kerngebieten des Dritten Reiches nach Osten, wo sie wie am Fließband vernichtet wurden. Hier geht es darum, dass die »vernünftige« Alternative der ökonomischen Über-Ausbeutung im Falle der Juden ausdrücklich abgelehnt wurde.[23]

Das bedeutsame Element der »Moderne« im Völkermordprojekt der Nationalsozialisten lag daher nicht in seiner legendären »ökonomischen Rationalität« oder in einer Verbindung zu einem halsbrecherischen Programm zur Umgestaltung der Gesellschaft (wie im stalinistischen Russland), sondern vielmehr in den neuen Methoden, mit denen die Ermordung »überflüssiger« Menschen organisiert wurde. In Todeslagern wie Auschwitz-Birkenau, Majdanek, Sobibór oder Treblinka wurde der gesamte Apparat des modernen deutschen Staates – die Mittel seiner Bürokratie und seiner Rüstungsindustrie – der SS zur Verfügung gestellt, damit sie die Vernichtung unbeeinträchtigt durchführen konnte. Alle Fähigkeiten und Verfahrensweisen der modernen Technik, das wissenschaftliche und medizinische Fachwissen sowie die Genauigkeit beim Einhalten des Eisenbahnfahrplans wurden in den Dienst des Rassenmordes gestellt. Raul Hilberg, der diesen administrativen Prozess als Erster untersuchte, bemerkte vor langer Zeit, dass die Maschinerie der Zerstörung sich strukturell nicht von der organisierten deutschen Gesellschaft als Ganzes unterschied, sondern dass sie die organisierte Gemeinschaft in einer ihrer speziellen Rollen darstellte.[24]

An der Organisation des Massenmordes waren nicht nur die unmittelbaren Täter beteiligt, sondern auch Zehntausende von Deutschen, die rein physisch nichts mit den Tötungen zu tun hatten: Diplomaten, Rechtsanwälte, Ärzte, Buchhalter, Bankangestellte, Büroangestellte und Eisenbahnarbeiter, ohne die die Züge in die Todeslager nie pünktlich gefahren wären. Diese monströse Todesmaschinerie konnte nur in einer sehr gut organisierten und bürokratisierten Gesellschaft anlaufen – die in ihrer absichtlichen Aufsplitterung der Zuständigkeiten und der Routinisierung der Tötungsoperationen methodisch, perfektionistisch und gründlich »modern« war. Weiterhin ereignete die Massenvernichtung sich in einem Staat, der in der Lage war, zahllose Bürokraten in den relevanten Ministerien, in der Armee, in Rechtswesen und Medizin effizient zu einer einzigen funktionierenden Mordmaschine zu koordinieren – die mit den NS-Vertretern in den besetzten Gebieten im Osten, der SS und der Ordnungspolizei zusammenarbeitete. Eine derart erbarmungslose Systematisierung und ihr Endprodukt – die Gaskammern – waren es, die dem Holocaust seine üble »moderne« Aura der depersonalisierten Gewalt verliehen.[25] Die Gaskammern und Krematorien waren eine industrielle Methode, um Menschen auf der Basis von Tagesquoten zu liquidieren: Sie demonstrierten »die Fähigkeit der modernen Welt, den Massentod auf einer neuen, fortschrittlicheren und wissenschaftlich geplanten Grundlage zu organisieren«.[26]

Dieser rationalisierte administrative Tötungsprozess war außerdem unverwechselbar modern, weil er sich neuester Lochkartentechnologie bedienen konnte, die es dem Dritten Reich ermöglichte, das Zusammentreiben der Juden in ganz Europa, ihre Deportation in die Lager sowie die Statistiken, die ihre Qualen während der »Endlösung« festhielten, zu perfektionieren. Erst nachdem man die Juden identifiziert hatte, konnte man sie ins Visier nehmen, um ihr Eigentum zu konfiszieren, um sie zu deportieren und in Ghettos zu sperren, um sie zur Zwangsarbeit einzuteilen und um sie zu vernichten. Maßgeschneiderte amerikanische IBM-Technik war es, wie Edwin Black kürzlich gezeigt hat, die der deutschen Fähigkeit, Juden bei allen Vorgängen zu identifizieren – von Volkszählungen, Registrierungen und rassischen Ahnenprogrammen bis hin zur Organisation der Eisenbahntransporte und der Registrierungen in den Konzentrationslagern –, eine nie da gewesene Geschwindigkeit und Genauigkeit verlieh.[27]

Ähnlich wären Massenmorde in diesem Maßstab nicht möglich gewesen, wenn die Nationalsozialisten nicht ab 1939 den Probelauf ihres »Euthanasie«-Programms durchgeführt hätten. Die Ärzte des Dritten Reiches arbeiteten massiv daran mit, bei der Ermordung von 80 000 geistig und körperlich behinderten Deutschen Giftgas und tödliche Spritzen einzusetzen. Dieses »T-4-Programm« (so benannt nach der Tiergartenstraße 4 in Berlin, der Adresse der zuständigen Zentrale) war von Hitler persönlich angeordnet worden. Wie Henry Friedlander bemerkte: »Der Erfolg der Euthanasie-Politik überzeugte die NS-Führung, dass Massenmord technisch machbar war, dass gewöhnliche Männer und Frauen bereit waren, unschuldige Menschen in großer Anzahl zu töten, und dass die Bürokratie bei einem so beispiellosen Unterfangen mitarbeiten würde.«[28] Die gleichen Methoden, die bei der »Aktion T4« angewendet wurden, um die Ermordung der Behinderten zu tarnen, sollten auch in den Vernichtungslagern eingesetzt werden. SS-Wachtposten wurden in die weißen Uniformen medizinischer Techniker gekleidet, und den Opfern wurde immer weisgemacht, dass sie in ein Duschhaus gebracht würden, nicht in eine Gaskammer.

Die deutschen Täter, die die Maschinerie der Vernichtung bedienten, ob im Netzwerk der Ämter, das einen ganzen Kontinent überspannte, oder in den Lagern, waren »nicht eine besondere Art Deutsche«, sondern vielmehr »ein bemerkenswerter Querschnitt durch die deutsche Bevölkerung«.[29] Mit einer ungeheuren Mordaktion befasst, die offiziell der Geheimhaltung unterlag, schienen sie gegen jegliche Gewissensbisse immun zu sein. Ein Tarn-Vokabular voller Euphemismen schirmte sie von allen Schuldgefühlen oder Zweifeln an der Rechtmäßigkeit ihrer Handlungen ab.[30]

Hans Mommsen hat argumentiert, dass der Einsatz von bürokratischen und technischen Methoden alle moralischen Hemmungen der Täter erfolgreich unterdrückte und so den Tod der Juden in ein technisches Problem der Tötungskapazität verwandelte. Er betrachtet den Holocaust als einen rationalisierten, quasi automatischen Prozess, bei dem »die Vernichtung der ›Arbeitsunfähigen‹ eine Eigendynamik entwickelte: Die von Eichmann und Heydrich aufgebaute bürokratische Maschinerie funktionierte gleichsam automatisch; es war bezeichnend, dass Eichmann Himmlers Ende 1944 ergehenden Befehl, die ›Endlösung‹ einzustellen, bewusst umging. Es bedurfte keiner äußeren ideologischen Anstöße, um den Vernichtungsprozess weiter laufen zu lassen.«[31]

Aber diese Todesmaschinerie existierte nicht in einem ideologischen Vakuum, und selbst ein vorbildlicher Bürokrat wie Eichmann – auch wenn er kein fanatischer Antisemit war – zeigte bei der Jagd auf die Juden außergewöhnlichen Eifer. Seine ständigen Beschwerden über Hindernisse bei der Erfüllung der Vernichtungslagerquoten, seine Ungeduld angesichts von Schlupflöchern wie der freien Zone im Vichy-Frankreich oder die mangelnde Kooperationsbereitschaft der Italiener und anderer Verbündeter der Deutschen bei der Auslieferung der Juden waren nicht einfach das Verlangen eines kleinlichen Bürokraten, seine Tüchtigkeit unter Beweis zu stellen. Eichmann freute sich über das Gemetzel an den Juden. Es gab ihm das Gefühl, ein wichtiger Bestandteil eines gigantischen Projekts zu sein. Täter wie Eichmann passten sich mühelos an das herrschende genozidale Ethos an, weil sie von ihrer Tätigkeit überzeugt waren.[32] Ihre Motive waren nicht immer mit denen der führenden Entscheidungsträger identisch, aber das heißt nicht, dass sie den Massenmord an jeder willkürlich ausgewählten Gruppe von Feinden vollzogen hätten.

Die so genannte »funktionalistische« historische Schule argumentiert seit langem, dass die »Endlösung« nicht das Produkt großartiger Planung gewesen sei, sondern dass das NS-Regime von einem »Labyrinth aus konkurrierenden Machtgruppen und rivalisierenden Bürokratien« verwaltet worden sei, die alle nach der Gunst eines fernen Führers strebten.[33] Aus dieser Sicht führten der Mangel an Koordination und die Zerstückelung der Entscheidungsfindung zu einer »kumulativen Verschärfung« der Strategien, wobei jede in der Durchführung rücksichtsloser, gewalttätiger und radikaler war als ihre Vorgängerinnen.[34] Die Nationalsozialisten, heißt es, hätten 1933 keinen speziellen Plan gehabt, um »die Judenfrage zu lösen«, und sich einfach Schritt für Schritt die gewundene Straße nach Auschwitz entlangtreiben lassen.[35] Martin Broszat zufolge hatten selbst die Vernichtungen im Großen und Ganzen improvisierten Charakter und leiteten sich nicht von einem spezifischen Hitlerbefehl ab oder von einem deutlichen »Willen zur Vernichtung«, sondern vielmehr von einer Reihe lokaler NS-Initiativen, die darauf abzielten, ihre jeweiligen Probleme (Lebensmittelversorgung, logistische Schwierigkeiten usw.) an der Ostfront zu lösen. Nach Broszats Ansicht mussten die Nazis »einen Weg aus einer Sackgasse« finden, in die sie sich hineinmanövriert hatten. Als die Praxis der

Liquidierung einmal etabliert war, gewann sie Vorrang, und schließlich entwickelte sie sich zu einem umfassenden »Programm«, das anschließend von Hitler gutgeheißen und abgesegnet wurde.[36] Doch Broszat und andere, die ihm folgten, unterschätzten den von Hitler bevorzugten Modus operandi, der darin bestand, absichtlich gegen die Juden aufzuhetzen und gleichzeitig seine Spuren zu verwischen und es Untergebenen zu überlassen, sich um die grausigen Einzelheiten zu kümmern.

Funktionalistische Theorien neigen (vielleicht unbeabsichtigt) dazu, den Nationalsozialismus zu normalisieren, indem sie nahe legen, dass seine Führer planlos in extrem kriminelle Verhaltensweisen hineinstolperten. Es überzeugt nicht, wenn sie Hitler selbst in einen schwachen, unentschlossenen, zaudernden Führer verwandeln, dessen visionäre politische Perspektiven zur »Judenfrage« nur unbedeutenden Einfluss auf die praktische Politik des Genozids hatten.[37] Außerdem spielen die »Funktionalisten« die Langlebigkeit des Antisemitismus und seine Verwandlung in einen »wissenschaftlichen« Rassismus herunter und auch den Status, die Aussagen und das Leiden der Juden als gesellschaftlicher und nationaler Gruppe und die Rolle der Zuschauer (sowohl einzelner Individuen als auch ganzer Staaten), von der ideologischen Motivation und der Mentalität der nationalsozialistischen Täter ganz zu schweigen.

In jüngerer Zeit haben deutsche Gelehrte sich bemüht, über die früheren abstrakten Diskussionen über »Moderne« und den Streit zwischen den »Intentionalisten« (die überzeugt sind, dass Hitler und eine koordinierte Entscheidung, die europäischen Juden zu ermorden, die zentrale Rolle spielten) und die skeptischen »Funktionalisten« hinauszugehen. Ulrich Herbert zum Beispiel übernimmt zwar die Theorie der »kumulativen Verschärfung« und betont auch die Rolle der Bürokratie, aber er nimmt nicht an, dass die Entscheidungen auf lokaler Ebene – ob in Serbien, Litauen oder Weißrussland – außerhalb eines Kontextes von tief verwurzeltem Antisemitismus getroffen wurden. Er ist überzeugt, dass der Holocaust nicht einfach das Ergebnis von Anweisungen aus Berlin war, sondern dass er aus einem Zusammenwirken des Zentrums und einer zunehmend radikalisierten Peripherie hervorging.[38] Die empirischen Studien von Dieter Pohl und Thomas Sandkühler, die das Generalgouvernement und Galizien untersuchen, werfen ein Licht darauf, welche Bedeutung bei dem heftigen Drängen nach einer radikalen antijüdischen Politik der Peripherie zukam und welche zentrale Rolle die Zivilverwaltung dabei spielte.[39] Diese Art der Forschung, die den komplexen politischen Prozess untersucht, der sich in den von Deutschen besetzten Gebieten auf lokaler Ebene abspielte, ist zu begrüßen; leider wird dabei manchmal nicht mehr deutlich, dass Hitler, Himmler und andere in Berlin bei der Initiierung, Zentralisierung und Vereinheitlichung der Vielzahl von regionalen Aktionen, die schließlich in die »Endlösung« zusammenliefen, eine entscheidende Rolle spielten. Auch hat dieser neue Trend in der Geschichtswissenschaft noch weitere Schwächen. Die Stimme der jüdischen Opfer ist selten zu hören, und es besteht eine Tendenz, die Symmetrie zwischen dem Holocaust und den »ethnischen Säuberungen«, denen andere nationale Gruppen in Osteuropa unterworfen waren, zu übertreiben.

Herbert betont, wie Goldhagen vor ihm, sowohl die Anzahl der beteiligten Täter (die höher ist, als bis dahin angenommen wurde) als auch die Tatsache, dass die Morde häufig auf eine traditionelle, ja »archaische« Weise ausgeführt wurden.[40] Ein großer Teil des nationalsozialistischen Völkermordes, erinnert Herbert uns, wird von dem Begriff »fabrikmäßiges Töten« oder »sauberer« Tod durch Vergasen nicht adäquat beschrieben. Ich möchte diesen Punkt durchaus unterstreichen, und zwar mit dem Hinweis auf die Massaker an Juden in Litauen, Osteuropa und auf dem Balkan oder auf die Judenmorde, die Soldaten der Wehrmacht und die Einsatzgruppen an der Ostfront verübten.[41]

Ebenso führen das »heißblütige« Abschlachten und die »Judenhatz«, die im besetzten Polen von Bataillonen der Ordnungspolizei verübt wurden (von Browning und Goldhagen beschrieben), uns eine eindeutig unmoderne Seite des Holocaust vor Augen – eine Seite, die ihn enger mit anderen Völkermorden des zwanzigsten Jahrhunderts verbindet. Für 40 Prozent der Holocaustopfer brauchte man keine hoch entwickelte Technik. Sie starben in den Ghettos an Hunger und Krankheiten, wurden in den Arbeitslagern zu Grunde gerichtet oder kamen gegen Ende des Krieges bei Deportationen ums Leben, die sich in entsetzliche Todesmärsche verwandelten; oder aber sie wurden in Gruben, Gräben und Schluchten mit Maschinengewehren, Gewehren und Revolvern erschossen. An derartigen genozidalen Handlungen war nichts besonders »Modernes« oder »Zivilisiertes«, genauso wenig wie an den Morden, die wir seit 1945 in Kambodscha, Ruanda, Bosnien und anderen relativ rückständigen Teilen der Welt beobachtet haben. Hier wurden keine spektakulären industriellen Methoden benötigt. Dennoch, gerade die moralische Lektion der Lager legt nahe, dass das Geschehen, dessen Zeuge Europa in der Mitte des zwanzigsten Jahrhunderts wurde, nichtsdestotrotz beispiellos war: gar nicht so sehr bezüglich der Anzahl der Toten, sondern vielmehr im Hinblick auf die Leiden, die den Opfern zugefügt wurden, und auf die Verworfenheit ihrer Folterer.[42]

In jedem Vernichtungslager gab es zwischen 20 und 35 verantwortliche SS-Männer (von denen ein hoher Prozentsatz Österreicher waren), denen eine Reihe ukrainischer Hilfskräfte zur Seite standen. In Treblinka wandten die Deutschen erfolgreich ihre List an, das Lager als »Durchgangslager« hinzustellen, in dem Juden vorgeblich »desinfiziert« werden sollten, bevor sie weiter in ein »Arbeitslager« geschickt wurden. Abraham Goldfarb kam am 25. August 1942 im Lager an. Er erzählt: »Als wir Treblinka erreichten und die Deutschen die Türen der Güterwagen öffneten, bot sich ein grauenvolles Bild. Die Wagen waren voller Leichen. Die Leichen waren zum Teil von Chlor zerfressen worden. Der Gestank in den Wagen führte dazu, dass diejenigen, die noch lebten, fast erstickten.«[43] Tod und Zersetzung hatten bereits eingesetzt, während die Juden noch – ohne Wasser, Luft und sanitäre Anlagen –, in die Güterwaggons eingeschlossen, zu den Vernichtungslagern rollten; die Waggons wurden vom Personal der SS absichtlich überfüllt, so dass diese Transporte tatsächlich Todesfallen waren. Oskar Berger, der drei Tage früher eintraf, sah, als er aus dem Zug stieg, dass »Hunderte von Leichen überall herumlagen«. »Berge von Bündeln, Kleidungsstücken, Koffern, alles durcheinander. SS-Soldaten, Deutsche und Ukrainer standen auf den Dächern und feuerten willkürlich in die Menge. Männer, Frauen und Kinder stürzten blutend zu Boden. Die Luft war voller Schreien und Weinen.«[44]

Aus Augenzeugenberichten ist ersichtlich, dass Sadismus und Folter in Treblinka, Sobibór oder Belzec, wo die Wachtposten – Deutsche, Letten, Litauer und Ukrainer – für ihre Grausamkeit berüchtigt waren, keine Grenzen kannten.[45] Wie in anderen Lagern auch erfüllten sie ihre Pflichten, ohne zu fragen, zeigten aber bemerkenswerte Initiative, wenn es darum ging, ihre Opfer maßlos zu foltern. Ein bezeichnendes Beispiel war der stellvertretende Kommandant von Sobibór (wo 250 000 Juden umkamen), der in Wien geborene Gustav Wagner. Wie viele SS-Leute in den Lagern kam er von Schloss Hartheim bei Linz, einem Zentrum für die Tötung von Geisteskranken und Behinderten. Stabsfeldwebel Wagner war für die »Selektionen« zuständig und unter den Opfern besser bekannt als die »menschliche

Bestie«. Ein Überlebender erinnert sich, dass Wagner nicht zu Mittag aß, wenn er nicht vorher getötet hatte; mit einer Axt, einer Schaufel oder sogar mit den Händen. Er musste Blut haben.[46] Ein anderer Überlebender berichtete, dass Wagner als »lächelnder Todesengel« bekannt gewesen sei, für den »foltern und töten ein Vergnügen war« – er schnappte sich Babys aus den Armen ihrer Mütter und riss sie mit den Händen in Stücke.

Ein anderer begeisterter Folterer und Sadist war Christian Wirth, Inspektor der Todeslager der »Operation Reinhard«, der ebenfalls vorher in »Euthanasie«-Anstalten gearbeitet und 1939 die ersten bekannt gewordenen Experimente mit Vergasungen von »unheilbar« kranken Deutschen gemacht hatte. Ende 1941 hatte er die Aufgabe bekommen, mit der Vernichtung der Juden in Chelmno zu beginnen, dem Todeslager, das als Erstes seine Arbeit aufnahm. Während der nächsten achtzehn Monate beaufsichtigte Wirth zusammen mit Odilo Globocnik (ehemals Gauleiter von Wien) in den Vernichtungslagern Belzec, Sobibór und Treblinka die Ermordung von fast zwei Millionen Juden. Ein Überlebender aus Belzec (wo mindestens 600000 Juden ermordet wurden) erinnerte sich, Wirth sei ein »großer, breitschultriger Mann Mitte fünfzig mit vulgärem Gesicht« gewesen, »er war ein geborener Verbrecher. Die äußerste Bestie [...]. Obwohl er selten auftauchte, hatten die SS-Leute furchtbare Angst vor ihm.«[47] SS-Scharführer Franz Suchamel, der unter Wirth diente, bezeugte, dass er an Brutalität, Gemeinheit und Gnadenlosigkeit nicht zu übertreffen war. »Wir nannten ihn deshalb ›Christian den Schrecklichen‹ oder ›den wilden Christian‹. Die ukrainischen Wachtposten nannten ihn ›Stuka‹« (Abkürzung für Sturzkampfflugzeug).[48] Kurt Gerstein wurde im August 1942 in Belzec persönlich Zeuge davon, wie Wirth und seine Helfer die letzten Schritte der Juden auf ihrem Weg zur Vernichtung beaufsichtigten:

> Dann setzt sich der Zug in Bewegung, [...] alle nackt, Männer, Frauen, Kinder, ohne Prothesen. Ich selbst stehe mit dem Hauptmann Wirth oben auf der Rampe zwischen den Kammern. Mütter mit ihren Säuglingen an der Brust, sie kommen herauf, zögern, treten ein in die Todeskammern! – An der Ecke steht ein starker SS-Mann, der mit pastoraler Stimme zu den Armen sagt: Es passiert Euch nicht das geringste! Ihr müßt nur in den Kammern tief Atem holen, das weitet die Lungen, diese Inhalation ist notwendig wegen der Krankheiten und Seuchen. [...] Eine Jüdin von etwa 40 Jahren mit flammenden Augen ruft ›das Blut, das hier vergossen wird, über die Mörder‹. Sie erhält fünf oder sechs Schläge mit der Reitpeitsche ins Gesicht, vom Hauptmann Wirth persönlich, dann verschwindet auch sie in der Kammer. – Viele Menschen beten. Ich bete mit ihnen, ich drücke mich in eine Ecke und schreie laut zu meinem und ihrem Gott.[49]

Der Kommandant von Treblinka und Sobibór, der Österreicher Franz Stangl, war (wie Wirth) früher Polizist und in der Euthanasie-Anstalt Schloss Hartheim Aufsichtsbeamter gewesen. Er war im Organisieren von Massenmorden sehr tüchtig und engagiert und erhielt sogar eine offizielle Empfehlung als »bester Lagerkommandant in Polen«. Anders als Wirth war Stangl mit seiner leisen Stimme kein Sadist, sondern höflich und immer tadellos gekleidet (zum Ausladen der Transporte in Treblinka erschien er in einer weißen Reitjacke); er verrichtete seine »Arbeit« mit Stolz und Vergnügen und leitete das Lager wie ein Uhrwerk. Stangl betrachtete seine Opfer nie als Individuen und nicht einmal als Menschen, sondern vielmehr als »Ware«. Im Hinblick auf die Juden erzählte er der Journalistin Gitta Sereny: »Es hat nichts mit Haß zu tun. Die waren so schwach! Sie ließen alles mit sich geschehen. Es waren Leute, mit denen man nichts gemein hatte, keine Möglichkeit der Verständigung – daraus entsteht Verachtung. Ich konnte niemals verstehen, daß sie einfach aufgaben, wie sie es taten.«[50] In einem früheren Gespräch erinnert er sich:

> Ich glaube, es begann an dem Tag, als ich zum ersten Mal das Totenlager in Treblinka sah. Ich erinner mich an Wirth, wie er neben den Gruben voll bläulichschwarzer Körper stand. Das hatte nichts mit Menschen zu tun, das konnte einfach nicht sein. Es war eine Masse, eine Masse vermoderndes Fleisch. Wirth sagte: ›Was sollen wir mit dem Mist machen?‹ Ich glaub, daß ich da unbewußt begonnen hab, sie als Ware zu betrachten. [...] Sie waren immer eine riesige Masse. Manchmal stand ich auf dem Erdwall und beobachtete sie auf ihrem Weg durch den Schlauch. Aber – wie soll ich es Ihnen erklären – sie waren nackt, aneinandergepreßt; sie rannten, mit Peitschen angetrieben, wie ...[51]

Rudolf Höß, der vom 1. Mai 1940 bis zum 1. Dezember 1943 Kommandant von Auschwitz war, erschien, wie Stangl, nach außen hin als freundlicher, selbstloser Familienvater, der seine Frau liebte. Auch er setzte perfektionistischen Stolz in seine »Arbeit«, in »die größte Menschen-Vernichtungs-Anlage aller Zeiten«. 1944 wurde er von seinen Vorgesetzten als »wahrhafter Pionier auf seinem Gebiet erklärt, dank neuer Ideen und neuer Ausbildungsmethoden«.[52] In seinen autobiografischen Aufzeichnungen betont Höß das »feste Pflichtbewußtsein«, das seine frommen katholischen Eltern ihm eingeimpft hatten. »Ganz besonders wurde ich immer darauf hingewiesen, daß ich Wünsche oder Anordnungen [...] unverzüglich durchzuführen bzw. zu befolgen hatte.« Er betrachtete seine eigene Zwanghaftigkeit bei der Befolgung von Befehlen und bei der Aufgabe aller persönlichen Unabhängigkeit als Zeichen für seine eigene Moralität und kleinbürgerliche Anständigkeit.[53]

Höß verkörperte den »Idealtyp« des leidenschaftslosen, von

Selbstdisziplin geprägten, gleichmütigen Massenmörders, der Massenexekutionen oder Selektionen für die Gaskammern nie selbst besuchte, sondern seine Arbeit als reinen Verwaltungsvorgang behandelte. Was Höß beschäftigte, war nicht das unvorstellbare Leiden seiner Opfer, sondern er befasste sich mit den praktischen und technischen Fragen, bei denen es um Fahrpläne, die Größe von Transporten, die Arten der Öfen und die Vergasungsmethoden ging. Er war stolz darauf, dass er als Erster erfolgreich »Zyklon B« einsetzte – wie Himmler fand der »zart besaitete« Höß, der Erschießungen und Blutvergießen nicht ertragen konnte, Giftgas rationaler, hygienischer und »humaner«. Selbstverständlich zögerte der vollkommen entpersönlichte Kommandant von Auschwitz (für den Gehorsam und Pflichterfüllung die höchsten Tugenden waren) keinen Augenblick, Himmlers Befehle in Bezug auf die »Endlösung« der Judenfrage auszuführen.

Wie Adolf Eichmann betonte Höß in seinen Erinnerungen: »Ich selbst habe persönlich nie Juden gehaßt.« Andererseits aber stellte er Hitlers Ziele offenbar nie in Frage. Nachdem Höß drei Jahre in dem ungeheuren Laboratorium namens Auschwitz verbracht hatte, wo er unauslöschliche Eindrücke und reichlich Stoff zum Nachdenken sammelte, konnte er die heikle Frage, warum die Angehörigen der jüdischen Rasse so widerstandslos in den Tod gingen, immer noch nicht lösen.[54] Wie Stangl kam er nicht auf den Gedanken, dass die ganze Folter- und Todesmaschinerie sorgfältig so konzipiert war, dass genau dieses Ergebnis erzielt wurde. Kein Wunder, dass Höß das groteske Motto von Auschwitz »Arbeit macht frei« so gut gefiel und dass er sich für dessen makabre Bedeutung für die Opfer überhaupt nicht interessierte.

In Auschwitz-Birkenau gab es noch weitere technische Perfektionisten, etwa den begabten 32 Jahre alten Oberarzt Josef Mengele, die ganz genau wussten, was sie wollten und wie der

Mord an Juden sie auf ihrer akademischen Laufbahn voranbringen konnte. Mengele benutzte die Insassen von Auschwitz als Versuchskaninchen für seiner Meinung nach bahnbrechende wissenschaftliche Forschungen über angenommene Rassenunterschiede und physische Anomalitäten. Wer unter irgendeiner Art von Deformierung litt, wurde bei der Ankunft im Lager auf Mengeles Befehl hin umgebracht, um ihm neues Material für seine Studien zu liefern. Außerdem führte er medizinische Experimente an lebenden Juden, insbesondere an Zwillingen, durch, in der Hoffnung, eine Methode zur Erschaffung einer Rasse von blauäugigen Ariern zu finden, um die megalomanischen Träume der nationalsozialistischen »Rassenwissenschaft« zu erfüllen. In einem Gespräch, das Mengele in Auschwitz mit einer christlichen Ärztin aus Österreich, Dr. Ella Lingens, führte, sagte er, es gebe nur zwei begabte Völker auf der Welt – die Deutschen und die Juden. Die Frage sei, welches herrschen werde.[55]

Mengeles Beitrag zum chiliastischen Kampf um die »Herrschaft« war, wie der anderer SS-Ärzte, beträchtlich. Persönlich tötete er viele Gefangene, indem er ihnen Karbolsäure, Benzin, Chlor oder Luft injizierte; er beteiligte sich an zahllosen »Selektionen« an der Rampe in Auschwitz, wo er mit einer Handbewegung oder einem Stockschwenken alle »Arbeitsunfähigen« in die Gaskammern schickte. Kinder, alte Menschen, kranke, verkrüppelte oder körperlich schwache Juden sowie schwangere Frauen wurden sofort zum Tode verurteilt. Doch selbst Dr. Mengele, der Musikliebhaber und Naturwissenschaftler, hatte seine »mitfühlenden« Momente, wenn er zwischen den »Selektionen« für die Gaskammern einzelnen Patienten die beste Fürsorge zuteil werden ließ.[56]

Derartige Ungereimtheiten und »schizophrenen« Haltungen waren auf vielen Ebenen für das Verhalten der Nationalsozialisten charakteristisch, was von einem hohen Maß an persönlicher Aufspaltung, einer extremen Trennung von privater und öffentlicher Sphäre und dem ständigen Versuch zeugte, das Bewusstsein von der Wirklichkeit des Völkermordes, die sie selbst geschaffen hatten, zu unterdrücken. Ein gutes Beispiel dafür findet sich im Tagebuch von Dr. Johann Paul Kremer, einem Angehörigen der Ärzteschaft in Auschwitz. Am 5. September 1942 war er Zeuge einer »Sonderaktion« im Frauenlager, die er als »das Schrecklichste der Schrecken« bezeichnete. Er stimmte einem Kollegen zu, der ihm gesagt hatte, sie befänden sich »am *anus mundi* (After der Welt)«. Doch am nächsten Tag konnte Dr. Kremer dieser Erwähnung einer grässlichen Exekution Einzelheiten eines hervorragenden Essens folgen lassen: »Heute Sonntag ausgezeichnetes Mittagessen: Tomatensuppe, 1/2 Huhn mit Kartoffeln u. Rotkohl (20 g Fett), Süßspeise und herrliches Vanilleeis.«[57]

In der verdrehten Logik der SS-Welt, die in den Lagern ihre Verkörperung fand, wurden solche Anomalien anscheinend normal. Es war eine Welt, in der Foltern und Vernichten zu einem Reifezeugnis wurden und die totale Negierung des Mitmenschen den Königsweg zur absoluten Herrschaft über Leben und Tod bildete. Wie Jean Améry (der selbst ein Überlebender war) es formulierte, hat »der Nationalsozialismus [...] bislang als einziges politisches System dieses Jahrhunderts die Herrschaft des Gegenmenschen nicht nur praktiziert, wie andere rote und weiße Terror-Regime auch, sondern ausdrücklich als Prinzip statuiert«.[58] Die Lager waren die äußerste Manifestation dieses Systems und reproduzierten seine Struktur im Miniaturformat, aber auf intensivierte Weise. Sie waren Universen, in denen jegliche Freiheit, Wahlfreiheit und menschliche Solidarität praktisch abgeschafft und durch einen Krieg aller gegen alle im Hobbesschen Sinne ersetzt worden waren, bei dem das einzige Ziel darin bestand, allen Widrigkeiten zum Trotz zu überleben. Durch Hunger, Schläge, Zwangsarbeit, Kälte und endlose Quälereien sollten die individuelle Autonomie zerstört und die Menschen auf bloße animalische Reaktionen reduziert werden.[59] Frauen wurden von den Wachen geringfügig weniger brutal behandelt und überlebten die Qualen besser als Männer. Es stellte sich heraus, dass sie praktischer waren, psychisch stabiler und eher bereit, einander zu helfen.[60]

Auch wenn die Verbrechen empörend unmenschlich waren, waren die Verbrecher selbst, wie Primo Levi uns vor Augen geführt hat, Menschen wie wir – gewöhnliche Leute, die außergewöhnliche Taten verübten. Sie waren »aus dem gleichen Stoff gemacht wie wir, mittelmäßige Menschen, mittelmäßig intelligent, mittelmäßig böse: abgesehen natürlich von einigen Ausnahmen, waren sie keine Bestien, sie hatten ein Gesicht wie wir, aber sie waren zum Schlechten erzogen«.[61] Franz Stangl war, nach allem, was man weiß, ein sehr guter Ehemann und Vater, ebenso wie Rudolf Höß die deutschen Bürgertugenden der Disziplin, des Gehorsams und der Arbeitsamkeit verkörperte. Sie litten nie unter Schlafstörungen, denn sie sahen selten leidende Gesichter, sondern konzentrierten sich ausschließlich auf ihre organisatorische Aufgabe. Ihr untadeliges Privatleben und die wasserdichte Aufspaltung ihrer Existenz stumpften zweifellos jeden Sinn für das ungeheuerliche Böse, das sie verübten, ab.

Adolf Eichmann war ein perfektes Beispiel für ebendiese Bürokratenmentalität, die sich auf technische Belange konzentrierte, ohne sich die geringsten Gedanken darum zu machen, welche Ziele und Zwecke damit letztlich verfolgt wurden – für diesen Bereich waren allein der Führer, die Partei und der Staat zuständig. Wie andere »Schreibtischtäter« auch war Eichmann von Natur aus nicht in der Lage, persönlich Verantwortung zu übernehmen. Er meinte, er habe nie einen einzigen Menschen getötet und auch nie den Befehl gegeben, Menschen zu töten.[62]

Solche Behauptungen waren natürlich egoistische Unwahrheiten, die die gesamte deutsche Gesellschaft durchdrangen, von der NS-Führung, der Bürokratie, der Wehrmacht und den Industriellen bis hinunter zu den kleinsten Zahnrädchen im Getriebe der Tötungsmaschine. Die Entscheidungsträger und die Täter auf den unteren Ebenen waren sich der Ungeheuerlichkeit ihrer Verbrechen sicherlich bewusst, sonst hätten sie nicht versucht, alle Spuren der Gaskammern, Krematorien und Massenexekutionen zu vernichten. Die SS war entschlossen, keinen Zeugen am Leben zu lassen, der das schreckliche Geheimnis ihrer Taten offenkundig hätte machen können: Daher fanden 1944 und 1945 auch die wahnsinnigen Todesmärsche statt, mit denen die Geschichte der NS-Lager zu Ende ging.

Primo Levi hat betont, dass das infernalische Lagersystem des Nationalsozialismus bemüht war, die Degradierung der Opfer zu maximieren, indem es sie vereinnahmte. Manche Personen, wie die Kapos oder die Arbeitskommandos, ließen sich tatsächlich durch den materiellen Vorteil verführen oder berauschten sich an der Macht, die ihre Folterer ihnen verliehen.[63] Das dämonischste aller NS-Verbrechen jedoch war vielleicht die Art, wie die SS den schmutzigsten Teil der Arbeit an die Opfer selbst delegierte – an die »Sonderkommandos« (die zum großen Teil aus Juden bestanden), die mit der Aufgabe betraut wurden, die Krematorien zu betreiben, die Leichen aus den Gaskammern zu zerren und den Opfern Goldzähne aus den Kiefern zu brechen.[64] Indem sie die jüdischen Sonderkommandos für die Öfen verantwortlich machten, konnten die Nazis demonstrieren, dass, mit Levis Worten, »die Juden, die minderwertige Rasse, die Untermenschen, sich jede Demütigung gefallen ließen und sich sogar gegenseitig umbrachten«.[65] Die heimtückische Botschaft der SS lautete: »Wenn wir es wollen, und wir wollen es, sind wir nicht nur in der Lage, euere Körper zu vernichten, sondern auch euere Seelen, so wie wir unsere eigenen Seelen vernichtet haben.«[66]

In Auschwitz wurden nacheinander zwölf Sonderkommandos eingesetzt, und jedes arbeitete einige Monate, bevor es liquidiert wurde. Im Oktober 1944 rebellierte das letzte Kommando gegen die SS, sprengte eins der Krematorien und wurde bei diesem einzigen Aufstand in der ganzen Geschichte des Lagers ausgelöscht. Zu fragen, warum die Männer sich nicht eher erhoben, hieße, die höllische Sequenz von Aussonderung, Demütigung, erzwungener Migration, totaler physischer Erschöpfung und Bruch mit jeder Art von Normalität zu unterschätzen, die ihre Ankunft in den Lagern begleitet hatten und danach mit noch größerer Macht weiter wirkten. Millionen junger, robuster, gut ausgebildeter sowjetischer Kriegsgefangener verhielten sich nicht anders, als sie in deutsche Hände fielen, und die wenigen Nichtjuden in den Sonderkommandos benahmen sich genauso wie die Juden. Die Lager waren absichtlich so konzipiert, dass sie ein schwächendes Gefühl von Unfähigkeit in ihren Opfern erzeugten, um sie buchstäblich zu »Untermenschen« zu machen und so nach dem Bild der NS-Propaganda neu zu erschaffen. Der Feind musste nicht nur sterben, sondern musste qualvoll sterben. Diese »sinnlose« Grausamkeit war natürlich nicht allein dem Dritten Reich vorbehalten, aber sie war sicherlich ein elementares Kennzeichen der Ära Hitlers.

Häufig taucht die Frage auf, inwieweit das nationalsozialistische System, die Todeslager und der Holocaust ein unverwechselbar *deutscher* Völkermord waren. Schon die Formulierung dieser Frage setzt voraus, dass es vernünftig ist, über »die Deutschen« (oder irgendein anderes Volk) als eine einzige, undifferenzierte Einheit zu sprechen und einen einzigartigen »Nationalcharakter« zu postulieren, der das deutsche Verhalten während der Verübung des Holocaust entscheidend formte. Daniel Goldhagen bezweifelt nicht, dass die Massenmorde an Juden nicht nur ein deutsches Vorhaben waren, sondern praktisch zu einem deutschen Nationalprojekt wurden. Aus seiner Sicht lassen sich die Täter als »normale Männer« (nach der parallel erschienenen Untersuchung von Christopher Browning, *Ganz normale Männer. Das Reserve-Polizeibataillon 101 und die »Endlösung« in Polen*) oder einfach als »Nazis« nicht genau beschreiben. Sie waren »ganz gewöhnliche Deutsche«. Nicht nur das, sondern die gesamte deutsche Gesellschaft war von der antijüdischen Politik durchdrungen, in deren Zentrum die Vernichtung stand. Weiterhin schreibt Goldhagen: »Hunderttausende von Deutschen trugen zum Genozid und dem weit umfassenderen System der Unterwerfung, dem riesigen Lagersystem, bei.«[67] Goldhagens allgemeiner Feststellung, dass die antisemitischen Überzeugungen der Deutschen der zentrale Verursacher des Holocaust gewesen seien, kann ich im Großen und Ganzen beipflichten, nicht aber seiner simplifizierenden Erklärung, wie es dazu kam, noch seiner Aussage, dass dieser Faktor von ausschließlicher Bedeutung sei. Goldhagens Analyse der Lager akzeptiere ich ebenfalls zum Teil, aber ich möchte ernsthaft bezweifeln, dass alle Verhaltensweisen der Täter, die Goldhagen als typisch »deutsch« brandmarkt, tatsächlich so einzigartig waren.

Die gleiche Kombination aus mörderischem Antisemitismus, extremem Antikommunismus, Brutalität und Sadismus, die Goldhagen bei den deutschen Tätern entdeckte, ist auch im Verhalten von litauischen, lettischen, ukrainischen, rumänischen und kroatischen »Vollstreckern« zu finden. In gleichem Maße, wenn nicht noch stärker, war die antijüdische Dynamik bei den Österreichern vorhanden, die zwar von Sprache und Kultur her »deutsch« waren, aber einen ganz anderen geschichtlichen Hintergrund besaßen. Es war nicht so sehr der »eliminatorische Antisemitismus«, der für Deutschland typisch war, sondern eher die integrative Rolle des Antisemitismus in einer totalitären Bewegung wie dem Nationalsozialismus, die es vermochte, alle Material- und Propagandaressourcen eines hoch organisierten Staates zu mobilisieren, um seine imperialistischen und genozidalen Ziele zu verfolgen. Der Hinweis, dass sich praktisch alle Deutschen mit diesem totalitären Staat und seinen mörderischen antisemitischen Absichten identifizierten, ist mit Sicherheit eine grobe Vereinfachung.

Zudem gab es zur »Lagerwelt«, auch wenn sie die größte und bedeutendste institutionelle Schöpfung im NS-Deutschland war, noch eine Parallele in der Sowjetunion, die nicht ignoriert werden kann. Es ist wahr, dass es im stalinistischen Straflagersystem für Auschwitz und den industriellen Tötungsprozess kein exaktes Äquivalent gab. Proportional gesehen gab es weniger Todesopfer, und die medizinische Versorgung war nicht so unzulänglich wie in den NS-Lagern. Auch dürften die sowjetischen Wachtposten mitfühlender gewesen sein als ihre deutschen Kollegen. Aber für eine Überlebende wie Margarete Buber-Neumann, die sowohl russische als auch deutsche Lager erlebte, schien die Erfahrung oft identisch zu sein. Im Lager Ravensbrück fragt sie sich: »Was war entsetzlicher, die verlauste Lehmhütte in Burma [Abschnitt des Lagers Karaganda in Kasachstan] oder dieser Albtraum von Ordnung?«[68] 1950 stellt sie beim Prozess von David Rousset eine ähnlich merkwürdige Überlegung an: »Es ist schwer zu entscheiden, was weniger human ist – Menschen in fünf Minuten zu vergasen oder sie langsam, im Laufe von drei Monaten, durch Hunger zu erdrosseln.«[69]

Den Deutschen war durchaus bewusst, dass die Russen bereits Millionen von Menschen durch Zwangsarbeit vernichtet hatten, bevor sie selbst mit ihrem Programm der Konzentrationslager überhaupt begannen. Mit Sicherheit studierte die SS das sowjetische Modell genau. Während man Ernst Noltes falsche Vorstellung, dass die Vernichtungslager eine NS-Kopie des russischen »Originals« waren, ablehnen sollte, ist es doch wichtig, sich vor Augen zu führen, dass Hitler Stalin bewunderte und dass die beiden Diktatoren und ihre Regimes in einer makabren symbiotischen Beziehung zueinander standen.[70] Trotzdem muss man auch einige wesentliche Unterschiede zwischen dem sowjetischen und dem nationalsozialistischen System herausstreichen. Stalin ging es nicht darum, die Lagerinsassen absichtlich zu ermorden, denn er brauchte ein großes Heer von Zwangsarbeitern, um die Modernisierung Russlands zu finanzieren. Mit anderen Worten, hinter Stalins Projekten standen, anders als hinter dem Experiment der Nationalsozialisten, echte wirtschaftliche Motive und Nützlichkeitserwägungen, so kostspielig und vollkommen unmenschlich ihre Umsetzung auch gewesen sein mag.[71] Ohne Zweifel wurden die sowjetischen Lager benutzt, um politische Feinde (darunter viele Kommunisten) zu vernichten, und Millionen unschuldiger Menschen kamen darin ums Leben; nichtsdestoweniger aber waren diese »Straflager« an der Produktion von Reichtum und an der Industrialisierung eines rückständigen Landes orientiert: Der Abbau von Gold, das Holzfällen für den Export und der Abbau von Mineralien waren integraler Bestandteil des Gulag.

In die sowjetischen Arbeitslager schickte man die Gefangenen nicht, um sie in »Untermenschen« und dann in Leichen zu verwandeln, wie die SS es mit den Juden machte. Einige Besuche und eine gewisse Korrespondenz mit der Außenwelt (wenngleich selten) waren den Lagerinsassen erlaubt, so dass sie von ihrer Vergangenheit, ihren früheren Lebensbezügen und ihrer persönlichen Identität nicht vollkommen abgeschnitten waren. Den Juden in den NS-Lagern verwehrte man derartige Gesten ausdrücklich, und wenn sie beteten, sich erinnerten und lernten, trotzten sie damit ihren Folterern. Zudem gebrauchten die

Nazis, wie Steven Katz bemerkt, nicht einmal den Vorwand einer ideologischen »Umerziehung«, die (wie zynisch sie auch durchgeführt werden mochte) ein Teil der Organisation des stalinistischen Gulag war.[24] Eine Umerziehung jener, die a priori als »Ungeziefer« oder als »Läuse« definiert wurden, hatte einfach keinen Sinn.

Ähnlich spielten sexuelle Perversion, Anzüglichkeiten und Ausbeutung im Lagersystem der Sowjets eine ganz andere Rolle als in NS-Lagern. Im Gulag konnten Frauen immer noch hoffen, sexuelle Gefälligkeiten gegen Leben und Überleben einzutauschen. Unter nationalsozialistischer Herrschaft existierte eine solche Möglichkeit selten, wenn überhaupt, denn sexuelle Handlungen zwischen Deutschen und Juden (oder auch Polen) stellten ein »Rassenverbrechen« dar. Wie Katz unverblümt feststellt: »Die SS vergewaltigte jüdische Frauen und ermordete sie dann. Sie war dazu verpflichtet. Die Männer waren dazu verpflichtet, die Jüdinnen zu ermorden.«[73]

Noch bezeichnender war die Einstellung Müttern und Kindern gegenüber, die selbst unter dem sowjetischen System der Zwangsarbeit noch einige Rechte genossen. Trotz der furchtbaren materiellen Bedingungen konnten im Gulag Kinder zur Welt kommen, und die Mütter brauchten während des letzten Schwangerschaftsmonats und im ersten Monat nach der Entbindung nicht zu arbeiten. In Auschwitz oder in anderen Lagern durfte kein jüdisches Kind am Leben bleiben. Wie eine Überlebende, Olga Lengyel, sich erinnert: »[...] es gelang den Deutschen, sogar uns zu Mördern zu machen. Bis zum heutigen Tag verfolgt mich das Bild dieser ermordeten Babys. Unsere eigenen Kinder waren in den Gaskammern umgekommen und in den Öfen von Birkenau eingeäschert worden, und wir nahmen anderen das Leben, bevor die ersten Laute ihre winzigen Lungen verlassen hatten.«[74] Katz trifft die sehr wichtige Feststellung, dass im Gegensatz zum sowjetischen Gulag und allen bekannten Völkermorden – vergangenen und gegenwärtigen – nur im NS-Reich (jüdische) Mütter und Kinder (eine Million an der Zahl) »absichtlich, systematisch, erbarmungslos und ohne Ausnahme ermordet« wurden.[75] Das war ein absolutes Novum des Holocaust, das ihn von allen anderen Verbrechen in der Geschichte unterscheidet und Amérys Feststellung, dass wir es hier mit einem »Königreich der Nacht« zu tun haben, in dem der »Gegenmensch« regierte, unterstreicht. Trotz der Schrecken des stalinistischen Gulag wurden »Klassenfeinde« der sozialistischen Ordnung selten zu untermenschlichem »Ungeziefer« erniedrigt und aus dem Bereich, in dem menschliche und moralische Verpflichtungen gelten, ausgeschlossen.

Dem nationalsozialistischen Genozid am nächsten kommt im zwanzigsten Jahrhundert vielleicht das Massaker an den Armeniern, das die Türken im Ersten Weltkrieg verübten und bei dem etwa 40 Prozent dieses alten Volkes vernichtet wurden. Unter dem Tarnmantel des Krieges wurden arbeitsfähige Armenier von ihren Familien getrennt und ermordet. Die übrig gebliebenen Frauen und Kinder, die Alten und die Schwachen wurden in Zwangsmärschen in die syrische Wüste hinausgetrieben, wo sie weder Nahrung noch Wasser hatten. Viele wurden unterwegs gefoltert, vergewaltigt und umgebracht, sowohl von Türken als auch von räuberischen Kurden. Der damalige amerikanische Botschafter in der Türkei, Henry Morgenthau, bezeichnete dieses bestialische Vorgehen als »die Vernichtung des armenischen Volkes«.

Die Aktionen, die der osmanische Staat zur »Lösung der armenischen Frage« unternahm, hatten den Tod von mindestens 500 000 bis zu einer Million Armenier zur Folge – dem Hauptteil der armenischen Bevölkerung in Kleinasien und der Quelle der armenischen Kultur.[76] Dass die Türken weder Zyklon B oder

Gaskammern noch Krematorien besaßen, hinderte sie nicht daran, einen Massenmord am ältesten christlichen Volk der Welt zu verüben. Seit dem späten neunzehnten Jahrhundert hatten die Herrschenden Angehörige des armenischen Volkes als »Fremde« und Außenseiter betrachtet. Den Türken standen einige der technischen Mittel zur Verfügung, die auch die Nazis später einsetzten, darunter Eisenbahnen, der Telegraf, ein bürokratischer Apparat und moderne Propagandatechniken, aber die Morde selbst wurden trotzdem mit den äußerst primitiven Methoden einer rückständigen Gesellschaft ausgeführt.

Ziel der türkischen Regierung war es, die christliche armenische Bevölkerung innerhalb der Türkei zu vernichten, denn man meinte, sie strebe aktiv eine vollständige Unabhängigkeit oder Autonomie an. Die Armenier, die man bis dahin als *dhimmi millet* (eine nichtmuslimische religiöse Gemeinschaft im Osmanischen Reich) betrachtet hatte, wurden nun als »fremdes Volk« abgestempelt, vor allem, nachdem die reformerischen Herrscher der Türkei die neue Ideologie des Panislamismus übernommen hatten. Das war ein fremdenfeindlicher Nationalismus, der die Träume von einem neuen Reich, das sich von Anatolien bis nach Westchina erstrecken und auf dem Islam und der türkischen Volkszugehörigkeit basieren sollte, untermauerte. Das armenische Volk mit seiner uralten Kultur und seiner christlichen Religion stand dem homogenisierenden Nationalismus, den die so genannten Jungtürken vertraten, im Wege. Die Armenier waren besonders wehrlos und ungeschützt, weil sie in der Hauptsache in Ostanatolien lebten, an der Grenze zum zaristischen Russland, dem traditionellen Feind der Türkei, und man beschuldigte sie, mit Russland gemeinsame Sache zu machen. Sie betrachteten Anatolien (das die türkischen Herrscher als Kernland des zukünftigen panislamischen Staates ansahen) als ihr natürliches Heimatland.[77]

Als die Türkei sich im Ersten Weltkrieg mit dem kaiserlichen Deutschland gegen das zaristische Russland stellte, wurden die Armenier rasch als eine »fünfte Kolonne« gebrandmarkt, als russische Spione und Sezessionisten – als innerer Feind, der deportiert, ausgehungert und mitleidlos vernichtet werden musste.[78] Es gab keine »antiarmenische« Ideologie als solche, aber das erwies sich für die Durchführung der Massaker auch als unnötig. Im Namen des modernen türkischen Nationalismus vernichtete man die Armenier sowohl als Minderheit, die einen historisch gewachsenen Anspruch auf Ostanatolien besaß, wie auch als christliche »Ungläubige«. 1894 bis 1896 und dann wieder 1909 hatten die Armenier Massaker erlitten (mit etwa 200 000 Todesopfern), was dazu führte, dass sie in Erwartung weiterer Attacken Waffen horteten. Das wiederum ermöglichte es dem türkischen Staat, den Völkermord zum Präventivschlag zu erklären, mit dem eine Rebellion derjenigen, denen man vorwarf, im Krieg »der Türkei einen Dolch in den Rücken gestoßen« zu haben, unterdrückt werden sollte. Anders als im Fall des Holocaust wurden die Mordaktionen gegen Armenier jedoch nie von spezialisierten Tätergruppen ausgeführt. Im Gegenteil, große Teile der Provinzbevölkerung beteiligten sich eifrig an regionalen und lokalen Massakern in abgelegenen Tälern, Schluchten, auf Hügeln und an Flüssen und Seen so wie an den Ertränkungsaktionen an der Schwarzmeerküste.[79]

Es ist sicherlich legitim, den Völkermord an den Armeniern als Vorankündigung des Holocaust zu betrachten, insbesondere da die Entscheidung, die Armenier abzuschlachten, bewusst, unumstößlich und unerbittlich war. Aber es gab auch viele Unterschiede zwischen diesen beiden Ereignissen. Der grausame »Krieg gegen die Armenier« war primär ein geopolitischer, nicht aber ein ideologischer Kreuzzug, ein Ausdruck von rohem Nationalismus, der sich gegen eine Minderheit richtete, von der man meinte, sie sei im Krieg unloyal gewesen und habe die Entente-Mächte begünstigt. Außerdem wurden die Armenier nie als »Rassen«-Feind bezeichnet, und der Krieg gegen sie blieb streng territorial begrenzt, ohne alle metaphysischen oder ontologischen Implikationen. Armenier, die zum Islam konvertierten (um ihr Leben zu retten), wurden verschont. Die Mehrheit der Armenier in Istanbul (200 000 an der Zahl) überlebte, und es gab keinen internationalen Kreuzzug, um Armenier auch jenseits der Grenzen der Türkei wo immer möglich aufzustöbern und zu vernichten. Weder die Türken noch sonst jemand betrachtete die Armenier jemals als teuflische Macht, die die Zivilisation als Ganze bedrohte, und der Mord wurde auch nicht als Selbstzweck geplant. Nichts sollte das Grauen oder das Ausmaß der Gemetzel herunterspielen, aber es geschah aus anderen Motiven als jenen, die die deutschen Nationalsozialisten bewegten.[80]

Völkermorde zu vergleichen ist immer ein schwieriges Unterfangen, und vereinfachen lässt es sich weder durch prätenziöse oder mystische Versicherungen von der »Einzigartigkeit« des Holocaust, die häufig abgegeben werden, noch durch feindselige, irrationale Reaktionen auf derartige Behauptungen. Wenn hier der Fokus auf der historischen Besonderheit und Einmaligkeit des nationalsozialistischen Massenmordes liegt, impliziert das nicht, dass andere Massaker oder andere Genozide in irgendeiner Weise weniger interessant oder weniger wichtig wären oder weniger Aufmerksamkeit verdienten. Aber gleichermaßen klar ist, dass kein anderes Ereignis der modernen Zeit die Grundfesten der europäischen Zivilisation so fundamental in Frage gestellt hat – ihre religiösen Werte, ihre rechtlichen Strukturen, ihre politischen Ideale, ihr Vertrauen in die Wissenschaft und ihr Engagement für Menschlichkeit. Man könnte daher die Frage stellen: Warum hat der Holocaust mehr als jeder andere Völkermord das moderne Bewusstsein so tiefgreifend beeinflusst? Warum ist gerade diese Tragödie zum axialen Ereignis geworden, das Anstoß gibt zu umfangreichem und stetig zunehmendem Material an Spielfilmen, Theaterstücken, Memoiren, mündlich überlieferten Geschichten, Fernseh-Dokumentarfilmen, wissenschaftlicher Forschung und Romanen? Ich glaube, die Antwort auf diese Frage liegt nicht in erster Linie in irgendwelchen politischen Programmen, im Appetit von Medien und Öffentlichkeit auf sensationelle Horrorgeschichten oder in der Habgier der so genannten »Holocaust-Industrie«. Auch mit dem Hinweis, dass wir bedauerlicherweise in einer Kultur leben, in der es populär ist, aus dem Opfersein Macht zu beziehen, lässt sich diese Tatsache nicht angemessen erklären. Die Lawine aus unverfälschtem Kitsch zu diesem Thema, die uns überschwemmt, ist eine Erscheinung, die zweifellos zusammen mit der Seuche seiner kommerziellen Ausbcutung und politischen Korrektheit weiter anhalten wird. Aber letztlich sind das nebensächliche Fragen. Der Grund dafür, dass der Holocaust weiterhin die Kraft besitzt, uns zu verfolgen, liegt in der »großen Frage«: Warum ist er passiert? Ohne Antwort darauf sind wir vielleicht tatsächlich dazu verurteilt, diese katastrophale Vergangenheit zu wiederholen.

In diesem Buch habe ich argumentiert, dass der Holocaust seinen Antrieb aus einer chiliastischen, apokalyptischen Ideologie der Vernichtung erhielt, die sämtliche aufgeklärten und pragmatischen Annahmen der liberalen Moderne über den Haufen warf. Diese Tatsache an sich unterscheidet ihn noch nicht von anderen Völkermorden, aber sie stellt den Holocaust als Extremfall heraus. Dass der Antisemitismus und die Juden bei diesem katastrophalen Ereignis im Zentrum standen, war kein Zufall, und dieses wesentliche Faktum hilft zu erklären, warum der Holocaust eine so starke Resonanz findet: Er ist von der dominanten religiösen Tradition der westlichen Zivilisation nicht zu trennen. In der christlichen Vorstellung des Westens sind die Juden sowohl das »auserwählte Volk« als auch ein (verwerflicher) »Zeuge« der christlichen Wahrheit. Daher kommt ihrem Schicksal eine besondere religiöse Bedeutung zu, insofern als es Ausdruck der Rolle Gottes im Drama der Geschichte ist und symbolisch gesehen Teil des ewigen Kampfes zwischen Rettung und Verdammnis. Richard Rubinstein hat den Holocaust zutreffend als eine »moderne Version eines christlichen heiligen Krieges« charakterisiert, der »von einem neuheidnischen nationalsozialistischen Staat, der dem Christentum feindlich gesinnt war, ausgeführt« wurde.[81] Hyam Maccoby hat ebenfalls treffend formuliert (wenn auch mit anderem Schwerpunkt), als er bemerkte: »Die Nazis drückten [...] die Vorstellung von der endgültigen Überwindung des Bösen, die den Kern der christlichen Endzeitvorstellungen bildete, in rassistischen Kategorien aus. Dass man die Juden zur Zielscheibe nahm, ist eine unmittelbare Auswirkung jahrhundertelanger christlicher Lehrtätigkeit, die die Juden zum dämonischen, dem Bösen verschriebenen Volk gemacht hatte.«[82]

Diese ältere chiliastische Tradition brachte Hitler, der sich als germanischer Krieger»christus« ausgab, mit den Vernichtungslagern – den »heiligen Altären« der neuen politischen Religion namens Nationalsozialismus – zu einem grausigen Ende. In den Lagern wurden die Bilder und die Schilderungen von der Hölle, die man in der europäischen Kunst und Gedankenwelt findet, auf makaberste Weise Wirklichkeit. Die verheerende schwarze Leidenschaft der Einheiten der Totenkopf-SS kündigte die Auslöschung eines Gottes der Liebe, des Mitgefühls und der Gnade an. In dieser Hinsicht war der Massenmord an den Juden ein totalitär-nihilistischer Angriff auf die Ethik des Christentums und gleichzeitig eine Negation des strengen Monotheismus, den das Judentum dem Westen überliefert hatte. In dieser pseudonietzscheanischen »Umwertung aller Werte« »musste die Negation des Judentums in die Vernichtung der Juden umgewandelt werden, dieses Mal nicht im religiösen Sinne, sondern vielmehr physisch, nicht symbolisch, sondern materiell«.[83] Hitler betrachtete die Ethik des biblischen Monotheismus durchgängig als Fluch der Menschheit, insbesondere das fünfte Gebot »Du sollst nicht töten«. Die Ideologie des Nationalsozialismus, die in Auschwitz-Birkenau ihren Höhepunkt erreichte, musste ebendeswegen in erster Linie die Juden als Opfer ins Visier nehmen, weil sie sich für den Tod statt für das Leben entschieden und das permanente Menschenopfer als Heilsweg gewählt hatte.

ANHANG

Anmerkungen

1. Der Antisemitismus und die Juden

1 Zum armenischen Völkermord siehe Dadrian, Vahakn N., »The Convergent Aspects of the Armenian and Jewish Cases of Genocide«, in: *Holocaust and Genocide Studies* (1996), Bd. 3, Nr. 2, S. 151–169, und Melson, Robert F., *Revolution and Genocide: On the Origins of the Armenian Genocide and the Holocaust*, Chicago 1992, S. 145 ff. zu den geschätzten Zahlen der Opfer und S. 247–257 über Ähnlichkeiten und Unterschiede. Zu weit gefassteren Themen und Problemen der Methodik und des Vergleichens siehe Kuper, Leo, *Genocide: Its Political Use in the Twentieth Century*, New Haven 1981; Rummel, R. J., *Death by Government, Genocide and Mass Murder*, New Brunswick 1994; Bauer, Yehuda, »Holocaust and Genocide: Some Comparisons«, in: Hayes, Peter (Hrsg.), *Lessons and Legacies: The Meaning of the Holocaust in a Changing World*, Evanston 1991, S. 34–46; Rosenbaum, Alan S. (Hrsg.), *Is the Holocaust Unique?* Boulder, Colorado, 1996, S. 101–199.

2 Conquest, Robert, *Der große Terror: Sowjetunion 1934–1938*, München 1992 (2001); ders., *Ernte des Todes: Stalins Holocaust in der Ukraine 1929–1933*, Frankfurt a. M. 1991. Zu den Unterschieden siehe Katz, Steven T., »Auschwitz and the Gulag: A Study in ›Dissimilarity‹«, in: Berger, Alan (Hrsg.), *Proceedings of the Holocaust Scholars Conference* (Lewiston, ME, 1992), S. 71–89, und sein Essay »Mass Death under Communist Rule and the Limits of ›Otherness‹«, in: Wistrich, Robert S. (Hrsg.), *Demonizing the Other. Antisemitism, Racism, and Xenophobia*, Amsterdam 1999, S. 267–293. Courtois, Stéphane u. a. (Hrsg.), *Das Schwarzbuch des Kommunismus: Unterdrückung, Verbrechen und Terror*, München 1998, beleuchtet das Ausmaß der Massentötungen unter kommunistischen Regimes im zwanzigsten Jahrhundert.

3 Aly, Götz, »*Endlösung*«: *Völkerverschiebung und der Mord an den europäischen Juden*, Frankfurt a. M. 1995 (durchges. Aufl. 1998); Burleigh, Michael, *Die Zeit des Nationalsozialismus: eine Gesamtdarstellung*, Frankfurt a. M. 2000; siehe auch Lukas, Richard C., *The Forgotten Holocaust. The Poles under German Occupation 1939–1944*, Kentucky (Univers. Press) 1986, S. 1–39.

4 Fraser, Angus, *The Gypsies*, Cambridge 1996; Kenrick, Donald und Gratton Puxon, *Sinti und Roma – die Vernichtung eines Volkes im NS-Staat*, Göttingen 1981; Hancock, Ian, *The Pariah Syndrome: An Account of Gypsy Slavery and Persecution*, Ann Arbor 1988. Eine umfassende vergleichende Darstellung ist zu finden in Wippermann, Wolfgang, »*Wie die Zigeuner*«. *Antisemitismus und Antiziganismus im Vergleich*, Berlin 1997.

5 Hancock, Ian, »Gypsy History in Germany and the Neighbouring Lands: A Chronology to the Holocaust and Beyond«, in: *Nationalities Papers*, New York (Winter 1991), XIX, Nr. 3, S. 395–412; Huttenbach, Henry R., »The Romani Porajmos: The Nazi Genocide of Europe's Gypsies«, ebd., S. 373 ff.; Milton, Sybil, »Gypsies and the Holocaust«, in: *The History Teacher* 24, 4 (August 1991), S. 1–13.

6 Ebd. Siehe auch Bauer, Yehuda, »Zigeuner«, in: Gutman, Israel, Eberhard Jäckel u. a. (Hrsg.), *Enzyklopädie des Holocaust. Die Verfolgung und Ermordung der europäischen Juden* (4 Bände), neu bearbeitete Ausgabe München/Zürich 1998 (Berlin 1993), Bd. III, S. 1630–1634; Fraser, a. a. O., S. 260; Kenrick und Puxon, a. a. O.

7 Zimmermann, Michael, *Rassenutopie und Genozid. Die nationalsozialistische »Lösung der Zigeunerfrage«*, Hamburg 1966, S. 297 ff., und ders., *Verfolgt, vertrieben, vernichtet. Die nationalsozialistische Vernichtungspolitik gegen Sinti und Roma*, Fulda 1989, S. 61–83.

8 Fischer, Klaus, *The History of an Obsession. German Judeophobia and the Holocaust*, London 1998, S. 81–153.

9 Wassermann, Jakob, *Mein Weg als Deutscher und Jude*, Berlin 1921, S. 174 f.

10 Yovel, Yirmiyahu, *Dark Riddle. Hegel, Nietzsche and the Jews*, Cambridge 1998, S. 127 ff.

11 Siehe Golomb, Jacob und Robert S. Wistrich (Hrsg.), *Nietzsche: Godfather of Fascism?*, Princeton 2001, Introduction.

12 Gute Beispiele für diese Einverleibung sind Bäumler, Alfred, *Nietzsche als Philosoph und Politiker*, Leipzig 1931, und Rosenberg, Alfred, *Friedrich Nietzsche*, München 1944.

13 Als einfallsreiche und umstrittene Ausführungen dazu siehe George Steiners Roman *The Portage to San Cristobal of A. H.*, London 1981, S. 120, und seinen Essay »The Long Life of Metaphor. An Approach to ›the Shoah‹«, in: *Encounter* (Februar 1987), S. 55–61; ebenso Rosenbaum, Ron, *Die Hitler-Debatte: Auf der Suche nach dem Ursprung des Bösen*, aus dem Amerik. von S. Gangloff und H. Fliessbach, München 1999.

14 Piper, Ernst, »Alfred Rosenberg – der Prophet des Seelenkrieges«, in: Ley, Michael und Julius H. Schoeps (Hrsg.), *Der Nationalsozialismus als politische Religion*, Frankfurt a. M. 1997, S. 107–125.

15 Rauschning, Hermann, *Gespräche mit Hitler*, Wien 1973 (1. Aufl. Zürich 1940), S. 220–228.

16 Katz, Jacob, *Aus dem Ghetto in die bürgerliche Gesellschaft: jüdische Emanzipation 1770–1870*, Frankfurt a. M. 1986.

17 Parkes, James, *The Conflict of the Church and Synagogue*, Cleveland 1961, S. 151–270; Ruether, Rosemary, *Nächstenliebe und Brudermord: die theologischen Wurzeln des Antisemitismus*, München 1978; Davies, Alan (Hrsg.), *Antisemitism and the Foundations of Christianity*, New York 1985, S. 47–144; und nicht zuletzt Carroll, James, *Constantine's Sword. The Church and the Jews*, Boston/New York 2001, S. 67–342. Alle oben Genannten sind christliche Wissenschaftler.

18 Ruether, a. a. O.; Carroll, a. a. O., S. 92 f.; Maccoby, Hyam, *Der heilige Henker: die Menschenopfer und das Vermächtnis der Schuld*, aus dem Engl. von Eva Heim, Stuttgart 1999, S. 237–246.

19 Maccoby, a. a. O., S. 215–235.

20 Trachtenberg, Joshua, *The Devil and the Jews: The Medieval Conception of the Jew and its Relation to Modern Antisemitism*, New Haven 1943, S. 11–56; Wistrich, Robert S., *Antisemitism. The Longest Hatred*, New York 1992, S. 13–42.

21 Ebd.

22 Trachtenberg, a. a. O., S. 124–139; Langmuir, Gavin, »Historiographic Crucifixion«, in: *Les Juifs au Regard de L'Histoire. Mélanges en l'honneur de Bernhard Blumenkranz*, Paris 1985, S. 109–127; Erb, Rainer (Hrsg.), *Die Legende vom Ritualmord: Zur Geschichte der Blutbeschuldigung gegen Juden*, Berlin 1993.

23 Siehe die Einleitung von Robert S. Wistrich zu *Demonizing the Other*, a. a. O., S. 1–12.

24 Oberman, Heiko A., *Wurzeln des Antisemitismus: Christenangst und Judenplage im Zeitalter von Humanismus und Reformation*, Berlin 1981 (2., durchges. Aufl.).

25 Luther, Martin, »Von den Juden und ihren Lügen«, in: *Dr. Martin Luther's sämmtliche* Werke, hrsg. von Johann Konrad Irmischer, Erlangen 1842, Bd. 32, S. 99–274, Zitate s. S. 233–238.

26 Zukier, Henri, »The Transformation of Hatred: Antisemitism as a Struggle for Group Identity«, in: Wistrich (Hrsg.), *Demonizing the Other*, a. a. O., S. 118–130.

27 Yerushalmi, Y.-M., »L'Antisemitisme racial est-il apparu au XXe siècle? De la ›limpieza de sangre‹ espagnole au nazisme: continuités et ruptures«, *Esprit* (März–April 1993), S. 5–35.

28 Ebd. Siehe auch Kamen, Henry, *Inquisition and Society in Spain in the Sixteenth and Seventeenth Centuries*, Bloomington 1985, S. 6–43, S. 62–133; Netanyahu, Ben-Zion, *The Origins of the Inquisition in Fifteenth Century Spain*, New York 1995, S. 207–512, S. 925–1094.

29 Weinryb, B. D., *The Jews of Poland*, Philadelphia 1973, S. 185–195; Pelenski, Jaroslaw, »The Cossack Insurrections in Jewish-Ukrainian Relations«, in: Potichnyj, Peter und Howard Aster (Hrsg.), *Ukrainian-Jewish Relations in Historical Perspective*, Edmonton, Alberta 1988.

30 Zitiert nach Berkowitz, Jay R., *The Shaping of Jewish Identity in Nineteenth-Century France*, Detroit 1989, S. 71.

31 Sorlin, Pierre, »*La Croix*« *et Les Juifs (1880–1889)*, Paris 1967; Wilson, Stephen, *Ideology and Experience. Antisemitism in France at the Time of the Dreyfus Affair*, East Brunswick, New Jersey, 1982, S. 456–584; Birnbaum, Pierre, »*La France aux Français.*« *Histoire des Haines Nationalistes*, Paris 1993, S. 29–82, S. 102–116, S. 187–220.

32 Cohen, Richard I., »Recurrent Images in French Antisemitism in the Third Republic«, in: Wistrich (Hrsg.), *Demonizing the Other*, a. a. O., S. 183–195; Sternhell, Zeev, *La Droite Révolutionnaire 1885–1914*, Paris 1978, S. 177–244; Birnbaum, Pierre, »*La République Juive« de Léon Blum à Pierre Mendes-France*, Paris 1988, und ders., *The Jews of the Republic*, Stanford 1996, S. 136–158, S. 301–317.

33 Massing, Paul W., *Vorgeschichte des politischen Antisemitismus*, Frankfurt a. M. 1959 (auch 1986); Tal, Uriel, *Yahadut ve-Natzrut be-Raykh ha-Sheni* (Judentum und Christentum im Zweiten Reich), Jerusalem 1975, S. 185–234; Stern, Fritz, *Kulturpessimismus als politische Gefahr: Eine Analyse nationaler Ideologie in Deutschland*, Bern 1963 (auch München 1986); Wistrich, Robert S., *Socialism and the Jews. The Dilemmas of Assimilation in Germany and Austria-Hungary*, London/Toronto 1982.

34 Boehlich, W. (Hrsg.), *Der Berliner Antisemitismusstreit*, Frankfurt a. M. 1965, S. 5–51, S. 77–90, S. 222–235; Pulzer, Peter George Julius, *Die Entstehung des politischen Antisemitismus in Deutschland und Österreich 1867 bis 1914*, Gütersloh 1966; Jochmann, Werner, *Gesellschaftskrise und Judenfeindschaft in Deutschland, 1870–1945*, Hamburg 1988, S. 30–98.

35 Mosse, George L., *Ein Volk, ein Reich, ein Führer: Die völkischen Ursprünge des Nationalsozialismus*, Königstein/Taunus 1979; Jochmann, a. a. O., S. 99–170; Volkov, Shulamit, »The Written Matter and the Spoken Word: On the Gap between pre-1914 and Nazi anti-Semitism«, in: Furet, F. (Hrsg.), *Unanswered Questions: Nazi Germany and the Genocide of the Jews*, New York 1989, S. 33–53; Goldhagen, Daniel, *Hitlers willige Vollstrecker: Ganz gewöhnliche Deutsche und der Holocaust*, aus dem Amerik. von Klaus Kochmann, Berlin 1966, S. 71–161; und Wistrich, Robert S., »Helping Hitler«, in: *Commentary* (Juli 1996), S. 27–31 als Kritik dazu.

36 Fritsch, Theodor (Pseudonym Thomas Frey), *Catechismus für Antisemiten*, Leipzig 1887, später als *Handbuch der Judenfrage* erschienen (Leipzig 1936); Katz, Jacob, *Vom Vorurteil bis zur Vernichtung: Der Antisemitismus 1700–1933*, München 1989; Dawidowicz, Lucy S., *Der Krieg gegen die Juden 1933–1945*, München 1979, S. 75.

37 Lagarde, Paul de, *Deutsche Schriften*, Göttingen 1904, S. 217–247; Stern, Fritz, *Kulturpessimismus als politische Gefahr*, a. a. O.

38 Dühring, Eugen, *Die Judenfrage als Rassen-, Sitten- und Culturfrage*, Karlsruhe/Leipzig 1881, S. 46–72; Tal, Uriel, *Christians and Jews in Germany: Religion, Politics and Ideology in the Second Reich*, Ithaca/London 1975, S. 223–282.

39 Chamberlain, Houston S., *Die Grundlagen des neunzehnten Jahrhunderts*, München 1909; ders., *Briefwechsel mit Kaiser Wilhelm II.*, München 1928; und Field, Geoffrey C., *Evangelist of Race: The Germanic Vision of Houston S. Chamberlain*, New York 1981.

40 Heller, Celia S., *On the Edge of Destruction. Jews of Poland between the Two World Wars*, New York 1980, S. 50–57; Mendelsohn, Ezra, *The Jews of East Central Europe between the World Wars*, Bloomington 1983, S. 40.

41 Heifetz, Elias, *The Slaughter of the Jews in the Ukraine*, New York 1920, S. 1–20, S. 41–74; Lestchinsky, J., *Twishn Lebn un Toit*, Vilnius 1930, Bd. I, S. 19–53; siehe auch Ben-Anat, Baruch, »Peraot Ukraina, 1919–1921«, in: *Kivunim* (Dezember 1996), S. 47, S. 10, S. 105–139, auf Hebräisch.

42 Wistrich, Robert S., *Revolutionary Jews from Marx to Trotsky*, London 1976, Einleitung, S. 1–22.

43 Zu Einstellungen der Kommunisten in der Sowjetunion gegenüber Juden siehe Silberner, Edmund, *Kommunisten zur Judenfrage*, Darmstadt 1983, S. 138–210.

44 Rosenberg, Alfred, *Der staatsfeindliche Zionismus*, 2. Aufl. München 1938; Hitler, Adolf, *Mein Kampf*. Zwei Bände in einem Band, München 1942; Wistrich, Robert, *Der antisemitische Wahn. Von Hitler bis zum Heiligen Krieg gegen Israel*, aus dem Engl. von K. H. Siber, Ismaning bei München 1987, S. 166–197.

45 Mendelsohn, a. a. O., S. 23–30, S. 68–71, S. 100–107; Vital, David, *A People Apart. The Jews in Europe 1789–1939*, Oxford 1999, S. 837–896.

46 Mendelsohn, E., »Interwar Poland: good for the Jews or bad for the Jews?«, in: Abramsky, C. u. a. (Hrsg.), *The Jews in Poland*, Oxford 1986, S. 130–139.

47 Davies, Norman, *God's Playground. A History of Poland,* Bd. 2, Oxford 1981, S. 240–266; Meltzer, Emmanuel, *Ma'avak Medini Be Malkodet. Yehudei Polin 1935–1939,* Tel Aviv 1982, inzwischen ins Englische übersetzt als *No Way Out: The Politics of Polish Jewry, 1935–1939,* Cincinnati 1997; Korzec, Pawel, *Juifs en Pologne: La Question Juive pendant l'entre-deux-guerres,* Paris 1980, S. 165–198, S. 263 ff.

48 Landau-Czajka, Anna, »The Ubiquitous Enemy: The Jew in the Political Thought of Radical Right-Wing Nationalists in Poland, 1926–1939«, *Polin,* Bd. 4 (Oxford 1989), S. 169–203; ders., »The Image of the Jew in the Catholic Press during the Second Republic«, a. a. O., Band 8 (Oxford 1994); Gutman, Yisrael, »The Popular Image of the Jew in Modern Poland«, in: Wistrich (Hrsg.), *Demonizing the Other,* a. a. O., S. 257–266.

49 Modras, Ronald, *The Catholic Church and Antisemitism in Poland, 1933–1939,* London 1994, S. 315, S. 345 f.; Wynot, Edward, »The Catholic Church and State, 1935–1939«, *Journal of Church and State,* 15 (1973), S. 223–240.

50 Wynot, Edward, »A Necessary Cruelty: The Emergence of Official Antisemitism in Poland«, *American Historical Review,* 76, Nr. 4 (Oktober 1971), S. 1035–1058; Holzer, Jerzy, »Polish Political Parties and Antisemitism«, *Polin,* Bd. 8 (Oxford 1994), S. 200–205; Rudnicki, Szymon, *Obóz Narodowo Radykalny i Geneza i dzialalnosc,* Warschau 1985.

51 Weiss, Yfaat, »Polish and German Jews between Hitler's Rise to Power and the Outbreak of the Second World War«, *Leo Baeck Institute Yearbook,* 44 (1999), S. 205–223; Meltzer, Emmanuel, »Antisemitism in the Last Years of the Second Polish Republic«, in: Gutman, Y. u. a. (Hrsg.), *The Jews of Poland between Two World Wars,* Hanover/London 1989, S. 126–137; Hagen, William W., »Before the ›Final Solution‹: Towards a Comparative Analysis of Political Antisemitism in Interwar Germany and Poland«, *The Journal of Modern History,* 68 (Juni 1996), S. 17–21.

52 Wasserstein, Bernard, *Britain and the Jews of Europe 1939–1945,* London/Oxford 1979, S. 17–21.

53 Feingold, Henry, »Was there a Communal Failure? Some Thoughts on the American Jewish Response to the Holocaust«, *American Jewish History*, Bd. LXXXI, Nr. 1 (Herbst 1993), S. 60–80. Siehe auch ders., *Bearing Witness. How America and Its Jews Responded to the Holocaust*, Syracuse 1995, S. 169–201, S. 225–276.

54 Bolchover, Richard, *British Jewry and the Holocaust*, Cambridge 1993, S. 103–120; auch Kushner, Tony, *The Persistence of Prejudice: Anti-Semitism in British Society During the Second World War*, Manchester 1989, S. 78–105; ders., *The Holocaust and the Liberal Imagination*, Oxford 1994, S. 146–172.

55 Brumberg, Abraham, »The Bund and The Polish Socialist Party in the late 1930s«, in: Gutman, Y. u. a., *The Jews of Poland*, a. a. O., S. 75–96; Holzer, Jerzy, »Relations between Polish and Jewish left-wing groups in interwar Poland«, in: Abramsky, a. a. O., S. 140–146.

56 Ringelblum, Emanuel, *Polish-Jewish Relations During the Second World War*, hrsg. und mit Anmerkungen versehen von Joseph Kermish und Shmuel Krakowski, Evaston 1992, S. 7 f.

57 A. a. O., S. 39.

58 A. a. O., S. 53. Ringelblum warf den Polen vor, dass sie dem Eindruck, »die gesamte polnische Nation mit allen Schichten« habe »das Verhalten der polnischen Antisemiten gutgeheißen«, nicht aktiv entgegengetreten seien.

59 Tenenbaum-Tamaroff, Mordechai, *Dapim min hadelekhah*, Tel Aviv 1947, S. 49 f., auf Hebräisch.

60 Karskis Bericht über die polnischen Juden unter nationalsozialistischer und sowjetischer Besatzung ist nachgedruckt in Davies, Norman und Antony Polonsky (Hrsg.), *Jews in Eastern Poland and the U.S.S.R., 1939–46*, London 1991. Siehe insbesondere S. 269.

61 In Blónski, Jan, *Biedni Polacy Patrza na ghetto* (Die armen Polen schauen das Ghetto an), Krakau 1994, ist der »Protest« von Kossak-Szczucka vollständig abgedruckt. Siehe auch Polonsky, Antony, »Beyond Condemnation. Apologetics and Apologies: On the Complexity of Polish Behavior Toward the Jews During the Second World War«, in: *Studies in Contemporary Jewry*, Oxford 1997, Bd. XIII, S. 190–224.

62 Gross, Jan Tomasz, *Nachbarn: Der Mord an den Juden von Jedwabne*, aus dem Engl. von Friedrich Griese, München 2001, S. 70–81.

63 Siehe Gross, Jan Tomasz, *Upiorna dekada: trzy eseje o stereotypach na temat Zydow, Polaków, Niemlow, Kommunistów 1939–1948* (Verfluchte Dekade. Drei Essays zu Stereotypen über Juden, Polen, Deutsche und Kommunisten), Krakau 1998.

64 Gross, Jan Tomasz, *Nachbarn*, a. a. O., S. 79–82.

65 A. a. O., S. 47–62. Das Zitat steht auf S. 54.

2. Von Weimar zu Hitler

1 Jochmann, Werner, *Gesellschaftskrise*, a. a. O., S. 132–170.

2 Siehe Mommsen, Hans, *Aufstieg und Untergang der Republik von Weimar: 1918–1933*, Berlin 1998 (überarb. u. akt. Ausgabe).

3 Winkler, H. A., »Anti-Semitism in Weimar Society«, in: Strauss, Herbert A. (Hrsg.), *Hostages of Modernization: Studies in Modern Antisemitism 1870–1939*, Berlin/New York 1993, S. 196–205.

4 Jochmann, Werner, a. a. O., S. 171–194.

5 Angress, Werner T., »Juden im politischen Leben der Revolutionszeit«, in: Mosse, Werner E. und Arnold Paucker (Hrsg.), *Deutsches Judentum in Krieg und Revolution 1916–1923*, Tübingen 1971, S. 235–251.

6 A. a. O., S. 254–308.

7 Schulin, Ernst, *Walther Rathenau: Repräsentant, Kritiker und Opfer seiner Zeit*, Göttingen 1979; Loewenberg, Peter, *Fantasy and Reality in History*, New York/Oxford 1995, S. 108–118.

8 Arad, Yitzhak u. a. (Hrsg.), *Documents on the Holocaust*, Jerusalem 1981, S. 15–18 (im Weiteren abgekürzt als *Documents*). In der deutschen Übersetzung zitiert nach Feder, Gottfried, *Das Programm der N.S.D.A.P. und seine weltanschaulichen Grundgedanken*, 25.–40. Auflage, München 1930.

9 Wistrich, Robert S., »Georg von Schoenerer and the Genesis of Modern Austrian Antisemitism«, in: Strauss, *Hostages*, a. a. O., S. 675–688.

10 Wistrich, Robert S., *Die Juden Wiens im Zeitalter Kaiser Franz Josephs*, Wien 1999. In der deutschen Übersetzung zitiert nach Brigitte Hamann, *Hitlers Wien: Lehrjahre eines Diktators*, München 1998, S. 345.

11 Hamann, Brigitte, *Hitlers Wien: Lehrjahre eines Diktators*, München 1998, S. 355 f., S. 361 f.

12 Wistrich, Robert S., »Karl Lueger and the Ambiguities of Viennese Antisemitism«, in: *Jewish Social Studies* (1983), 45, S. 251–262; Geehr, Richard S., *Karl Lueger. Mayor of Fin de Siècle Vienna*, Detroit 1990, S. 171–270.

13 Hamann, a. a. O., S. 393–435.

14 Hitler, Adolf, *Mein Kampf.* Zwei Bände in einem Band, 696.–700. Aufl. München 1942, S. 132. Zu den möglichen okkulten und irrationalen Einflüssen auf Hitlers Antisemitismus, die aus Quellen wie Lanz von Liebenfels und Guido von List stammen, siehe Spielvogel, Jackson und David Redles, »Hitler's Racial Ideology: Content and Occult Sources«, in: *Simon Wiesenthal Centre Annual (SWC)*, Bd. 3 (1986), S. 227–246; außerdem Goodrick-Clarke, Nicholas, *Die okkulten Wurzeln des Nationalsozialismus*, Graz 1997.

15 Hamann, Brigitte, a. a. O., z. B. S. 38–42; Rose, Paul Lawrence, *Richard Wagner und der Antisemitismus*, Zürich 1999; Blanning, T. C. W., »Hitler, Vienna and Wagner«, in: *German History*, Bd. 18, Nr. 4 (2000), S. 487–494. Friedländer, Saul und Jörn Rüsen (Hrsg.), *Richard Wagner im Dritten Reich*, München 2000, insbesondere der Essay von Paul L. Rose, S. 283–308.

16 Brearley, Margaret, »Hitler and Wagner: the Leader, the Master and the Jews«, in: *Patterns of Prejudice*, Bd. 22, Nr. 2 (1988), S. 3–21.

17 Wistrich, Robert S., *Antisemitism*, a. a. O., S. 57 f. In der deutschen Übersetzung zitiert nach Richard Wagner, *Sämtliche Schriften und Dichtungen*, 5. Aufl. Leipzig [o. D.], Bd. 5, S. 85 (aus: »Das Judenthum in der Musik«), und Bd. 10, S. 272 (aus: »Erkenne dich selbst« [1881]).

18 *Mein Kampf*, a. a. O., S. 59.

19 A. a. O., S. 59 f.

20 A. a. O., S. 69, S. 64.

21 Hamann, a. a. O., S. 234–237, S. 500, S. 507 ff. Über Hitlers Phase als Obdachloser und im »Männerwohnheim« siehe auch Kershaw, Ian, *Hitler: 1889–1936*, Stuttgart 1998.

22 *Mein Kampf*, a. a. O., S. 357.

23 Ebd.

24 A. a. O., S. 69 (vgl. auch S. 351).

25 A. a. O., S. 69 f.

26 Vondung, Klaus, *Magie und Manipulation. Ideologischer Kult und politische Religion des Nationalsozialismus*, Göttingen 1971; Rhodes, James, *The Hitler Movement. A Modern Millenarian Revolution*, Stanford 1980, S. 29–84; und Ley, Michael und Julius H. Schoeps (Hrsg.), *Der Nationalsozialismus als politische Religion*, Frankfurt a. M. 1997, S. 151–185, S. 229–260.

27 Wistrich, Robert S., *Der antisemitische Wahn*, a. a. O., S. 25–55.

28 *Mein Kampf*, a. a. O., S. 772.

29 Protokoll des Gesprächs von Hitler und Chvalkovsky am 21. Januar 1939, in: *Akten zur deutschen auswärtigen Politik 1918–1945. Aus dem Archiv des Deutschen Auswärtigen Amtes. Serie D, 1937–1945, Baden-Baden 1951* (im Folgenden abgekürzt als *ADAP*), Serie D, Bd. IV, S. 170.

30 Maser, Werner (Hrsg.), *Hitlers Briefe und Notizen. Sein Weltbild in handschriftlichen Dokumenten*, Düsseldorf 1973, S. 224 f.

31 A. a. O., S. 225.

32 *Mein Kampf*, a. a. O., S. 358; Weinberg, Gerhard L. (Hrsg.), *Hitlers Zweites Buch. Ein Dokument aus dem Jahre 1928*, Stuttgart 1961, Zitat s. S. 221.

33 A. a. O., S. 222.

34 Alle Zitate siehe *Hitlers Zweites Buch*, a. a. O., S. 223.

35 Bein, Alex, »Der jüdische Parasit. Bemerkungen zur Semantik der Judenfrage«, *Vierteljahreshefte für Zeitgeschichte* (1965), S. 121–149.

36 Burrin, Philippe, »Nazi Antisemitism: Animalization and Demonization«, in: Wistrich, *Demonizing the Other*, a. a. O., S. 223–233.

37 Bytwerk, Randall T., *Julius Streicher*, New York 1983; Kershaw, a. a. O., S. 179, S. 560, S. 563 f.; Hahn, Fred, *Lieber Stürmer! Leserbriefe an das NS-Kampfblatt 1924 bis 1945*, Stuttgart 1978, S. 84 ff.

38 Waite, Robert G., *Hitler: The Psychopathic God*, New York 1978, S. 448.

39 Bracher, Karl Dietrich, *Die deutsche Diktatur: Entstehung, Struktur, Folgen des Nationalsozialismus*, 7. Aufl. Berlin 1997 (1. Aufl. 1969); Jochmann, a. a. O., S. 117–154.

40 Jochmann, a. a. O., S. 265 ff.; Silberner, *Kommunisten*, a. a. O., S. 268–270.

41 Cohn, Norman, »*Die Protokolle der Weisen von Zion«: Der Mythos der jüdischen Weltverschwörung*, Baden-Baden 1998.

42 Laqueur, Walter, *Weimar: Die Kultur der Republik*, Frankfurt a. M. 1977; Kaes, Anton u. a. (Hrsg.), *The Weimar Republic Sourcebook*, Berkeley/Los Angeles/London 1994, S. 119–144; Wistrich, Robert S., *Ein Wochenende in München: Kunst, Propaganda und Terror im Dritten Reich*, Frankfurt a. M. 1996.

43 Bracher, a. a. O., S. 245–247; Winkler, a. a. O., S. 201 ff.; Burleigh, Michael, *Die Zeit des Nationalsozialismus*, a. a. O. Siehe auch Giles, G. J., *Students and National Socialism in Germany*, Princeton 1985, S. 44–90.

44 Hamilton, Richard, *Who Voted for Hitler?*, Princeton 1982, S. 355–419; Childers, Thomas, *The Nazi Voter: The Social Foundations of Fascism in Germany, 1919–1933*, Chapel Hill, N. C., 1983, S. 142–269.

45 Bracher, a. a. O., S. 293–315; Turner, Henry Ashby, *Hitlers Weg zur Macht: Der Januar 1933*, München 1997, zeigt, dass dieser Sieg keineswegs unvermeidlich war.

46 Über den heftigen Antisemitismus in der deutschen Ärzteschaft siehe Prockter, Robert, *Racial Hygiene. Medicine under the Nazis*, Cambridge, Mass., 1988, S. 131–176.

47 »Racial Hygiene in Germany«, *The Times*, 7. April 1933.

48 Eintrag vom 10. Januar 1939 in Klemperer, Victor, *Ich will Zeugnis ablegen bis zum letzten. Tagebücher 1933–1941*, hrsg. von Walter Nowojski unter Mitarbeit von Hadwig Klemperer, Berlin 1995, Bd. 1, S. 456 f.

49 A. a. O., S. 457 f. Eine scharfsinnige Besprechung des zweiten Bandes der Tagebücher ist der Beitrag von Daniel Johnson, »What Victor Klemperer Saw«, *Commentary* (Juni 2000), S. 44–50.

50 Über den deutschen Zionismus siehe Weltsch, Robert, *Ja-Sagen zum Judentum*, Berlin 1933, und sein Buch *Die deutsche Judenfrage. Ein kritischer Rückblick*, Königstein 1981, S. 73–82; auch Reinharz, Jehuda (Hrsg.), *Dokumente zur Geschichte des deutschen Zionismus, 1882–1933*, Tübingen 1981, S. 470–549, zu den Reaktionen deutscher Juden und deutscher Zionisten. Die umfassendste Analyse der allgemeinen zionistischen Reaktion gibt Daniel Frankel in *Al pnei Tehom. Ha Mediniut Ha-Tsionit ve-she'elat yehudei Germania, 1933–1938*, Jerusalem 1994, S. 63–154. Über die Zionismus- und Palästinapolitik der Nazis siehe Yisraeli, David, »The Third Reich and Palestine«, *Middle Eastern Studies*, Bd. 7, Nr. 3 (Oktober 1971), S. 343–353, und ders., *HaReich ha Germani veerets Yisrael*, Ramat Gan, 1974; auch Nicosia, Francis R., *Hitler und der Zionismus: Das Dritte Reich und die Palästina-Frage 1933–1939*, Leoni am Starnberger See 1989, und ders., »The End of Emancipation and the Illusion of Preferential Treatment. German Zionism, 1933–1938«, in: *Leo Baeck Institute Yearbook*, 36 (1991), S. 243–265.

51 Schacht, Hjalmar, *Abrechnung mit Hitler*, Hamburg 1949, S. 59 ff.; ders., *76 Jahre meines Lebens*, 1953, S. 44 ff. In Barkai, Avraham, *Vom Boykott zur »Entjudung«. Der wirtschaftliche Existenzkampf der Juden im dritten Reich, 1933–1943*, Frankfurt a. M. 1988, findet sich der beste wissenschaftliche Bericht über die Enteignung der deutschen Juden.

52 Adam, Uwe Dietrich, *Judenpolitik im Dritten Reich* (1972), S. 72–144; Kulka, O. D., »Da'at Ha-Kahal be-Germania ha-natsionalsotsialistit ve-ha-beiya ha-yehudit«, *Zion* (1975) 40, 3–4, S. 186–290, ist die detaillierteste Studie der öffentlichen Meinung in Deutschland. Über die Lutheraner siehe Gutteridge, Richard, »German Protestantism and the Jews in the Third Reich«, in: Kulka, O. D. und Paul Mendes-Flohr (Hrsg.), *Judaism and Christianity under the Impact of National Socialism*, Jerusalem 1987, S. 251–270. Über die Katholiken siehe Lewy, Guenter, *Die katholische Kirche und das Dritte Reich*, München 1965; Riepgen, Konrad, »German Catholicism and the Jews«, in: Kulka, a.a.O., S. 197–226; Miccoli, Giovanni, *I Dilemmi e il Silenzi di Pio XII. Vaticano, Seconda Guerra mondiale e Shoah*, Milano 2000,

S. 118–200; Phayer, Michael, *The Catholic Church and the Holocaust, 1930–1965*, Bloomington 2000, S. 67–81.

53 Noakes, Jeremy und Geoffrey Pridham (Hrsg.), *Documents on Nazism 1919–1945*, London 1974, Bd. I, S. 462.

54 Schleunes, Karl, *The Twisted Road to Auschwitz. Nazi Policy towards German Jews, 1933–1939*, Urbana, Chicago und London 1970, S. 148 f.

55 Adam, a. a. O., S. 114–144; Graml, Hermann, *Reichskristallnacht: Antisemitismus und Judenverfolgung im Dritten Reich*, München 1988.

56 Domarus, Max (Hrsg.), *Hitler: Reden und Proklamationen 1932–1945*, Würzburg 1962, Bd. 1: *Triumph*, Zweiter Halbband 1935–1938, S. 537.

57 Ebd.

58 Siehe Margaliot, Abraham, »The Reaction of the Jewish Public in Germany to the Nuremberg Laws«, in: *Essays in Holocaust History*, Hebrew University of Jerusalem 1979, S. 41.

59 A. a. O., S. 50.

60 »Isolation of Jews in Germany. Effect of New Laws«, *The Times*, 18. September 1935.

61 Margaliot, a. a. O., S. 50 ff.

62 Zum Beispiel Georg Kaseskis Interviews in Goebbels' Zeitung *Der Angriff*, 23. Dezember 1935. Siehe Margaliot, a. a. O., S. 50.

63 Elissar, Elie Ben, *La Diplomatie du IIIe Reich et les Juifs*, Paris 1969, S. 163–184; Hart-Davis, Duff, *Hitler's Olympics: The 1936 Games*, London 1986, S. 66–88, S. 138 ff.

64 Buchheim, Hans, Broszat, Martin und Helmut Krausnick, *Anatomie des SS-Staates*, 2 Bde., Olten 1965 (auch München 1999).

65 Botz, Gerhard, »The Dynamics of Persecution in Austria, 1938–1945«, in: Wistrich, Robert S. (Hrsg.), *Austrians and Jews in the Twentieth Century*, London 1992, S. 199–219.

66 Siehe Rosenkranz, Herbert, *Verfolgung und Selbstbehauptung: Die Juden in Österreich, 1938–1945*, Wien 1978, und Rabinovici, Doron, *Instanzen der Ohnmacht. Wien 1938–1945 – Der Weg zum Judenrat*, Frankfurt a. M. 2000, für die anschließende Enteignung, Verfolgung, Verschleppung und Ermordung österreichischer Juden.

67 »Berlin Outbreak of Jew-Baiting«, *The Daily Telegraph*, 16. Juni 1938.

68 Wyman, David S., *Paper Walls: America and the Refugee Crisis,*

1938–1941, New York 1985, S. 50; Stein, Joshua B., »Great Britain and the Evian Conference of 1938«, *The Wiener Library Bulletin* (1976), Bd. XXIX, New Series, Nr. 37/38.

69 »Nations take their stand on refugees«, *Daily Express*, 8. Juli 1939; Bartrop, Paul R., *Australia and the Holocaust 1933–1945*, Melbourne 1994, S. 6178; Abella, Irving und Harold Troper, *None is Too Many: Canada and the Jews of Europe*, New York 1983, S. 19–37, S. 51–66.

70 Über die amerikanische Einwanderungspolitik zwischen 1933 und 1945 siehe Morse, Arthur, *Die Wasser teilten sich nicht*, New York 1968; Friedman, Saul S., *No Haven for the Oppressed: United States Policy Towards Jewish Refugees, 1933–45*, Detroit 1973; Penkower, Monty Noam, *The Jews were Expendable: Free World Diplomacy and the Holocaust*, Urbana, Illinois, 1983; Wyman, David S., *Das unerwünschte Volk. Amerika und die Vernichtung der Juden*, Frankfurt a. M. 1989.

71 *The Times*, 16. Juli 1938.

72 Meir, Golda, *Mein Leben*, aus dem Engl. von Helmut Degner und H.-J. Maass, Hamburg 1975, S. 158.

73 *Völkischer Beobachter*, 1. Februar 1939, S. 7 f. (Abdruck der Rede Hitlers vor dem Reichstag vom 30. Januar 1939). Siehe auch Byrnes, N. H., a. a. O., I., S. 738.

3. Verfolgung und Widerstand

1 Heiber, Helmut, »Der Fall Grünspan«, in: *Vierteljahreshefte für Zeitgeschichte* 2 (1975), S. 134–172; Marrus, Michael R., »The Strange Story of Herschel Grynszpan«, in: *American Scholar* (1988), 57 (1), S. 69–79; Schwab, Gerald, *The Day the Holocaust Began. The Odyssey of Herschel Grynszpan*, New York 1990.

2 »Germany's Day of Wrecking and Looting«, *Manchester Guardian*, 11. November 1938.

3 Ebd.

4 Noakes, Jeremy und Geoffrey Pridham (Hrsg.), *Documents on Nazism*, Exeter 1984, Bd. 2, Dokument 424.

5 Ebd.
6 Kulka, O. D., »Da'at Ha-Kahal« (1975), a. a. O., S. 232–242; Wollenberg, Jörg (Hrsg.), *Niemand war dabei und keiner hat's gewußt. Die deutsche Öffentlichkeit und die Judenverfolgung 1933–1945*, München 1989.
7 Friedländer, Saul, *Das Dritte Reich und die Juden*, Bd. 1: *Die Jahre der Verfolgung 1933–1939*, München 1998.
8 Schleunes, a. a. O., S. 247.
9 Siehe den stenografischen Bericht über das Treffen am 12. November 1938 unter der Leitung Görings, wiedergegeben in: Berenbaum, Michael (Hrsg.), *Witness to the Holocaust*, New York 1997, S. 55–68. Siehe auch Loewenberg, Peter, »The Kristallnacht as a Public Degradation Ritual«, in: *Leo Baeck Institute Yearbook*, 32 (1987), S. 309–323.
10 Berenbaum, Michael (Hrsg.), *Witness*, a. a. O., S. 67.
11 A. a. O., S. 60 f.
12 Graml, Hermann, *Reichskristallnacht*, a. a. O.; Wistrich, Robert S., *Der antisemitische Wahn*, a. a. O., S. 154–158.
13 Schleunes, a. a. O., S. 165; Genschel, Helmut, *Die Verdrängung der Juden aus der Wirtschaft im Dritten Reich*, Göttingen 1966, S. 299 f.
14 Berenbaum, Michael (Hrsg.), a. a. O., S. 55.
15 Friedländer, Saul, a. a. O.
16 *Das Schwarze Korps*, 24. November 1938. In der deutschen Übersetzung zitiert nach Wistrich, *Der antisemitische Wahn*, a. a. O., S. 158.
17 Kershaw, Ian, »The Persecution of the Jews and German Popular Opinion in the Third Reich«, in: *Leo Baeck Institute Yearbook*, 26 (1981), S. 261 ff.
18 Hitler zu Chvalkovsky, in: *ADAP*, a. a. O., Serie D, Bd. IV, S. 170.
19 Domarus, Max, *Hitler: Reden und Proklamationen*, a. a. O., Band II: *Untergang*, Erster Halbband 1939–1940, S. 1058.
20 Mommsen, Hans, »Die Realisierung des Utopischen: Die ›Endlösung der Judenfrage‹ im ›Dritten Reich‹, in: *Geschichte und Gesellschaft* 9 (1983), S. 381–420.
21 Domarus, *Hitler*, a. a. O., S. 1057.
22 *ADAP*, a. a. O., Serie D, Bd. V, S. 775–779 (Memorandum von Reichsbankpräsident Schacht vom 16. Januar 1939).

23 *ADAP*, a. a. O., Serie D, Bd. IV, S. 293 ff.

24 Wistrich, *Der antisemitische Wahn*, a. a. O., S. 79 f.

25 Einige Jahre später zogen Himmler und Heydrich den Ausdruck »des Führers Wunsch« vor, wenn sie mündliche Befehle für die »Endlösung« weitergaben. Siehe Fleming, Gerald, *Hitler und die Endlösung. »Es ist des Führers Wunsch ...«*, Wiesbaden und München 1982, S. 58.

26 Burleigh, Michael, *Die Zeit des Nationalsozialismus*, a. a. O.

27 Klee, Ernst, *»Euthanasie« im NS-Staat*, Frankfurt a. M. 1983; Weindling, Paul, *Health, Race and German Politics between National Unification and Nazism, 1870–1945*, Cambridge 1989); Berenbaum, Michael (Hrsg.), *A Mosaic of Victims: Non-Jews persecuted and murdered by the Nazis*, New York 1990; Lukas, Richard C., *The Forgotten Holocaust: The Poles under German Occupation, 1939–1945*, New York 1986; Plant, Richard, *Rosa Winkel. Der Krieg der Nazis gegen die Homosexuellen*, Frankfurt a. M. 1991; und Friedlander, Henry, *Der Weg zum NS-Genozid. Von der Euthanasie zur Endlösung*, Berlin 1997.

28 Fröhlich, Elke (Hrsg.), *Die Tagebücher von Joseph Goebbels.* Sämtliche Fragmente in vier Bänden, München 1987, Bd. 3, S. 628.

29 A. a. O., S. 612.

30 Hornshoj-Moller, Stig, *»Der ewige Jude«: Quellenkritische Analyse eines antisemitischen Propagandafilms*, Göttingen 1995, S. 3–23.

31 *Documents on the Holocaust*, a. a. O., S. 173–177. Zur Ghettoisierungspolitik der Nazis in Polen zwischen 1939 und 1941 siehe Browning, Christopher R., *Der Weg zur »Endlösung«. Entscheidungen und Täter*, Bonn 1998.

32 Eine umfassende Studie bietet Trunk, Isaiah, *Judenrat*, New York 1972, S. 259–450, eine Darstellung der Ghettopolizei ist auf S. 475–547 zu finden; Friedman, Philip, *Roads to Extinction*, New York/Philadelphia 1980, S. 539–553; Weiss, Aharon, »Jewish Leadership in Occupied Poland: Postures and Attitudes«, in: *Yad Vashem Studies*, 12 (1977), S. 335–365; ders., »Judenrat«, in: Gutman, Israel, Eberhard Jäckel u. a. (Hrsg.), *Enzyklopädie des Holocaust*, a. a. O., Bd. II, S. 690–699.

33 Hilberg, Raul, *Die Vernichtung der europäischen Juden*, aus dem Amerik. von Christian Seeger, Harry Maor, Walle Bengs und Wilfried Szepan, Frankfurt a. M. 1990 [1982], Bd. 1, S. 29. Siehe auch sein Buch *Täter, Opfer, Zuschauer. Die Vernichtung der Juden 1933–1945*, Frankfurt a. M. 1992.

34 Hilberg, *Die Vernichtung der europäischen Juden*, a. a. O., Bd. 3, S. 1109.

35 Arendt, Hannah, *Eichmann in Jerusalem. Ein Bericht von der Banalität des Bösen*, aus dem Amerik. von Brigitte Granzow. Von der Autorin durchgesehene und ergänzte deutsche Ausgabe München 1964, S. 162. Siehe auch Cohen, Richard I., »Breaking the Code: Hannah Arendt's Eichmann in Jerusalem and the Public Polemic«, in: *Michael*, Bd. XIII (1993), S. 29–85. Die erste Auflage von Arendts Buch erschien 1963.

36 Hilberg, Raul u. a. (Hrsg.), *The Warsaw Ghetto Diary of Adam Czerniakow*, New York 1979, S. 70.

37 Rumkowskis Ansprache »Arbeit schützt uns vor der Vernichtung« (2. Februar 1942) und »Gebt mir eure Kinder«, in: Berenbaum, Michael, *Witness*, a. a. O., S. 81–86. Siehe auch Levi, Primo, *Die Untergegangenen und die Geretteten*, aus dem Ital. von Moshe Khan, München 1990, S. 59–68.

38 Katsh, Abraham Isaac (Hrsg.), *Buch der Agonie. Das Warschauer Tagebuch des Chaim A. Kaplan*. Nach der amerikanischen Originalausgabe übersetzt von Harry Maor, Frankfurt a. M. 1967, S. 155.

39 A. a. O., S. 155 f.

40 A. a. O., S. 290; Tagebucheintrag vom 20. Februar 1941.

41 A. a. O., S. 240, 2. Oktober 1940. Im gleichen Eintrag bemerkt Kaplan, niemals zuvor in der jüdischen Geschichte habe sein Volk »einen so grausamen und barbarischen Feind gehabt« und niemals habe es »eine Regierung gegeben, die so böse war, daß sie einem ganzen Volk zu beten verboten hätte«.

42 Dawidowicz, Lucy, *Der Krieg gegen die Juden*, a. a. O.; zur Religionsausübung siehe Huberbrand, Shimon, *Kiddush Hashem, Jewish Religious and Cultural Life in Poland during the Holocaust*, New York 1987, S. 175–221.

43 Korczak, Janusz, *Tagebuch aus dem Warschauer Ghetto 1942*, aus dem Poln. von Armin Dross, Göttingen 1992; Michlic-Coren, Joanna, »Battling against the Odds: Culture, Education and the Jewish Intelligentsia in the Warsaw Ghetto, 1940–1942«, in: *East European Jewish Affairs*, Bd. 27, Nr. 2 (1977), S. 77–92.

44 Dawidowicz, a. a. O.

45 Klee, Ernst, »*Schöne Zeiten*«. *Judenmord aus der Sicht der Täter und Gaffer*, Nürnberg 1989; Porat, Dinah, »The Holocaust in Lithuania: Some Unique Aspects«, in: Cesarani, D. (Hrsg.), *The Final Solution*, London 1994 S. 159–174.

46 »›They Shall Not Take Us Like Sheep to the Slaughter!‹ Proclamation by the Jewish Pioneer Youth Group in Vilna«, in: *Documents on the Holocaust*, a. a. O., S. 433. In der deutschen Übersetzung zitiert nach *Enzyklopädie des Holocaust*, a. a. O., S. 801.

47 Ebd. Siehe auch Tory, Avraham, *Das Tagebuch aus dem Ghetto von Kovno. Die Chronik vom Leben und Sterben im jüdischen Ghetto von Kovno (Kaunas) in Litauen von Juni 1941 bis Januar 1944*, Neuwied 1997, mit Anmerkungen von Dinah Porat. Dieses Tagebuch, das ursprünglich auf Jiddisch verfasst wurde, bietet ein eindrucksvolles Bild vom Ghettoleben in Kaunas, das sich zwischen Hoffnung und Verzweiflung abspielte. Zum jüdischen Widerstand in Wilna siehe Arad, Yitzhak, *Vilna ha-yehudit be-ma'avak u veklyon*, Tel Aviv 1976. Zum jüdischen Widerstand allgemein siehe Steinberg, Lucien, *Jews against Hitler*, London/New York 1978.

48 Mark, Bernard, *Der Aufstand im Warschauer Ghetto: Entstehung und Verlauf*, Berlin 1957, für die Dokumente; Gutman, Israel, *The Jews of Warsaw, 1939–1943: Ghetto, Underground, Revolt*, Bloomington 1982.

49 *Documents*, a. a. O., S. 315–316. Ziele, Aufrufe und Berichte der jüdischen Untergrundbewegung siehe dort S. 293–309.

50 Ainsztein, Reuben, *Jüdischer Widerstand im deutschbesetzten Osteuropa während des Zweiten Weltkrieges*. Aus dem Englischen übertragen und bearbeitet von Jörg Paulsen, Oldenburg 1993; S. 93–218 zu den jüdischen Partisanen, S. 219–275 zu den »kämpfenden Großstadtghettos« Minsk, Wilna und Białystok, S. 277–374 über den Aufstand im Warschauer Ghetto und S. 396–462 zu den Revolten in

Treblinka, Sobibór und Auschwitz. Auch Steinberg, Lucien, *Jews against Hitler*, a. a. O., S. 167–292; Krakowski, S., *Lehima yehudit be-Polin neged ha-natzim*, Jerusalem 1977 – eine Untersuchung des bewaffneten jüdischen Widerstandes in Polen; Levin, Dov, *Fighting Back: Lithuanian Jewry's Armed Resistance to the Nazis, 1941–1944*, New York 1985, S. 167–228; Tec, Nechama, *Bewaffneter Widerstand: Jüdische Partisanen im Zweiten Weltkrieg*, Gerlingen 1996; Lustiger, Arno (Hrsg.), *Zum Kampf auf Leben und Tod. Das Buch vom Widerstand der Juden, 1933–1945*, Köln 1994.

51 Porter, J. N. (Hrsg.), *The Jewish Partisans: A Documentary History of Jewish Resistance in the Soviet Union during World War II*, Lanham, Md., 1982; Kagan, J. und D. Cohen, *Surviving the Holocaust with the Russian Jewish Partisans*, London 1998, S. 162–224.

52 Michel, Henri, »Jewish Resistance and the European Resistance Movement«, in: *Yad Vashem Studies*, 7 (1968), S. 7–16; Novitch, M., *Le Passage des Barbares: Contribution à l'histoire de la déportation et de la résistance des Juifs grec*, Nizza 1962; Latour, Annie, *The Jewish Resistance in France*, New York 1981; Amipaz-Silber, Gitta, *La Résistance Juive en Algérie 1940–1942*, Jerusalem 1986, S. 62–150; Michman, Dan (Hrsg.), *Belgium and the Holocaust. Jews, Belgians, Germans*, Jerusalem 1998, S. 3–40; Steinberg, Lucien, a. a. O., S. 81–138.

53 Siehe René Cassin, *Les hommes partis de rien*, Paris 1974, S. 136; Amouroux, Henri, *Les Passions et les Haines – Avril–Décembre 1942*, Paris 1981; Rayski, A., *De Gaulle et les Juifs (1940–1944)*, Paris 1994.

54 Kulka, O. D. (Hrsg.), *Deutsches Judentum unter dem Nationalsozialismus*, Tübingen 1997, bietet eine einzigartige Sammlung von Dokumenten über die deutschen Juden zwischen 1933 und 1939; Kwiet, Konrad und Helmut Eschwege, *Selbstbehauptung und Widerstand. Deutsche Juden im Kampf um Existenz und Menschenwürde 1933–1945*, Hamburg 1984.

55 Siehe die Essays von Herbert Freeden, Hajo Bennett, Joseph Walk u. a. in: Paucker, Arnold (Hrsg.), *Die Juden im nationalsozialistischen Deutschland, 1933–1943*, Tübingen 1986. Auch Herzberg, Arno, »The Jewish Press under the Nazi Regime. Its Mission, Suppression and Defiance«, in: *Leo Baeck Institute Yearbook*, 36 (1991), S. 367–388;

Paucker, Arnold, »Resistance of German and Austrian Jews to the Nazi Regime, 1933–1945«, in: *Leo Baeck Institute Yearbook*, 40 (1995), S. 13 f., und Pauckers Vortrag *Jüdischer Widerstand in Deutschland. Tatsachen und Problematik*, Berlin (Gedenkstätte Deutscher Widerstand) 1989, S. 6 f.

56 Paucker, A., a. a. O., S. 12. Die zionistische Jugendbewegung in Deutschland wurde auch stark antifaschistisch. Siehe Schatzker, Chaim, »The Jewish Youth Movement in Germany in the Holocaust Period«, in: *Leo Baeck Institute Yearbook*, 32 (1987), S. 157–182, und 33 (1988), S. 301–325, und Reinharz, J., »Hashomer Hatsair in Germany«, Teil 2, »Under the Shadow of the Swastika, 1933–1938«, in: *Leo Baeck Institute Yearbook*, 32 (1987), S. 183–229.

57 Paucker, Arnold, *Jüdischer Widerstand in Deutschland*, a. a. O., S. 9, S. 12 f.

58 Silberner, Edmund, »Die Kommunistische Partei Deutschlands zur Judenfrage«, in: *Jahrbuch des Instituts für Deutsche Geschichte, VIII* (1979), S. 283–334.

59 Paucker, a. a. O., S. 12.

4. Die »Endlösung«

1 Aly, Götz, *»Endlösung«: Völkerverschiebung und der Mord an den europäischen Juden*, a. a. O., und »The Planning Intelligentsia and the ›Final Solution‹«, in: Burleigh, M. (Hrsg.), *Confronting the Nazi Past. New Debates on Modern German History*, London 1996, S. 140–153. Zur Kritik von Alys früherem Funktionalismus siehe Browning, C. R., *Der Weg zur »Endlösung«*, a. a. O.

2 Breitman, Richard, *Der Architekt der »Endlösung«: Himmler und die Vernichtung der europäischen Juden*, Paderborn und München 1996.

3 Siehe Berenbaum, Michael (Hrsg.), *Witness*, a. a. O., S. 74–76.

4 Siehe auch Browning, Christopher R., *Judenmord: NS-Politik, Zwangsarbeit und das Verhalten der Täter*, Frankfurt a. M. 2001, in der deutschen Übersetzung zitiert nach *Enzyklopädie des Holocaust*,

a. a. O., Bd. II, S. 916. Hitler las Himmlers Denkschrift am 25. Mai 1940 und bestätigte die Richtlinien, die er sehr gut und richtig fand.

5 *Documents*, a. a. O., S. 216–218; Browning, *Judenmord*, a. a. O.; Breitman, *Der Architekt der »Endlösung«*, a. a. O.

6 Hilberg, a. a. O.; *Documents*, a. a. O., S. 217; Breitman, a. a. O., in der deutschen Übersetzung zitiert nach Krausnick, Helmut, »Judenverfolgung (Schriftliches Sachverständigengutachten für den Auschwitz-Prozeß vor dem Schwurgericht in Frankfurt a. M. am 17. Februar 1964 auszugsweise mündlich vorgetragen)«, in: Buchheim, Hans, Martin Broszat u. a. (Hrsg.), *Anatomie des SS-Staates*, Olten 1965, Bd. II, S. 281–448, Zitat s. S. 355 f.

7 Yahil, Leni, »Madagascar – Phantom of a Solution for the Jewish Question«, in: Vago, B. und G. L. Mosse (Hrsg.), *Jews and non-Jews in Eastern Europe*, New York/Jerusalem 1974, S. 315–340; siehe auch Brechtken, Magnus, *»Madagaskar für die Juden«. Antisemitische Idee und politische Praxis 1885–1945*, München 1997, S. 295, der argumentiert, dass der Madagaskar-Plan als »Todesstrafe« für die europäischen Juden beabsichtigt war.

8 *Documents*, a. a. O., S. 376, in der deutschen Übersetzung zitiert nach Jacobsen, Hans-Adolf, »Kommissarbefehl und Massenexekutionen sowjetischer Kriegsgefangener«, in: Buchheim, Hans, Martin Broszat u. a. (Hrsg.), *Anatomie des SS-Staates*, a. a. O., Bd. II, S. 255 f.

9 *Documents*, a. a. O., S. 416–417.

10 A. a. O., S. 416.

11 A. a. O., S. 398–400. In der deutschen Übersetzung zitiert nach: Krausnick, Helmut und Hans-Heinrich Wilhelm, *Die Truppe des Weltanschauungskrieges. Die Einsatzgruppen der Sicherheitspolizei und des SD 1938–1942*, Stuttgart 1981, S. 536.

12 Dawidowicz, Lucy, *Der Krieg gegen die Juden*, a. a. O., S. 117, in der deutschen Übersetzung zitiert nach *Enzyklopädie des Holocaust*, a. a. O., Bd. III, S. 1198 f. Siehe auch Förster, Jürgen, *Das Unternehmen »Barbarossa« als Eroberungs- und Vernichtungskrieg*, Stuttgart 1987; Heer, Hannes, »Killing Fields: Die Wehrmacht und der Holocaust«, in: Heer, Hannes und K. Naumann (Hrsg.), *Vernichtungskrieg: Verbrechen der Wehrmacht, 1941 bis 1944*, Hamburg 1995,

S. 57–55; ders., »Die Logik des Vernichtungskrieges. Wehrmacht und Partisanenkampf«, S. 104–156; ders., *Tote Zonen: Die deutsche Wehrmacht an der Ostfront*, Hamburg 1999, und *The German Army and Genocide*, hrsg. vom Hamburger Institut für Sozialforschung, New York 1999.

13 Bartov, Omer, *The Eastern Front, 1941–1945. German Troops and the Barbarization of Warfare*, London 1985, S. 106–156, und ders., *Hitlers Wehrmacht. Soldaten, Fanatismus und die Brutalisierung des Krieges*, Reinbek bei Hamburg 1995, S. 93–161; das Manstein-Zitat siehe S. 197. Zu von Manstein siehe Wistrich, Robert, *Wer war wer im Dritten Reich. Ein biographisches Lexikon. Anhänger, Mitläufer, Gegner aus Politik, Wirtschaft, Militär, Kunst und Wissenschaft*, Frankfurt a. M. 1987.

14 Bartov, Omer, »Savage War«, in: Burleigh, Michael (Hrsg.), *Confronting the Nazi Past*, a. a. O., S. 125–139.

15 Hillgruber, Andreas, »Die ›Endlösung‹ und das deutsche Ostimperium als Kernstück des rassenideologischen Programms des Nationalsozialismus«, in: *Vierteljahrshefte für Zeitgeschichte*, Nr. 20 (1972), S. 133–153; Jäckel, Eberhard, *Hitlers Weltanschauung. Entwurf einer Herrschaft*, Stuttgart 1983; Wistrich, *Der antisemitische Wahn*, a. a. O., z. B. S. 210 f.

16 Halder, Franz, *Kriegstagebuch, 1939–1942*, Stuttgart 1962–1964, Bd. 2, S. 336 f.

17 Dawidowicz, a. a. O., S. 112.

18 Hilberg, *Die Vernichtung der europäischen Juden*, a. a. O., Bd. 2, S. 420.

19 *Documents*, a. a. O., S. 376–378; siehe auch Förster, Jürgen, »The Wehrmacht and the War of Extermination against the Soviet Union«, *Yad Vashem Studies*, Bd. XIV, Jerusalem 1981, S. 7–34; zur Ausführung dieser Befehle und zur Behandlung sowjetischer Kriegsgefangener siehe Streit, Christian, *Keine Kameraden. Die Wehrmacht und die sowjetischen Kriegsgefangenen 1941–1945*, Stuttgart 1978, S. 88 f., S. 253 ff.

20 Lang, Jochen von (Hrsg.), *Das Eichmann-Protokoll. Tonbandaufzeichnungen der israelischen Verhöre. Mit 66 faksimilierten Dokumenten*, Berlin 1982, S. 74.

21 Wistrich, *Der antisemitische Wahn*, a. a. O., S. 216 f.

22 Burrin, Philippe, *Hitler und die Juden. Die Entscheidung für den Völkermord*, aus dem Franz. von Ilse Strasmann, Frankfurt a. M. 1989, S. 142.

23 A. a. O., S. 149.

24 Krausnick, Helmut, »Judenverfolgung«, a. a. O., S. 373.

25 A. a. O., S. 411.

26 A. a. O., S. 412. Siehe auch Breitman, a. a. O.; Browning, *Judenmord*, a. a. O.

27 Browning, Christopher, *Fateful Months: Essays on the Emergence of the Final Solution*, New York 1985, S. 30 f.

28 Tregenza, Michael, »Belzec Death Camp«, *The Wiener Library Bulletin* (1977), Bd. XXX, New Series, Nr. 41/42, S. 8–24; Arad, Yitzhak, *Belzec, Sobibór, Treblinka. The Operation Reinhard Death Camps*, Bloomington 1999, S. 23–29, S. 68–74.

29 Hilberg, a. a. O.; Broszat, Martin (Hrsg.), *Kommandant in Auschwitz. Autobiographische Aufzeichnungen von Rudolf Höß*, Stuttgart 1958; Dwork, Deborah und Robert Jan van Pelt, *Auschwitz: von 1270 bis heute*, Zürich 1998.

30 *Documents*, S. 247 f., in der deutschen Übersetzung zitiert nach Gerlach, Christian, »Die Wannsee-Konferenz, das Schicksal der deutschen Juden und Hitlers Grundsatzentscheidung, alle Juden Europas zu ermorden«, in: *Werkstatt*Geschichte *18* (*»Endlösung«*) (1997), S. 29 f. Gerlach hält fest, dass Frank in seiner Rede Hitlers Bemerkungen von vier Tagen zuvor, die Gerlach als den entscheidenden Moment für die formale Beschließung der »Endlösung« betrachtet, praktisch wiederholt.

31 *Documents*, a. a. O., S. 249, in der deutschen Übersetzung zitiert nach Krausnick, »Judenverfolgung«, a. a. O., S. 407. Siehe auch Wistrich, *Der antisemitische Wahn*, a. a. O., S. 228.

32 Berenbaum (Hrsg.), *Witness*, a. a. O., S. 165–171. Zum Hintergrund siehe Gerlach, Christian, »Die Wannsee-Konferenz«, a. a. O., S. 7–44; eine englische Übersetzung erschien in *Journal of Modern History*, 12 (1998), S. 759–812.

33 *Documents*, a. a. O., S. 251, in der deutschen Übersetzung zitiert nach

»Wannsee-Protokoll«, in: *Das Dritte Reich und die Juden*, hrsg. v. Poliakov, Léon und Josef Wulf, München 1978, S. 116–126, S. 120.

34 »Wannsee-Protokoll«, a. a. O., S. 123 f. Zu Luther siehe Browning, Christopher, *The Final Solution and the German Foreign Office*, New York/London 1978, S. 76–81, S. 115–124, S. 158–161.

35 »Wannsee-Protokoll«, a. a. O., S. 123.

36 Noakes, Jeremy, »The Development of Nazi Policy towards the German ›Mischlinge‹, 1933–1945«, in: *Leo Baeck Institute Yearbook*, 34 (1989), S. 291–354; Adam, *Judenpolitik*, a. a. O., S. 316–333.

37 In Galizien wurden etwa 520 000 Juden ermordet. Zusammen mit dem Distrikt Lublin war es Gegenstand einer Reihe von wichtigen regionalen Fallstudien. Siehe Pohl, Dieter, *Von der »Judenpolitik« zum Judenmord. Der Distrikt Lublin des Generalgouvernements 1933–1944*, Frankfurt a. M. 1993, und ders., *Nationalsozialistische Judenverfolgung in Ostgalizien 1941–1944*, München 1997, S. 267–356; siehe auch Sandkühler, Thomas, *»Endlösung« in Galizien*, Bonn 1996, S. 166–289, und dessen Artikel in Herbert, Ulrich (Hrsg.), *National Socialist Extermination Policies*, New York/Oxford 2000, S. 104–127.

38 Brief aus Minsk vom 16. Dezember 1941, in: *Documents*, a. a. O., S. 408 f., in der deutschen Übersetzung zitiert nach Hilberg, Raul, *Die Vernichtung der europäischen Juden. Die Gesamtgeschichte des Holocaust*, Berlin 1982, S. 252 f.

39 *Documents*, a. a. O., S. 394, in der deutschen Übersetzung zitiert nach Krausnick, H., *Judenverfolgung*, a. a. O., S. 377.

40 Ebd.

41 Carpi, Daniel, »The Mufti of Jerusalem, Amin el-Husseini, and his Diplomatic Activity during World War II (October 1941–Juli 1943), *Studies in Zionism*, Nr. 7 (Sommer 1983), S. 101–131; Mattar, Philip, *The Mufti of Jerusalem. Al-Hajj Amin al-Husayni and the Palestinian National Movement*, New York 1991, S. 99–107. Für die Übersetzung seiner Artikel ins Hebräische siehe Elpeleg, Zvi, *Me-Nekudat Reuto shel Ha-Mufti* (In the Eyes of the Mufti), Tel Aviv 1995, und ders., *The Grand Mufti, Haj Amin al-Hussaini, Founder of the Palestinian National Movement*, London 1994.

42 *ADAP*, a.a.O., Serie D, Bd. XIII, S. 719 f.

43 A.a.O., S. 720.

44 Ebd.

45 Ebd.

46 A.a.O., S. 720 f.

47 Ebd. Dass der Mufti Hitlers Haltung zur Palästinafrage nachdrücklich billigte, geht aus *ADAP*, Serie D, Bd. XI, S. 959, hervor; zu seinem Antisemitismus und seiner Verwicklung in die »Endlösung« siehe Schechtmann, Joseph, *The Mufti and the Fuehrer*, New York 1965, S. 154–158 – dazu gehörte es, jüdische Kinder nach Polen zu bringen, wo sie unter der »aktiven Aufsicht« der Nazis wären; auch Wistrich, *Der antisemitische Wahn*, a.a.O., S. 299 f., und D. Carpi, »The Diplomatic Negotiations over the Transfer of Jewish Children from Croatia and Turkey to Palestine in 1943«, *Yad Vashem Studies* (1977), Bd. XII, S. 109–124.

48 Gerlach, Christian, »Die Wannsee-Konferenz [...]«, a.a.O., S. 25.

49 Ebd. Zur Kritik von Gerlachs Thesen siehe Browning, C., *Judenmord*, a.a.O.

50 Burrin, Philippe, *Hitler und die Juden*, a.a.O., S. 144 f.

51 A.a.O., S. 145.

52 In der deutschen Übersetzung zitiert nach Wistrich, *Der antisemitische Wahn*, a.a.O., S. 224 f. Geheimen SD-Berichten zufolge interpretierte die deutsche Öffentlichkeit Hitlers Rede dahingehend, dass sehr bald der letzte Jude von europäischem Boden vertrieben werden würde. Siehe Kulka, O. D., »Public Opinion in Nazi Germany: The Final Solution«, *The Jerusalem Quarterly*, Nr. 26 (Winter 1983), S. 36.

53 Lochner, Louis P. (Hrsg.), *Goebbels' Tagebücher. Aus den Jahren 1942–43*, Zürich 1948, S. 113.

54 A.a.O., S. 134.

55 Krausnick, »Judenverfolgung«, a.a.O., S. 419, in der deutschen Übersetzung zitiert nach Fröhlich, Elke (Hrsg.), *Die Tagebücher von Joseph Goebbels*, München 1994, Teil II: Diktate 1941–1945, Bd. 3, S. 561.

56 Ebd.

57 Siehe Hilberg, a.a.O., zum Hintergrund.

58 Fenyo, Mario D., *Horthy and Hungary. German-Hungarian Relations*,

New Haven/London 1972, S. 129, in der deutschen Übersetzung zitiert nach Wistrich, *Der antisemitische Wahn*, a. a. O., S. 234.

59 *Der Prozeß gegen die Hauptkriegsverbrecher vor dem Internationalen Militärgerichtshof in Nürnberg, 14. November 1945 bis 1. Oktober 1946*, 42 Bde., Nürnberg 1947–1949, Bd. 29, S. 145.

60 Ebd.

61 Ebd. Siehe auch Breitman, a. a. O.

62 Ebd. Zitiert nach Wistrich, a. a. O., S. 238. Siehe auch Burleigh, *Die Zeit des Nationalsozialismus*, a. a. O.

63 Smith, Bradley und Agnes F. Peterson (Hrsg.), *Heinrich Himmler. Geheimreden 1933 bis 1945 und andere Ansprachen*, Frankfurt a. M. 1974, S. 169.

64 Bauer, Yehuda, *Freikauf von Juden? Verhandlungen zwischen dem nationalsozialistischen Deutschland und jüdischen Repräsentanten 1933 bis 1945*, Frankfurt a. M. 1996.

65 *Le Testament Politique de Hitler*, Paris 1959, S. 89, in der deutschen Übersetzung zitiert nach *Hitlers politisches Testament. Die Bormann-Diktate vom Februar und April 1945*, hrsg. von Trevor-Roper, Hugh R., Hamburg 1981, S. 70.

66 *Nazi Conspiracy and Aggression*, Washington, D. C., 1946, Bd. VI, S. 260–263, in der deutschen Übersetzung zitiert nach Maser, Werner, *Hitlers Briefe und Notizen. Sein Weltbild in handschriftlichen Dokumenten*, Düsseldorf 1973, S. 359.

67 A. a. O., S. 360, S. 375.

68 Dawidowicz, Lucy, a. a. O., S. 8.

5. Zwischen Kreuz und Hakenkreuz

1 *Mein Kampf*, a. a. O., S. 224 f.

2 *Hitler. Reden, Schriften, Anordnungen. Februar 1925 bis Januar 1933*, hrsg. vom Institut für Zeitgeschichte, München 1992, Band 1: *Die Wiedergründung der NSDAP. Februar 1925–Juni 1926*, S. 20.

3 Boepple, Ernst (Hrsg.), *Adolf Hitlers Reden*, München 1934, S. 56 (Rede vom 12. April 1922).

4 Rede vom 12. April 1922, in: Jäckel, Eberhard und Axel Kuhn (Hrsg.), *Hitler. Sämtliche Aufzeichnungen 1905–1924*, Stuttgart 1980, S. 623.

5 Scholder, Klaus, »Judentum und Christentum in der Ideologie und Politik des Nationalsozialismus, 1919–1945«, in: Kulka u. a. (Hrsg.), *Judaism and Christianity*, a. a. O., S. 183–196, und ders., *A Requiem for Hitler*, London/Philadelphia 1989, S. 140–181.

6 Rede in München am 12. April 1922, in: Jäckel/Kuhn, a. a. O., S. 623.

7 A. a. O., S. 624.

8 A. a. O., S. 623.

9 *Hitler. Reden Schriften Anordnungen*, a. a. O., Band II, Teil 1: Juli 1926–Juli 1927, S. 105 f. (Rede auf einer NSDAP-Versammlung in München am 18. Dezember 1926; Lagebericht der Polizeidirektion München vom 4. 2. 1972.)

10 Rede vom 12. April 1922, in: Jäckel/Kuhn, a. a. O., S. 623.

11 Heer, Friedrich, *Der Glaube des Adolf Hitler. Anatomie einer politischen Religiosität*, München 1968; Wistrich, Robert, *Between Redemption and Perdition*, London 1990, S. 55–70.

12 Heer, Friedrich, *Gottes erste Liebe*, München 1968.

13 *Mein Kampf*, a. a. O. Dinter, ein berüchtigter rassistischer Antisemit, gründete die Geistchristliche Religionsgemeinschaft, die bestrebt war, den Nationalsozialismus als zweite protestantische Reformation hinzustellen. Siehe Kershaw, *Hitler*, a. a. O.

14 Kershaw, a. a. O.; Wistrich, Robert, *Wer ist wer*, a. a. O.

15 Pridham, Geoffrey, *Hitler's Rise to Power: The Nazi Movement in Bavaria 1923–33*, London 1973, S. 146–183; Kershaw, Ian, *Der Hitler-Mythos*, Stuttgart 1980, S. 37.

16 *Mein Kampf*, a. a. O., S. 70.

17 Rede vom 10. April 1923, in: Jäckel/Kuhn, a. a. O., S. 877.

18 *Mein Kampf*, a. a. O., S. 781; E. Calic (Hrsg.), *Conversations with Hitler*, New York 1971, S. 51; Kershaw, *Hitler*, a. a. O., S. 154 f.

19 Plewnia, Margarete, *Auf dem Weg zu Hitler. Der völkische Publizist Dietrich Eckart*, Bremen 1970, S. 94–112.

20 *Auf Gut Deutsch*, 1 (1919), S. 18.

21 A. a. O., 2 (1919), S. 554. Siehe auch Eckart, Dietrich, *Der Bolschewis-*

mus von Moses bis Lenin. Zwiegespräch zwischen Adolf Hitler und mir, München 1924. Der Erste, der die Bedeutung dieses Textes und Eckarts Einfluss auf Hitler erfasste, war Ernst Nolte, »Eine frühe Quelle zu Hitlers Antisemitismus«, *Historische Zeitschrift*, Bd. 192 (1961), S. 584–606.

22 Conway, John, »The German Church Struggle and its Aftermath«, in: Peck, Abraham (Hrsg.), *Jews and Christians after the Holocaust*, Philadelphia 1982, S. 42; Gutteridge, R., »German Protestantism …«, a. a. O., S. 227–250; Hamerow, Theodore S., *Die Attentäter. Der 20. Juli – von der Kollaboration zum Widerstand*, München 1999; Scholder, Klaus, *Die Kirchen und das Dritte Reich*, Bd. 1: *Vorgeschichte und Zeit der Illusionen 1918–1934*, Frankfurt a. M. u. a. 1977.

23 Bergen, Doris L., *Twisted Cross. The German Christian Movement in the Third Reich*, Chapel Hill 1996, S. 61–100.

24 Bethge, Eberhard, *Dietrich Bonhoeffer. Theologe, Christ, Zeitgenosse*, München 1967; Hamerow, a. a. O.

25 Michael, Robert, »Theological Myth, German Antisemitism and the Holocaust: The Case of Martin Niemoeller«, *Holocaust and Genocide Studies*, Bd. 2, Nr. 1 (1987), S. 105–122.

26 Scholder, K., a. a. O., S. 116–123; Hamerow, a. a. O.; Rychlak, Ronald J., *Hitler, The War and the Pope*, Huntingdon, Indiana, 2000, S. 43–69.

27 Repgen, Konrad, »Zur vatikanischen Strategie beim Reichskonkordat«, *VJfZ*, 31 (1983), S. 506–535.

28 Miccoli, a. a. O., S. 286.

29 Stasiewski, B., *Akten deutscher Bischöfe über die Lage der Kirche 1933–1945*, Bd. 1, 1933–1934, Mainz 1968, S. 101 ff.

30 Faulhabers Schriften wurden von Ludwig Volk herausgegeben unter dem Titel: *Akten Kardinal Michael von Faulhabers 1917–1945*, Mainz 1978.

31 Phayer, Michael, *The Catholic Church*, a. a. O., S. 15 ff.

32 Volk, L., *Akten Kardinal Michael von Faulhabers*, a. a. O., Bd. II (1935–1945), S. 184–194, Zitate auf S. 187 und S. 185; Scholder, »*Judentum und Christentum*«, a. a. O., S. 191.

33 »*Mit brennender Sorge*«: *Acta Apostolicae Sedis*, 29 (1937), S. 145–167; zu Faulhabers Entwurf siehe Albrecht, Dieter, *Der Notenwechsel zwi-*

schen dem Heiligen Stuhl und der Deutschen Reichsregierung, I, Veröffentlichungen der Kommission für Zeitgeschichte, AI, S. 402 f.

34 Miccoli, *I Dilemmi*, a. a. O., S. 174 f., S. 178; Repgen, a. a. O., S. 209 f.

35 Volk, Ludwig (Hrsg.), *Akten deutscher Bischöfe über die Lage der Kirche 1933–1945, VI, 1943–1945*, Veröffentlichungen der Kommission für Zeitgeschichte, Reihe Z: Quellen, Bd. 34, Mainz 1983, S. 675.

36 Miccoli, a. a. O., S. 351.

37 A. a. O., S. 189.

38 A. a. O., Nr. 309, S. 499; Volk, a. a. O., 1983, Nr. 799, S. 944.

39 Miccoli, a. a. O., S. 195.

40 Portmann, Heinrich, *Kardinal von Galen. Ein Gottesmann seiner Zeit*, 16. Aufl. Münster 1978, S. 334–366.

41 Burleigh, *Die Zeit des Nationalsozialismus*, a. a. O.

42 Picker, Henry, *Hitlers Tischgespräche im Führerhauptquartier*, Stuttgart-Degerloch, 4., überarb. Aufl. 1983, S. 106.

43 Trevor-Roper, H. R. (Hrsg.), *Hitlers's Table Talk, 1941–1944*, London 1973, S. 6 f., in der deutschen Übersetzung zitiert nach *Adolf Hitler. Monologe im Führerhauptquartier 1941–1944. Die Aufzeichnungen Heinrich Heims*, hrsg. von Werner Jochmann, Hamburg 1980, S. 41.

44 Ebd.

45 Ebd.

46 Ebd.

47 A. a. O., S. 98.

48 A. a. O., S. 99.

49 A. a. O., S. 98.

50 Picker, Henry, a. a. O., S. 81.

51 A. a. O., S. 106.

52 Ebd.

53 Siehe Rosenberg, Alfred, *Der Mythus des 20. Jahrhunderts*, München 1939, und Ernst Pipers Essay über Rosenberg in Ley und Schoeps (Hrsg.), *Der Nationalsozialismus*, a. a. O., S. 107–125.

54 Dietrich, Donald J., »Catholic Resistance in the Third Reich«, *Holocaust and Genocide Studies*, Bd. 3, Nr. 2 (1988). Siehe auch Boberach, Heinz (Hrsg.), *Berichte des SD und der Gestapo über Kirchen und Kir-*

chenvolk in Deutschland 1934–1944, Mainz 1971, eine Quelle, die von großer Bedeutung ist und zehn Jahre NS-Herrschaft abdeckt. Hier finden sich die Berichte über die christlichen Kirchen in Deutschland, die das Regime von seinen Agenten erhielt.

55 *Monologe im Führerhauptquartier*, a. a. O., S. 413.

56 Raem, Heinz-Albert, *Pius XI. und der Nationalsozialismus: Die Enzyklika »Mit Brennender Sorge« vom 14. März 1937*, Paderborn 1979.

57 *Actes et Documents du Saint Siège relatifs à la Seconde Guerre Mondiale*, 11 Bde., 1965–1981, Vatikanstadt (abgekürzt als *ADSS*); Schneider, Burkhart u. a. (Hrsg.), *Die Briefe Pius' XII. an die deutschen Bischöfe, 1939–1944*, Mainz 1966. Siehe auch den Überblick (gelegentlich tendenziös) von Pierre Blet, *Papst Pius XII. und der Zweite Weltkrieg: aus den Archiven des Vatikans*, Paderborn 2000.

58 Passelecq, Georges und Bernard Suchecky, *Die unterschlagene Enzyklika: der Vatikan und die Judenverfolgung*, München 1997; Miccoli, Giovanni, »Chiesa Cattolica ›Questione Ebraica‹ e Antisemitismo fra Ottocento e Novecento nella Recente Storiografia«, in: Martina, Giacomo und Ugo Dovere (Hrsg.), *I grandi problemi della storiografia civile e religiosa*, Rom 1999, S. 323–354.

59 *ADSS*, Bd. 9, Dok. 82, S. 170. Der deutsche Wortlaut des Briefes ist zitiert nach »The Vatican and the Holocaust«, Fußnote 27, http://jewishwebsight.com/articles/vaticanreport2.

60 Chadwick, Owen, *Britain and the Vatican during the Second World War*, Cambridge 1986, S. 205.

61 Msgr. Burzio zu Kardinal Maglione, 9. März 1942, in: *ADSS*, Bd. 8, Dok. 298; siehe auch Rothkirchen, Livia, »The Churches and the ›Final Solution‹ in Slovakia«, in: *Judaism and Christianity*, a. a. O., S. 413–441.

62 Riegner, Gerhart, *A Warning to the World. The Efforts of the World Jewish Congress to Mobilise the Christian Churches Against the Final Solution.* Vortrag am Hebrew Union College, Cincinnati, Ohio, am 17. November 1983.

63 Chadwick, a. a. O., S. 211 f.; *ADSS*, Bd. 8, S. 758.

64 Chadwick, a. a. O., S. 213; *ADSS*, Bd. 8, Dok. 507, S. 676, S. 679. Nur drei Tage zuvor hatte ein Bericht von Scavizzi den Staatssekretär

informiert, dass über zwei Millionen Juden getötet worden waren. *ADSS*, Bd. 8, Dok. 496, S. 669 f.

65 Chadwick, a. a. O. Am 26. September 1942 berichtete Taylor dem Vatikan über Massendeportationen und Hinrichtungen von Juden in speziellen Tötungszentren. *Foreign Relations of the United States* (FRUS), Washington, D. C., 1961, II, S. 772. Der polnische Botschafter im Vatikan, Kazimierz Papée, hatte ebenfalls bestätigt, dass in ganz Polen Juden in Lagern ermordet wurden. *ADSS*, Bd. 8, S. 497.

66 Chadwick, a. a. O., S. 215.

67 Ebd.

68 Ebd.

69 Ebd.

70 Ebd. Siehe *ADSS*, Bd. 8, S. 666, für die Mitteilung von Graf Malvezzi vom Institut für Industrielle Forschung an den Vatikan, dass sich in Polen täglich »systematische Massaker« an Juden ereigneten und die »furchterregendsten und unglaublichsten Ausmaße« annahmen (Montinis Notizen, 18. September 1942, Dok. 493).

71 Ein Hirtenbrief der slowakischen Bischöfe, veröffentlicht am 26. April 1942, hatte den Juden die Schuld an Christi schrecklichem Tod am Kreuz gegeben. Zwar wurde bemerkt, dass Juden auch Menschen seien, aber gegen die »legalen« Aktionen der Regierung, die Schritte unternahm, um den bösen Einfluss der Juden auszumerzen, wurden keine Einwände erhoben. Rothkirchen, a. a. O., S. 417 f.

72 Sidor zu Maglione, *ADSS*, Bd. 8, Dok. 383, S. 541–544.

73 Ebd. Notiz von Tardini, Dok. 426, S. 597 f. »Ma che non possa tener a freno un sacerdote, chi lo può capite?«

74 Shelah, Menahem, »The Catholic Church in Croatia, the Vatican and the Murder of Croatian Jews«, in: *Remembering for the Future*, Oxford 1988, S. 266–280; Steinberg, Jonathan, »Types of Genocide? Croatians, Serbs und Jews, 1941–45«, in: Cesarani (Hrsg.), *The Final Solution*, a. a. O., S. 175–193.

75 *ADSS*, Bd. 7, S. 270; Phayer, a. a. O., S. 31–40, kritisiert den Vatikan scharf dafür, dass er die moralischen Probleme, die der Genozid in Kroatien aufwarf, nicht beachtete. Siehe auch Morley, John, *Vatican Diplomacy and the Jews during the Holocaust, 1939–1943*, New York

1980, S. 165, der betont, dass die kroatischen Täter sich selbst als »der Kirche und dem Papst gegenüber loyal« darstellten.

76 *ADSS*, Bd. 7, S. 166. Siehe auch Wistrich, Robert S., »The Pope, the Church and the Jews«, *Commentary* (April 1999), S. 22–28.

77 Chadwick, a. a. O., S. 218.

78 *ADSS*, Bd. 9, Dok. 82, S. 170. Auch Anm. 9 in Bd. 2, S. 323, in der deutschen Übersetzung zitiert nach Adolph, Walter, *Kardinal Preysing und zwei Diktaturen. Sein Widerstand gegen die totalitäre Macht*, Berlin 1971, S. 186, Fußnote.

79 *ADSS*, Bd. 2, ebd., in der deutschen Übersetzung zitiert nach Adolph, Walter, a. a. O., S. 186–191.

80 A. a. O., S. 324, in der deutschen Übersetzung zitiert nach Adolph, Walter, ebd., besonders S. 189.

81 Pius XII. an von Preysing, 22. April 1943, *ADSS*, Bd. 2, Dok. 45, S. 138–142.

82 Die Ansprache Pius' XII. wurde nachgedruckt in *The Tablet* (London), 12. Juni 1943.

83 Die gesamte Ansprache, so wie Radio Vatikan sie sendete, wurde in *The Tablet* vom 9. Juni 1945 unter der Überschrift »The Catholic Church and the Third Reich: Pope Pius XII Surveys an Heroic History« veröffentlicht.

84 Ebd.

85 Ebd.

86 Zuccotti, Susan, »Pope Pius XII. and the Holocaust: The Case in Italy«, in: Herzer, I. u. a. (Hrsg.), *The Italian Refuge: Rescue of Jews during the Holocaust*, Washington, D. C., 1989, S. 254–270, und dies., *Under His Very Windows: The Vatican and the Holocaust in Italy*, 2001, Kapitel 13–16, die ich im Manuskript gelesen habe.

87 *ADSS*, Bd. 9, Dok. 368, S. 506 ff.; Miccoli, a. a. O., S. 250–262; Phayer, a. a. O., S. 97–104; Zucotti, Susan, *The Italians and the Holocaust*, New York 1987, Kapitel 6.

88 *ADSS*, ebd.; Morley, *Vatican Diplomacy*, a. a. O., S. 180 f., in der deutschen Übersetzung zitiert nach Blet, Pierre, *Papst Pius XII. und der Zweite Weltkrieg. Aus den Akten des Vatikans*, aus dem Franz. von B. Martens-Schöne, Paderborn 2000, S. 221.

89 *ADSS*, Bd. 8, Dok. 165, S. 296; siehe auch Marrus, Michael R. und Robert O. Paxton, *Vichy France and the Jews*, Stanford 1985, S. 201 f.; Miccoli, a. a. O., S. 391–397.

90 *ADSS*, Bd. 9, Dok. 317, S. 459; Miccoli, a. a. O., S. 401 ff.; Zuccotti, Susan, »The Italian Racial Laws, 1938–1945«, in: Frankel, J. (Hrsg.), *Studies in Contemporary Jewry*, Bd. 8, New York 1997, S. 133–152.

91 Fackenheim, Emil, *The Jewish Return into History. Reflections in the Age of Auschwitz and a New Jerusalem*, New York 1978, S. 76.

6. Kollaboration innerhalb Europas

1 Dobroszycki, L. und S. Gurock (Hrsg.), *The Holocaust in the Soviet Union*, New York 1993, S. 3–73; Arad, Yitzhak, »The Holocaust of Soviet Jewry in the Occupied Territories of the USSR«, *Yad Vashem Studies*, Nr. 21 (1991), S. 1–47; Garrard, John, »The Nazi Holocaust in the Soviet Union: Interpreting Newly Opened Russian Archives«, *East European Jewish Affairs*, Bd. 25, Nr. 2 (Winter 1995), S. 3–40; Gitelman, Zvi (Hrsg.), *Bitter Legacy. Confronting the Holocaust*, Bloomington 1997.

2 Dean, Martin, *Collaboration in the Holocaust. Crimes of the Local Police in Belorussia and Ukraine, 1941–44*, London 2000.

3 A. a. O., S. 60–76, S. 101.

4 A. a. O., S. 75 f.

5 Armstrong, John A., *Ukrainian Nationalism*, New York 1963, S. 46 f., S. 101–175; Kostiuk, Hryhory, *Stalinist Rule in the Ukraine*, London 1960, S. 47–59; Conquest, R., *Ernte des* Todes, a. a. O., auch zu den riesigen Verlusten unter sowjetischer Herrschaft; siehe auch Katz, Steven T., »Mass Death […]«, in: Wistrich (Hrsg.), *Demonizing the Other*, a. a. O., S. 272–276; zum jüdischen Faktor siehe besonders Taras Hunczak, »Ukrainian-Jewish Relations during the Soviet and Nazi Occupations«, in: Boshyk, Yuri (Hrsg.), *Ukraine during World War II: History and Aftermath*, Edmonton, Alberta, 1986, S. 39–57.

6 Hunczak, Taras, »A Reappraisal of Symon Petliura and Ukrainian-Jewish Relations, 1917–1921«, *Jewish Social Studies*, Bd. 3 (1969),

S. 163–183; Klier, J. und Shlomo Lambroza (Hrsg.), *Pogroms: Anti-Jewish Violence in Modern Russian History*, Cambridge 1992, S. 193–372; Ben-Anat, Baruch, »*Peraot Ukraina* [...]«, a.a.O., 1996, S. 105–139.

7 Dallin, Alexander, *Deutsche Herrschaft in Rußland, 1941–1945. Eine Studie über Besatzungspolitik*, Düsseldorf 1958; Vysotsky, A. F. u.a. (Hrsg.), *Nazi Crimes in Ukraine, 1941–44: Documents and Materials*, Kiew 1987.

8 Tory, Avraham, *Das Tagebuch aus dem Ghetto von Kovno*, a.a.O.; Porat, Dinah, »The Holocaust in Lithuania: Some Unique Aspects«, in: Cesarani, D. (Hrsg.), *The Final Solution*, a.a.O., S. 159–174.

9 A.a.O., S. 162–166.

10 Steinberg, Jonathan, »*Types of Genocide?*«, a.a.O., S. 175 ff.; zur deutschen »Endlösung« in Serbien und zum ersten Einsatz von Gaswagen siehe Browning, C., *Fateful Months*, New York 1991, S. 39–85.

11 Steinberg, Jonathan, a.a.O., S. 176 f.

12 Shelah, Menahem, »Kroatien«, in: *Enzyklopädie des Holocaust*, a.a.O., Bd. II, S. 824–829.

13 Ebd.

14 Stepinac zu Maglione, 24. März 1943, *ADSS*, Bd. 9, Anhang II, S. 221–224, und die Zusammenfassung seiner Proteste vom Staatssekretariat, S. 224–229; Morley, *Vatican Diplomacy*, a.a.O., S. 147–165.

15 Marcone zu Maglione, 8. März 1943, Dok. 130, Anhang I, a.a.O., S. 219–221; über Pavelić: Krizman, B., *Pavelić izmedju Hitlera i Musolinija*, Zagreb 1980; zum serbischen Standpunkt bezüglich der Verbrechen der Ustascha siehe Dedijer, Vladimir, *Jasenovac – Das jugoslawische Auschwitz und der Vatikan*, Freiburg 1988, S. 76–200.

16 Arendt, Hannah, *Eichmann in Jerusalem*, a.a.O., S. 232; über Massaker an Juden, die die rumänische Armee und Polizei auf sowjetischem Boden verübten, siehe Hilberg, a.a.O.

17 Weber, Eugen, »Romania«, in: Rogger, H. und E. Weber (Hrsg.), *The European Right*, Berkeley 1966, S. 501–574; Turczynski, Emanuel, »The Background of Romanian Fascism«, in: Sugar, Peter F. (Hrsg.), *Native Fascism in the Successor States, 1918–1945*, Santa Barbara 1971, S. 101–112; Vago, B., *The Shadow of the Swastika. The Rise of Fascism*

and Anti-Semitism in the Danube Basin, 1936–39, London 1975, S. 55–65, S. 128 f.; Volovici, Leon, *Nationalist Ideology and Antisemitism. The Case of Romanian Intellectuals in the 1930s,* Oxford/New York 1991, S. 45–158.

18 Vago, a. a. O., S. 21–72.

19 Arendt, a. a. O., S. 233. Zu den Einzelheiten der rumänischen Massaker siehe Ioanid, Radu, *The Holocaust in Romania: The Destruction of Jews and Gypsies under the Antonescu Regime, 1940–1944,* Chicago 2000.

20 Ancel, Jean, »The Romanian Way of Solving the ›Jewish Problem‹ in Bessarabia and Bukovina, June–July 1941«, *Yad Vashem Studies,* 19 (1988), S. 187–232.

21 Braham, Randolph L., *The Politics of Genocide. The Holocaust in Hungary,* Bd. 2, New York 1981, S. 743–809, S. 1113–1120, und ders., »The Holocaust in Hungary: A Retrospective Analysis«, in: Cesarani, David (Hrsg.), *Genocide and Rescue. The Holocaust in Hungary, 1944,* Oxford/New York 1997, S. 29–46.

22 Seredi unterstützte die antijüdischen Gesetze und begrüßte die Entfernung des »bösartig destruktiven Einflusses« der ungarischen Juden. Zitiert in Bauer, Y., *A History of the Holocaust,* New York 1982, S. 315 f. Der päpstliche Nuntius in Ungarn, Angelo Rotta, hatte bei seinen Bemühungen, Juden zu retten, schwer gegen solche Hindernisse anzukämpfen. Siehe Phayer, *The Catholic Church and the Holocaust,* a. a. O., S. 106–109.

23 Wistrich, Robert S., »The Jews and Nationality Conflicts in the Habsburg Lands«, *Nationalities Papers,* New York 1994, Bd. 22, Nr. 1, S. 119–139.

24 Katzburg, N., *Hungary and the Jews: Policy and Legislation, 1920–1943,* Ramat Gan 1981, S. 262–284; Braham, Randolph L., »Ungarn: Ungarische Juden im Nationalsozialismus«, in: *Enzyklopädie des Holocaust,* a. a. O., Bd. III, S. 1464–1468.

25 Kállay, Miklós, *Hungarian Premier. A Personal Account of a Nation's Struggle in the Second World War,* London 1954, S. 75 f.; Fenyo, Mario D., *Hitler, Horthy and Hungary,* New Haven und London 1972, S. 72–78.

26 A. a. O., S. 168 ff. In einem Gespräch in Rom am 2. April 1943 dankte Papst Pius XII. Kállay dafür, dass es ihm gelungen sei, Ungarn vor solcher [nationalsozialistischer] Unmenschlichkeit zu bewahren. Kállay zufolge lehnte der Papst die brutale deutsche »Judenpolitik« ab.

27 Braham, Randolph L., »The Rightists, Horthy, and the Germans: Factors Underlying the Destruction of Hungarian Jewry«, in: Vago und Mosse, a. a. O., S. 137–156; Safran, Hans, *Die Eichmann-Männer*, Wien und Zürich 1993.

28 Trotzdem wurden die Alliierten häufig wegen ihrer Reaktion angegriffen. Siehe Conway, J. S., »Between Apprehension and Indifference: Allied Attitudes to the Destruction of Hungarian Jewry«, *The Wiener Library Bulletin* (1973/4), Bd. XXVII, Neue Reihe, Nr. 30/31, S. 37–48; Wyman, David S., *Das unerwünschte Volk*, a. a. O.; das Telegramm des Papstes an Horthy siehe Rychlak, Ronald, *Hitler, the War and the Pope*, a. a. O., S. 222.

29 Über Szálasi und die Konsequenzen des Staatsstreiches am 15. Oktober 1944 siehe Macartney, C. A., *October Fifteenth: A History of Hungary, 1929–1945*, New York 1975.

30 Über Rotta siehe Phayer, a. a. O., S. 106–109, und viele relevante Dokumente in den *ADSS*, die sich auf Ungarn im Jahr 1944 beziehen. Auch Yahil, Leni, »Raoul Wallenberg: His Mission and His Activities in Hungary«, *Yad Vashem Studies*, 15 (1983), S. 7–54.

31 Zur Schweizer Presse siehe Kranzler, David, *The Man Who Stopped the Trains to Auschwitz. George Mantello, El Salvador, and Switzerland's Finest Hour*, Syracuse/New York 2000, S. 122–143; siehe auch Tschuy, Theo, *Carl Lutz und die Juden von Budapest*, Zürich 1995, zur Geschichte des Schweizer Diplomaten Carl Lutz, der in Budapest Tausende von ungarischen Juden rettete; zu den dunkleren Aspekten der indirekten Schweizer Beteiligung am Holocaust siehe Häsler, Alfred, *Das Boot ist voll. Die Schweiz und die Flüchtlinge 1933–1945*, Zürich (2., neu durchges. und erg. Aufl.); Kreis, Georg (Hrsg.), *Switzerland and the Second World War*, London 2000, S. 103–157.

32 Bauer, Y., *Freikauf von Juden?*, a. a. O.

33 A. a. O., S. 74–82, S. 98 f.; Weissmandels Vorwürfe in *Hametzar*, New York 1960, dass die europäischen Juden während der Schoah von den

Juden in der ganzen Welt und von der zionistischen Bewegung »verraten« worden seien, widerlegt Shabtai Teveth in *Ben-Gurion and the Holocaust*, New York/London 1996, S. 112–130.

34 Bauer, a. a. O., S. 98 ff.

35 Oren, N., »The Bulgarian Exception: A Reassessment of the Salvation of the Jewish Community«, *Yad Vashem Studies*, 7 (1968), S. 83–106; Chary, F. B., *Bulgarian Jews and the Final Solution*, Pittsburgh 1972, S. 35–100; Ben-Yakov, Avraham, »Bulgarien«, in: *Enzyklopädie des Holocaust*, a. a. O., Bd. I, S. 262–267.

36 Bar-Zohar, Michael, *Ha Rakevot yatsou raiqot. Ha-Hatzala Hanoezet shel yehudei Bulgaria me ha-hashmada* (Außerhalb von Hitlers Reichweite: Die heldenhafte Rettung von bulgarischen Juden), Or Yehuda 1999, S. 107–119, S. 133–137, auf Hebräisch.

37 Chary, a. a. O., S. 90 ff., S. 129–183.

38 Arendt, a. a. O., S. 229, dort auch das Zitat von Stephan von Sofia (nach Hilberg); Chary, a. a. O., S. 153 f.

39 Yahil, Leni, *The Rescue of Danish Jewry: Test of a Democracy*, Philadelphia 1969, S. 31–83, S. 382–395.

40 Brustin-Berenstein, Tatiana, »The Historiographic Treatment of the Abortive Attempt to Deport the Danish Jews«, *Yad Vashem Studies* (1986), S. 181–218; Kirchhof, Hans, »Denmark: A Light in the Darkness of the Holocaust«, *Journal of Contemporary History*, 30 (1995), S. 431–497.

41 Zur Entwicklung der Reaktionen in Schweden siehe die ausführliche Dokumentation in Koblik, Steven, *The Stones Cry out: Sweden's Response to the Persecution of the Jews*, New York 1988, S. 167–293; Levine, P. A., *From Indifference to Activism: Swedish Diplomacy and the Holocaust, 1938–1944*, Uppsala 1996. Siehe auch Rautkallio, Hannu, *Finland and the Holocaust*, New York 1987, über die Rettung der finnischen Juden.

42 Boas, H. J., *Religious Resistance in Holland*, London 1945; Snoek, J. M., *De Nederlandse kerken en de Joden 1940–1945*, Den Haag 1990, S. 73–99.

43 Presser, Jacob, *The Destruction of the Dutch Jews*, New York 1969; Yahil, Leni, »Methods of Persecution, A Comparison of the ›Final

Solution‹ in Holland and Denmark«, *Scripta Hierosolymitana Studies in History XXIII*, Jerusalem 1972, S. 298 ff.; Blom, J. C. H., »Persecution of the Jews in the Netherlands in a Comparative International Perspective«, *Dutch Jewish History*, Bd. 2, Jerusalem/Assen 1989, S. 273–290, und ders., »Oorlogsdocumentatie '40–'45, *Jahrboek*, Amsterdam 1989, S. 9–66; Meershoek, Guus, *Dienuren van het gezag: De Amsterdamse politie tidjens de bezetting* (Diener der Obrigkeit: Die Amsterdamer Polizei während der Besatzung), Amsterdam 1999, beschreibt die entscheidende Rolle der niederländischen Polizei bei den Deportationen der Juden in den Osten.

44 De Jong, Louis, »Jews and Non-Jews in Nazi Occupied Holland«, in: Beloff, Max (Hrsg.), *On the Track of Tyranny*, London 1960, S. 139–155; Hirschfeld, Gerhard, *Fremdherrschaft und Kollaboration: die Niederlande unter deutscher Besatzung 1940–1945*, Stuttgart 1984; auch de Jong, L., *Het Koninkrijk der Nederlanden tijdens de Tweede Wereldoorlog*, Bd. 1–14, S. Gravenhage 1969–91, das viel Information über das Schicksal niederländischer Juden im Zweiten Weltkrieg enthält.

45 Michman, Joseph, »The Controversial Stand of the Joodse Raad in the Netherlands«, *Yad Vashem Studies*, Bd. 10 (1974), S. 9–68; Michman, Dan, »De oprichting van den ›Joodsche Raad‹ voor Amsterdam vanvit een vergelijkend perspectief«, *Derde Jahrboek*, Amsterdam 1992, S. 75–101.

46 Steinberg, Maxime, *L'Etoile et le Fusil, vol. I., La Question Juive 1940–1942*, Brüssel 1983, S. 83 f., weist darauf hin, dass viele der »Ostjuden« sich, obwohl es vorgeschrieben war, nicht bei den Behörden meldeten, was ihnen eine bessere Überlebenschance gab als im benachbarten Holland.

47 Van Doorslaer, R. u. a. (Hrsg.), *Les Juifs de Belgique: De l'immigration au Génocide, 1925–1945*, Brüssel 1994; Conway, Martin, *Collaboration in Belgium. Léon Degrelle and the Rexist Movement*, New Haven 1993; Steinberg, Maxime, »The Judenpolitik in Belgium within the West European Context: Comparative Observations«, in: Michman, D., *Belgium and the Holocaust*, 1998, a. a. O., S. 199–214.

48 Pierrard, Pierre, *Juifs et Catholique Français*, Paris 1970; Birnbaum, P., *Antisemitism in France*, Oxford 1992, S. 109–199; Marrus und Paxton, a. a. O., S. 27–53.

49 Die relevanten deutschen Dokumente finden sich in Klarsfeld, Serge (Hrsg.), *Die Endlösung der Judenfrage in Frankreich*, Paris 1977, S. 13–229; Billig, Joseph, *Die Endlösung der Judenfrage: Studie über ihre Grundsätze im Dritten Reich und in Frankreich während der Besatzung*, New York 1979; Wellers, G., A. Kaspi und S. Klarsfeld, *La France et la Question Juive*, Paris 1981; siehe auch Webster, Paul, *Pétain's Crime. The Full Story of French Collaboration in the Holocaust*, London 1990; Adler, Jacques, *The Jews of Paris and the Final Solution*, New York/Oxford 1987, S. 223–240.

50 Weisberg, Richard H., *Vichy Law and the Holocaust in France*, Amsterdam 1996, S. 37–158.

51 Laloum, Jean, *La France antisémite de Darquier de Pellepoix*, Paris 1979; über Vallat siehe Marrus und Paxton, a. a. O., S. 73–120, und a. a. O., S. 281–340, zur Periode von Darquier de Pellepoix.

52 A. a. O., S. 106 ff.

53 Laborie, P., *L'Opinion Française sur Vichy*, Paris 1990; Zuccotti, Susan, *The Holocaust, the French and the Jews*, New York 1993, S. 138–156.

54 Zu den Absichten der Deutschen und der Kollaboration der französischen Polizei siehe die Dokumente in Klarsfeld, S., *Die Endlösung*, a. a. O., S. 50–66, S. 75–195; auch Fox, John P., »How far did Vichy France ›Sabotage‹ the Imperative of Wannsee?«, in: Cesarani, D. (Hrsg.), *The Final Solution*, a. a. O., S. 194–214.

55 Marrus und Paxton, a. a. O., S. 261.

56 A. a. O., S. 269 (*FRUS* 1942, II, 710: 26. August 1942).

57 Ebd. (*Jewish Telegraphic Agency*, 14. September 1942); auch Warner, Geoffrey, *Pierre Laval and the Eclipse of France*, London 1968, und Kupferman, Fred, *Pierre Laval*, Paris 1976.

58 Marrus, M., »French Churches and the Persecution of Jews in France, 1940–1944«, in: *Remembering for the Future*, 1988, a. a. O., S. 307–346.

59 Klarsfeld, S., *Le mémorial de la déportation des Juifs en France*, Paris 1978. Auch die französische Bevölkerung half vielen tausend Juden und versteckte sie, besonders auf dem Land. Das protestantische

Dorf Le Chambon-sur-Lignon schmuggelte mehrere Tausend Juden in die Sicherheit.

60 Poznanski, Renée, *Les Juifs en France pendant la Seconde Guerre Mondiale*, Paris 1997, S. 351 (»[...] le gouvernement allemand les réclame, mais dans l'intention bien arrêtée de les exterminer impitoyablement et méthodiquement«); über jüdische Reaktionen Cohen, Richard I., *The Burden of Conscience: French Jewish Leadership during the Holocaust*, Bloomington 1987, S. 185–192, und Lazare, Lucien, *La résistance Juive en France*, Paris 1988.

61 Garnier, Philippe (Hrsg.), *Une certaine France. L'antisémitisme 40–44*, Paris 1975; Azéma, Jean-Pierre und François Bédarida (Hrsg.), *La France des années noires*, Paris 1993, S. 54–59. Dieses Tagebuch eines führenden französischen Kollaborateurs schildert den alles durchdringenden, paranoiden Antisemitismus jener Zeit recht gut, auch wenn es, verglichen mit den rassistischen Fantasien eines Louis-Ferdinand Céline oder mit Lucien Rebatets Buch *Le Décombres* (Paris 1942), noch relativ gemäßigt ist.

62 *Mein Kampf*, a. a. O., S. 699.

63 Scheider, W. (Hrsg.), *Faschismus als soziale Bewegung. Deutschland und Italien im Vergleich*, Göttingen 1976; Mosse, George L. (mit Robert S. Wistrich) (Hrsg.), *International Fascism*, London 1979, S. 1–38, mit einer Einleitung von George Mosse.

64 Starhemberg, E. R. von, *Between Hitler and Mussolini*, London 1942, S. 92 f.; Michaelis, Meir, *Mussolini and the Jews. German-Italian Relations and the Jewish Question 1922–1945*, Oxford 1978, S. 69.

65 Poliakov, Léon und Jacques Sabille, *Jews under the Italian Occupation*, Paris 1954, S. 49–180. Shelach, Menahem, *Heshbon Damim* (Blutbericht). *Hatzalat Yehudei Croatia al yiday ha-Italkim*, Tel Aviv 1986, S. 51–156, über die Rettung von kroatischen Juden durch die Italiener; Zuccotti, Susan, *The Italians and the Holocaust. Persecution, Rescue and Survival*, New York/London 1987; Steinberg, Jonathan, *Deutsche, Italiener und Juden. Der italienische Widerstand gegen den Holocaust*, Göttingen 1997, und Carpi, D., *Between Mussolini and Hitler. The Jews and the Italian Authorities in France and Tunisia*, Hanover/London 1994, S. 102–135, S. 241–249.

66 Steinberg, a. a. O., beleuchtet den scharfen Kontrast zwischen der humanitären und relativ liberalen Einstellung der Italiener und der Haltung der Wehrmacht.

67 A. a. O. Zum historischen Hintergrund siehe die Essays in Wistrich, Robert S. und Sergio della Pergola (Hrsg.), *Fascist Antisemitism and the Italian Jews*, Jerusalem 1995: International Centre for the Study of Antisemitism, S. 13–96.

68 Felice, Renzo de, *Storia degli ebrei italiani sotto il fascismo*, Turin 1972; Caracciolo, Nicola, *Gli ebrei e Italia durante la guerra 1940–45*, Rom 1986, S. 42 f., zitiert eine Überlebende, Blanka Stern, die nach Italien floh: »[...] die Deutschen hatten psychologische Methoden, uns Juden zu einer minderwertigen Rasse zu machen, nicht mehr menschlich, rechtlos. Als wir in Italien ankamen, gaben die Leute uns das Gefühl wieder, Menschen zu sein.« Es ist ein faszinierendes Buch mit Interviews.

69 Fröhlich, Elke (Hrsg.), *Die Tagebücher von Joseph Goebbels*, Teil II: Diktate 1941–1945, München 1996, Bd. 6, S. 439.

70 Zur »Endlösung« in Italien siehe de Felice, a. a. O., S. 389 ff.; Folkel, F., *La Risiera di San Sabba*, Mailand 1979; Fargion, Liliana Picciotto, »The Anti-Jewish Policy of the Italian Social Republic (1943–1945), in: *Yad Vashem Studies*, Bd. XVII (1986), S. 18–49.

7. Grossbritannien, Amerika und der Holocaust

1 Wyman, David S., *Das unerwünschte Volk*, a. a. O.; Novick, Peter, *Nach dem Holocaust. Der Umgang mit dem Massenmord*, Stuttgart 2001, vertritt eine gegenteilige Ansicht.

2 A. a. O.

3 Wyman, David S., »Why Auschwitz was never bombed«, *Commentary*, 65 (Mai 1978), S. 37–46; Levy, Richard S., »The Bombing of Auschwitz Revisited: A Critical Analysis«, *Holocaust and Genocide Studies*, 10 (1996), S. 267–298.

4 Weinberg, Meyer, *Because they were Jews. A History of Anti-Semitism*, New York 1986, S. 214.

5 Ribuffo, Leo, »Henry Ford and *The International Jew*«, *American Jewish History*, 69 (Juni 1980), S. 437–477; Singerman, Robert, »The American Career of *The Protocols of the Elders of Zion*«, *American Jewish History* (September 1981), S. 48–78; Lee, Albert, *Henry Ford and the Jews*, New York 1980, S. 29 ff., S. 46–51.

6 Ribuffo, Leo, *The Old Christian Right: The Protestant Far Right from the Great Depression to the Cold War*, Philadelphia 1983.

7 Kolodny, Ralph L., »Catholics and Father Coughlin: Misremembering the Past«, *Patterns of Prejudice*, Bd. 19, Nr. 4 (1985), S. 15–25.

8 Breitman, Richard und Alan M. Kraut, *American Refugee Policy and European Jewry, 1933–1945*, Bloomington 1987, S. 70–73.

9 Weinberg, a. a. O., S. 220 ff.; Wyman, *Das unerwünschte Volk*, a. a. O.

10 Zitiert in Urofsky, Melin J., *We are One! American Jewry and Israel*, New York 1978, S. 49; Israel, Fred L. (Hrsg.), *The War Diary of Breckinridge Long. Selections from the Years 1939–1944*, Lincoln, Nebraska, 1966; Breitman und Kraut, a. a. O., S. 112–145.

11 Wasserstein, Bernard, *Britain and the Jews of Europe*, a. a. O., S. 244–249.

12 Der Bericht schlägt unter anderem vor, »wir können eben so gut die Tafel von der Freiheitsstatue abnehmen und die ›Lampe neben der goldenen Tür‹ löschen«. A. a. O., S. 294.

13 Wyman, *Das unerwünschte Volk*, a. a. O., S. 228–232.

14 Feingold, Henry, »Was there a Communal Failure?«, a. a. O., S. 60 ff.; Lookstein, Haskell, *Were We Our Brothers' Keepers? The Public Response of American Jews to the Holocaust, 1933–1945*, New York 1986.

15 Grobman, Alex, »Reactions of American Jewry through the American and Jewish Press, 1939–1942«, Magisterarbeit, Hebrew University of Jerusalem 1978; Medoff, Rafael, *The Deafening Silence: American Jewish Leaders and the Holocaust*, New York 1987.

16 Siehe Ben-Ami, Yitshaq, *Years of Wrath. Days of Glory*, New York 1982; Wyman, a. a. O.

17 A. a. O.

18 Berman, Aaron, *Nazism, the Jews and American Zionism, 1933–1948*, Detroit 1990, S. 80–89.

19 Berman, Aaron, »Rescue through Statehood: the American Zionist Response to the Holocaust«, in: Cesarani (Hrsg.), *The Final Solution*, 1994, a. a. O., S. 228–245; Penkower, Monty, *The Jews were Expendable*, Detroit 1988, S. 92.

20 Berman, A., *Nazism, the Jews and American Zionism*, a. a. O., S. 86 f.

21 Das Riegner-Telegramm findet sich in Berenbaum, M. (Hrsg.), *Witness to the Holocaust*, a. a. O., S. 252–254; siehe auch *Enzyklopädie des Holocaust*, a. a. O., Bd. III, S. 1226 ff.; zur Antwort der Briten siehe Wasserstein, a. a. O., S. 168 f.; zur Reaktion Amerikas vgl. Wyman, *Das unerwünschte Volk*, a. a. O. Siehe auch Laqueur, Walter, *Was niemand wissen wollte: die Unterdrückung der Nachrichten über Hitlers Endlösung*, Frankfurt a. M. 1982.

22 Wyman, a. a. O., S. 109, schätzt die Besucherzahl auf 40 000, einen neuen Rekord für den Madison Square Garden.

23 Whitfield, Stephen J., »The Politics of Pageantry, 1936–1946«, *American Jewish History* (1997), S. 221–251. Siehe auch Wyman, a. a. O., S. 210; Ben Hecht schrieb den Text, Billy Rose leitete die Produktion, Moss Hart führte Regie und Kurt Weill komponierte die Musik. Paul Muni und Edward G. Robinson waren die Erzähler. Diese Stars gehörten zu den prominentesten Künstlern jüdischer Herkunft in Amerika.

24 Wasserstein, a. a. O., S. 189–194; Penkower, a. a. O., S. 98–121.

25 A. a. O., S. 196. Über die kanadische Haltung zur Bermuda-Konferenz siehe Abella und Troper, *None is Too Many*, a. a. O., S. 126–147.

26 Wasserstein, a. a. O., S. 201.

27 Ebd. Zur amerikanischen Seite siehe Wyman, a. a. O. Man sollte beachten, dass im Jahr 1942 Publizität, Proteste und Forderungen nach Aktionen in Bezug auf den Holocaust (insbesondere von führenden Persönlichkeiten in den christlichen Kirchen und von Parlamentsabgeordneten) in Großbritannien viel ausgeprägter waren als in den Vereinigten Staaten. Ein Jahr später kehrte dieses Verhältnis sich um. Siehe Kushner, Tony, »Rules of the Game: Britain, America and the Holocaust in 1944«, *Holocaust and Genocide Studies*, 5 (1990), S. 381–403.

28 Feingold, Henry, *The Politics of Bearing Witness*, S. 169–201.

29 Wyman, *Das unerwünschte Volk*, a. a. O.; Gilbert, Martin, *Auschwitz und die Alliierten*, aus dem Engl. von Karl Heinz Siber, München 1982, S. 255 ff. und S. 351–360.

30 Gilbert, *Auschwitz und die Alliierten*, a. a. O., S. 360 ff.

31 A. a. O., S. 254 f., S. 288.

32 Berenbaum, M. (Hrsg.), *Witness to the Holocaust*, a. a. O., S. 296–304, für die Dokumente.

33 A. a. O., S. 298 ff.

34 A. a. O., S. 304, McCloys Brief vom 14. August 1944, in der deutschen Übersetzung zitiert nach Gilbert, *Auschwitz und die Alliierten*, a. a. O., S. 356.

35 Breitman, Richard, »The Allied War Effort and the Jews, 1942–43«, *Journal of Contemporary History* (1985), S. 135–157, und ders., *Staatsgeheimnisse. Die Verbrechen der Nazis – von den Alliierten toleriert*, aus dem Amerik. von U. Schäfer und H. Schlatterer, München 1999, S. 119–149 über die Briten und S. 314 ff. zu einem Vergleich zwischen Roosevelt und Churchill.

36 Breitman, *Staatsgeheimnisse*, a. a. O., S. 270–274.

37 Gilbert, *Auschwitz und die Alliierten*, a. a. O., S. 217.

38 Zitiert in Marrus und Paxton, a. a. O., S. 196.

39 A. a. O., S. 196 f.

40 Heller, Joseph, »Roosevelt, Stalin and the Palestine Problem at Yalta«, *Wiener Library Bulletin*, Bd. XXX, Neue Reihe, Nr. 41/2, S. 25–35 (hrsg. von Robert S. Wistrich).

41 Ebd.

42 Zitiert bei Berman, »Rescue through Statehood«, a. a. O., S. 237.

43 A. a. O., S. 239.

44 Yisraeli, D., »The Third Reich and Palestine«, a. a. O., S. 343 ff.; Gelber, Yoav, »Hamediniut Hatzionit Veheskem Ha-ha'avarah«, *Yalkut Moreshet*, 18 (1974), S. 23–100; Black, Edwin, *The Transfer Agreement*, New York 1984, S. 146–153 und S. 166.

45 Ben-Gurion, David, *Ba ma-arakhah*, Bd. 3, Tel Aviv 1949, S. 14.

46 Zu den Reaktionen des Jischuw und der zionistischen Bewegung auf die Schoah siehe Gelber, Yoav, »Zionist Policy and the Fate of European Jewry, 1939–1942«, *Yad Vashem Studies*, 13 (1979), S. 169–209;

Porat, Dina, »Palestinian Jewry and the Jewish Agency: Public Response to the Holocaust«, in: Cohen, R. (Hrsg.), *Vision and Conflict in the Holy Land*, New York 1990, S. 246–273, und ders., *The Blue and Yellow Stars of David. The Zionist Leadership in Palestine and the Holocaust, 1939–1945*, Cambridge, Mass., 1990, S. 239–262, sowie der eher parteiliche und tendenziöse Tom Segev, *Die siebte Million. Der Holocaust und Israels Politik der Erinnerung*, Reinbek bei Hamburg 1995, S. 95–114; zur Mapai, einer der sozialistischen Parteien, siehe Weitz, Y., *Muda'ut ve hoser onim: Mapai lenokhah hashoah, 1943–45* (Wissend, aber hilflos: Mapai und der Holocaust), Jerusalem 1994, auf Hebräisch.

47 Teveth, Shabtai, *Ben-Gurion: The Burning Ground 1886–1948*, Boston 1987, S. 854–860, und ders., *Ben-Gurion and the Holocaust*, 1996, a. a. O., S. 221–260; siehe auch Friling, Tuvia, »Ben-Gurion and the Holocaust of European Jewry, 1939–1945: A Stereotype Re-examined«, *Yad Vashem Studies*, 18 (1988), S. 199–232, zum Kontext und zur Perspektive.

48 Barlas, Chaim, *Hatzalah Bimei Shoah*, Tel Aviv 1975, S. 293–295; Berenbaum (Hrsg.), *Witness*, a. a. O., S. 296 ff.; Gilbert, M., *Auschwitz und die Alliierten*, a. a. O., und Wasserstein, a. a. O., S. 309 ff.

49 Zitiert in Teveth, Shabtai, *Ben-Gurion and the Holocaust*, a. a. O., S. 212–213.

50 Gilbert, *Auschwitz und die Alliierten*, a. a. O., z. B. S. 357 ff.; Wasserstein, a. a. O., S. 313–320.

51 Siehe Weissberg, Alex, *Die Geschichte von Joel Brand*, Köln 1956, und Brands eigene Memoiren, die im gleichen Jahr auf Hebräisch erschienen: *Beschlichut Nidonim Lemavet*, Tel Aviv 1956; Conway, J. S., »The Holocaust in Hungary: Recent Controversies and Reconsiderations«, in: Braham, R. (Hrsg.), *The Tragedy of Hungarian Jewry*, New York 1986, S. 1–33; Gilbert, *Auschwitz und die Alliierten*, a. a. O., z. B. S. 249–271, S. 282–287, S. 297 ff.; Bauer, Y., *Freikauf von Juden?*, a. a. O.

52 Zertal, Idith, »The Poisoned Heart: The Jews of Palestine and the Holocaust«, *Tikkun*, Bd. 2, Nr. 1 (1988), S. 79–83, kritisiert dieses Vorgehen heftig; nuanciertere Urteile finden sich in Porat, Dina, »Ben-

Gurion and the Holocaust«, in: Zweig, R. (Hrsg.), *David Ben-Gurion: Politics and Leadership in Israel*, London 1991, S. 145–170, und Friling, Tuvia, *Ḥetz ba-arafel* (Pfeil im Dunkeln). *David Ben-Gurion, Hanhagat Ha-yishuv venisionot hatzalah be-Shoah*, Beer-Sheva 1998, Bd. 2, S. 657 ff., zu Ben-Gurion und den Rettungsversuchen der Jischuw-Führung während der Schoah.

53 Wasserstein, a. a. O., S. 45, S. 66–69.

54 A. a. O., S. 143–152.

55 A. a. O., S. 145.

56 A. a. O., S. 37.

57 Zitiert in Gilbert, Martin, »The most horrible crime. Churchill's prophetic, passionate and persistent response to the Holocaust«, *The Times Literary Supplement*, 7. Juni 1996, S. 3–5.

58 Wasserstein, a. a. O., S. 280.

59 A. a. O., S. 275–279.

60 Gilbert, »The most horrible crime«, 1996, a. a. O.; die andere Seite der Medaille und eine weitaus kritischere Sichtweise finden sich in Cohen, Michael J., »Churchill and the Jews: the Holocaust«, *Modern Judaism*, Bd. 6, Nr. 1 (Februar 1986), S. 27–49.

61 A. a. O.

62 A. a. O.

63 Gilbert, *Auschwitz und die Alliierten*, a. a. O., S. 318.

64 A. a. O., S. 358.

65 Zur Denkweise der britischen Beamten siehe Wasserstein, a. a. O., S. 350–355.

66 Zitiert in Breitman, Richard, *Staatsgeheimnisse*, a. a. O., S. 287.

67 A. a. O., S. 126.

68 A. a. O., S. 144.

69 A. a. O., S. 233.

70 A. a. O., S. 233 f.

71 Wasserstein, a. a. O., S. 188.

72 Breitman, a. a. O., S. 162. Breitman zeigt, dass die britische Regierung und ihre Geheimdienste früher vom Holocaust wussten, als bisher angenommen wurde. Zu ihren Informationen gehörten Berichte über Auschwitz und das System der Vernichtungslager in Polen, und

zwar lange vor dem Sommer 1944 – im Gegensatz zu Martin Gilberts Ergebnissen vor zwanzig Jahren. Siehe Rogers, Barbara, »British Intelligence and the Holocaust: *Auschwitz and the Allies* Re-examined«, *The Journal of Holocaust Education*, Bd. 8 (Sommer 1999), Nr. I, S. 89–106.

73 Laqueur, a. a. O.; Wood, Thomas E. und Stanislaw M. Jankowski, *Jan Karski – Einer gegen den Holocaust. Als Kurier in geheimer Mission*, Gerlingen 1997; Gilbert, *Auschwitz und die Alliierten*, a. a. O., S. 107 ff.; Breitman, a. a. O., S. 199–204, und die Dokumente in Berenbaum, M., *Witness*, a. a. O., S. 256–261.

74 Berenbaum, *Witness*, a. a. O., S. 249 f. Siehe auch den herzzerreißenden Appell von Shmuel Zygelbojm, dem jüdischen Abgeordneten im polnischen Nationalrat im Londoner Exil, a. a. O., S. 246 f., und in *Enzyklopädie des Holocaust*, a. a. O., Bd. III, S. 1670 f. Aus Protest gegen die Gleichgültigkeit einer Welt, »die Zeuge der Vernichtung des jüdischen Volkes ist, ohne Schritte dagegen zu unternehmen«, nahm er sich im Frühjahr 1943 in London das Leben.

75 Laqueur, a. a. O.

76 A. a. O. und Raczynski, E., *In Allied London*, London 1962. Siehe auch die beiden umfangreichen Bände von David Engel, *In the Shadow of Auschwitz. The Polish Government-in-Exile and the Jews, 1939–1942*, Chapel Hill, N. C., 1987, S. 157–213, und *Facing a Holocaust: The Polish Government-in-Exile and the Jews, 1943–1945*, Chapel Hill, N. C., 1993, S. 15–167. Über Karskis Reise in die Vereinigten Staaten siehe a. a. O., Bd. 2, S. 89–94.

8. Die Moderne und der nationalsozialistische Völkermord

1 Bartov, Omer, *Murder in Our Midst. The Holocaust, Industrial Killing and Representation*, New York/Oxford 1996, S. 4.

2 Bauman, Zygmunt, *Dialektik der Ordnung. Die Moderne und der Holocaust*, aus dem Engl. von Uwe Ahrens, Hamburg 1992 (auch 2002). Dieses Buch ist vielleicht die prägnanteste dieser Arbeiten. Eine interessante Kritik bietet Hans Mommsen in seinem Beitrag

»Nationalsozialismus als vorgetäuschte Modernisierung«, in: Pehle, Walter H. (Hrsg.), *Der historische Ort des Nationalsozialismus*, Frankfurt a. M. 1990, S. 31–46.

3 Arendt, Hannah, *Elemente und Ursprünge totaler Herrschaft*, München 1986.

4 Zur Rolle der Medizin und der Naturwissenschaften siehe auch Lifton, Robert Jay, *Ärzte im Dritten Reich*, Stuttgart 1988 (auch 1993); Müller-Hill, Benno, *Tödliche Wissenschaft. Die Aussonderung von Juden, Zigeunern und Geisteskranken 1933–1945*, Reinbek bei Hamburg 1984.

5 Bauman, a. a. O., S. 45 ff.

6 Siehe Schneider, Wolfgang (Hrsg.), *Vernichtungspolitik und Genozid im nationalsozialistischen Deutschland*, Hamburg 1991, zur Diskussion der Thesen von Aly und Heim.

7 Aly, Götz und Susanne Heim, »Die Ökonomie der Endlösung?«, in: *Beiträge zur nationalsozialistischen Gesundheits- und Sozialpolitik*, Bd. 5: Sozialpolitik und Judenvernichtung, Berlin 1987, S. 14.

8 Christopher Browning weist in *Der Weg zur »Endlösung«*, a. a. O., darauf hin, dass anfänglich die Argumente derjenigen, die eine wirtschaftliche Autarkie der Ghettos anstrebten, die Oberhand hatten.

9 Herbert, Ulrich, »Racism and Rational Calculation: the Role of ›Utilitarian‹ Strategies of Legitimation in the National Socialist Weltanschauung«, *Yad Vashem Studies*, Bd. 24 (1994), S. 133.

10 Burleigh, Michael, »A Political Economy of the Final Solution? Reflections on Modernity, Historians and the Holocaust«, *Patterns of Prejudice*, Bd. 30, Nr. 2 (1996), S. 29–41.

11 Diner, Dan, »Rationalization and Method: Critique of a New Approach in Understanding the ›Final Solution‹«, *Yad Vashem Studies*, Bd. 24 (1994), S. 87.

12 Longerich, Peter, *Politik der Vernichtung. Eine Gesamtdarstellung der nationalsozialistischen Judenverfolgung*, München/Zürich 1998.

13 Lochner, Louis P. (Hrsg.), *Goebbels' Tagebücher. Aus den Jahren 1942–43*, Zürich 1948, S. 88.

14 Ebd.

15 Zitiert in Cooper, Matthew, *The Phantom War*, London 1979, S. 57.

Siehe auch Büchler, Yehoshua, *The Extermination of the Jews Disguised as Anti-Partisan Warfare in the Occupied Areas of the Soviet Union 1941–1942* (Magisterarbeit auf Hebräisch, Hebrew University of Jerusalem 1989).

16 Siehe Mason, Tim W., »The Primacy of Politics – Politics and Economics in National Socialist Germany«, in: Turner, Henry A. (Hrsg.), *Nazism and the Third Reich*, New York 1972, S. 175–200.

17 Speer, Albert, *Der Sklavenstaat. Meine Auseinandersetzungen mit der SS*, Stuttgart 1981.

18 Rudolf Höß, *Kommandant in Auschwitz. Autobiographische Aufzeichnungen*, hrsg. von Martin Broszat, Stuttgart 1963, S. 157.

19 Smith, B. F. und Agnes Peterson (Hrsg.), *Heinrich Himmler, Geheimreden*, a. a. O., S. 201.

20 Heiber, Helmut (Hrsg.), *Reichsführer! … Briefe an und von Himmler*, Stuttgart 1968, S. 152.

21 International Military Tribunal (Hrsg.), *Der Prozeß gegen die Hauptkriegsverbrecher vor dem Internationalen Militärgerichtshof: Nürnberg, 14. Nov. 1945–1. Okt. 1946. Amtlicher Wortlaut in deutscher Sprache*, München o. D. (Fotomechan. Nachdr. der Ausg. Nürnberg 1947–1949), Bd. 29. In der deutschen Übersetzung zitiert nach Buchheim, Hans, *Anatomie des SS-Staates*, Bd. 1, *Die SS – Das Herrschaftsinstrument. Befehl und Gehorsam*, Olten und Freiburg i. Br. 1965, S. 296.

22 Herbert, Ulrich, »Arbeit und Vernichtung. Ökonomisches Interesse und Primat der Weltanschauung im Nationalsozialismus«, in: Diner, Dan (Hrsg.), *Ist der Nationalsozialismus Geschichte?*, Frankfurt a. M. 1987, S. 198–236.

23 Browning, C., *Der Weg zur »Endlösung«*, a. a. O.

24 Hilberg, Raul, *Die Vernichtung der europäischen Juden*, a. a. O.

25 Siehe Bauman, a. a. O., Kapitel 4: »Einzigartigkeit und Normalität des Holocaust«.

26 Levene, Mark, »Is the Holocaust Simply Another Example of Genocide?«, *Patterns of Prejudice*, Bd. 28, Nr. 2 (1994), S. 3–26 (S. 23).

27 Black, Edwin, *IBM und der Holocaust: die Verstrickung des Weltkonzerns in die Verbrechen der Nazis*, Berlin 2001.

28 Friedlander, Henry, *The Origins of Nazi Genocide: From Euthanasia to the Final Solution*, Chapel Hill, N. C., 1995, S. 284.

29 Browning, Christopher, »The Revised Hilberg«, *Simon Wiesenthal Centre Annual* (1986), S. 291.

30 Hilberg, Raul, *Die Vernichtung der europäischen Juden*, a. a. O.

31 Mommsen, Hans, »Die Realisierung des Utopischen: Die ›Endlösung der Judenfrage‹ im ›Dritten Reich‹«, in: *Geschichte und Gesellschaft*, 9 (1983), S. 381–420, Zitat siehe S. 416.

32 Bankier, David, »On Modernisation and the Rationality of Extermination«, *Yad Vashem Studies*, Bd. XXIV (1994), S. 109–129.

33 Marrus, Michael, *The Holocaust in History*, London 1988, S. 40.

34 Kershaw, Ian, *The Nazi Dictatorship: Problems and Perspectives of Interpretation*, London 1993, S. 85 f., zur Diskussion von Hans Mommsens Werk, der diesen Begriff als Erster populär machte.

35 Schleunes, Karl, *The Twisted Road to Auschwitz: Nazi Policy Toward German Jews 1933–1939*, Chicago 1970, S. viii.

36 Broszat, Martin, »Hitler und die ›Endlösung‹. Aus Anlass der Thesen von David Irving«, *VJFZ*, 25/4 (1977), S. 739–775.

37 Mommsen, Hans, »Die Realisierung des Utopischen«, a. a. O.

38 Herbert, Ulrich (Hrsg.), *Nationalsozialistische Vernichtungspolitik 1939–1945. Neue Forschungen und Kontroversen*, Frankfurt a. M. 1998. Siehe dort die Einleitung des Herausgebers.

39 A. a. O., siehe die Beiträge von Pohl und Sandkühler.

40 Herbert, a. a. O., siehe die Einleitung.

41 Siehe die Beiträge von Porat, Dina und Steinberg, Jonathan (sie wurden bereits erwähnt), in: Cesarani, D. (Hrsg.), *The Final Solution*, a. a. O.; Mazower, Mark, *Inside Hitler's Greece. The Experience of Occupation 1941–1944*, London 1993, und Steinberg, Jonathan, »The Holocaust, Society and Ourselves«, *The Jewish Quarterly*, Nr. 153 (Frühjahr 1994), S. 46–50. Außerdem das neue Buch von Jan Gross, *Sąsiedzi: Historia Zagłady żdowskiego miasteczka* (Nachbarn: Die Geschichte der Zerstörung des jüdischen Schtetls), Krakau 2000.

42 Todorov, Tzvetan, *Facing the Extreme. Moral Life in the Concentration Camps*, London 1999, S. 84.

43 Arad, Yitzhak, *Belzec, Sobibór, Treblinka. The Operation Reinhard Death Camps*, Bloomington 1999, S. 84.

44 Ebd.

45 A. a. O., S. 67.

46 Wistrich, Robert, *Wer war wer im Dritten Reich. Ein biographisches Lexikon. Anhänger, Mitläufer, Gegner aus Politik, Wirtschaft, Militär, Kunst und Wissenschaft*, aus dem Engl. übersetzt von Joachim Rehork, überarbeitet und erweitert von Hermann Weiß, Frankfurt a. M. 1987, S. 367 f.

47 Meine kurze Biographie von Wirth siehe a. a. O., S. 379 f.

48 Arad, a. a. O., S. 183.

49 Bauer, Y., *History of the Holocaust*, a. a. O., S. 210 f., in der deutschen Übersetzung zitiert nach Hofer, Walther (Hrsg.), *Der Nationalsozialismus. Dokumente 1933–1945*, Frankfurt a. M. 1974 [1957], Dokument 177, S. 308 f., Niederschrift Kurt Gersteins vom 4. Mai 1945 über Massenvergasungen am 18. August 1942; auch abgedruckt in: *Vierteljahreshefte für Zeitgeschichte*, 1. Jg. (1953), 2. Heft (April), S. 189 ff.

50 Wistrich, a. a. O., S. 334 f. Siehe Sereny, Gitta, *Am Abgrund. Eine Gewissensforschung. Gespräche mit Franz Stangl, Kommandant von Treblinka, und anderen*, Frankfurt a. M., Berlin, Wien 1980. Dies ist der einzige Fall, in dem der Kommandant eines Todeslagers in langen Interviews seine Gefühle preisgab. Das Zitat steht auf S. 259.

51 Zitiert in Arad, a. a. O., S. 186. In der deutschen Übersetzung das Originalzitat aus Sereny, a. a. O., S. 224.

52 Wistrich, a. a. O., S. 182 f.

53 Höß, Rudolf, *Kommandant in Auschwitz*, a. a. O., S. 25.

54 Höß, Rudolf, a. a. O., S. 114, für das Zitat; Todorov, *Facing the Extreme*, a. a. O., S. 170.

55 Gilbert, Martin, *The Holocaust. The Jewish Tragedy*, London 1986, S. 582.

56 Todorov, a. a. O., S. 142. Primo Levi bemerkte bereits in *Die Untergegangenen und die Geretteten*: »Mitgefühl und Brutalität können in ein und demselben Menschen zu ein und derselben Zeit existieren, wider alle Logik.« (Aus dem Ital. von Moshe Kahn, München/Wien 1990, S. 55.)

57 Bezwińska, Jadwiga und Danuta Czech (Hrsg.), *KL Auschwitz in den Augen der SS. Höß, Broad, Kremer*, Auschwitz (Verlag des staatlichen Auschwitz-Museums) 1973, S. 217.

58 Améry, Jean, *Jenseits von Schuld und Sühne. Bewältigungsversuche eines Überwältigten*, Neuausgabe Stuttgart 1977, S. 61. Dies sind eindrucksvolle Reflexionen eines Überlebenden über Auschwitz und seine Realität.

59 Bettelheim, Bruno, *Aufstand gegen die Masse. Die Chance des Individuums in der modernen Gesellschaft*, München 1980.

60 Todorov, a. a. O., S. 78.

61 Levi, Primo, *Die Untergegangenen und die Geretteten*, a. a. O., S. 208.

62 Todorov, a. a. O., S. 152.

63 Levi, a. a. O., S. 42 ff.

64 A. a. O., S. 48.

65 A. a. O., S. 50.

66 A. a. O., S. 52.

67 Goldhagen, Daniel, *Hitlers willige Vollstrecker*, a. a. O., S. 21.

68 Buber-Neumann, Margarete, *Als Gefangene bei Stalin und Hitler. Eine Welt im Dunkel*, Stuttgart 1958, S. 245.

69 Rousset, David u. a. (Hrsg.), *Pour la vérité sur les camps concentrationnaires*, Paris 1990, S. 183.

70 Zu Noltes Ansichten siehe seinen Beitrag »A Past that will not Pass Away«, *Yad Vashem Studies*, Bd. XIX (1988), S. 71. In dieser Ausgabe sind die wichtigsten Dokumente des deutschen Historikerstreits in den achtziger Jahren zu finden. (Deutsch: »Die Vergangenheit, die nicht vergehen will: Auseinandersetzung oder Schlußstrich?« Zuerst in DIE ZEIT, 30. Oktober 1986.

71 Katz, Steven T., *The Holocaust and Comparative History*, (Leo Baeck Memorial Lectures, 37, New York 1993), S. 3–29.

72 A. a. O., S. 20 f.

73 A. a. O., S. 22.

74 Lengyel, Olga, *Five Chimneys: The Story of Auschwitz*, New York 1947, S. 110 f.

75 Katz, a. a. O., S. 24.

76 Die Angaben zur Gesamtzahl der armenischen Todesopfer variieren

enorm. Katz nennt eine Mindestzahl von 476 000 und gibt eine Höchstzahl von 776 000 Opfern an (a. a. O., S. 17). Einige armenische Historiker sprechen von über einer Million Toten. Robert F. Melton schätzt, dass zwischen 1915 und 1918 von den zwei Millionen Armeniern eine Million ermordet wurde. Siehe sein Beitrag »The Armenian Genocide«, in: Rosenbaum, Alan S. (Hrsg.), *Is the Holocaust Unique?*, 1996, a. a. O., S. 89. Er fügt hinzu, dass zwischen 1918 und 1923 eine weitere halbe Million Armenier von Türken umgebracht wurden.

77 Papazian, Pierre, »A ›Unique Uniqueness‹?« *Midstream* (April 1984), S. 14–18, und die Erwiderungen von Yehuda Bauer, Helen Fein, George M. Kren, Leon H. Rappoport und Nora Lewin, S. 19–25.

78 Melton, Robert F., »The Armenian Genocide«, a. a. O., S. 92 f.

79 Dadrian, Vahkan N., »The Comparative Aspects of the Armenian and Jewish Cases of Genocide«, in: Rosenbaum (Hrsg.), a. a. O., S. 104 f.

80 Katz, a. a. O., S. 6–17.

81 Rubinstein, Richard L., »Religion and the Uniqueness of the Holocaust«, in: Rosenbaum (Hrsg.), *Is the Holocaust Unique?*, a. a. O., S. 11–18.

82 Maccoby, Hyam, *Der Heilige Henker*, a. a. O., S. 280.

83 Tal, Uriel, »On the Study of the Holocaust and Genocide«, *Yad Vashem Studies*, Bd. XIII (1979), S. 45.

Zeittafel

Nationalsozialismus und Zweiter Weltkrieg

1933

30. Januar Hitler wird zum deutschen Reichskanzler ernannt.

27. Februar Reichstagsbrand – viele Kommunisten und Gewerkschaftler werden verhaftet. Neue Reichstagswahlen.

23. März Das Ermächtigungsgesetz gewährt Hitler diktatorische Vollmachten.

Oktober Deutschland tritt aus dem Völkerbund aus.

1934

30. Juni Die »Nacht der langen Messer« – Hitlers »Säuberung« der Sturmabteilung (SA).

Juli Putschversuch in Wien misslingt, aber Kanzler Dollfuß wird ermordet.

2. August Reichspräsident Hindenburg stirbt. Hitler ist damit Staatsoberhaupt. Er verlangt den Fahneneid.

Stalins massive Säuberungen und Schauprozesse schwächen Militär und Wirtschaft der Sowjetunion erheblich (1934–1939).

1935

16. März Deutschland führt die allgemeine Wehrpflicht wieder ein, beschließt die Wiederbewaffnung und bricht damit den Versailler Vertrag.

3. Oktober Italienische Invasion in Äthiopien.

Der Holocaust

1933

März In Dachau wird das erste Konzentrationslager eröffnet.

April Die Nazis organisieren in ganz Deutschland einen Boykott jüdischer Geschäfte, Ärzte und Rechtsanwälte. Das »Gesetz zur Wiederherstellung des Berufsbeamtentums« schließt Juden vom Staatsdienst, auch vom Unterrichten an Schulen, aus.

Mai Propagandaminister Goebbels organisiert öffentliche Bücherverbrennungen von Werken jüdischer Autoren und anderer Schriftsteller, die die NS-Ideale ablehnen.

1934

1. Mai *Der Stürmer*, die antisemitische Zeitung der Nazis, lässt die Legende wieder aufleben, dass Juden Ritualmorde begehen.

1935

Mai »Wehrgesetz«: Menschen ohne »arische Abstammung« dürfen keinen Wehrdienst leisten. Jüdische Veteranengruppen protestieren.

15. September Die Nürnberger Gesetze entziehen den Juden die deutsche Staatsbürgerschaft und das Recht, öffentliche Ämter zu übernehmen. Das »Gesetz zum Schutz des deut-

Nationalsozialismus und Zweiter Weltkrieg

1936

März	Deutschland besetzt das Rheinland und verletzt damit die Locarno-Verträge.
August	In Berlin finden die Olympischen Spiele statt.
Oktober	Mussolini begründet die »Achse Rom–Berlin«.

1937

November	Italien schließt sich dem Antikominternpakt an und tritt aus dem Völkerbund aus.

1938

12. März	»Anschluss« Österreichs.
Juli	Konferenz von Evian: Amerikanische und europäische Staaten besprechen das Flüchtlingsproblem der deutschen Juden und finden keine Lösung.
September	Münchner Krise: Großbritannien, Frankreich und Italien unterzeichnen mit Hitler das »Münchner Abkommen« über das Sudetenland, um einen Krieg zu vermeiden.

Der Holocaust

schen Blutes und der deutschen Ehre« verbietet Juden, Deutsche zu heiraten.

1936

Jahresbeginn Intensivierung antisemitischer Gewalttaten in Polen und Einführung von Quoten an polnischen Universitäten.

1937

Juli Das Konzentrationslager Buchenwald wird eröffnet.

1938

Juli Konferenz von Evian: Die Mehrheit der Staaten verweigert Juden, die vor den Nazis fliehen, die Einreise. Jüdischen Ärzten und Rechtsanwälten werden die Zulassungen entzogen; Juden müssen jüdische Namen tragen (um sich von Ariern zu unterscheiden).

6. November Aus Protest gegen die Verfolgung der Juden durch die Nazis erschießt Herschel Grynszpan in Paris den deutschen Gesandtschaftsrat Ernst Eduard vom Rath.

9.–10. Nov. Als Reaktion darauf veranlassen die Nazis ein landesweites Pogrom, die »Reichskristallnacht«. 91 Juden werden getötet, 191 Synagogen zerstört, 30 000 Juden verhaftet, und die jüdische Gemeinde muss als »Sühneleistung« für die »Verursachung« der Zerstörungen eine Milliarde Reichsmark bezahlen.

Nationalsozialismus und Zweiter Weltkrieg

1939

30. Januar	In seiner Reichstagsrede droht Hitler für den Fall eines Krieges mit »der Vernichtung der jüdischen Rasse in Europa«.
15. März	Die deutsche Wehrmacht bricht das Münchner Abkommen durch Besetzung der gesamten Tschechoslowakei.
28. März	Franco siegt im Spanischen Bürgerkrieg.
7. April	Italien marschiert in Albanien ein.
22. Mai	»Stahlpakt« – Freundschaftsvertrag zwischen Italien und Deutschland.
23. August	Deutsch-Sowjetischer Nichtangriffspakt und geheimes Abkommen über die Teilung Polens.
1. September	Beginn des Zweiten Weltkriegs mit dem deutschen Einmarsch in Polen.
Oktober	Beginn des Euthanasie-Programms in Deutschland, das etwa 90 000 Todesopfer zur Folge hat.

1940

April–Mai	Deutscher Blitzkrieg gegen Dänemark, Norwegen, die Niederlande, Belgien, Luxemburg und Frankreich.
10. Mai	Winston Churchill wird Premierminister von Großbritannien.

DER HOLOCAUST

12. November Verordnung zur Ausschaltung der Juden aus dem Wirtschaftsleben.

November Jüdische Kinder werden aus deutschen Schulen ausgeschlossen.

Notprogramm zur Evakuierung jüdischer Kinder nach Großbritannien, Frankreich und in die Niederlande.

1939

23. November Allen Juden in Polen wird befohlen, den Davidstern zu tragen.

1940

Jahresbeginn Die Nazis trennen die Juden von der übrigen Bevölkerung und beginnen, in osteuropäischen Städten Ghettos einzurichten.

Mai 160 000 Juden werden im Ghetto von Lodz eingeschlossen.

Nationalsozialismus und Zweiter Weltkrieg

Juni–Nov. Deutschland und Frankreich unterzeichnen Waffenstillstandsabkommen; Beginn des Krieges gegen Großbritannien; Ungarn, Rumänien und die Slowakei treten dem »Dreimächtepakt« – Deutschland, Italien, Japan – bei (Achsenmächte).

1941

April Deutscher Einmarsch in Jugoslawien und Griechenland.

22. Juni Deutscher Einmarsch in die Sowjetunion.

7. Dezember Der japanische Angriff auf Pearl Harbor führt zum Kriegseintritt der USA. Japan greift außerdem Hongkong, Singapur und die Philippinen an.

11.–13. Dez. Deutschland und Italien erklären den USA den Krieg.

1942

September Beginn der Schlacht um Stalingrad.

Oktober–Nov. Schlacht von El-Alamein: Die britische Armee in Libyen geht in die Offensive; Rommels Afrikakorps tritt

Der Holocaust

November 500 000 Juden werden im Warschauer Ghetto eingeschlossen.

1941

März Auf Befehl Himmlers wird der Lagerkomplex Auschwitz erweitert.

Mai 3 600 Juden werden in Paris zusammengetrieben.

Juni Nach dem Vordringen der deutschen Armee in Russland beginnen die »Einsatzgruppen« mit dem Massenmord an Juden durch Erschießen, Vergasen in Lastwagen und andere Methoden. Einheimische Polizei und Miliz helfen dabei. So werden in Polen, den baltischen Staaten und im Westen der UdSSR in den nächsten beiden Jahren zwei Millionen Juden getötet, außerdem viele Slawen und Angehörige anderer Völker.

31. Juli Heydrich erhält von Göring Anweisungen für die »Endlösung der Judenfrage«.

19. September Alle Juden im Großdeutschen Reich müssen den gelben Stern tragen.

29. September Das Einsatzkommando 4a ermordet in der Babi-Jar-Schlucht 33 771 Juden aus Kiew.

10. Dezember 4 000 Juden aus Nowogrudok werden ermordet.

1942

Januar Die Wannsee-Konferenz: NS-Vertreter treffen sich, um die Vernichtung aller europäischen Juden zu planen – die »Endlösung«.

Nationalsozialismus und Zweiter Weltkrieg

den Rückzug an, was zu Auflösung und Niederlage führt.

Die Alliierten marschieren in Marokko und Algerien ein.

1943

Januar Die Schlacht um Stalingrad endet mit der Vernichtung der deutschen 6. Armee. Hitlers Traum von der Eroberung im Osten zerschlagen.

Juni–Juli Die Alliierten marschieren in Italien ein, Sturz Mussolinis.

Schlacht von Kursk – die Rote Armee fügt der Wehrmacht schwere Verluste zu.

DER HOLOCAUST

Im Ghetto von Wilna wird eine jüdische Widerstandsorganisation gegründet.

März »Aktion Reinhard« – Beginn der Liquidierung der polnischen Juden; erste Transporte in die Lager Belzec, Majdanek, Treblinka und Sobibór. Beginn der Deportationen slowakischer Juden nach Auschwitz, dann Deportationen aus Frankreich.

Juli Die Deportationen aus dem Warschauer Ghetto beginnen.

In Warschau wird eine jüdische Kampforganisation (*Zydowska Organizacja Bojowa*) gebildet.

August Der *World Jewish Congress* informiert die britische und die amerikanische Regierung über Massenmorde in Osteuropa.

17. Dezember Eine Schweigeminute im britischen Unterhaus für die ermordeten europäischen Juden.

1943

März In Auschwitz wird das erste Krematorium in Betrieb genommen.

Das Krakauer Ghetto wird liquidiert. Jüdische Bevölkerung vor dem Krieg: 60 000 Menschen.

April–Mai Mit der Liquidierung des Warschauer Ghettos beginnt der Aufstand der Jüdischen Kampforganisation. Die Ghettobewohner kämpfen mit Waffen aus geheimen Verstecken gegen die große Übermacht der Deutschen. Die jüdischen Führer werden getötet, das Ghetto wird zerstört.

Mai In Nowogrudok werden bei einer »Aktion« 7 000 Juden getötet, 233 überleben. Drei Wochen später entkommen

NATIONALSOZIALISMUS UND ZWEITER WELTKRIEG

1944

Juni	Befreiung Roms.
	D-Day – Landung der alliierten Streitkräfte in der Normandie.
	Warschauer Aufstand der »Heimatarmee«.
Dezember	Ardennenoffensive.

1945

Januar	Die Rote Armee befreit Warschau.
April	Die Rote Armee schließt den Ring um Berlin.
8. Mai	*V-E-Day* – Tag des Sieges, Kapitulation Deutschlands.
6. August	Abwurf der Atombombe auf Hiroshima.
9. August	Abwurf der Atombombe auf Nagasaki.
15. August	*V-J-Day* – Sieg der Alliierten über Japan.

100 der Überlebenden und schließen sich Partisaneneinheiten an.

Juni Das Ghetto von Lwow (Lemberg) wird liquidiert. Jüdische Bevölkerung vor dem Krieg: 150 000.

Juli Hitler verbietet jegliche öffentliche Erwähnung der »Endlösung der Judenfrage«.

Dezember Das Wilnaer Ghetto wird liquidiert. Jüdische Bevölkerung Wilnas vor dem Krieg: 80 000.

1944

Mai–Juli Deportation von 437 000 ungarischen Juden nach Auschwitz, wo die meisten vergast werden.

Juli Personal und 300 Kinder aus französischen Kinderheimen werden nach Auschwitz verschleppt.

Oktober Häftlinge in Auschwitz zerstören bei einem schnell niedergeschlagenen Aufstand eine der Gaskammern.

November Letzte Vergasungen in Auschwitz. Auf Himmlers Befehl werden die Gaskammern beim Näherrücken der Sowjetarmee zerstört.

1945

Januar Budapest wird befreit, darunter 80 000 Juden.
Auschwitz wird von der Sowjetarmee befreit.

April Das Konzentrationslager Buchenwald wird von der U.S.-Armee befreit, das Lager Bergen-Belsen von der britischen Armee.
Hitler, Himmler und Goebbels begehen Selbstmord.

Mai NS-Deutschland kapituliert.

November In Nürnberg beginnt vor dem Internationalen Militärgerichtshof der Prozess gegen die Kriegsverbrecher.

Karten

Zahl der ermordeten Juden
nach Herkunftsland 1939–1945
Neutrales Gebiet
Norwegen
762
Finnland
7
Schweden
Nordsee
Estland
1500
Lettland
70000
Dänemark
60
Ostsee
Litauen
140000
Niederlande
100000
Deutschland
134500
Polen
2900000
Sowjetunion
1000000
Belgien
28900
Luxemburg
1950
Böhmen und
Mähren
78150
Slowakei
68000
Frankreich
77320
Österreich
50000
Schweiz
Ungarn
550000
Rumänien
271000
Italien
7680
Jugoslawien
56200
Bulgarien
0
Adria
Griechenland
60000
Mittelmeer

Die Lager
Ⓥ Vernichtungslager
Ⓚ Konzentrationslager
◎ Offizielles Aufnahme- und Aufenthaltslager
Ⓓ Durchgangslager
Ⓜ »Kleine Festung« und Musterlager
Ⓐ Arbeitslager
Neutrales Gebiet
GROSS-
BRITANNIEN
Kanalinseln
Sylt Ⓐ
FRANKREICH
SCHWEDEN
DÄNEMARK
Nordsee
Ostsee
Kaiserwald Ⓚ
Provieniskis Ⓚ
Neuengamme Ⓚ
Westerborg Ⓓ
Ⓚ Stutthof
Ⓚ Ravensbrück
Vught Ⓚ
Ⓚ Sachsenhausen
NIEDERLANDE
◎ Bergen-Belsen
Chelmno
(Kulmhof) Ⓥ
Ⓥ Treblinka
Ⓚ Dora/Nordhausen
Ⓚ Groß-Rosen
POLEN
Sobibór Ⓥ
Buchenwald Ⓚ
Plaszow Ⓐ
Ⓓ
Drancy
VK Majdanek
Theresienstadt Ⓜ
DEUTSCHLAND
Auschwitz-Birkenau VK
Flossenbürg Ⓚ
TSCHECHO-
SLOWAKEI
Ⓥ Belzec
Natzweiler Ⓚ
Dachau Ⓚ
Ⓚ Mauthausen
FRANKREICH
SCHWEIZ
ÖSTERREICH
UNGARN
RUMÄNIEN
Ⓚ San Sabba
Ⓚ Jasenovac
ITALIEN
JUGOSLAWIEN
Mittelmeer
Adria

Personenregister